다시 보는 러시아 현대사

혁명부터 스탈린 체제를 거쳐 푸틴까지

다시 보는 러시아 현대사

혁명부터 스탈린 체제를 거쳐 푸틴까지

마이크 헤인스 지음 | 이수현 옮김

책갈피

Russia: Class and Power 1917-2000 — Mike Haynes
First published 2002
© Bookmarks Publications Ltd

Korean translation edition © 2021 by Chaekgalpi Publishing Co.
Bookmarks와의 협약에 따라 이 책의 한국어 판권은 책갈피 출판사에 있습니다.

다시 보는 러시아 현대사:
혁명부터 스탈린 체제를 거쳐 푸틴까지

지은이 | 마이크 헤인스
옮긴이 | 이수현

펴낸이 | 김태훈
편집 | 이진화
펴낸곳 | 도서출판 책갈피
등록 | 1992년 2월 14일(제2014-000019호)
주소 | 서울 성동구 무학봉15길 12 2층
전화 | 02) 2265-6354
팩스 | 02) 2265-6395
이메일 | bookmarx@naver.com
홈페이지 | http://chaekgalpi.com
페이스북 | http://facebook.com/chaekgalpi
인스타그램 | http://instagram.com/chaekgalpi_books

첫 번째 찍은 날 2021년 3월 18일
세 번째 찍은 날 2023년 3월 23일

값 22,000원

ISBN 978-89-7966-202-3
잘못된 책은 바꿔 드립니다.

차례

일러두기

1. 인명과 지명 등의 외래어는 최대한 외래어 표기법에 맞춰 표기했다.

2. 《 》 부호는 책과 잡지를 나타내고, 〈 〉 부호는 신문, 주간지, 노래, 시, 영화, 그림을 나타낸다. 논문은 " "로 나타냈다.

3. 본문에서 [ ]는 옮긴이나 편집자가 독자의 이해를 돕거나 문맥을 매끄럽게 하려고 덧붙인 것이다. 인용문에서 지은이가 덧붙인 것은 [— 헤인스]로 표기했다.

4. 본문의 각주는 옮긴이나 편집자가 넣은 것이다.

5. 원문에서 이탤릭체로 강조한 부분은 고딕체로 나타냈다.

머리말

　이 책을 쓰겠다는 생각은 오래전부터 했다. 그런데 한 번도 만난적 없는 사람한테 자극을 받아서 마침내 책을 쓰기 시작했다. 아일랜드 문제를 다룬 고레티 호건의 긴 원고를 읽어 달라는 부탁을 받았었는데, 그 주제를 다룬 글을 많이 봤기 때문에 큰 기대를 하지 않았었다. 마침내 맘먹고 읽기 시작했을 때 나는 사로잡힌 듯 원고에서 눈을 뗄 수 없었다. 넘기는 책장마다 살아 있는 듯했다. 고레티가 오래된 주장과 익숙한 사실을 그저 되풀이하고 있지 않았기 때문이다. 그런 주장들이 없었다는 말이 아니라, 내가 모르던 풍부한 사실들로 실증되면서 새로운 생명력을 얻은 듯했던 것이다. 이것은 지은이가 그런 주장들에 얽매이지 않고 그 주장을 더욱 발전시켜서 자신의 논지를 전개했기 때문이다. 러시아 문제를 다룰 때도 바로 그래야 한다고 생각했다. 나는 과거의 성과에 제약당하는 것이 아니라 그 성과 위에 올라서고 싶었다. 이 책에서 모든 주장의 출처를 자세히 밝히지 않은 것은 내가 과거의 성과에 빚진 바를 인정하지 않기 때문이 아니다. 나는 분명히 빚을 졌지만, 그 토대 위에 내 집을 지으려고 시도하는 것이 바로 내가 과거의 성과에 찬사를 보내는 방식이다.

그렇게 하는 데 성공했는지 아닌지는 내가 말할 수 없다. 그러나 많은 사람들의 도움이 없었다면 그 일은 더 어려웠을 것이다. 피트 루니가 방대한 자료를 건네준 덕분에 일이 더 쉬워졌다. 마찬가지로, 내가 동유럽의 전환 과정 전반을 루미 후산과 함께 연구한 것도 행운이었다. 많은 러시아인들의 도움도 유익했는데, 특히 자기 일 때문에 나와 함께할 수밖에 없었던 사람들의 도움이 컸다. 그들은 참을성 있게 많은 문제를 나와 토론해 줬고, 때로는 내 논법이 이상해 보여도 너그럽게 봐줬다. 그들이 난처하지 않도록 여기서 이름을 거론하지는 않겠다. 그들에게 많은 것을 배웠고, 그들이 내 주장을 이해했다고 느꼈을 때 가장 기뻤다고만 말해 두자. 에마 버첨이 이 책의 작업을 시작했고, 데이브 월러가 초기에 그 작업을 넘겨받았다. 두 사람 모두 이 책에 대해 논평해 줬고, 내 열정의 전부는 아니더라도 많은 부분을 함께 나눴다. 마시 헤인스, 이언 버철, 크리스 하먼도 이 책의 원고를 읽고 상세한 논평을 해 줬다. 그런 유익한 논평 덕분에 실수를 줄일 수 있었다. 피트 글래터에게는 특별히 감사하다고 말해야겠다. 러시아를 주제로 한 그의 박사 학위논문을 지도하는 일을 도와 달라는 부탁을 받은 것은 큰 행운이었다. 그 논문의 일부는 이미 출판됐고, 나머지 부분도 곧 출판되기를 바란다. 그는 풍부한 경험을 쌓은 뒤 늦깎이로 학계에 들어왔지만, 금방 러시아어에 통달해 부러움을 샀다. 나는 흔히 그의 도움에 의지했다. 그가 이 책의 원고를 주의 깊게 읽고 이런저런 제안을 해 준 덕분에 책이 더 나아졌을 뿐 아니라, 이 책의 주장 가운데 일부는 지난 몇 년 동안 우리가 토론한 것에 크게 의지하고 있다. 토론할 때 나는 보통 그의 견해에 반대한다고 느꼈지만 결국 그가 옳았다는 것을 깨달았다. 내가 계속 반대한 주장 하나는 이것이 러시아에 관해 쓴 책이 아니어야 한다는 그의 제안이었다. 이 문제에서는 내가 옳았음을 이제 그가 깨닫기를 바란다. 그러나 내가 옳았더라도 대부분은 그가 계속 도와준 덕분이다. 말할 필요도 없이, 위에 거론한 사람 어느 누구도 이 책의 결함에 책임이 없다.

마지막으로, 20세기의 러시아를 뭐라고 부를지는 모든 글쓴이에게 골치 아픈 문제다. 1920년대부터 1991년까지 공식 이름은 소비에트사회주의공화국연방USSR, 즉 소련이었지만, 본질적으로 1928년 이후에는 모스크바가 지배하는 제국, 엄연한 러시아제국이었다. 그런 제국이었기 때문에 1991년에 소련이 해체됐다고 할 수 있다. 1928년 이후에는 1917년에 존재한 것과 같은 진정한 '소비에트'가 결코 존재하지 않았다. 나는 '소련'이나 'USSR' 같은 용어를 엄격하게 피하지는 않았다. 그랬다가는 너무 복잡해질 것이기 때문이다(특히 인용할 때). 그러나 실제 상황을 제대로 반영하기 위해 그런 용어를 최소한으로 사용하고자 노력했다.*

러시아어 문자를 영문자로 오류 없이 또는 일관되게 옮기기는 힘들다. 아주 잘 알려진 이름들은 옛 방식대로 옮겼지만, 덜 익숙한 이름들은 현대적 방식을 따르려 했다.

옛 소련 국기와 러시아 국기가 상트페테르부르크 예르미타시박물관에 함께 걸려 있다.

이 책에서 나는 소련의 역사를 정리해 보려고 했다. 1917년 2월의 1차 혁명으로 제정러시아가 전복됐고, 10월의 2차 혁명으로 볼셰비키당이 집권했다. 볼셰비키당은 러시아 사회를 변혁하는 데 헌신하는 한편, 국제 혁명을 고무해 불평등·전쟁·계급투쟁이 없는 세계를 건설하는 데 도움이 되고자 애썼다. 그러나 10여 년 만에 혁명적 세대는 대부분 주변으로 밀려났고 혁명은 뒤집혔다. 스탈린 치하에서 러시아는 강대국으로 거듭났다. 스탈린 체제는 '사회주의'와 '공산주의'를 자처하며 마르크스와 레닌의 동상을 세웠지만, 국내 구조는 비민주적·억압적이었고 외국에서는 더 광범한 사회변혁 가능성을 가로막거나 방해했다. 이것은 20세기 역사의 흐름을 결정하는 데 중요한 구실을 했을 뿐 아니라, 정도는 다르지만 소련과 그 위성국들에 동조한 대다수 국제 좌파를 함정에 빠뜨리기도 했다. 그들은 소련 체제가 (비록 날카로운 비판을 받을 부분도 있지만) 자본주의보다는 우월하다고 믿었고, 적어도 미래 사회의 일부 요소들이 소련에 있다고 생각했다. [그러나] 1989년에 동유럽의 스탈린주의 체제가 붕괴하면서 이런 환상도 파탄 났다. 많은 사람들은 이제 새로운 시대가 도래했다고 생각했다. 그들이 모종의 사회주의로 여기던 것이 먼지처럼 사라져 버렸(고 '자본주의'와 '서방'이 승리했)다. 이미 미국에서는 프랜시스 후쿠야마가 자유주의적 자본주의에 도전하는 거창한 이데올로기의 시대는 끝났다고 선언했다. 자본주의가 아닌 대안들은 실패했고, 거창한 대안들이 경쟁하는 이야기로서 역사도 끝났다는 것이었다. 미래는 이제 유일 초강대국이 된 미국의 우호적 보살핌을 받는 세계시장과 다국적기업들의 것이었다. 미국 대통령 조지 부시 1세는 1990년 9월 국제통화기금IMF에서 다음과 같이 연설했다. "오늘날 전 세계 지도자들은 시장의 힘에 의지해서 국민의 필요를 충족시킵니다. … 역사의 평결을 더는 기다릴 필요가 없습니다. 평결은 이미 내려졌습니다."[1] 이듬해에는 소련 자체가 8월의 실패한 쿠데타 뒤에 해체돼 버렸다. 스탈린주의 체제의 궤멸이 완수된 것이다. 보리스 옐친은 나중에 다음과 같이 말했다. "역사는 20세기가 1991년 8월 17일부터 … 8월 21일 사이에 근본적으로 끝났다고 기록할 것이다."[2]

국제 좌파는 정말로 방향감각을 상실했다. 각국 공산당은 붕괴하거나 사회민주주의 정당으로 변모했다. 그러나 그토록 획기적 변화처럼 보이던 것이 그토록 단명한 경우도 드물었다. 몇 년이 채 안 돼 전 세계에서 새로운 저항의 물결이 나타나 반세계화·반자본주의 운동을 이루기 시작했다. 이 운동은 놀랄 만큼 광범했다. 교회들이 세계경제의 부채 구조에 도전했다. 환경 운동가들은 오염을 유발하는 대기업에 맞서 싸웠다. 소비자들은 대기업이 유전자 조작 식품을 만들거나 가난한 사람들에게 절실히 필요한 의약품으로 폭리를 취하는 것을 우려했다. 또, 이런 도전들은 심층적이었다. 그것은 통제 불능이 체제의 기본 작동 방식인 듯한 세계, 심지어 민주적 선거로 다수의 염원이 분명히 표현됐을 때조차 소수가 다수의 염원을 짓밟아 버리는 세계에 대한 도전이었다. '반反'이라는 말은 강력하다. 그것은 대충 얼버무리는 말이 아니라, 반대한다, 거부한다는 뜻이다. 그것은 소수에게는 너무 많이 주고 다수에게는 가장 기본적인 것조차 주지 않는 이 세계 질서가 근본적으로 잘못됐다는 생각(때로는 도덕적이고, 때로는 이론적인 생각)이 얼마나 강력한지를 보여 준다. 1990년대에 이런 잘못된 현실을 가장 분명히 보여 준 통계 수치는 아마 1996년도 유엔 인간개발보고서에 나오는 것일 듯하다. "거의 90개 국은 10년 전보다 경제 사정이 나빠졌다. … 선진국과 개발도상국의 1인당 소득 격차는 1960년 5700달러에서 1993년 1만 5400달러로 세 배나 벌어졌다. … 오늘날 세계 최고 억만장자 358명의 순자산은 가장 가난한 전 세계 인구 45퍼센트(23억 명)의 소득을 모두 합친 것과 맞먹는다."[3]

그러나 '반세계화'와 '반자본주의'라는 말은 약점도 있다. 왜냐하면 둘 다 뭔가를 부정하는 말이어서, 무엇을 반대하는지는 알겠지만 원하는 것이 무엇인지는 알 수 없기 때문이다. 바로 이 문제 때문에 소련이 오늘날에도 여전히 중요한 정치 쟁점인 것이다. 더 나은 세계가 가능한가 하는 문제의 중심에는 소련의 역사라는 문제가 자리 잡고 있다. 동구권이 존재할 때, 서방 자본주의가 아닌 대안에 관한 토론은 항상 그 문제로 귀결됐다. 그래서 사회주의에 공감하는 사람들도 흔히 "혁명이, 특히 중앙집중적 정당이 통제하는 혁명이 결국 어떻게 되는지는 소련의 역사가 보여 주지 않나요?" 하고 물었다. 사회주의에 적대적인 사람들은 그냥 "소련으로 가라" 하고 소리를 지르며, 서방 사회에 대한 비판을 틀어막았다. 서방 자본주의를 지지하는 가장 큰 논거는 스탈린과 그 후계자들이 지배한 소련인 듯했다. 만약 소련이 사회주의 사회였다면, 누가 과연 그런 사회를 원하겠는가? 소련에 살던 많은 사람들도 싫어했던 듯한데 말이다. 오래된 소련 농담 중에 다음과 같은 것이 있었다. "한 나라에서 사회주의를 건설하는 것이 가능한가? 물론이다. 그러나 다른 나라에서 사는 것이 더 낫다." 이 농담은 소련 사람 하면 떠오르는 이미지, 즉 감정이 메마르고 그저 시키는 대로 따르고 '진보'의 이름으로 무슨 짓이든 저지르는 전형적 공산주의자 이미지가 틀렸음을 알려 준다. 그러나 소련을 대안적 미래 사회로 보는 것은 근본적으로 틀렸다는 점도 확인시켜 준다.

그리고 실제로 소련은 근본적 문제가 있었다. 그러나 환상 때문에 여전히 소련에 끌린 사람들도 있었다. 또, 소련의 힘에 끌린 사람들도 있었다. 주요 기념일에 모스크바의 붉은광장에서 탱크와 미사일을 동원해 거행된 열병식은 확실히 인상적이었고 많은 좌파가 소련 체제를 정당화하는 데 도움이 됐다. 그리고 냉전 시대에 지배적 견해는 '미국 지지'나 '소련 지지' 둘 중 하나였다. 소련이 사회주의라는 것을 부정하고 스탈린주의에 반대하는 대안적 좌파 전통이 존재한다는 것은 성가신 괴짜들의 이야기에 불과한 듯했다. 그런 좌파들은 거의 보잘것없고 기껏해야 무시당하는 존재였다.

그러다가 1989~1991년에 이 모든 것이 무너지기 시작했다. 소련의 힘은 이제 아무것도 정당화해 주지 못했다. [1919년에] 미국 언론인 링컨 스테펀스는 내전이 한창이던 러시아를 방문하고 나서 다음과 같이 유명한 말을 했다. "나는 러시아에서 미래를 봤고, 그것은 잘 돌아가고 있다." 그러나 그것이 잘 돌아가지 않았다는 것은 이제 분명하다. 그것의 실패는 오래 걸렸지만 1991년에 마침내 완성됐다. 그러자 서방은 기고만장했다. 서방 자본주의는 유일하게 실행 가능한 체제임을 스스로 입증했고, 동구권 사람들은 이제 서방 자본주의를 향해 내달리고 있었다. 환상을 버릴 때가 온 것이다. 그러나 이 초기 단계에서조차 상황은 좀 더 복잡해 보였다. 옛 동구권 사람들이 구질서를 거부하고 있는 것은 확실했지만, 그렇다고 해서 새로운 질서를 열렬히 환영하는 것 같지도 않았다. 본능적으로 많은 사람들은 이른바 [체제] '전환'의 한계를 알고 있었다.

어떤 폴란드 부인은 오늘날 재활용된 공산당, 즉 다원주의의 미덕을 기적적으로 발견한 공산당에 대해 곰곰 생각해 보더니 지금까지의 역대 폴란드 정부는 "똑같은 똥 더미에 달라붙은 서로 다른 파리들!"이라고 말했다.[4]

그러므로 소련의 실패를 어떻게 이해하는지는 과거를 이해하는 데뿐 아니라 미래의 정치를 위해서도 중요하다. 환상을 걷어 내는 것은 전진하는 데 도움이 될 뿐 아니라, 어떻게 전진해야 할지를 아는 데도 도움이 된다. 특히 그것은 위로부터 국가권력에 의지해서 문제를 해결하는 것이 대안이라는 생각이 얼마나 위험한지를 보여 준다. 기억상실은 기억과 다르다. 기억상실은 잊어버리는 것이고, 일부 좌파들은 러시아를 잊어버리고 싶어 한다. 반면에, 기억은 과거를 간직하고 분석해서 현재와 미래를 이해하는 데 도움을 얻으려는 것이다.

러시아 역사에 관한 최상의 설명은 모두 과거와 현재와 미래를 연결하지만 그 방식은 서로 다르다. 예컨대, 보수적·자유주의적 관점은 1917~1991년의 러시아 역사 전체를 하나의 거대한 전체주의적 악몽으로, 즉 새로운 유토피아를 창조하려는 이데올로기 운동에 고무돼 일어난 끔찍한 사건으로 일축한다. 전체주의적이라는 말 자체는 나쁜 말이 아니다. 얄궂게도, 그 말을 처음 사용한 사람들 중에는 1930년대에 스탈린 치하 소련을 비판한 좌파들도 있었다. 그러나 이론으로서 전체주의, 즉 소련의 모든 것을 지도부·이데올로기·억압으로 설명하려 드는 이론은 완전히 다르다. 이런 주장은 냉전 시대에 서방 보수주의자들이 급진적 사회변혁의 가능성을 공격하려는 노력의 일환이었다. 옛 공산주의자들도 과거에 자신이 했던 충성을 뉘우치면서 그런 주장을 받아들였다. 그들은 전에는 소련이 사회주의 사회라는 것을 항상 의심하던 다른 좌파들의 주장을 한사코 거부하더니 이제는 정반대로 튀어서 우파들의 주장을 그대로 받아들인다. 더 충격적인 사실은 1990~1991년 이후 러시아의 주요 평론가와 정치인들도 똑같은 길을 따라갔다는 것이다. 언뜻 보면 그들이 소련을 '전체주의'의 사례로 강력하게 비난하는 것은 급진적인 듯하지만 그 함의는 역사적으로 보든 현재와 미래의 정치라는 면에서 보든 완전히 보수적이다.

전체주의 이론은 불신당한 소련 체제의 자기 이미지를 뒤집어 놓은 것이라 할 수 있다. 소련의 이데올로기는 지도부의 구실, 지도자가 레닌에서 스탈린으로, 또 다음 세대로 계승된 방식, 국가 보안 기관의 기능 등을 긍정적으로 강조했다. 전체주의 이론은 똑같은 특징을 인정하면서도 비난한다는 점이 다를 뿐이다. 또, 전체주의 이론은 연속성을 강조한다. 즉, 레닌 시대의 러시아와 스탈린·흐루쇼프·브레즈네프에 이어서 고르바초프 초기까지의 소련을 동일시하면서, 마치 1917년 이후의 시대는 그냥 똑같았다는 식으로 이야기한다. 이 때문에 그 이론은 지도자들의 상명하복식 행동을 제외하면 변화를 설명하기 힘들고, 지도자들의 행동조차 일관되게 설명하지 못한다. 소련 역사에 관한 최고 권위자 중 한 명인 모셰 러빈은 '전체주의' 이론을 일축하면서 다음과 같이 인상적인 말을 남겼다. "그 이론은 공허하고 자족적이라는 면에서 그 자체로 '전체주의적'이다. 소련에서 일어난 변화의 메커니즘을 전혀 알아차리지 못했고, 역사적 과정을 조금도 설명하지 못했기 때문이다."[5] 1991년 이후 전체주의 이론이 인기를 끌었지만, 전형적 형태의 전체주의 이론은 소련의 내부 변화 가능성을 부정했다. 그 이론은 억압의 중요성을 특히 강조했고, 따라서 (대중의 원자화로 말미암아) 정권에 대항하는 행동이 조직될 수 없는 사회임을 매우 강조했기 때문이다. 소련에 관한 전체주의 이론의 정수를 제시했다고들 하는 멀 페인소드는 "전체주의 체제는 … 그 손에서 권력을 빼앗으면 죽는다"고 말했다.[6] 이런 약점 때문에 많은 서방 평론가들은 1970년대와 1980년대에 전체주의 이론을 멀리했다.

그러나 소련이 해체되자 전체주의 이론의 평판이 높아졌다. 서방에서는 마틴 말리아와 리처드 파이프스 같은 역사가들이 기회는 이 때다 싶어 자신의 역사 저작에서 전체주의 이론을 다시 주장하고 발전시켰다.[7] 러시아 안에서도 전체주의 이론이 널리 받아들여졌다. 소련군 장성이었다가 역사가로 변신한 드미트리 볼코고노프의 사례는 유명하다. 그는 과거에는 체제 선전가이자 군사고문으로서 국내외에서 평판이 안 좋았다. 그러나 이제는 자신이 소련의 문서 보관소를 뒤져서 역사를 연구한 것은(전체주의 이론의 관점에서 소련 역사를 서술한 것이 그 절정이었다) 과거에 체제의 충성스러운 하인으로서 저지른 악행, 그러나 잘못 인도돼 저지른 짓을 속죄하려는 노력이라고 주장한다. 그러나 전체주의 이론은 그가 속죄하기보다는 사면받으려는 것을 도와준다. 그가 주장하듯이 만약 소련 체제가 전능했다면, 다른 모든 사람들과 마찬가지로 그도 역시 체제의 피해자일 뿐이기 때문이다. 실제로 그는 죽기 직전에 완성한 마지막 책에서 다음과 같이 말했다. "위로는 소련공산당 서기장부터* 아래로는 평당원에 이르기까지 우리는 모두 (레닌주의라는 소련 종교와 모순되는 것은 일절 용납하지 않았던) 볼셰비즘의 피해자였다."[8] 여기서 소련의 과거를 폭로하고 전면 비난하는 볼코고노프의 피상적 급진성은 완전히 사라져 버린다. 전체주의 이론의 실제 효과는 개인적으로는 볼코고노프가, 더 일반적으로는 러시아 지배자들이 구질서

---

* 사무국(서기국)의 책임자를 뜻하는 general secretary는 사무국장(사무총장), 서기장, 총서기, 간사장 등으로 번역되는데, 흔히 스탈린 이후 소련공산당 사무국 책임자를 서기장으로 표기해 온 관행을 따랐다.

에서 누리던 지위를 새 질서에서도 차지하려고 애쓰는 것을 정당화해 준다는 것이다. 그들의 주장은 다음과 같다. '맞다, 구체제는 야만적이고 억압적이고 잔인했다. 우리가 구체제의 운영을 도와준 것도 사실이다. 그러나 우리에게 선택의 여지가 있었나? 우리는 모두 피해자다. 그러니 죄 없는 자가 우리에게 돌을 던져라.' 사실 이렇게 비틀어 놓고 보면, 과거의 이미지가 더 억압적일수록 지금 (구체제에서 신체제로 충성의 대상을 바꾼) 변절자들이 받는 사면도 더 커지는 것이 전체주의 이론의 효과다.

그러나 과거에도 선택의 여지는 있었다. 볼코고노프와 다른 선택을 한 사람들도 있었던 것이다. 예컨대, 볼코고노프는 [소련의 작가] 솔제니친이 억압의 실상을 폭로하려 했을 때 그를 탄압한 장본인이 바로 자신이라는 사실을 당혹스러워하며 인정할 수밖에 없었다. 우리는 소련에 대한 솔제니친의 분석에 동의하지 않는다. 그러나 소련의 역사를 어떻게 설명하든, 솔제니친을 비롯한 반체제 인사들이 용감하게 들고일어났다가 고초를 겪은 반면 볼코고노프 같은 자들은 그러지 않았다는 사실은 분명하다. 가해자와 피해자는 결코 똑같지 않았건만, 전체주의 이론은 이 사실을 못 보게 만들기 때문에 더 나쁘다.

그러나 전체주의 이론의 구실은 구질서에서 잘못을 저지른 자들을 보수적 동기에서 사면해 주는 데서 그치지 않는다. 전체주의 이론은 서방의 정책을 은폐하는 데도 유용하다. 서방은 소련 지도자들에게 대항하는 소련 국민의 친구를 자처했지만, 바로 그 소련 지도자들이 '전체주의적 과거'와 결별하자 서방은 이른바 '현실 정치'

를 앞세워 소련 국민을 거들떠보지도 않았다. 서방은 오히려 고르바 초프를 지지하기 시작했다. 옐친과 푸틴 역시 구체제의 산물이었지만 서방의 관대한 대접을 받았다. 1987년에 [영국 총리] 마거릿 대처는 고르바초프가 괜찮은 거래 상대라고 말했다.[9] 미국과 영국 정부는 소련에서 분리 독립하려는 [소수민족] 운동들을 탄압하는 고르바초프를 지지했다. 발트해 연안 국가들에서 [분리 독립을 요구하는] 시위대에게 [소련군이] 발포한 지 두 달 뒤인 1991년 3월에 영국 외무부 장관 더글러스 허드는 "민족주의적·인종적 압력에 대항해 분투하는 소련 대통령 미하일 고르바초프를 서방은 계속 지지한다는 분명한 신호"를 보내기 위해 일부러 우크라이나 수도 키예프에서 연설했다.[10] 1990년 5월에는 미국 대통령 부시 1세의 보좌관이 다음과 같이 말했다는 보도도 있었다. "우리는 리투아니아 주부들이 토요일 아침에 커피를 끓일 수 없다는 이유만으로 정상회담을 취소하지는 않을 것입니다."[11] 사실 인구가 400만 명도 안 되는 작은 나라 리투아니아에서 엄청나게 많은 사람들이 시위를 벌이며 독립을 요구하고 있었다. 수도인 빌뉴스에서 20만 명이 거리로 쏟아져 나온 적도 있었다. 고르바초프가 실각하자 서방 정치인들, 특히 미국과 영국의 정치인들은 이제 보리스 옐친을 훨씬 더 열렬히 지지했다.[12] 그러다가 2000년에 푸틴이 집권하자 서방은 또 재빨리 푸틴 지지로 돌변해서 사실상 러시아의 진정한 민주주의자들을 내팽개쳤다. 영국 총리 토니 블레어는 심지어 푸틴의 선거운동을 도와주기도 했다.[13]

이론으로서 전체주의는 이점이 하나 더 있다. 오늘날 다양한 전체주의 이론을 하나로 묶어 주는 것은 '유토피아'를 강조한다는 점이다. 즉, 평등과 정의라는 새로운 이상을 무력으로 세계에 강요하려 한 것이 볼셰비즘의 원죄라는 것이다. 망명한 역사가 두 명이 함께 쓴 유명한 소련 역사책의 제목이 《권력을 잡은 유토피아》였다.[14] 이런 주장은 스탈린주의라는 이데올로기와, 혁명 자체에서 생겨난 사상의 차이를 완전히 오해하고 있다. 나중에 다시 살펴보겠지만, 스탈린주의는 급진적 유토피아에서 영감을 얻은 사상이 결코 아니고 오히려 지극히 보수적인, 계급 지배 이데올로기였다. 다만 여기서는 이렇게 '유토피아'를 비판하는 주장이, 1991년과 다른 방향의 급진적 변화가 가능하다는 생각을 몽상으로 치부하는 데 이용된다는 사실이 중요하다는 점만 짚고 넘어가겠다. 실제로 이런 주장은 권력과 특권의 불가피성에 의문을 제기하는 사람들의 정당성을 약화시키고, 이른바 [체제] '전환' 물결에 올라타는 데 성공한 자들의 부정한 이득을 정당화하는 데 도움이 된다. 그런 자들이 권력을 강화하고 부를 과시하는 것을 정의와 도덕의 이름으로 비판하는 사람들은 오히려 새로운 야만으로 가는 디딤돌을 놓고 있다는 식으로 말이다. 소련 붕괴 이후 러시아 자유주의의 지도적 인물이라 할 수 있는 그리고리 야블린스키가 바로 그런 주장을 했는데, 아마 그는 다음과 같은 자신의 말에 어떤 함의가 있는지를 충분히 알지 못했을 것이다. "사회정의라는 사상은 지금까지 존재한 가장 위험한 정치사상 가운데 하나다. 사회정의를 위한 투쟁은 끔찍한 결과를 낳을 뿐이라는 사실은 거듭거듭 입증됐다."[15] 1990년대에 10퍼센트의 승자들이 (다수의 패자들이 매료될 수 있는) 잠재적 비판을 가로막는 데 이보다 더 좋은 주장은 없었을 것이다.

그러므로 어떤 소련 역사 [서술]도 무색무취할 수 없다. 각각이 함축하는 의미는 다르다. 우리 자신의 주장은 네 단계를 밟아 나갈 텐데(각 단계는 그 자체로 논쟁적이다), 여기서 그것들을 분명히 제시하는 것도 좋을 듯하다.

첫째는 소련 역사가 연속적이지 않고 **불연속적**이라는 것이다. 1917년에 진정한 노동자 혁명이 일어났지만, 그 혁명은 우여곡절 끝에 변질돼 버렸다. 이것은 1917년 [혁명] 자체에 관한 주장과 대안적 결과의 가능성에 관한 주장을 모두 포함한다. 1917년의 희망과 염원은 나중에 벌어진 일과 완전히 다르다는 사실, 즉 스탈린의 공포정치는 1917년의 기억과 그 기억을 간직한 사람들을 겨냥한 것이기도 했다는 사실은 '레닌에서 스탈린까지' 단순한 논리적 연속성이 있다고 믿는 사람들에게 항상 엄청난 장애물 구실을 했다. 안톤 안토노프옙세옌코는 1937년 스탈린 정권이 살해한 볼셰비키 지도자의 아들이고 그의 어머니는 스탈린의 강제수용소에서 자살했으며 그 자신도 어린 시절을 강제수용소에서 보냈다. 그는 [스탈린 시대의 쓰라린 역사를 다룬 책에서] 볼코고노프나 파이프스처럼 격렬하게 스탈린을 비난하지만 그 함의는 완전히 다르다.

우리 아버지이자 혁명가인 블라디미르 안토노프옙세옌코는 차르* 체제에 맞서 싸우고 10월 무장봉기에 참여하고 내전 때 이런저런 부대들을 지휘하셨다. 우리 아버지는 추잡한 범죄자가 크렘린을 차지할 수 있게

---

* 차르 러시아 황제의 칭호.

하려고 그러신 것이 아니었다. 스탈린은 수많은 다른 혁명가들을 살해한 것처럼 우리 아버지도 살해했다.[16]

블라디미르 안토노프옵세옌코를 비롯한 많은 혁명가들이 원래 쟁취하고자 했던 대안은 실현되지 않았다. 그러나 이것은 1917년부터 예정된 결과가 아니었다. 나중의 상황, 즉 격렬한 내전으로 파괴된 러시아에 혁명이 고립된 상황의 결과였다. 바로 여기서 진정한 변질 과정이 시작됐다. 그래서 피터 세지윅은 스탈린주의가 레닌의 초기 저작들에서 끌어낸 이데올로기적 논리까지 거슬러 올라갈 수 있다는 생각을 거부하며 다음과 같이 말했다. "레닌의 초기 주장의 '주관적' 결함에서 비롯한 요인들을 굳이 거론하지 않더라도, 러시아 혁명과 내전의 '객관적' 사회 상황이 이미 대중의 혁명적 물결을 잠재울 수 있는 충분한 조건을 포함하고 있었다."[17]

그렇다고 해서 전에 일어난 일과 나중에 일어난 일이 완전히 무관하다는 말은 아니다. 스탈린 체제는 혁명의 변질 과정에서 등장했으므로 그 체제의 요소들은 분명히 그 이전 상황과 관련이 있었다. 요점은 그것들이 예정돼 있지 않았다는 것이다. 혁명에 내재한 어떤 논리 때문에 스탈린 체제가 등장해서 발전한 것이 결코 아니었다. 빅토르 세르주는 트로츠키와 가까운 [좌익]반대파였고 그 자신도 한동안 투옥된 경험이 있는 사람인데, 이 관계를 다음과 같은 말로 잘 표현했다.

흔히 "스탈린 체제의 싹은 모두 처음부터 볼셰비즘 안에 있었다"고들 말한다. 글쎄, 그럴지도 모르겠다. 그렇지만 볼셰비즘 안에는 다른 많은 씨앗, 무수히 많은 다른 씨앗도 있었다. [처음으로] 승리한 [사회주의] 혁명의 초창기에 열광했던 사람들은 그 사실을 잊지 말아야 한다.[18]

이 비유를 확장해서, 왜 어떤 씨앗은 잘 자라고 다른 씨앗은 그러지 않았는지를 알려면 우리는 씨앗이 떨어진 땅을 살펴봐야 하고 물과 양분 공급은 어땠는지도 봐야 한다.

그러나 혁명이 변질됐다는 말은 무엇으로 변질됐는가 하는 물음을 제기한다. 이 책의 4~8장에서는 스탈린 체제가 모종의 사회주의(변질됐든 안 됐든)로 발전하지도 않았고, 자본주의도 사회주의도 아닌 독특한 사회로 발전하지도 않았다고 주장할 것이다. 스탈린 체제는 20세기 자본주의의 한 변형인 관료적 국가자본주의였다. 이런 주장은 새로운 것이 아니다. 국가자본주의 이론의 요소들은 1930년대에 개발됐다. 제2차세계대전 후에 토니 클리프는 당시에는 거의 주목받지 못한 저작에서 소련을 국가자본주의로 규정한, 우리가 보기에 가장 일관된 이론을 제시했다.[19] 그러나 비평가들은 흔히 그 이론을 무시했다. 그들은 국가자본주의 이론이 소련과 자본주의의 본질을 모두 오해하고 있다고 주장했다. 이런 비판에 우리는 기꺼이 정면으로 대응한다. 소련이 관료적 국가자본주의 형태로 발전했다는 주장은 소련 사회의 독특한 성격뿐 아니라 자본주의의 본질에 대해서도 뭔가를 말하고 있다. 소련이 자본주의였다는 말은 자본주의의 기본 특징들(경쟁·착취·소외·계급 등)이 소련에서도 발견된다는 말이다. 특히, 우리가 보기에 소련의 발전 양상을 설명해 주는 핵심 요인은 바로 다른 자본주의 열강과 소련의 경쟁(부분적으로는 경제적 경쟁이었지만 결정적으로 중요한 것은 군사적 경쟁)이었다. 다른 이론들은 소련 발전의 동역학이라는 이 문제 앞에서 침묵한다. 예컨대, [소련] 체제의 작동 방식에 관한 전통적 설명들은 "계획 입안자들이 선호하는 것"을 말하고 나서 그런 계획을 실행하는 데 어떤 어려움이 있었는지를 조사한다. 그러나 계획 입안자들이 왜 그런 것을 선호했는가 하는 빤한 물음에는 답을 하지 않는다. 똑같은 문제는 소련 체제의 내적 본성을 따로 떼어 내 설명할 때도 발생한다. 그 결과는 마치 육교 위에 서 있는 관찰자가 된 것과 약간 비슷하다. 저 멀리서 차들이 무리 지어 달려오는 것이 보인다. 가까이 다가올수록 그 차이가 뚜렷이 드러난다. 차들의 속도가 서로 달라서, 앞서 오는 차도 있고 뒤에서 얼른 따라잡고 앞지르려고 애쓰는 차도 있다. 디자인이 멋진 차도 있고, 배기가스를 내뿜는 차도 있다. 차들이 더 가까이 오면 엔진 소리가 서로 다르다는 것도 알 수 있다. 또, 성능이 서로 다르다는 것도 분명히 드러난다. 차들이 육교 아래를 지나가면 우리는 서로 본 것을 이야기하면서 다양한 성능에 감탄을 하겠지만, 아무도 근본적 물음을 던지는 데는 관심이 없는 듯하다. 즉, 왜 그 차들은 경주를 하는가? 왜 모두 똑같은 방향으로 달리는가?

그러나 국가자본주의 이론의 주장은 여기서 그치지 않는다. 소련은 단순히 자본주의였던 것이 아니다. 자본주의의 기본 특징들이 협소한 법률적 의미의 사적 소유가 아니라 국가 소유로 표현됐다는 의미에서 '국가자본주의'였다. 사실 클리프는 한 걸음 더 나아가서, 소련 체제를 '관료적 국가자본주의'로 규정했다. 그것은 소련 체제의 가장 중요한 내적 메커니즘이 매우 경직되고 융통성 없고 관료주의적 성격을 띠었다는 점을 반영한 것이었다. 이 각각의 주장들을 뒷받침하는 역사적 증거, 즉 동역학·착취·이데올로기·계급 등의 문제는 뒤에서 다시 살펴볼 것이고, 그것들이 얼마나 설득력 있는지는 독자들이 판단할 몫이다. 그러나 우리의 주장이 함의하는 바는 자본주의가 흔한 통념보다 더 복잡하다는 것이다.

나라마다 독특한 요소들이 있겠지만, 우리는 소련 체제에 독특한 것으로 여겨지던 많은 것들이 따지고 보면 현대 자본주의 자체에 존재하는 요소들이 확대된 것이고 더 집약적 형태로 나타난 것이라고 주장한다. 이 문제에서도 소련을 다룬 많은 저작들은 현대 자본주의를 우스꽝스럽게 묘사하는 설명에 의존한다. 흔히 전통적 주장은 "소련이 자본주의가 아닌 이유는 자본주의란 이러저러한 것이기 때문이다" 하고 말하고 나서, 역사적으로 존재한 적이 있더라도 오래전에 사라져 버린 자본주의 모형들을 열거한다. 국가라는 중요한 문제를 살펴보자. 역사적으로 자본주의가 발전하는 데 필수적인 구조들은 국가에 의존해서 만들어졌다. 그러나 국가가 직접 생산자로서 하는 구실, 공장과 생산 시설의 소유자로서 하는 구실도 중요했다. 자본주의는 서로 경쟁하며 끊임없이 상호작용하는 기업들과 국가들의 세계로서 존재한다. 자본주의 체제가 발전할수록 이 국가라는 요소는 더 중요해졌다. 극단적 사례로서 전시에 자본주의는 근본적으로 서로 경쟁하는 국가들의 전쟁경제 체제가 된다. 그러므로 '국가자본주의'는 정도 차이는 있었지만 항상 자본주의 체제의 일부였다. 혁명 전에 "러시아 국가는 러시아에서, 아니 전 세계에서 최대의 지주이자 최대의 상인이자 최대의 자본 소유자가 됐다"는 버트럼 D 울프의 말은 약간 과장이지만 사실이다. "엄청난 군대의 수요 때문에 러시아 국가는 사기업의 가장 큰 소비자이기도 했다. 그래서 세계 최대의 관료 기구가 생겨났다."[20] 따라서 사회주의는 본질적으로 '국가 통제'라는 주장, 그리고 국가 통제는 어쨌든 자본주의와 모순된다는 주장은 터무니없는 소리다. 사실 이것은 마르크스와 엥겔스가 분명하게 반대한 주장이었고, 1917년에 볼셰비키도 반대한 주장이었다. 왜냐하면 그들은 사회주의가 전시의 국가자본주의를 부정하는 것이라고 봤기 때문이다. 그러나 이런 분석은 더 발전하지 못했고, 그래서 자본주의에 대한 근본적 이해는 더 빈약해졌다.

20세기가 지나면서 세계 자본주의를 분석할 때 국가의 중심적 구실을 빼놓는다는 것은 훨씬 더 이상한 일이 됐다. 국가의 구실이 계속 증대했기 때문이다. 이 점은 앵거스 매디슨이 수집한 다음 자료를 봐도 알 수 있다.

표 1.1. 국내총생산GDP에서 정부 지출이 차지하는 비율(경상가격, 단위: 퍼센트)[21]

	1913년	1938년	1950년	1973년	1999년
미국	8.0	19.8	21.4	31.1	30.1
영국	13.3	28.8	34.2	41.4	39.7
독일	17.7	42.4	30.4	42.0	47.6
프랑스	8.9	23.2	27.6	38.8	52.4
네덜란드	8.2	21.7	26.8	45.5	43.8
일본	14.2	30.3	19.8	22.9	38.1
각국 평균	11.7	27.7	26.7	36.9	41.9

따라서 '사적 자본'은 이런 국가의 구실 증대를 항상 반대한 것이 아니라, 흔히 기꺼이 지지했다. 1946년에 영국의 어떤 보수당 정치인은 다음과 같이 노골적으로 말했다. "경기가 별로 좋지 않을 때는 국가가 개입해야 하고 경기가 좋을 때는 개입하지 말아야 한다는 것이 내 생각이다. 다시 말해, 그것은 나라의 시장 상황에 따라 결정돼야 하는 정책이다."[22] 심지어 세계화의 영향으로 이른바 국가의 '후퇴'가 시작된 지 20년이 지난 오늘날에도 현대 자본주의의 심장부에서 국가는 여전히 엄청난 경제적 구실을 하고 있다.

국가자본주의의 이런 동역학을 이해하려면, 자본주의가 세계 체제라는 사실도 알아야 한다. 즉, 자본주의에서 경쟁의 형태는 상품 경쟁뿐 아니라 국가 간 군사적 경쟁으로도 나타난다는 것이다. 이런 주장은 니콜라이 부하린이 《제국주의와 세계경제》에서* 했다. 그 책에서 부하린은 현대 자본주의에서 군국주의가 하는 중요한 구실, 그리고 국가 간 경쟁과 군국주의의 관계를 잘 보여 줬다.[23] 이런 연관을 설명한 사람은 부하린만이 아니었지만, 아마 그는 다른 어떤 이론가보다 더 분명하게 경쟁의 형태가 다음 세기에 어떻게 바뀔지를 예견한 사람일 것이다.

그러므로 이런 통찰은 우리가 주장하는 소련의 독특한 발전 방식뿐 아니라 자본주의의 일반적 발전 양상을 이해하는 데서도 중요하다. 실제로, 소련에만 있는 독특한 요소이므로 '자본주의'와 양립할 수 없다고 흔히 오해하는 많은 것들이 현대 자본주의의 군사적 부

---

* 국역: 《세계경제와 제국주의》, 책갈피, 2018.

문에는 많다. 평론가들이 더 과감하게, 그리고 더 체계적으로 이런 요소들을 자본주의의 정상적 기능의 일부로서 분석했다면, 소련뿐 아니라 세계 전체를 이해하는 데도 많은 도움이 됐을 것이다. 예컨대, 급진적 경제학자 하워드 셔먼은 1970년대 초에 다음과 같이 지적했(지만 역시 그 함의를 끝까지 추적하지는 않았)다.

미국 국방부는 … 소련을 제외하면 세계 최대의 계획경제다. 국방부가 쓰는 돈은 모든 미국 기업의 순이익보다 더 많다. 1969년에 국방부는 대규모 군사시설 470곳, 그보다 더 작은 시설 6000곳을 거느렸고, 3900만 에이커의 토지를 소유했고, 1년에 800억 달러를 썼고, 주 계약 업체 2만 2000곳, 하도급 업체 10만 곳과 거래를 했다. 이렇게 군대와 군수생산에 직접 고용된 인구가 미국 전체 노동인구의 약 10퍼센트였다.[24]

그 함의는 다른 중요한 분야로도 확대된다. 소련에 대한 우리의 분석이 옳다면, 1991년의 스탈린주의 체제 해체와 이후의 전환은 많은 사람들의 생각과 달리 근본적 변화가 아니었다고 결론지을 수 있다. 우리가 보기에 1991년의 격변은 정치혁명과 자본주의의 형태 변화(국가자본주의에서 시장 형태로 변화)가 결합된 것이다. 정치혁명으로 민주주의가 어느 정도 허용됐고, 그래서 독립적 조직의 가능성이 생겨났다. 그러므로 정치혁명은 엄청난 성과이고 그 중요성을 무시해서는 안 된다. 그러나 우리가 주장하듯이 자본주의의 형태만 바뀌었을 뿐이라는 생각은 이른바 [체제] 전환의 중대한 수수께끼처럼 보이는 것(놀랍게도 상층의 지배자들이 바뀌지 않았다는 것)을 이해하는 열쇠다. 소련이 자본주의가 아니었다고 강조하는 사람들은 어떻게 해서 구체제를 운영하던 바로 그 집단이 계속 운영하는 자본주의가 출현할 수 있었는지를 설명하지 못한다. 만약 가장 기본적인 사회관계의 성격이 질적으로 변했다면, 구질서의 그토록 많은 부분과 많은 지배자들이 그냥 새로운 체제로 전향하는 일이 어떻게 가능했겠는가? 이것은 전혀 예상할 수 없고 예측할 수 없는 일이었다. 예컨대, 러시아 학술원의 사회학연구소에서 엘리트학을 관장하는 올가 크리시타놉스카야가 이런 전환의 극히 일부를 다음과 같이 묘사하는 것을 보라.

어떤 정부 부처가 폐지되고 그 자리에 주식회사 형태의 기업이 들어선다(똑같은 건물에 똑같은 가구와 똑같은 사람들이 그대로 남아 있다). 그 부처의 책임자는 사퇴한다. 기업 주식의 지배 지분은 국가의 수중으로 넘어가고, 나머지는 옛 부처의 지도부에게 분배된다. 대개는 폐지된 부처에서 서열 2위나 3위였던 인물이 새 기업의 총수가 된다.[25]

이것은 봉건제에서 자본주의로, 또는 자본주의에서 사회주의로 바뀌는 사회혁명의 시기에 집중적 변화가 일어나는 것과 완전히 다르다. 1789년 프랑스 혁명이나 1917년 러시아 혁명, 심지어 1928~1929년 스탈린의 반혁명과 결코 비교가 안 되는 것이다. 크리시타놉스카야가 묘사한 변화는 훨씬 협소하다. 물론 다른 이들과 마찬가지로 크리시타놉스카야도 자신이 아주 생생하게 묘사한 현상의 함의를 완전히 끌어내기를 꺼리지만, 우리는 그럴 필요가 없다.

그 전환으로 말미암아 소련에서는 광범한 경제적·사회적 붕괴가 일어났다. 그 붕괴의 피해자는 평범한 소련인들이었는데, 그들은 구체제에서도 피해자였다. 그러나 상층의 권력 전환 덕분에 구질서의 지도자들은 자신들의 지배력을 새로운 형태로 강화할 수 있었을 뿐 아니라 개인적으로도 막대한 부를 얻을 수 있었던 반면에, 그들을 떠받치던 수많은 사람들은 더 가난해지고 심지어 수명도 짧아졌다.

이런 일이 일어날 수 있었던 유일한 이유는 구체제와 사회주의를 동일시했기 때문이다. 그 결과 사회변혁의 전망이 협소해져서, 오직 두 가지 대안만이 존재하는 것처럼 생각하게 됐다. 즉, 구질서로 돌아가거나 아니면 서방 자본주의에 더 가까운 형태로 체제를 개조하는 방법뿐이었다. 대중에게 그 결과는 거의 재앙이나 마찬가지였다. 왜냐하면 그들은 '시장 스탈린주의'라고 옳게 불리는, 새로운 상명하복 이데올로기 실험의 대상이 됐기 때문이다.

구질서와 신질서의 피해를 원상회복하는 것은 엄청난 과제다. 그것은 20세기 러시아의 역사를 바로잡지 않고는 시작할 수 없는 일이다. 이 책은 바로 이 과제에 기여하고자 한다. 이 책은 이론적 논문의 형태를 취하지 않는다. 비판적 좌파가 20세기 러시아 역사의 중대한 문제들을 다룬 이론적 논문들은 있다. 또, 다양한 이론적 견해의 장단점을 따져 가며 학술지에서 논쟁을 벌인 문헌도 상당히 많고, 나 자신도 여기에 작게나마 기여했다.[26] 소련에 관한 어떤 연구도 이런 문헌을 무시할 수 없고, 이 책도 여러 군데에서 그런 문헌들을 언급할 것이다. 왜냐하면 과거에 대한 우리의 이해는 '이론'으로 뒷받침돼야 하기 때문이다. 그러나 '이론'은, 심지어 러시아 문제에 관한 논쟁에서 흔히 등장하는 것보다 더 훌륭한 이론일지라도 단지 사건들의 실상을 이해하는 수단일 뿐이다. 이론은 실제 역사를 해명하는 데 도움이 될 때에야 비로소 생동하기 시작한다. 바로 그것이 이 책의 관심사다.

우리의 목표는 소련의 과거를 모든 측면에서 다루는 것이 아니다. 그보다, 이하의 본문에서는 역사학의 연구 성과를 바탕으로 소련 역사의 핵심 주제 몇 가지를 살펴볼 것이다. 우리의 목표는 우리가 옳다고 생각하는 방법이 우월하다는 점을 입증하는 것이다. 이를 위해 그 방법이 어떻게 실제 사건들의 역사를 제대로 알려 주고 해명하는지를 보여 주려 한다. 그러므로 2장에서는 [러시아] 혁명의 진정한 급진성을 확인할 것이다. 3장에서는 1918~1928년에 혁명이 변질되는 과정을 분석한다. 4장에서는 스탈린 (사후) 체제의 동역학과 발전 양상이라는 결정적 문제를 살펴본다. 5장에서는 억압의 규모·성격·기능이 어떻게 변화했는지를 탐구한다. 6장과 7장에서는 사회 계급이라는 문제를 다루는데, 먼저 지배계급을 살펴본 다음에 노동계급의 구실을 다룰 것이다. 8장에서는 1990년대의 전환이라는 문제를 살펴볼 것이다.

2장

—

혁명

페트로그라드 푸틸로프 공장 노동자들의 집회(1920년).

혁명은 사람들을 엄청나게 변화시킨다. 그 변화가 어찌나 놀라운지 흔히 보고도 믿기 힘들 정도다. 우리가 사는 세계는 엄격히 통제되고 있어서 우리는 끊임없이 변화의 한계를 목격한다. 사람들이 급진화하는 순간들, 즉 파업과 시위 같은 대중적 저항이 벌어질 때는 변화가 실제로 일어날 수 있다고 느낀다. 그러나 그런 순간이 지나면 우리는 다시 익숙한 세계로 돌아온다. 그렇지만 혁명은, 특히 위대한 혁명은 엄청난 격변을 수반한다. 그런 혁명에서는 끊임없이 대중이 동원되는데, 이 점을 이해하려면 정말로 상상의 나래가 필요하다. 그 결과는 고무적이기도 하지만 불편한 진실처럼 느껴지기도 한다.

바로 그런 혁명이 1917년 2월 23일 러시아에서 시작됐다.[1] 그날 수도인 페트로그라드(240만 명의 인구 가운데 40만 명이 공장 노동자였다)의 섬유 공장 여성 노동자들이 파업에 돌입하고 거리로 뛰쳐나왔다. 이미 그전부터 긴장이 고조되고 있었지만, 더 경험 많은 사회주의자들은 세계 여성의 날을 이용해 파업을 벌이는 것에 미온적이었다. 걸작 《러시아 혁명사》에서 트로츠키는 "그날 파업을 촉구한 조직은 단 하나도 없었다"고 상기했다. "더욱이, 볼셰비키당에서 가장 투쟁적인 조직, 즉 모두 노동자로 이뤄진 비보르크[구區 — 헤인스] 위원회조차 파업에 반대하고 있었다." 그래도 23일 당일에는 다양한 좌파 조직들이 여전히 미심쩍어하면서도 좀 더 적극적인 반응을 보였다. 이런 반응을 고무한 볼셰비키 당원 바실리 카유로프는 "일단 대중 파업이 벌어지면, 모두 거리로 나오라고 호소해서 대중의 선두에 서야 한다"고 주장했다.[2] 그러나 실제로는 바로 그 지도자들이 대중의 뒤를 쫓아다니고 있었다.

파업은 순식간에 확대됐다. 나중에 집계된 수치들은 정확해 보여도 좀 미심쩍은데, 그래도 파업의 규모가 어느 정도였는지를 느낄 수 있게 해 준다. 2월 23일 파업에 들어간 노동자가 12만 8000명이었다. 2월 24일에는 21만 4000명, 25일에는 30만 5000명이 파업을 벌였다. 26일은 25일과 거의 똑같았고, 27일부터는 파업 노동자 수가 약 39만 명으로 늘어났다. 그들이 모두 공장 노동자는 아니었지만, 공장 지구에서는 거의 완전한 총파업이 벌어졌다. 2월 26일 저녁 [페트로그라드에 주둔 중인] 대규모 수비대에서 소수의 병사들이 상관의 명령에 거역하기 시작했다. 이튿날 군대는 시위 군중에게 발포하라는 명령을 받았지만 많은 병사들이 그 명령을 거부했고, 7만 명쯤 되는 병사가 시위대 편으로 넘어갔다. 2월 28일에 12만 7000명, 3월 1일에는 17만 명의 병사가 그랬다.[3] 군대가 충성을 거부하자 겨우 4년 전에 로마노프왕조 창립 300주년을 성대하게 축하했던 제정러시아는 무너졌다.

이 2월 혁명 기간에 많은 사상자가 나왔다. 433명이 죽고 1214명이 다쳤다는 계산도 있다. 특히 경찰이 군중에게 발포했다. 그 보복으로 경찰관 등 여러 관리들이 살해당했다. 두들겨 맞은 경찰관도 많았다. 시위 군중에게 발포하고 차르 정부의 앞잡이 구실을 한 경찰의 자업자득이었다.[4] 그러나 새로운 러시아가 축하 속에 태어났다. 페트로그라드에서 일어난 사건 소식을 전하는 신문이 전국의 기차역에 도착하자 거의 모든 사람들이 앞다퉈 새 정부에 충성을 맹세했다. 낡은 권력은 붕괴했다. 열광하는 군중은 변화를 기념하는 상징적 행진이나 대규모 대중 집회에 참여했다.

마치 러시아 사회가 제자리를 벗어나 왼쪽으로 엄청나게 이동한 듯했다. 우파들은 대부분 사라졌다. 남은 것은 자유주의적 중도파와 특히 좌파들뿐이었다. 이 점은 1917년 11월 말에 실시된 제헌의회 선거에서 매우 분명히 드러났다. 입헌민주당은(많은 당원들이 당시 유럽의 기준으로 보면 급진적 자유주의자였지만 러시아 상황에서는 '우파'였다) 겨우 5퍼센트를 득표했을 뿐이고, [입헌민주당을 포함해] 부르주아지와 지주의 정당들은 모두 합쳐 13퍼센트를 득표하는 데 그쳤다. 멘셰비키는 (서유럽의 많은 사회주의자들과 비교하면 열정적 사회주의자였지만) 겨우 3퍼센트를 득표했다. 볼셰비키와 동맹할지 말지를 두고 대다수 당원들의 의견이 갈린 사회혁명당이 44퍼센트로 가장 많이 득표했고, 가장 급진적인 정당인 볼셰비키가 25퍼센트를 득표했다.[5] 러시아인들의 압도 다수는 모종의 사회주의를 표방하는 정당에 투표했고(심지어 민족주의 정당들에 투표한 곳에서조차 그랬다), 대부분 온건한 사회주의 정당보다는 급진적 사회주의 정당을 지지했다.

이런 변화는 2월에 시작됐다. 차르 체제가 붕괴하자 다른 많은 것들도 정당성을 잃어버렸다. 사람들에게 신뢰를 받으려면 새로운 분위기에 동조하는 시늉이라도 해야 했다. 새로 발행된 사회주의 신문 하나는 다음과 같이 지적했다. "거리의 황색 언론이 '무당파 사회주의'를 자처하고 있다. 경제 신문들은 스스로 '현실주의적 사회주의'라는 보호색을 채택해서 다른 이미지를 보여 주려 하고, 은행 건물 위에는 혁명의 붉은 깃발이 보호막처럼 드리워져 있다." 이런 모습에서 당시의 변화가 어느 정도였는지를 가늠할 수 있다. 가장 반동적인 신문들이 하루아침에 모종의 사회주의(물론 진정한 사회주의는 아니다)에 충성하겠노라고 선언하는 것을 상상해 보라. 경제 신문들도 그렇게 선언했고, 무엇보다도 자본주의 체제의 안정성을 상징하는 대형 은행 건물에서 붉은 깃발이 바람에 나부꼈다.

모든 곳에서 새로운 가능성이 활짝 열렸다. 1917년에 가장 인기 있는 노래 중 하나였던 〈노동자 마르세예즈〉의* 가사에는 "구세계와 단절하자"는 구절이 있었다. 2월에는 가사를 아는 사람이 거의 없던 〈인터내셔널가〉도 점차 많이 불렸다. 좌파 정당들은 모두 〈인터내셔널가〉를 불렀다. 사람들은 새로운 미래를 향해 나아가고 있었다. 그것은 단지 러시아만의 미래가 아니었다. 1917년에는 어디서나 '국제'라는 말이 쓰였다. 당시 사진들을 보면 시위 군중이 들고 있는 현수막에 '국제'라는 단어가 많이 나온다. 대충 쓴 것도 있고 공들여 수놓은 것처럼 멋지게 꾸며진 것도 있다. 제정 시대에 만들어진 군함

---

* 〈라 마르세예즈〉 마르세유의 노래라는 뜻으로, 프랑스 혁명 때 불리기 시작한 혁명 가요였고 나중에 프랑스 국가(國歌)가 됐다.

들은 이제 시민호, 공화국호, 자유의새벽호 같은 새로운 이름으로
불렸다. 심지어 성매매 여성들도 호객 행위를 할 때 "약간의 동지애
를 나누자"고 외쳤다고 한다.[6]

　이런 것을 보며 순진하다고 폄하하기 쉽다. 많은 역사가들이 실제
로 그런다. 모든 혁명은 나중에 보수주의자들의 먹잇감이 된다. 그들
은 "[혁명을 통해] 모든 것을 이룰 수 있다는 생각"이 잘못된 신화, 폭
력, 공허한 선언만을 낳는다고 본다. 그렇게 사회적 통념을 반영하는
역사가는 손해 볼 일이 거의 없다. 변화의 가능성을 의심하는 비관
주의는 흔히 현실주의로 여겨진다. 유토피아를 추구하는 에너지야말
로 가장 위험하다고 그들은 주장한다. 따라서 [혁명을] 무시하고 경멸
하는 주장을 지금 유행하는 이론의 거창한 언어로 포장하는 역사가
는 찬사를 들을 수 있다. 그것이 바로 프랑스 혁명의 운명이었고, 러
시아 혁명의 운명도 마찬가지다.[7]

　그러나 1914년에 시작돼 1917년까지 세계를 피바다에 빠뜨린 전
쟁의 양 진영에는 모두 냉철한 현실주의자들이 있었다는 사실은 아
이러니다. 당시의 현실주의는 세계대전으로 이어졌다. 그 뒤에도 이
런 일은 거듭거듭 되풀이됐다. '사회적 통념'으로 제한되고 기존 질서
에 순응하는 과거의 정치는 가장 어처구니없는 불평등 위에 구축된
체제의 토대를 놓는 데 한몫했다. 그리고 그 체제 자체는 기꺼이 '죽
음의 대량생산'이라고 부른 것에 의지해서 불화를 해소할 태세가 돼
있었다. 나중에 윈스턴 처칠은 제1차세계대전 때 "문명과 과학이 발
전한 기독교 국가들이 자제할 수 있었던 것은 오직 고문과 식인 만
행뿐이었는데, 그런 행동의 유용성이 의심스러웠기 때문이다" 하고

적었다.[8] 이와 달리, 1917년에 러시아의 거리로 쏟아져 나온 사람들은 그 체제에 도전함으로써 더 나은 다른 세계를 향해 나아가고 있었다.

혁명의 뿌리

1917년에 러시아는 이 끔찍한 전쟁에 3년째 빠져 있었다. 그러나 전쟁은 우연이 아니었다. 아니, 어쩌면 일어나기만을 기다리고 있던 사고였다. 전쟁의 직접적 원인은 1914년 6월 사라예보에서 오스트리아 황태자 프란츠 페르디난트가 암살당한 사건에 대한 서로 다른 대응이었다. 그 대응은 이전 수십 년 동안 유럽 자본주의 내에 긴장이 쌓여 온 데서 비롯했다.

유럽 북서부에서 시작된 산업화가 외부로 확산되면서 세계는 훨씬 더 긴밀하게 결합됐다. 수많은 사람이 일자리를 찾아 자유롭게 국경을 넘나들었다. 거액의 투자가 흘러 다녔다. 1915년 러시아에서는 주식회사 자본의 41퍼센트가 외국인 소유였다. 세계 생산량에서 무역이 차지하는 비율은 1800년경에는 겨우 3퍼센트였지만 1914년에는 약 33퍼센트까지 증가했고, 러시아는 곡물·원료·반제품 수출국으로서 세계시장과 연결됐다.[9] 100년 만에 세계는 전례 없을 정도로 통합됐다. 그러나 이런 통합은 결코 조화롭지 않았다. 성장 과정은 곧 경쟁 과정이었다. 이 점을 보여 주는 사실 하나는 세계가 식민지 제국들로 분할됐다는 것이다. 그리고 그 이면에서는 원료·시장·투자처 등을 확실히 지배하기 위해 권력과 지위를 둘러싼 싸움이 계속되고 있었다. 점점 더 많은 국가들이 이 경쟁에 뛰어들었고 그 과정에서 군국주의가 성장했다. 1914년까지 좌파들 사이에서는 이 경쟁이 재앙적 결과를 가져올 것이라는 두려움이 커져 갔다. 이론가들은 이런 사태 전개를 이해하고자 노력했다. 잇따라 열린 국제 회의에서 좌파들은 모든 전쟁 몰이에 반대했다. 각국의 사회주의 정당들을 결속하고자 1889년에 창립한 사회주의인터내셔널, 즉 제2인터내셔널은 국제 사회주의 운동이 앞장서서 자본주의가 세계대전의 토대를 놓고 있는 것에 도전해야 한다고 주장하는 결의문을 잇따라 통과시켰다.

그러나 1914년 8월 실제로 전쟁이 시작되자 대다수 국제 사회주의 운동은 그 전쟁에 압도당했다. 이제 각국의 사회주의자들은 대부분 자국 정부를 충성스럽게 지지했다. 각국 정부는 저마다 자국은 방어를 위한 성전에 나섰을 뿐이고 적국은 악의 화신이라고 떠들어 댔다. 러시아 차르는 국민들에게 다음과 같이 말했다. "하느님께 맹세코 우리가 무기를 든 것은 헛된 세속적 영예를 위한 것도 아니고 폭력과 억압을 위한 것도 아니고, 오직 러시아 국가를 지키기 위한 것이다." 다른 사람들은 이른바 '전쟁을 끝장내기 위한 전쟁'에서 자국 정부를 지지해야 한다고 주장했다. 그러나 '우리' 편은 다르다는 그들의 순진한 믿음은 각국 정부가 저마다 이 세계대전에서 최대한 많은 이익을 얻으려고 몰래 체결한 이기적 조약과 뒷거래에서 틀렸음이 드러났다.

국제 [노동]계급의 단결을 위한 투쟁이 이제는 국익을 지키기 위한 유혈 낭자한 싸움으로 바뀌어야 한다는 주장을 받아들이지 않은 사람들은 대다수 사회주의자들이 전쟁에 보인 반응을 중대한 배신으로 여겼다. 그런 배신이 가장 심각했던 곳은 바로 독일이었다. 독일사회민주당SPD[이하 독일 사민당]은 세계에서 가장 큰 정당이었고, 독일 노동조합운동은 잘 조직돼 있었으며, 협동조합운동도 중요한 세력이었다. 로자 룩셈부르크는 사민당을 "제2인터내셔널의 크고 빛나는 보석"이라고 불렀다.[10] 그래서 1914년 8월의 사건에 충격을 받은 룩셈부르크는 심지어 자살까지 생각했다. 전쟁에 반대하는 좌파는 완전히 하찮은 존재가 된 듯했다. 소수의 반전 경향 대표들이 1915년 9월 중립국인 스위스의 치머발트와 1916년 4월 키엔탈에 모여서 회의를 열었다. 나중에 트로츠키는 그 대표들이 스위스 산속으로 가는 길에 쉬면서 주고받은 이야기를 다음과 같이 들려준다. "대표들이 자신들의 처지를 보며, 제1인터내셔널이 창립된 지 반세기가 지났는데도 여전히 전 세계 국제주의자들을 승합마차 4대에 모두 태울 수 있다는 농담을 했다."[11]

그러나 애국주의 물결은 오래가지 않았다. 1917년쯤에는 모든 나라에서 긴장이 고조되고 있었다. 전쟁으로 말미암아 인력·장비·재정의 소모전에 사회 전체가 동원됐다. 학살이 전례 없는 규모로 벌어졌다. 서부 전선의 많은 전투들은 비록 그 생존자들이 더는 우리 곁에 없을지라도 여전히 대중의 의식 속에 뚜렷이 아로새겨져 있다. 이프르·베르됭·솜 등지에서 벌어진 전투들은 세계 패권 쟁탈전에 유럽의 청년들을 희생시킨 이 체제를 비난하는 근거로 남아 있다. 여러 전쟁 기념관에는 시신이 산산조각 나고 '어디 묻혀 있는지도 모르는' 수많은 전사자의 이름이 기록돼 있다. 그러나 동부 전선의 전투들도 마찬가지로 유혈 낭자했다. 1914년 8월의 타넨베르크 전투가 대표적이다. 그 전투에서 러시아군 약 3만 명이 죽고(독일은 러시아군 사망자가 4만 5000명이라고 주장했다) 9만 명이 포로가 됐다. 러시아의 알렉산드르 삼소노프 장군은 얼마나 큰 참패를 했는지 깨닫고 자살했지만, 러시아군 총사령관은 "우리가 동맹국들을 위해 그런 희생을 치르게 돼 기쁘다"고 말했다.[12] 어디서나 부담이 가중됐고, 1917년 무렵에는 많은 나라가 거의 한계에 이르렀다. 따라서 러시아에서 처음 시작된 혁명은 유럽 전체가 빠진 위기의 산물이었고, 혁명의 전개는 그 위기에 좌우될 수밖에 없었다.

러시아 상황을 자세히 들여다보면 이런 연관은 더 분명해진다. 산업 자본주의는 유럽에서 불균등하게 발전했다. 러시아에서는 몇몇 선례가 있기는 했지만, 산업 자본주의가 1890년대에야 본격적으로 발전했다. 그때 이후로 후진국이 '도약'해서 더 발전한 선진국을 빨리 따라잡기를 기대한 사람들이 많았다. 그러나 후진국들은 이용 가능한 기회와 잘 맞아야 했다. 러시아의 후진적 농업은 세계시장에 곡물을 공급하는 주요 원천이 됐다. 러시아의 광산은 석탄과 광석을 공급했다. 공산품은 외국에서 수입했다. 규모는 작지만 현대적인 산업 부문을 건설하는 데 도움이 될 기계류도 마찬가지로 수입했다. 관세와 국가보조금으로 뒷받침된 이 현대적 산업 부문은 (수공업 부문과 함께) 국내시장의 수요를 어느 정도 충족시키는 데 도움이 됐고, 섬유 같은 생산물은 러시아보다 덜 발전한 나라들에서 해외시장을 발견할 수 있었다. 이렇게 러시아에서는 후진적 형태와 현대적 형태가 나란히 공존했다. 트로츠키는 이것을 두고 불균등·결합 발전

과정이라고 불렀다. 발전 과정에서 현대적인 것과 전통적인 것이 서로 결합됐을 뿐 아니라, 새로운 연관과 혼합 형태가 생겨나 독자적 생명력을 갖게 됐다. 물론 후진국이 선진국을 따라잡을 거라는 보장은 어디에도 없었다. 오히려 국가 간, 또는 국내 지역 간 불균등한 발전이 세계경제의 본질적 특징인 듯했다.[13]

현대적인 것과 전통적인 것의 이런 혼합 형태는 당시 러시아 사회 전체에서 찾아볼 수 있었다. 그런 혼합 형태는 정치 구조에도 존재했다. 1914년에 러시아 인구 1억 6000만 명을 지배한 것은 로마노프왕조의 차르였다. 차르의 독재 권력은 황실, 더 광범한 지주 집단, 교회, 국가에 의지하고 있었다. 사회 변화로 말미암아 그들의 권력은 어느 정도 약화했다. 부르주아지, 전문가 계급, 도시 노동계급이 생겨났고, 인구의 대다수를 차지하는 농민의 삶도 근본적인 영향을 받았다. 만약 러시아의 변화가 서유럽 선진국의 선례를 그대로 따랐다면, '신흥 중간계급'[부르주아지]이 불만을 품은 노동자와 농민의 지지를 받아서 차르의 권력에 도전하고 자유주의적 입헌정치체제를 수립할 수 있었을 것이다. 그러나 그런 일이 반복되기는 불가능했다. 경제적 변화 과정으로 말미암아 상층사회의 이해관계가 같아지면서 그들 사이의 정치적 적대감은 누그러졌다. 차르 정권과 부르주아지 사이의 거리는 없지는 않았지만 그렇다고 그리 멀지도 않았다. 부르주아지의 급진성도 노동계급에 대한 불신 때문에 더 약했다. 1억 2000만~1억 3000만 명이나 되는 농민에 비하면 노동계급의 수는 여전히 적었다. 그러나 노동계급의 투쟁 수준은 높았고 계속해서 고양되고 있었다. 그래서 부르주아지는 자신들이 제어할 수 없는 힘이 터져 나올까 봐 노동계급을 두려워하고 경계했다.

1905년 러시아에서도 19세기 초[의 서유럽과] 비슷한 양극화가 일어났다. 러시아는 러일전쟁에 뛰어들었다가 처참히 패배했고, 그 여파로 혁명이 분출했다. 결국 차르가 양보해서 가까스로 반란을 막았지만, 더 급진적인 자유주의자 일부는 차르와 구질서에도 불만이었지만 자기 발밑에 적대 세력[노동계급]이 있다는 사실에도 불안해했다. 그러나 차르가 실시한 개혁은 부분적이었고, 차르와 그 지지자들은 여전히 자유주의자들과 부르주아지를 쌀쌀하게 대했다. 이런 사정은 전쟁[제1차세계대전]이 시작됐을 때도 바뀌지 않았다. 자유주의자들은 애국심을 발휘해서 정부의 전쟁 노력에 동참하겠다고 제안했지만 퇴짜를 맞았다. 그래서 정권에 대한 그들의 지지는 더욱 약해졌다. 문제는 [정권] 반대를 얼마나 멀리까지 밀고 나가야 하는지였다. 러시아 역사가이자 자유주의 이론가였으며 [입헌민주당] 정치인이었던 파벨 밀류코프가 보기에 차르 체제의 말기는 '사이비 입헌정치'에 바탕을 두고 있었다. 차르는 한 손으로는 의회를 허용하고 다른 손으로는 의회를 철저히 억누르고 제한했다. 밀류코프는 신생 정당인 10월당에* 참여한 사람들을 비웃었다. 그들은 차르의 "진정성 없는 양보"[10월 선언]의 "모호함"을 옹호했지만, 정작 차르 자신은 그 양보가 "열에 들떠서 제정신이 아니었을 때" 한 것이라고 말했다고 말이다.

---

* 10월당 1905년 혁명 당시 차르가 대중의 압력에 밀려서 의회 허용 등의 양보를 담은 10월 선언을 발표하자 이를 지지하며 11월에 만들어진 보수 정당이었다.

그러나 밀류코프의 급진주의는 그가 "완전하고 제한 없는 국민주권"이라고 부른 것을 인정할 수 없었(고, 이 점은 대부분의 러시아 급진주의자들도 마찬가지였)다. 그 이유 하나는 밀류코프가 보기에 러시아 국민을 "[차르 — 헤인스] 체제의 지지자들이 의도적으로 무지몽매한 상태에 붙들어 뒀기" 때문이었다. 그러나 밀류코프가 원칙적으로 그것을 위험한 개념으로 봤다는 것도 한 이유였다. 그가 보기에 올바른 입장은 "상식에 따라 제한되는 … [권력] 위임"이었다. 이것이 뜻하는 바는 현대적 자본주의 러시아를 만들려면 자유주의자들이 위로부터 자유주의적 입헌정치체제를 수립해야 한다는 것이었다. 이 점에서 그는 자유주의의 최선과 최악을 모두 보여 줬다. 밀류코프는 대중의 불만에 공감했다(그래서 그들의 대변인 구실을 할 태세가 돼 있었다). 그러나 불만의 표출이 온건한 경로를 벗어나서는 안 됐다. 그래서 그는 정말로 급진적인 변화에는 완강하게 반대했다. 다른 한편으로 전쟁 전과 전쟁 동안에 밀류코프는 많은 자유주의자들과 마찬가지로 러시아의 변화를 요구했을 뿐 아니라, 변화가 이뤄지면 새 정부가 강대국으로서 러시아의 국익을 실현하기에 더 유리할 것이라고 생각하기 시작했다. 그래야 러시아 국민의 단결도 더 잘 이뤄질 터였다. 그것은 전쟁에서 승리하는 데도 도움이 될 것이고, 전략적 요충지인 콘스탄티노플[지금의 이스탄불] 점령 같은 숙원사업도 해결하게 될 것이[라고 밀류코프는 생각했]다.[14]

어찌 보면 2월 혁명으로 바로 그런 가능성이 열린 듯했다. 그래서 철학자 니콜라이 A 베르댜예프는 다음과 같이 말했다. "러시아 [2월] 혁명은 역사상 가장 애국적이고 가장 민족적이고 가장 대중적인 혁명이다."[15] 그러나 이미 2월 혁명 안에는 1917년 내내 대다수 러시아 인들을 훨씬 더 급진적인 방향으로 몰고 갈 요소들이 들어 있었다.

대중의 급진주의와 계급의식

1917년 혁명 과정의 한복판에는 평범한 러시아인들의 행동이 있었다. 그들은 한동안 전 세계에서 가장 자유로운 사람들이었다. 당시 러시아에 정치적 활기가 넘쳐 난 이유는 그만큼 정치가 중요했기 때문이다. 정치가 중요했던 이유는 대중과 동떨어진 정부를 선출하려고 이따금 투표하는 것 이상의 일이 급진화 덕분에 가능해 보였기 때문이다. 밑에서부터 사회를 민주적으로 통치할 가능성이 열린 것이다. 처음에 그런 경험은 매우 부분적이었다. 사람들은 처음 [투쟁에] 참여할 때 존엄과 자긍심을 느꼈다. 그들은 흔히 가장 좋은 옷을 차려입고 시위에 나가서 사진을 찍었다. 심지어 페트로그라드의 식당 종업원들도 파업을 벌였다. 그들이 "우리도 인간답게 살고 싶다"고 적힌 현수막 아래 모여서 찍은 사진도 있다. 그들 뒤에 있는 노조 현수막에는 "팁을 폐지하라"고 쓰여 있다. 지식을 얻으려는 새로운 갈망도 있었다. 그래서 어떤 농민은 다음과 같이 말했다. "[인쇄물을] 받아 들고 이해하기 너무 어려워서 마치 빵이 아니라 돌을 받은 것 같다는 생각이 들 때 느끼는 수치심과 고통은 어떤 말로도 표현할 수 없다."[16]

물론 모든 사람의 생각이 넓어진 것은 아니었다. 2월의 열광적 시기에 정치수뿐 아니라 범죄자들도 감옥에서 풀려났고, 그중 일부는 곧장 범죄의 세계로 돌아갔다. 1917년 내내 범죄율이 증가했다. 일부는 손쉽게 돈을 벌 기회를 노렸고, 다른 사람들은 더 흉악해졌다. 정치적 폭력도 있었는데, 그중 일부는 상징적인 것이었다. 예컨대, 노동자들이 그동안 증오하던 현장 관리자를 망신 주려고 외바퀴 손수레에 "태워 공장 밖으로 내다 버렸다." 매우 실질적인 정치적 폭력도 있었다. 군중의 분위기가 워낙 불안정해서 언제든 폭발할 수 있었다. 그러나 그런 정치 폭력의 규모는 제한적이었다. 사람들은 자신에게 선명한 상처를 남긴 낡은 사회를 떨쳐 버리고 있었고, 그 상처의 일부는 옛 상전들(심지어 자유주의자 상전들)에게 되돌아갔다.[17] 그 옛 상전들은 레프 톨스토이가 다음과 같이 그들의 협소함을 꾸짖었다는 사실을 기억했다면 아마 덜 놀랐을 것이다. "다른 사람의 등에 업혀서 목을 조르고 계속 업고 가도록 강요하면서도 자신과 다른 사람들에게는 '내가 매우 미안해서 무슨 수를 써서라도 그의 부담을 덜어 주고 싶다'고 말한다. 단, 그의 등에서 내려오는 것만 빼고 말이다."[18]

그러나 더 두드러진 것은 정치의식의 성장을 보여 주는 조짐들이었다. 사회의 모든 계급·계층이 영향을 받았다. 여성과 학생과 아이도 권리를 요구했다. 감옥에 갇혀 있는 재소자들을 조직하려는 시도도 있었다. 지역사회의 문제들을 처리하기 위한 단체들이 자발적으로 만들어졌다. 심지어 러시아정교회도 이 물결에 휩쓸렸다. 러시아정교회 특별위원회는 "상당수 성직자들이 볼셰비즘에 매료됐다"고 보고했다. 페트로그라드 소비에트 대의원으로 선출된 알렉산드르 베덴스키 신부는 기독교가 자본주의에 반대한다고 설교했다. 기

독교는 "가난한 사람들을 위한 투쟁에서 볼셰비키"와 함께한다는 것이었다.[19]

　당시는 거리에서, 길게 늘어선 줄에서, 전차에서 토론과 논쟁이 끊이지 않은 시기였다. [러시아 혁명을 직접 보고 기록한 미국의 언론인] 존 리드는 페트로그라드에 있는 푸틸로프 군수공장에서 노동자 "4만 명이 일제히 쏟아져 나와 사회민주당원들, 사회혁명당원들, 아나키스트들, 누구든지 할 말이 있는 모든 사람의 주장을 경청하는 모습은 정말 놀라웠다"고 묘사했다.[20] 당시는 또, 수많은 행진과 시위(때로는 반동적 시위)가 벌어진 때이기도 했다. 가장 큰 시위 중 일부는 페트로그라드에서 벌어졌다. 3월 23일 '2월 혁명의 순교자들' 추모 시위에는 아마 100만 명이 참가했을 것이다. 4월 18일(서유럽 달력으로는 5월 1일)과 6월 [18일], 7월 사태[3~4일]도 최대 규모의 시위가 벌어진 날이었다. 그러나 시위와 행진은 훨씬 더 많았다. 역사가들은 1917년의 많은 특징을 이야기하지만, 소규모 시위들은 잊어버린 듯하다.

　당시는 또, 읽을 것이 넘쳐 나는 시기였다. 경제적 어려움이 가중되고 있었는데도 신문과 소책자, 각종 선전 인쇄물이 쏟아져 나왔다. 1917년 이전 10년 동안 교육 혁명 비슷한 것이 일어나서 글을 읽고 쓸 줄 아는 청년들이 많이 늘어났다. 금지된 우파 신문을 제외한 주류 신문은 계속 발행됐다. 그와 동시에 사회주의 일간지들도 성장했다. 인쇄 부수는 다양했다. 멘셰비키의 〈라보차야 가제타〉(노동자 신문)는 2만 5000부에서 9만 6000부를 오르내렸고, 볼셰비키의 〈프라우다〉(진실)는 4만 2000부에서 10만 부, 사회혁명당의 〈델로 나로다〉(민중의 대의)는 5만 8000부에서 7만 8000부가 인쇄됐다. 대다수 정당들은 여러 종의 신문을 발행했다. [1917년] 10월쯤 볼셰비키는 4종의 일간지를 발행하고 있었다. 농민들의 신문, 병사들의 신문, 소수민족들의 신문도 여럿 있었다. 〈이즈베스티야〉(소식)는 소비에트 자체의 기관지였다. 수많은 소책자가 출판됐다. 그 인쇄 부수는 수천만 부에 이르렀다. 각종 선전 인쇄물은 너무 많아서 수를 헤아릴 수 없을 정도였다.[21]

그러나 무엇보다도 당시는 사람들이 가입하고 참여하고 조직하는 시기였다. 정당들이 우후죽순 생겨났다. 100여 개의 정당이 만들어졌다. 그중 대다수는 소규모 정당이거나 러시아제국의 일부 지역에서만 활동했다. 러시아 좌파는 대부분 19세기 말부터 20세기 초에 만들어진 3대 정당으로 조직돼 있었다. 사회혁명당은 농촌의 거대한 농민에 기반을 두고 있었다. 반면에 멘셰비키와 볼셰비키는 도시의 노동계급에 기반을 두고 있었다. 멘셰비키와 볼셰비키는 1900년대에 몇 가지 쟁점에 대한 견해 차이로 분열했다. 그런 쟁점들의 중요성이 당시에는 흔히 모호한 듯했지만, 1917년이 되자 더 분명해졌다. 가장 큰 정당은 사회혁명당이었다. 가장 인기 있는 사회혁명당 지도자 중 한 명인 빅토르 체르노프는 "거리의 잡다한 군중이 우리 당 대열로 쏟아져 들어오는 것을 도저히 막을 수 없었다"고 말했다.[22] 그러나 어떤 정당도 당원의 상태가 안정적이지 않았다. 명목상으로만 정당에 가입한 사람들도 있었고, 급진화가 진행되면서 정당을 바꾸는 사람들도 있었다. 선택할 정당이 없는 사람들도 있었다. 9월에 사회혁명당의 일부 당원들은 정서가 매우 투쟁적이었다. 그래서 보로네시·타슈켄트·페트로그라드의 사회혁명당 조직들은 너무 좌파적이라는 이유로 제명당했다.

노동조합들은 1905~1907년에 처음으로 성장기를 경험했지만, 이후 탄압 때문에 이렇다 할 구실을 하지 못했다. 그러다가 1917년에 다시 폭발적으로 성장했다. 1917년 6월 21~28일 제3차 전국 노동조합 협의회가 열렸을 때는 거의 1000개의 노조에 조합원 140만 명이 조직돼 있었다. 10월쯤에는 2000개의 노조에 200만 명이 넘는 조합원이 있었다. 철도 노동자들 사이에서는 온건한 사회주의 정치가 득세했고, 인쇄 노동자들 사이에서도 멘셰비키가 강력했다. 그러나 더 큰 노조들, 예컨대 섬유노조(조합원 17만 5000명)와 금속노조(조합원 40만 명) 같은 곳들은 더 좌파적이어서 볼셰비키를 지지했다. 제3차 전국 노동조합 협의회에서 선출된 [전국 노동조합 중앙] 평의회는 멘셰비키 13명, 볼셰비키 13명, 사회혁명당 3명으로 이뤄져 있었는데, 정작 협의회에 참석한 대의원 수는 볼셰비키가 73명, 멘셰비키가 36명, 사회혁명당이 35명, 무소속이 31명이었다.[*]

공장 안에서는 노동자위원회가 2월부터 자발적으로 만들어졌다. 대공장에서는 각 부서별로 선출된 노동자위원회가 모여서 공장 전체의 노동자위원회를 선출했다. 1917년에 존재한 공장위원회는 2151개쯤 됐다. 그중에 약 687개는 200명 넘게 고용된 공장에 있었다. 즉, 공장이 클수록 공장위원회도 흔했다. 공장위원회가 가장 발전한

---

[*] 원래는 협의회에 참석한 여러 정치 경향들의 대의원 수에 비례해서 평의회 구성원을 선출하기로 돼 있었다.

곳은 페트로그라드였는데, 120개 남짓 되는 공장위원회가 페트로그라드에 있었다. 6월에 제1차 [페트로그라드] 공장위원회 협의회가 열렸다. 다른 곳에서도 페트로그라드의 선례를 따랐고, 10월 무장봉기로 권력을 장악하기 직전인 10월 17~22일 제1차 전국 공장위원회 협의회가 페트로그라드에서 열렸다.

공장위원회와 함께 '적위대'도 발전했다. 2월 혁명 때 차르의 경찰이 붕괴하고 다양한 시민군이 생겨나서 경찰을 대신했다. 임시정부는 시민군을 토대로 해서 새로운 경찰을 창설하고 싶었다. 그러나 이미 많은 공장에서는 노동자들이 적위대를 조직해서 질서를 유지하고 있었다. 이 적위대 부대들은 갖가지 우여곡절을 겪었지만, 8월 말 코르닐로프의 쿠데타에 맞서 대대적으로 동원됐고 10월 무렵에는 러시아 전역에 15만 명쯤 되는 적위대가 있었다.[23]

(▶현실 돋보기: 러시아 노동계급, 89쪽)

농촌의 농민들도 행동에 나섰다. 그들의 주된 관심사는 자기 것이 돼야 마땅한 토지였다. 일부 농민들은 1861년 농노 해방 전의 시절을 기억하고 있었다. 더 많은 사람들은 농노제 폐지의 대가로 수십 년 동안 상환금을 내야 한 것을 기억하고 있었다.[*] 농민들의 투쟁은 현재의 불만들을 반영한 것이기도 했다. 식량 가격은 공산품 가격보다 낮았는데, 공산품은 점차 공급이 부족했다. 농민반란이 가

---

[*] 농노제 폐지로 농민들은 자유를 얻었지만 경작할 땅을 분배받기 위해서는 그에 상응하는 돈을 내야 했다. 국가가 그 돈을 상당 부분 대납하고 농민들은 수십 년 동안 국가에 상환금을 냈다.

장 격렬한 곳은 가장 가난한 지역들이었다. 농사 시기가 농민반란의 형태에 영향을 미쳤다. 추수가 끝난 뒤에야 반란 수준이 실제로 높아져서 토지 점거라는 가장 급진적 방향으로 나아간 것이다.

국가의 핵심인 군대 자체도 해체되기 시작했다. 차르의 장군이었다가 나중에 역사가가 된 니콜라이 골로빈은 군대는 전선에서가 아니라 후방에서 붕괴하는 법칙이 있다고 말했다. 이는 당시의 엄청난 사건을 이해하는 장교식 방법이었다. 전선에서는 적군의 손에 죽을지 모른다는 위험 때문에 독립적 사고를 할 여유가 없었다. 후방에서는 한숨 돌리면서 전선을 돌이켜 보고 더 광범한 정치적 의미도 생각해 볼 시간이 있었다. 그러므로 전선과 후방은 긴밀하게 연결돼 있었다. 심지어 전선에서도 병사들은 반쯤 무의식적으로 전쟁 반대 의사를 나타내기 시작했다는 것을 골로빈도 인정했다. 1917년에 병사들 중에서 환자 수가 급증했고 귀향 휴가 신청자도 마찬가지였다. 전쟁을 방해하는 행위도 더 광범하게 벌어지기 시작했다. 1917년 부활절에는 전선의 여러 곳에서 교전국 병사들 간의 친교 행위가 있었다. 마치 1914년 크리스마스 때 유럽의 서부 전선에서 벌어진 일과 비슷했다. 군대의 사기를 올리려는 노력은 단기적 효과만 있었다. 1917년 6월 [러시아군의] 최정예부대들을 동원한 대공세가 시작됐다. [그러나] 4만 명가량이 목숨을 잃었고, 초기에 잠시 전진한 뒤 참패를 겪고 나서 군대의 해체는 더 심해졌다. 골로빈은 자신의 정예부대가 '오합지졸'이 돼 버렸다고 한탄했다. 11군에 관한 보고서는 다음과 같이 지적했다. "권위와 복종이 더는 존재하지 않는다. 수백 킬로미터씩 줄지어 가는 탈영병 모습을 볼 수 있다. 무기를 가진 병사도 있고 무기가 없는 병사도 있다. 건강하고 혈기 왕성한 그들은 자신들이 처벌받지 않을 것이라고 확신하고 있다."[24]

군대에서도 [병사]위원회들이 나타났다. 최고사령부는 처음에 병사위원회를 합법화해서 군기 회복에 도움이 되기를 바랐다. 그러나 병사위원회는 병사들의 불만과 투쟁을 표현하는 통로 구실을 하게 됐다. 가장 급진적인 병사위원회들은 [러시아의] 서부 전선과 북부 전선에 있었는데, 바로 그곳에서 볼셰비키는 나중에 제헌의회 선거 때 각각 60퍼센트와 50퍼센트를 득표하게 된다. 남서부 전선과 루마니아 전선, 캅카스 전선에서는 사회혁명당의 영향력이 더 컸다(나중에 제헌의회 선거 때 사회혁명당이 약 40퍼센트, 볼셰비키가 30퍼센트, 우크라이나 [민족주의] 정당들이 25퍼센트를 득표했다). 함대, 특히 10만 명에 달하는 발트함대는 훨씬 더 급진적이었다. 그 이유는 농민 출신이 더 적었고 군함의 조건이 공장과 비슷했기 때문이다. 크론시타트, 레벨(지금의 탈린), 헬싱포르스(지금의 헬싱키)에 기지가 있었던 발트함대의 일반 수병들은 2월 혁명 때부터 (때로는 폭력적으로) 권위에 도전했다. 1917년 4월에 그들은 발트함대 중앙위원회(첸트로발트)를 선출했는데, 위원장은 [유명한 볼셰비키] 수병 파벨 디벤코였다.

이 모든 활동의 최고 형태는 러시아 전역으로 확산된 '소비에트', 즉 평의회였다. 소비에트는 공장위원회를 비롯한 다양한 위원회의 대표들이 모인 기구였다. 이렇게 소비에트 구조가 건설되고 확산된 것을 보면, 러시아 혁명이 단지 파괴적 운동만은 아니었다는 사실을 알 수 있다. 구질서는 붕괴하고 국가도 해체되고 있었지만, 그런 혼란 속에서 뭔가 새로운 것이 아래로부터 등장해서 그것을 대체하고 있었던 것이다. 5월 무렵 러시아에는 소비에트가 400개쯤 있었고, 8월에는 600개, 10월에는 900개가 있었다. 가장 발전한 소비에트는 페트로그라드 소비에트였는데, 가장 먼저 생겨났고 러시아 전체에서 도덕적 권위가 있었다. 페트로그라드 소비에트의 대의원이 모두 모였을 때는 거의 3000명이었다. 일상적으로 소비에트를 운영하는 기구로 집행위원회가 선출됐다. 그리고 12개 남짓한 각종 [분과] '위원회'가 소비에트의 다양하고 광범한 활동을 감독했다. 6월에 제1차 전국 노동자·병사 대표 소비에트 대회가 열렸다(농민 소비에트 대회는 따로 열렸다). 중앙집행위원회가 선출됐는데, 멘셰비키와 사회혁명당이 압도적이었다. 그러나 소비에트의 민주적 성격 덕분에 대중의 정서 변화가 빠르게 소비에트에 반영될 수 있었다. 그래서 10월에 제2차 전국 소비에트 대회가 열렸을 때는 훨씬 더 혁명적인 대의원들이 다수를 차지했다.

(▶ 현실 돋보기: 1917년의 소비에트 민주주의, 91쪽)

이중[이원] 권력과 임시정부의 시련

러시아 자유주의자들은 1917년 2월에 첫 장애물도 넘지 못하고 걸려 넘어졌다. 사회적 긴장이 고조되자 차르는 두마 해산을 명령했다. 썩어 빠진 [신분제] 선거제도를 바탕으로 선출된 두마는 비록 허약하고 무능했지만, 두마 지도자들은 그 기회를 재빨리 붙잡을 수도 있었다. 사회혁명당원인 알렉산드르 케렌스키 같은 급진파는 두마 지도자들이 그러기를 원했다. 그들은 러시아의 미래가 1789년 이후의 프랑스와 비슷할 것이라고 생각했다. 당시 프랑스에서는 제3신분이 국왕의 명령을 공공연히 거부하고, [헌법 제정] 국민의회의 맹아를 결성했다. 그러나 러시아의 두마 지도자들은 차르의 명령에 고분고분 따랐다. 그래도 긴장이 계속 고조되자 2월 27일 두마 내의 자유주의 세력인 진보블록* 인사들이 모여서 두마 임시위원회를 만들었고, 이들이 3월 1~2일 임시정부를 수립했다. 처음에 용기를 내[서 차르의 명령을 거부하]지 못했던 탓에 임시정부는 옛 두마의 권한을 위임받았다고 주장할 수 없었다. 임시정부에는 선출된 사람이 아무도 없었다. 실제로 나중에 임시정부에 합류한 일부 사회주의자들을 제외하면 임시정부 인사 어느 누구도 선출되고 권한을 위임받았다고 주장할 수 없었다. 밀류코프는 "누가 당신을 선출했는가?" 하고 야유하는 사람에게 다음과 같이 대꾸하며 무심코 비밀을 누설했다. "러시아 혁명이 우리를 선출했소. … 국민의 자유선거로 뽑힌 대표들이 우리 자리에 국민이 더 신뢰하는 사람들을 앉히겠다고 하면, 우리는 단 한 순간도 이 권력을 유지하지 않을 것이오."[25]

같은 날인 2월 27일 모인 또 다른 집단은 사정이 사뭇 달랐다. 얄궂게도 그들 역시 임시정부가 만들어지고 있던 장소인 타브리체스키[타우리데] 궁전에서 모였다. 이들은 감옥에서 막 풀려난 사회주의자들이었다. 그들은 즉시 1905년 실패한 혁명 때 처음 등장한 소비에

---

* 진보블록 1915년 8월 밀류코프가 주도해서 입헌민주당, 진보당, 10월당 좌파, 진보적 민족주의자 등이 만든 정치 연합.

트를 다시 건설하자고 주장했다. 페트로그라드의 수비대와 공장에서 선출된 대표들이 모여 만든 이 새로운 소비에트는 즉시 대중운동의 정치적 초점이 됐고 대중의 필요를 충족시킬 수 있는 기관으로서 엄청난 권위를 누렸다. 확실히, 혁명 초기에 대중에게 식량을 어떻게 공급할 것인가 하는 실천적 문제를 제기한 것은 임시정부가 아니라 소비에트였다. 임시정부의 첫 전쟁부 장관이었던 알렉산드르 구치코프는 3월 9일 다음과 같이 말했다. "임시정부는 실질적 권한이 전혀 없습니다. … 한마디로 임시정부는 노동자·병사 대표 소비에트가 허용하는 한에서만 존재한다고 할 수 있습니다."[26] 이것이 바로 1917년의 이른바 '이중권력', 즉 두 잠재적 정부가 나란히 존재하는 상황의 토대였다. 트로츠키는 1905년에 페트로그라드 소비에트가 어떤 구실을 했는지를 묘사하면서 소비에트의 본질을 다음과 같이 정확히 포착했는데, 그것은 1917년[의 소비에트]에 훨씬 더 잘 들어맞는다.

소비에트는 노동자 정부의 맹아였다. … 소비에트가 등장하기 전에도 산업 노동자들 사이에는 다양한 혁명적 조직들이 있었다. … 그러나 그것들은 **프롤레타리아 내부**의 조직이었고, 그들의 직접적 목표는 대중에게 영향을 미치는 것이었다. 소비에트는 처음부터 **프롤레타리아**의 조직이었고, 그 목표는 권력을 장악하기 위한 혁명적 투쟁이었다.[27]

그렇다면 왜 임시정부가 지배하고 소비에트는 그 뒤를 따랐는가? 그 이유 하나는 임시정부 지도자들도 구체제를 반대한 자유주의자로서 권위를 누리고 있었기 때문이다. 다른 이유 하나는 3월의 '밀월 기간'에 임시정부에 대한 신뢰가 넘쳐 났기 때문이다. 또 다른 이유 하나는 소비에트 지도자들과 소비에트 내의 정당들이 당면 혁명을 본질적으로 부르주아 혁명으로 보고 그 안에서 대중운동은 보조적 구실을 해야 한다고 여겼기 때문이다.

소비에트 지도자들은 멘셰비키와 사회혁명당, 기타 군소 정당 출신들이었다. 그들은 러시아에서는 여전히 자본주의가 해야 할 구실이 있으므로 혁명의 과제는 가장 급진적인 양보 조치들을 얻어 내는 동시에 혁명의 부르주아적 성격을 인정하고 지지하는 것이라고 주장했다. 이것이 의미하는 바는 1905년처럼 자유주의적 부르주아지에게 겁을 줘서 혁명에 등을 돌리게 만드는 행동은 일절 하지 말아야 한다는 것이었다. (당시에는 잘 알려지지 않은 인물이었던 이오시프 스탈린을 포함해) 일부 볼셰비키 당원들도 이런 주장에 동조했다. 그러나 이미 3월에 볼셰비키 평당원의 상당수는 그러지 않았다. 1917년 4월 레닌이 귀국해서 이런 [임시정부 지지] 주장에 이의를 제기했을 때 멘셰비키 신문 〈라보차야 가제타〉는 다음과 같이 대꾸했다.

객관적 필연성(생산력의 상태, 그에 상응하는 대중의 의식 수준 등)에 따라 미리 정해진 한계를 벗어나지 않을 때만 [혁명은 성과가 있을 것이다. ─ 헤인스] 그런 한계를 무시하고 뛰어넘으려고 하는 것보다 더 반동에 기여하는 행동도 없을 것이다.

밀류코프 같은 자유주의자들이 보기에 이런 견해는 환영할 만한 것이었다. 그들 자신이 이룰 수 없는 것을 사회주의자들이 그들에게 제공하려 했기 때문이다. 밀류코프는 이런 견해를 옹호하는 사회주의자들의 학습 과정을 칭찬하며 거만하게 다음과 같이 말했다.

사회주의 정당들은 이제 러시아 혁명의 당면 과제들을 훨씬 더 합리적인 관점으로 바라본다. 그들은 그동안 일어난 사건들에서 많이 배운 듯하고, 과거와 현재의 다른 혁명들과 마찬가지로 러시아 혁명도 결코 사회주의자들과 사회주의 질서의 승리일 수 없다는 사실을, 즉 이 혁명은 대부분 정치혁명이고 그들의 용어로 말하면 부르주아적 성격의 혁명이지 당장 사회주의의 승리를 꾀하는 것이 아니라는 사실을 이제 자명하게 여기는 듯하다.[28]

그러나 임시정부를 신뢰하는 데는 조건이 붙어 있었다(비록 그 조건의 중요성이 즉시 인식되지는 못했지만 말이다). 그 조건을 표현하는 러시아어는 "포스톨쿠, 포스콜쿠", 즉 "… 하는 한"이라는 것이었다. 그래서 결의문과 연설에서는 다음과 같은 표현이 거듭거듭 나타났다. "우리는 임시정부가 … 하는 한 지지할 것이다."* 임시정부와 소비에트가 계속 협력하지는 못할 것이라는 느낌이 당장 들지는 않았지만, 둘의 간극이 벌어지기 시작하자 그런 조건부 지지의 함의가

---

* 예컨대, "임시정부의 조치가 프롤레타리아의 이익과 광범한 민주적 대중의 이익에 부합하는 한 우리는 임시정부를 지지한다"는 식이었다.

분명해졌다. 마찬가지로 임시정부가 사실상 기반이 없다는 것도 분명해졌다.

임시정부는 곧 어려움에 부딪혔고, 존속하는 몇 달 내내 사회질서를 확립하고 3월에 얻은 정당성을 굳건하게 다지는 과제를 감당할 수 없다는 것이 드러났다. 임시정부는 전쟁을 끝내겠다고 말했지만, 연합국과 결별하지 못했다. 임시정부가 전쟁에 붙잡혀 있던 것은 내부적으로는 러시아의 전통적 이익집단과 유착됐기 때문이고, 외부적으로는 영국과 프랑스가 가하는 압력 때문이었다. 임시정부는 노동자들에게 자신감을 불어넣지도 못했고 식량을 제공하지도 못했으며 노동자들을 존중하지도 않았고 작업장 내 민주주의를 발전시킬 수도 없었다. 농민들에게 토지를 주겠다고 약속해 놓고도 계속 얼버무리다가 결국 러시아 사회의 최대 집단인 농민의 지지도 잃어버렸다. 임시정부의 정책이 달랐다면 혁명의 결과도 달랐을 수 있으므로 임시정부의 역사를 "… 했을 수 있다"는 관점으로 다시 쓰고 싶어 하는 역사가도 많다. 그러나 임시정부가 피할 수 없었던 현실의 모순된 처지가 어떻게 그들의 생각과 정책을 한계 지었는지를 추적하는 것이 역사가의 더 중요한 과제다.[29] 그래서 "빵·평화·토지"라는 구호가 제기됐을 때 그것은 임시정부가 결코 가져다줄 수 없는 것을 상징하게 된 것이다. 심지어 제헌의회 소집을 자꾸 미룬 것도 대체로 제헌의회가 너무 급진적인 세력들로 구성돼서 임시정부 인사들이 새 정부에 들어갈 여지가 없을 것이라는 두려움 때문이었다.

임시정부는 잇따른 위기에서 벗어나려고 발버둥 쳤다. 임시정부의 초대 총리는 [입헌민주당의] 게오르기 리보프공公이었다. 그는 3월

1~2일에 자유주의자들과 기업인들, 알렉산드르 케렌스키로 이뤄진 내각을 구성했다. 케렌스키는 명목상으로는 사회혁명당원이자 페트로그라드 소비에트의 집행위원[겸 부의장]이었지만 실제로는 '거리의 우상'이나 다름없었다. 그래서 케렌스키는 자신이 보통의 정치인이 아니라 "임시정부의 첫 내각에서 민주주의의 인질"이었다고 주장했다.[30] 임시정부의 첫 내각은 겨우 한 달 존속했다. 5월 1일* 당시 외무부 장관이던 밀류코프는 동맹국들에 보낸 각서에서 임시정부가 차르 정권의 외교정책과 전쟁 목표 등 모든 것을 계승하겠다고 사실상 약속했다. 이에 항의하는 시위가 분출하자 그와 [전쟁부 장관] 구치코프는 물러나야 했다. 5월 5일 리보프가 새로 구성한 내각에는 이제 케렌스키와 10명의 '자본주의' 장관들(자유주의자와 기업인)뿐 아니라 5명의 사회주의자도 포함됐다. 그 내각은 이른바 '7월 사태' 때까지 존속했다. 7월 사태는 페트로그라드 대중의 투쟁 수준이 다른 지역들보다 너무 높아서 수많은 시위대가 거리로 뛰쳐나온, 때 이른 무장봉기였다. 당시의 분위기는 어떤 노동자가 사회혁명당 소속 임시정부 [농업부] 장관인 체르노프에게 "권력이 손에 들어올 때 잡으란 말이다, 이 개자식아" 하고 말한 것에서 단적으로 드러난다.[31] 7월 7일 질서가 회복되자 리보프는 총리직을 케렌스키에게 넘겨주고 물러났다. 이제 케렌스키는 한동안 '혁명의 정치가' 구실을 하려고 애썼다. 오랜 협상 끝에 [7월 24일] 6명의 '자본주의' 장관과 9명의 '사회주의' 장관으로 이뤄진 세 번째 내각(이자 두 번째 연립정부)

---

* 구력으로는 4월 18일.

이 구성됐다. 그러나 이때쯤 러시아는 급속히 양극화하고 있었다. 우파 세력들은 [7월 16일] 새 총사령관이 된 코르닐로프 장군을 부추겨서 [8월 27일] 쿠데타를 일으켰고, 심지어 케렌스키도 이 쿠데타에 연루됐다는 말이 있었다. 당시 누가 무엇을 했는지는 여전히 논쟁거리다. 그러나 대중이 나서서 코르닐로프를 물리쳤다. 8월 27일 내각은 사퇴했고, 스스로 총사령관이 된 케렌스키는 9월 25일에야 4차 내각이자 세 번째 연립정부를 구성했다. 이 시점까지 임시정부는 거의 200일 동안 존속했지만, 그 기간의 4분의 1 넘게 내각이 정상적 기능을 하지 못했다는 것은 분명히 이상 징후였다. 임시정부의 사회주의자 장관들이 자유주의자와 기업인들을 임시정부에 계속 묶어 두려면 온건한 정책을 추진해야 한다는 압력에 끊임없이 시달렸다는 사실 역시 분명히 이상 징후였다. 이런 압력을 가장 많이 받은 사람은 사회혁명당 지도자 체르노프였다. 그는 농업부 장관으로서 토지개혁을 약속했지만, '온건파'에게 양보를 거듭했다. 나중에 그는 다음과 같이 말했다. "[나는 — 헤인스] 우리 당의 단결이라는 이룰 수 없는 목표에 집착하다가, 내가 발의해서 우리 당이 공식적으로 채택한 바로 그 [농업] 강령을 효과적으로 옹호하지 못했다."[32] 결국 농민을 위한 체르노프의 강령을 실행하게 된 것은 그 자신이 아니라 토지 포고령을* 발표한 볼셰비키였다. 그 포고령은, 불신당하던 임시정

---

*   10월 혁명 다음 날인 10월 26일 발표된 토지 포고령은 토지의 사적 소유를 폐지하고 농민에게 토지사용권을 분배하도록 했는데, 그 내용은 사회혁명당의 강령을 거의 그대로 반영한 것이었다.

부를 권좌에서 몰아내고 권력을 장악한 볼셰비키의 새 정부가 취한 첫 조치들 가운데 하나였다.

볼셰비즘과 10월 혁명

어떻게 해야 [혁명이] 전진할 수 있는지를 분명히 알고 있는 정당은 볼셰비키였다. 볼셰비키의 전망은 1917년 4월에 확고해지기 시작했다. 그때 레닌이 망명지에서 돌아와 볼셰비키당은 임시정부를 지지해서는 안 된다고 주장한 것이다. 레닌은 볼셰비키당이 '모든 권력을 소비에트로!'라는 구호 아래 소비에트 민주주의를 옹호하는 가장 급진적인 세력이 돼야 한다고 주장했다. 그러자 다른 사회주의 정당의 지도자들은 겁에 질렸다. 일부 볼셰비키 당원들도 마찬가지였다. 그러나 레닌의 주장에 많은 당원들은 공감했고 새로운 사람들도 볼셰비키당으로 이끌렸다. 초기의 머뭇거림은 곧 사라졌다. 당시 볼셰비키당에 가입한 사람이 정확히 몇 명인지는 확실히 알 수 없다. 당시 모든 정당의 당원 수는 대강 짐작만 할 수 있을 뿐이다. 그러나 2월에 1만~2만 명이던 볼셰비키 당원 수는 10월에 약 20만~35만 명으로 증가한 듯하다. 당원과 적극적 지지자를 어떻게 나누는지에 따라 그 수는 달라질 것이다.

볼셰비키 당내에서 벌어진 논쟁은 당이 대중운동을 지향하는 데 도움이 됐고, 당은 점차 대중운동의 많은 부분을 끌어당길 수 있었다. 이것은 나중의 많은 역사가들이 암시하는 것과 달리, 지도부가 당을 조종하고 당이 운동을 조종했기 때문이 아니다. 1917년 [혁명]

을 나중에 스탈린이 주장한 상명하복의 혁명 역사 따위로 이해해서는 결코 안 된다. 오히려 1917년에 볼셰비키 조직은 내부적으로 가장 민주적이었고 외부적으로는 가장 집요하게 기층 대중의 민주주의를 주장했다. 내가 이렇게 말하면 놀라는 독자들도 분명히 있을 것이다. 그러나 다른 정당들은 대충 훑어보기만 해도 당원들이 지도부에 별로 영향을 미치지 못했고 많은 당원들은 지도부가 제시하는 정책을 기껏해야 미적지근하게 지지했을 뿐임을 알 수 있다. 바로 이 때문에 멘셰비키와 사회혁명당은 모두 1917년 늦여름과 가을에 지지 기반을 대거 상실했고 그 지지는 대부분 볼셰비키로 옮겨 간 것이다.

나중에 볼셰비즘으로 알려지게 된 주장들은 어떤 무오류의 개념에서 나온 것이 아니었다. 그것은 1917년 내내 젊은 니콜라이 부하린[당시 29살이었다]이나 레온 트로츠키 같은 이론가·활동가들의 통찰이 결합돼 성장하고 변화한 것이었다. 오랫동안 [볼셰비키나 멘셰비키에 가담하지 않고] 무소속으로 활동했던 트로츠키는 다른 많은 좌파 인사들과 마찬가지로 1917년 볼셰비키당에 가입해서 당 지도자가 됐다(사실상 1917년에 볼셰비키당의 공인된 얼굴이었다). 그런 사람들이 환영받고 빠르게 받아들여졌다는 것은 볼셰비키당이 아주 유연했다는 또 다른 증거다. 그러나 볼셰비키의 주장들은 대중운동 내의 토론과 논쟁에서 핵심을 뽑아낸 것이기도 했다. 레닌은 거기에 독자적 요소들을 덧붙이기도 했지만, 무엇보다도 레닌은 그런 주장들을 연결하고 결합해서 정치적으로 가장 분명하고 날카롭게 다듬었다. 1917년에는 아무도 그 주장들을 체계적으로 정리하지 않았고 주장들 간의 강조점도 달랐지만, 그 요점은 그때나 지금이나 분명하다.

볼셰비즘의 토대는 국제주의였다. 볼셰비키는 러시아의 위기가 국제적 위기의 일부라고 주장했다(이것은 어찌 보면 자명한 말이었는데, 왜냐하면 러시아의 위기는 세계대전의 와중에 찾아왔기 때문이다). 이제 제국주의 단계에 이른 자본주의는 전 세계를 하나로 연결했지만, 바로 그 세계를 분할해서 파괴하고 야만에 빠뜨리기만 했다. 자본주의가 극복되지 않는 한 그런 일은 거듭거듭 되풀이될 터였다. 그러나 이런 [자본주의] 체제에 반대하는 움직임이 유럽에서 성장하고 있었다. 1914년에 주류 사회주의 정당들은 실패한 반면, 혁명적 경향들과 정당들은 성공했고, 결국 세계대전과 그 전쟁을 낳은 체제에 대한 환멸이 널리 퍼지면서 그들은 성공할 수 있는 새로운 기회를 얻었다.

러시아는 상황이 상황이다 보니 자본주의로는 나라의 근본적 문제들을 해결할 현실적 가능성이 전혀 없었다. 러시아에서 자본주의는 서유럽처럼 발전할 수도 없었고, 토지를 원하는 농민들의 요구를 들어줄 수도 없었고, 노동자들의 불만을 해소해 줄 수도 없었다. 그러므로 대중의 급진성이 혁명의 부르주아적 한계와 끊임없이 충돌한 것은 이 한계가 너무 협소했다는 사실을 보여 준다. 오히려 [공장]위원회와 소비에트라는 새로운 기관들 위에 대안적 권력의 토대가 세워져야 했다. 바로 이것이 《국가와 혁명》에서 레닌이 제시한 미래상이었다(《국가와 혁명》은 소비에트 민주주의라는 더 높은 형태의 가능성을 요약·설명했다는 점에서 1917년의 가장 중요한 저작이다). 바로 이런 생각이 소비에트 권력의 구호들(당장 전쟁을 끝내고 강화하라, 농민에게 토지를 주라, 노동자들이 공장을 통제해야 한다) 이면에 있었다. 밑에서부터 건설된 새 사회에서 사람들은 더는 (사용자든 국가든) 위로부터 지배당하지 않게 될 것이다. 그래서 1917년 8월에 레닌은 "국가가 존재하는 한 자유는 존재할 수 없다. 자유가 존재하는 곳에 국가는 없을 것이다" 하고 썼다.[33]

이런 주장들은 9월과 10월에 더 예리해졌다. 이제 레닌은 임시정부가 신뢰를 완전히 잃어버렸다고 주장했다. 즉, 임시정부가 더는 부르주아 세력에게 안정적 전망을 제공할 수 없다는 것이었다. 코르닐로프 쿠데타를 지지한 것은 그 전조였다. 쿠데타가 실패해서 우파가 후퇴하기는 했지만, 그렇다고 해서 위협이 완전히 사라진 것은 아니었다. 대중운동이 [결정적] 행동을 미룰수록 소비에트는 더 머뭇거릴 것이고, 그러면 우파가 새로운 공세를 감행할 기회를 붙잡을 터였다. 때가 왔을 때 너무 늦기 전에 붙잡아야 했다. 비평가들은 그때나 지금이나 이런 논리를 도박으로 여겼다. 그러나 그때 이후로 역사에서는 혁명적 위기 상황에서 결정적 순간을 놓쳐 버린 경우가 많았다. 그러면 우파가 세력을 회복해서 단지 좌파만 쓸어버린 것이 아니라 혁명 자체와 모든 종류의 민주주의도 분쇄해 버렸다.

러시아에서 이런 운명을 피할 수 있었던 것은 결정적 전진을 할 수 있었기 때문이라고 레닌과 트로츠키 등은 주장했다. 그러나 러시아가 곧바로 사회주의를 향해 돌진할 수 있는 것은 아니었다. 러시아의 후진성을 감안할 때, 새로운 사회를 건설할 수 있는 토대가 부족했기 때문이다. 가능할 법한 일은 러시아 혁명이 유럽 전역의 노동자들에게 횃불 같은 구실을 해서 유럽 노동자들이 전쟁과 그 전쟁을 낳은 체제를 끝장내는 것이었다. 일단 시작된 혁명이 그런 식으로 확산되면서 러시아의 고립을 끝내고 그 과정에서 트로츠키가 말한 연속혁명이 될 수 있었다. 이렇게 혁명의 토대가 확대되면 러시아 노동자들과, 예컨대 독일이나 이탈리아 노동자들 사이에 밑에서부터 협력이 구축되면서 혁명은 더욱 심화할 터였다.

[코르닐로프의 쿠데타가 실패한 이후] 소비에트의 구성이 볼셰비키와 사회혁명당 좌파에게 유리하게 바뀌기 시작했다. 소비에트의 주장에도 그들의 주장이 많이 반영됐다. 사회혁명당 중도파의 지도자였던 체르노프는 나중에 "[세력이] 불어난 [당내 — 헤인스] 좌파가 심리적으로 볼셰비키 쪽으로 급속히 기울었다" 하고 썼다.[34] 5월에 실시된 페트로그라드 지방선거에서 볼셰비키의 득표율은 20.4퍼센트였다. 9월에 페트로그라드에서 볼셰비키의 득표율은 33.4퍼센트로 올라갔고, 11월에는 45퍼센트까지 올라갔다. 모스크바에서 볼셰비키의 득표율 증가는 훨씬 더 두드러졌는데, 6월에는 11.9퍼센트였다가 9월에는 50.9퍼센트로 치솟았다.[35] 노동자·병사의 대표 기관이었던 페트로그라드 소비에트는 볼셰비키를 지지하는 쪽으로 확 쏠렸고, 그 점은 모스크바 소비에트도 마찬가지였다. 그사이에 케렌스키는 총리로서 새로운 연립정부를 구성하려고 애쓰면서, 민주협의회를* 소집해 정당성의 새로운 기반을 창출하려 했다. [그러나] 민주협의회가 열렸을

---

* 민주협의회 사회혁명당과 멘셰비키 지도자들이 주도해 소비에트에 대항하는 기구로서 구성됐다. 민주협의회의 대의원은 매우 자의적으로 배정됐지만 전반적으로 상류층 단체들에게 훨씬 많은 대의원을 배정했다.

때 좌파와 우파의 극심한 양극화만 드러났다. 민주협의회는 또, 멘셰비키와 사회혁명당의 지도부가 마비됐다는 것도 보여 줬다. 그들은 새로운 연립정부를 지지할 수도 없었지만 임시정부를 아예 제거하는 것도 머뭇거렸다.

바로 그것[임시정부 제거]이 볼셰비키와 그 지지자들, 사회혁명당 좌파가 요구하는 것이었다. 그들은 소비에트로 권력을 이양하고 농민에게 토지를 줄(사회혁명당의 강령) 무장봉기를 계획하기 시작했다. 10월 24일 케렌스키가 무력을 써서 그런 사태를 막으려고 했을 때 볼셰비키와 그 지지자들은 임시정부를 제거하고 페트로그라드를 장악할 수 있었다. 그것은 2월 혁명과 비교하면 거의 무혈혁명이었다(아마 15명쯤 죽었을 것이다). 대중의 지지가 임시정부에서 그냥 빠져나가 버렸기 때문이다. 이튿날 제2차 전국 소비에트 대회가 열렸을 때 대의원 670명 중에서 505명이 '모든 권력을 소비에트로' 이양하는 결의안에 찬성했다. 그중에 약 300명이 볼셰비키였고 193명이 사회혁명당이었지만, 사회혁명당은 좌파가 그 절반 이상이었다. 머뭇거리던 사회혁명당 우파와 멘셰비키는 분명히 소수파였다. 볼셰비키는 미래가 어찌 될지 알 수 없고 페트로그라드라는 근거지가 오래 버티지 못할 수 있다고 걱정하면서도 러시아와 전 세계를 상대로 포고령과 선언문을 잇따라 발표했다. 존 리드는 [11월 18일] 페트로그라드에 눈이 많이 내려서 진흙탕을 덮었다고 말하면서 다음과 같이 썼다. "러시아는 불확실한 미래에 대한 두려움으로 정신없이 빠져들었지만 … 도시의 삶은 갈수록 즐거워졌고 혁명 자체도 빠르게 확산됐다."[36]

혁명의 강화

혁명의 확산은 3개월가량 걸렸다. 모스크바 등지에서는 격렬한 전투가 벌어졌다. 그러나 기존 체제의 허약성 때문에 평화적으로 전환하는 경우가 더 흔했다. 레닌은 "소비에트 권력의 개선 행진"이라고 말했다. 그렇게 아주 쉽게 승리한 것은 아니었지만, 지방의 급진파들은 때로는 자신들의 힘으로, 때로는 페트로그라드에서 들려오는 소식과 선언문 등에 고무돼서, 또 때로는 기차를 타고 도착한 선동가들의 지원을 받아서 권력을 장악했다.[37]

전환이 쉬웠던 이유 하나는 레닌이 옳게 감지했듯이 반혁명을 이끌 수 있는 자들이 여전히 분열하고 혼란에 빠져 있었기 때문이다. 10월 혁명으로 그들의 사기는 훨씬 더 떨어졌다. 케렌스키는 페트로그라드 외곽에서 군대를 모아 반격하려다가 실패하자 외국으로 도망쳤다. 단기적으로 더 심각한 사태는 중간계급 집단들이 '파업'을 벌이고 일부 전문직 종사자들이나 옛 관료들이 뚱한 태도로 [혁명정부에] 협조하지 않는 것이었다. 그러나 그들에게 유능한 지도부가 없었기 때문에 그런 반발은 아무 성과도 없었다. 캅카스 북부, 우랄 남부, 우크라이나 등지에서는 러시아 중심부에서 도망친 군 장성들과 부르주아 정치인들이 잠시 반혁명 세력을 강화해서 군사적 저항을 했지만, 볼셰비키는 적위대와 해산한 군대 병사들로 급조한 군대를 동원해서 그 저항을 물리칠 수 있었다. 1918년 1월 말쯤에는 비교적 힘들지 않게 '내전'에서 승리한 것처럼 보였다. 나중에 외국의 간섭이 없었다면, 실제로 그렇게 됐을 것이다.

이 초기의 승리를 거둔 정부는 볼셰비키와 좌파사회혁명당의 연립정부였다. 멘셰비키와 [우파] 사회혁명당 지도자들은 10월에 볼셰비키의 권력 장악을 보고 움찔해서 꽁무니를 뺐고, 멘셰비키 좌파 지도자이자 다른 면에서는 볼셰비키와 가까웠던 율리 마르토프는 찜찜함을 느끼면서도 멘셰비키 대의원들과 함께 2차 소비에트 대회장을 떠나서 (트로츠키가 말한 대로) "역사의 쓰레기통 속으로" 들어갔다. 오늘날에는 멘셰비키를 현실주의자들로 묘사하려는 시도가 많다. 그러나 트로츠키의 비난은 여전히 타당하다. 10월 혁명 전에 멘셰비키와 사회혁명당은 권력 문제로 마비됐다. 이제 그들은 아무런 대안도 없이 볼셰비키의 행동을 거부했다. 마르토프의 태도는 특히 문제가 많았다. 그는 [멘셰비키 지도자 악셀로드에게 보낸 편지에서] "어쨌든, 우리 앞에 있는 것은 승리한 프롤레타리아 봉기라는 사실을 아셔야 합니다. 프롤레타리아는 거의 모두 레닌을 지지하면서, 이번 봉기를 통해 자신들의 사회적 해방이 실현되기를 기대하고 있습니다" 하고 말했다.[38] 그러나 마르토프는 자신이 희망을 걸었던 바로 그 집단을 저버렸다. 볼셰비키의 일당 독재 경향에 관한 온갖 이야기가 있지만, 실제로 새 정권의 정치적 기반을 협소하게 만든 것은 바로 이런 행동이었다. 마르토프가 소비에트 대회장을 떠났을 때 멘셰비키 당원으로서 나중에 혁명의 연대기를 저술한 니콜라이 수하노프도 함께 떠났다. 1917년 혁명을 연구하는 역사가들은 모두 수하노프의 설명에 의지한다(수하노프의 연대기는 러시아어판으로 7권이나 된다). 그러나 멘셰비키의 행동에 대한 수하노프의 평가나 느낌을 인용하는 경우는 드물다. 수하노프의 말인즉 멘셰비키의 행동이야말로 1917년의 최대 범죄였고 자신은 그것을 거듭거듭 후회했다는 것이다.

나는 벼락을 맞은 듯 깜짝 놀랐다. 이런 일은 한 번도 생각해 본 적이 없었다. …

첫째, [소비에트] 대회의 합법성에 이의를 제기한 사람은 아무도 없었다. 둘째, 그 대회는 가장 확실한 노동자·농민의 민주주의를 대표했다. … [멘셰비키의 행동은 ― 헤인스] 대중과, 또 혁명과 공식적으로 결별한다는 의미였다.

왜 그런 행동을 했는가? 왜냐하면 그 대회는 소비에트 정권을 선언했는데, 그 안에 멘셰비키와 사회혁명당의 하찮은 소수파를 위한 자리는 없을 터였기 때문이다! … 얼마 전까지만 해도 볼셰비키 자신도 … 지금의 멘셰비키나 사회혁명당처럼 무기력한 소수파였지만, 볼셰비키는 소비에트를 떠나야 한다는 결론을 내리지도 않았고 그럴 수도 없었다.[39]

그래도 여전히 소비에트를 바탕으로 광범한 좌파 연립정부를 구성하려는 노력은 계속됐다. 레닌과 트로츠키는 그런 생각에 회의적이었다. 흔히 이 때문에 협상이 실패했다고 설명한다. 그러나 볼셰비키는 타협을 위해 만만찮게 노력했다. [소비에트 대회에서] 퇴장해 버린 [멘셰비키와 사회혁명당] 지도자들이 전혀 호응을 하지 않았기 때문에, 협상을 후원하던 '중립파'들은 좌절하고 말았다. 따라서 연립정부가 실제로 구성됐을 때는 볼셰비키와 좌파사회혁명당으로만 이뤄지게 됐다. 11월 중순에 좌파사회혁명당원들이 농업·법무·체신·지방자치·국유재산을 담당하는 부서의 인민위원(장관의 새로운 이름)으로 임명됐고, 특별히 맡은 부서가 없는 정무 인민위원 두 명이 더 임명됐다.

볼셰비키와 좌파사회혁명당이 함께 직면한 다음 장애물은 제헌의회였다. 혁명적 상황에서는 사람들의 태도가 순식간에 바뀐다. 10월 혁명 전에는 급진적 민주주의자들이 제헌의회를 요구했고, 중도파와 우파는 제헌의회 소집을 머뭇거렸다. 어떤 의미에서 그들의 머뭇거림은 앞서 봤듯이 부르주아 [민주주의적] 러시아를 결코 지지하지 않은 [제헌의회 선거] 결과에 의해 그 정당성이 입증됐다고 할 수 있다. 그러나 [10월 혁명 이후에는] 반혁명 세력이 이제 다가오는 제헌의회 [선거]를 예찬하기 시작했다. 왜냐하면 그들이 주도권을 되찾을 수 있는 기회가 바로 제헌의회에 있다고 봤기 때문이다. 첫째, 그들은 제헌의회가 소비에트를 대체할 권력의 중심이 되기를 바랐다. 둘째, 제헌의회 안에서 옛 정당의 지도자들이 볼셰비키에 반대하는 연합을 구성할 수 있을 것이라고 생각했다. 사회혁명당의 엄청난 득표를 감안할 때 그 지도자들이 하게 될 구실은 결정적이었다. 볼셰비키와 좌파사회혁명당은 이런 주장들에 정면으로 대항했다. 그들의 주장인즉 민주주의의 미래는 소비에트 권력의 기반을 확대하는 데 있지 소비에트 권력을 뒤집거나 그것을 불신의 대상인 의회 민주주의에 종속시키는 데 있지 않다는 것이었다. 그들은 사회혁명당의 득표가 옛 지도부에게 권한을 부여한 것이라는 주장에도 이의를 제기했다. 특히, 좌파사회혁명당이 강력하게 논박했다. 11월에 사회혁명당은 완전히 분열해서 당원의 절반 이상인 좌파가 탈당했다. 농민들도 압도적으로 토지 포고령을 지지하고 있었다. 옛 사회혁명당 지도자들이 제헌의회 선거에서 그토록 많은 의석을 확보할 수 있었던(우파 사회혁명당이 370석을 얻은 반면, 좌파사회혁명당은 40석, 볼셰비키는 175석을 얻었다) 이유는 단지 선거 때 제출된 사회혁명당 후보자 명부가 좌파와 우파의 통합 명부여서 좌파의 영향력이 축소됐기 때문이었다.* 그래서 1918년 1월 5~6일 제헌의회가 열리고 그 핵심 인물들이 새로운 체제를 향해 나아가기를 한사코 거부하자 볼셰비키와 좌파사회혁명당은 제헌의회를 해산하는 데 동의했다.

이제 가장 논란이 분분한 쟁점, 즉 강화講和 문제가 남았다. 10월 혁명 뒤 각국 정부는 이제 전쟁을 그만두고 강화하라는 요구에 시달렸다. 그와 동시에 노동자들은 정부에 도전해서 전쟁을 끝내라는 촉구를 받았다. 예상대로 정부들은 그런 요구를 무시하거나 비웃으면서 살육전을 계속했다. 이듬해 전쟁이 끝날 때까지 100만~200만 명이 더 죽었고 수많은 사람들이 불구자가 됐다.

혁명가들에게 더 큰 문제는 노동자들이 어떻게 대응할 것인지였다. 희망은 유럽 각국에서 전쟁에 반대하는 급진파와 사회주의자들이 반전운동을 건설해 더 늦기 전에 자국의 변화를 불러일으킬 기회들을 붙잡는 것이었다. 그동안 러시아에서는 혁명의 횃불이 계속 타오르고 있어야 했다. 그래서 1917년 12월 독일과 28일간 휴전하

---

* 사회혁명당은 10월 혁명 전에 제헌의회 선거 후보자 명단을 제출했는데, 혁명 과정에서 혁명을 지지하는 좌파와 반대하는 우파로 분열하는 바람에 명단과 실제 구성이 맞지 않게 됐다.

기로 합의가 이뤄졌다. 전투는 멈추고 강화 협상이 시작됐다. 혁명적 외교를 실천하고 독일 군국주의의 본질을 폭로하려는 트로츠키의 노력에 독일 협상단은 당황했다. 그러나 1918년 1월 말쯤 독일군 최고사령부는 원하는 것을 얻지 못하면 행동에 나설 준비를 하고 있었다. 독일이 요구한 양보 조건이 하도 엄청나서 러시아에서는 좌우파를 막론하고 모두 대경실색했다. 부하린과 볼셰비키 당내 좌파를 비롯해 많은 사람들은 이제 제국주의를 상대로 혁명전쟁을 벌여야 한다고 생각했다. "우리는 항상 … 러시아 혁명은 조만간 국제 자본과 격돌해야 할 것이라고 말했다. 이제 그때가 왔다."[40]

레닌은 둘째가라면 서러워할 국제주의자였지만, 러시아에서 혁명을 내던지면 유럽 전체[의 혁명]에 차질이 있을 것이라고 주장했다. 일시적으로 후퇴하더라도 [러시아 혁명의] 불길이 꺼지지 않게 하는 것이 더 낫다는 생각이었다. [그러나] 레닌은 이 주장을 관철할 수 없었다. 타협안으로서 트로츠키가 선택한 것은 마지막 협상 시늉을 한 번 하고 나서 그냥 협상을 결렬시킨 채 러시아는 전쟁에서 빠지겠다고 선언하는 것이었다.* [그러나] 독일군 최고사령부가 충격에서 회복되자 트로츠키의 허세는 무용지물이 됐다. 독일군이 [러시아 영토로] 빠르게 진격해 왔는데도 이렇다 할 저항이 전혀 없었다. 패배에 직면하자 혁명적 좌파 사이에서 격렬한 논쟁이 벌어졌다. 그러나 볼셰비키당 중앙위원회에서 레닌은 무슨 일이 있어도 강화조약을 체결해야 한다는 주장을 가까스로 관철할 수 있었다. 1918년 2월 28일

---

* 이른바 '혁명전쟁도 아니고 강화도 아니'라는 입장.

아무도 되고 싶어 하지 않은 협상단이 급조돼 브레스트리토프스크로 가서 독일과 강화조약을 체결했고, 그 조약은 3월 15일 제4차 임시 소비에트 대회에서 비준됐다.

브레스트리토프스크 강화조약 덕분에 러시아 혁명은 안전하게 살아남았고 볼셰비키는 국제 혁명의 횃불을 계속 밝힐 수 있었다. 레닌이 바라던 대로 된 것이다. 사실 볼셰비키는 이후 국제 혁명을 위해 갑절로 노력했다. 그러나 강화조약 때문에 당장은 상황이 엄청나게 복잡해졌다. 독일 제국주의가 요구한 대가는 돈, 물자, 남부 지방 영토였다. [그곳에] 꼭두각시 정권들이 수립돼서 반혁명 세력들을 집결시켰다. 나중에 체르노프는 당시 밀류코프가 "조용히 독일군 점령지로 가서, 어제의 적과 친하게 지내며 구조를 받으려고 노력했다"고 말했다.[41]

영토 상실과 물자 부족에 따른 혼란으로 경제적 혼란은 더 가중됐다. 러시아의 핵심부가 식량·연료·원료와 차단됐기 때문이다. 정치적으로도 볼셰비키당은 분열해서 이제 당내 좌파가 레닌을 반대하고 있었다. 좌파사회혁명당도 브레스트리토프스크 강화조약을 거부했고, 그들의 가장 유명한 일부 지도자들의 조언을 듣지 않고 정부에서 철수해 버렸다. 그래서 소비에트 정부에는 볼셰비키만 남게됐다. 엎친 데 덮친 격으로, 좌파사회혁명당의 일부 당원들은 1918년 6월 독일 대사를 암살하고 볼셰비키에 대항하는 무장봉기를 감행해서 강화조약을 폐기하려 들었다. 바로 이런 행위들이 더 광범한 혁명 전선을 파괴하고 볼셰비키만 홀로 남게 만들었던 것이다. 일당국가는 결코 원칙이 아니었다. 그것은 처음에는 10월 혁명 과정에서 소비에트 대회장을 뛰쳐나간 다른 사회주의자들이 볼셰비키에게 강요한 것이었고, 나중에는 1918년 초여름 반볼셰비키 행동에 나선 좌파사회혁명당이 또 강요한 것이었다.

혁명의 심화

10월 이후 몇 달 동안 여러 어려움이 있었지만 혁명은 심화했다. 2~10월의 특징은 [경제적·사회적] 붕괴가 갈수록 심해졌다는 것이다. 그래서 [1917년 11월 6일] 레닌은 이런 붕괴를 막을 수 있는 가장 좋은 방법은 대중이 스스로 조직하는 것이라고 주장했다. "동지들, 노동 대중 여러분! 이제 여러분 자신이 국가의 주인이라는 사실을 명심하십시오. 여러분이 스스로 단결해서 국정 전반을 여러분 손으로 처리하지 않으면 아무도 여러분을 도와주지 않을 것입니다. … 여러분 스스로 일을 처리하십시오. 당장 밑에서부터 시작하고, 다른 누군가가 해 줄 때까지 기다리지 마십시오."[42] 미래의 청사진 따위는 없었기 때문에, 실제로 시행된 조치들은 흔히 캄캄한 밤에 더듬더듬 길을 찾는 것처럼 불확실했고 때로는 서로 모순되기도 했다. 그러나 여러 기관들이 밀접하게 결합되고 권한과 기능이 규정되면서 어느 정도 질서를 갖춘 새로운 권력 구조가 나타나기 시작했다. 물론 갈등은 불가피했고, 비평가들은 그런 갈등 사례들을 파고들어서 지도부가 대중적 기반에서 분리되는 최초의 조짐들을 찾아냈다. 그러나 새로운 질서는 기층에서도 요구하는 것이었고, 비록 러시아에서 사회주의를 건설할 수는 없더라도 사회주의 건설을 향해 몇 걸음을 내딛을 수 있다는 엄청난 자신감은 여전히 있었다. 새로운 러시아는 코뮌 국가, 일부 좌파사회혁명당원들의 말을 빌리면 광활한 "대륙의 코뮌"이 될 터였다.

농촌에서는 10월 혁명 이후에 정말로 엄청나게 많은 토지가 이전 됐다. 혁명이 그토록 강력해진 것은 도시의 반란과 농촌의 반란이 계속 결합된 덕분이었다. 바로 이 결합이 또, 노동자와 농민의 동맹 이라는 사상의 바탕에 깔려 있었고 그 사상을 현실로 만들었다. 농 민들은 전통적 농민 공동체를 통해 귀족과 교회와 부농의 토지를 몰수했다. 농민들의 행동은 모종의 격식을 갖춰 상징적으로 정당화 됐고, 몰수된 토지는 대체로 가족 규모에 따라 재분배됐다. 그 재분 배의 정도와 시기는 혁명과 반혁명의 양상을 반영했다. 나중에 내전 이 벌어지자 반혁명 세력들은 토지 재분배를 중단시키려 했고, 심지 어 옛 지주들에게 토지를 돌려주겠다고 위협했다. 1920년쯤 유럽러 시아 지역의 39개 주州에서 농민 가구의 96퍼센트는 농민 공동체에 속해 있었다.[43] 그러나 더 광범한 '농촌 혁명'은 1920년대 초가 돼서 야 실제로 완수됐다. '농촌 혁명'으로 엄청난 평등화 운동이 생겨나 서 토지·가축·장비를 공유했다. 부농과 빈농의 수가 모두 줄어들었 다. 표 2.1은 토지와 가축이 분배된 후의 상황을 보여 준다(1데샤틴 은 2.7에이커로 1헥타르[1만 제곱미터]보다 약간 더 넓다).

도시 인구의 관점에서 보면 결정적으로 중요한 문제는 식량 공급 이었다. 식량 공급은 10월 혁명 전부터 나빠지고 있었는데, 식량이 부족해서 그런 것이 아니라 농민들이 돈을 주고 살 수 있는 공산품 이 거의 없어서 식량을 팔려고 하지 않았기 때문이다. 1916년에 차

표 2.1. 1922년의 표본 인구조사를 토대로 산출한, 경작지 크기와
소·돼지 사육 규모에 따른 농민의 비율(단위: 데샤틴, 마리, 퍼센트)[44]

	경작지	소	돼지
0	6.7	37.5	23.6
1 이하	24.0	49.0	59.3
2	27.7	10.1	14.2
3	17.8	2.1	2.2
4~6	8.8	–	–
6~10	4.0	1.3	0.7
11 이상	0.8	–	–

르 정부는 식량 배급제를 부분적으로 도입했다. 1917년 3월에 임시
정부는 식량이 계속 [도시로] 유입되게 하려고 서둘러 국가가 곡물을
독점하는 제도를 확립하고 식량 배급제를 더 확대했다. 그러나 페트
로그라드의 하루 빵 배급량은 계속 줄어들었다. 1917년 가을 무렵 1
인당 빵 배급량은 370그램이었다. 10월 혁명 직전에는 205그램, 12
월에는 152그램, 1918년 1월에는 102그램, 5월에는 겨우 49그램으로
줄어들었다.[45] 농촌에는 곡물이 있었지만 농민들은 곡물을 팔기를
꺼렸다. 왜냐하면 도시에서 사들일 만한 공산품이 거의 없었기 때
문이다. 12월에 독일과 휴전이 이뤄지자 군수공장을 농기계 생산 공
장으로 바꾸려는 시도가 있었다. 그러나 이미 존재하는 감소의 악
순환을 쉽게 끊을 수 있는 해결책은 없었다. 그래서 1918년 봄에 볼
셰비키는 전시 독일의 아이디어를 빌려 와서 '식량 공급 독재'를 수
립했다. 도시에서 농촌으로 '식량 징발대'를 파견해서 식량을 확보하

려 했고, 빈농위원회(콤베디)가 주도하는 농촌의 '계급 전쟁'을 독려했다. 콤베디가 약 12만 개나 만들어졌지만, 그 정책은 성공하지 못했다. 어느 정도는 농촌 주민들이 처지가 엇비슷해지면서 외부의 잠재적 훼방꾼들에 맞서 단결했기 때문이었다. 이런 정책은 곧 완화됐지만, 경제 상황이 더 나빠지고 여름에 내전이 격화하기 시작하자 식량 문제를 해결할 훨씬 더 거친 방법을 찾아내야 했다.

도시에서는 재건이 처음부터 공장위원회·노동조합·소비에트를 기반으로 추진됐고, 그 과정에서 이들의 차이가 사라졌다. 2월 혁명 이후 건설된 공장위원회들은 처음에는 스스로 공장을 접수하기보다는 사용자를 감독하고 견제하는 데 더 관심이 많았다. 그러나 경제 위기, 사용자들의 [방해] 행동, 노동자들 자신의 견해 변화 때문에 공장위원회는 더 급진적인 방향으로 나아갈 수밖에 없었다. 이미 1917년 5월에 [제1차 페트로그라드 공장위원회 협의회에서 한 대의원이] 다음과 같이 말했다. "공장위원회는 경제 활동에 참여하기를 주저하지 않습니다. … 그럴 수밖에 없는 것이, 안 그러면 많은 공장이 문을 닫아야 할 것이기 때문입니다."[46] 이런 식으로 공장위원회는 사용자를 감독하는 기구라는 제한적인 생각이 공장위원회가 사용자를 대체할 수 있다는 생각으로 바뀌었다. 10월 무렵 이 과정은 페트로그라드에서 가장 멀리 나아갔다. 페트로그라드 노동자들은 심지어 공장 권력이라는 더 분명한 개념으로 조금씩 나아가고 있었다. 그러나 이런 개념은 국가권력이라는 더 광범한 문제에 정신을 집중하는 데 도움이 됐다. 그래서 1917년 가을에 페트로그라드와 그 밖의 지역들이 어찌 보면 이상하리만큼 대조적이었던 것이다. 9월과 10월에

온 나라에서 약 200만 명의 노동자가 파업을 벌이고 있었는데, 이것은 그해 최고 수준이었다. 그러나 어떤 역사가가 묘사했듯이 페트로그라드 자체에서는

노동자들이 권력 장악 없이는 경제적 붕괴를 피할 수 없다는 사실을 깨달았을 뿐 아니라, 공장을 계속 가동하는 일에 몰두하고 있었기 때문에, 러시아 전역에서 전례 없는 경제 파업 물결이 일고 있을 때 … 수도는 대체로 놀라울 만큼 조용했다.

9월에 페트로그라드에서 열린 공장위원회 협의회는 "모든 노동자들의 에너지를 다가오는 국가권력 건설 문제를 해결하고 3년간의 학살을 빨리 끝내기 위한 조직적 노력에 집중해야 한다"고 주장했다.[47] 그러므로 노동자 통제는 경제적 붕괴와 사용자·관리자의 적대 행위에 대처하려는 노동자들의 노력이 반영된 발전 과정이었다.

1917년 11월 14일의 노동자 통제 포고령은 공장위원회를 장려할 뿐 아니라, 아래로부터 발전하고 있던 새로운 구조들에 질서와 합법성을 부여하려 했다. 10월 혁명 후에도 대다수 산업은 여전히 사용자들의 수중에 남아 있었다. 기업들은 대차대조표와 이윤도 공개하다가 결국 1918년 6월 국유화됐다. 1917년 12월 국가경제최고평의회, 즉 베센하vSNKh가 창설돼서 경제 활동을 감독했다. 이제 공장위원회와 노동조합이 서로, 또 중앙정부와 어떻게 관계 맺을지가 쟁점으로 떠올랐다. 공장위원회가 자기 공장의 일에 관심을 집중하는 것은 편협한 태도라는 비난을 받았고, 1918년 1월 7~14일 열린 제1차

전국 노동조합 대회에서는 공장위원회가 더 광범한 노동조합 구조의 현장 세포가 돼야 한다는 주장이 제기됐다. 다비트 랴자노프는 다음과 같이 말했다. "노동계급 안에 기능이 겹치는 두 종류의 경제조직이 나란히 존재하는 것은 생산력을 집중하는 과정을 쓸데없이 복잡하게 만들 뿐입니다."[48] 반론에도 불구하고 이런 견해가 우세했지만, 혼란이 계속되자 레닌은 봄에 새로운 전환을 지지했다. 이제 안정적 생산에 도움이 된다면 심지어 1인 경영을 허용하는 '국가자본주의'라도 진보라고 주장한 것이다. 이미 브레스트리토프스크 강화조약에 반대하고 있던 당내 좌파는 이것을 더 위험한 후퇴로 여겨 반대했다.

더 광범한 사회·문화 분야에서 새로운 계획들도 마련되고 있었다. 당시는 엄청난 희망의 시대였다. 물론 삶의 많은 측면이 여전히 처참하다는 현실적 인식 때문에 그 희망이 누그러지기는 했다. 그래서 알렉산드라 콜론타이는 사회복지에서 무엇을 선택할 수 있을지를 두고 루이즈 브라이언트[존 리드의 부인]와 토론할 때 다음과 같은 농담을 했다고 한다. "분명히 아셔야 하는 사실이 하나 있습니다. 걸쭉한 양배추 수프를 먹을지 묽은 양배추 수프를 먹을지 결정할 때 커다란 도덕적 만족감을 느낄 수 있다는 것입니다."[49] 그러나 이와 동시에 "[혁명을 통해] 모든 것을 이룰 수 있다는 생각"도 여전히 남아 있었다. 어떤 사람들은 이제 과거의 잘못 따위는 다 잊어버리고 새롭게 출발해야 한다고 넌지시 말했다. 다른 사람들은 억압을 일소한 바탕 위에 새롭게 건설해야 한다고 주장했다. 모스크바 시가전 와중에 가장 훌륭한 건축물들이 대거 파괴되고 있다는 (가짜) 뉴스를 듣고 경악한 아나톨리 루나차르스키 등 여러 사람이 자리에서 물러났다. 그러나 곧 복귀했고, 루나차르스키는 교육 인민위원이 돼 모스크바에서 새로운 실험들을 감독했다. 학교들이 접수됐다. (직종을 불문하고) 모든 교직원과 학생이 모여 학교의 문제를 논의하는 평의회가 열렸다. 성인교육을 위한 학교가 설립됐고, 대학교가 개방되고 특별히 '노동자 학부'가 설치됐다. 많은 러시아인이 초보적인 읽고 쓰기부터 배워야 했는데, 특히 농민들이 그랬다. 1917년 말에 간호사 두 명은 루나차르스키에게 보낸 편지에서 다음과 같이 썼다. "광활한 러시아 전역의 많은 곳에는 아직도 글을 읽고 쓸 줄 아는 이를 한 번도 본 적 없는 사람들이 있다고 합니다. 우리는 바로 그런 곳에 가고 싶습니다."[50] 교육은 권위자가 맡아야 한다고 믿던 사람들은 이 새로운 자유가 끔찍했다. 그러나 열정과 활기가 그들 가운데 일부를 사로잡았고, 비록 당시의 혼란스러운 상황에서 성과보다는 희망이 컸지만 그런 열정과 활기는 감탄스러웠다.

혁명적 질서를 창조하는 것은 곧 대중운동의 정신을 유지하기 위해 끊임없이 투쟁하는 것이었다. 혁명 초기에 사람들이 술에 잔뜩 취하는 것이 큰 문제가 됐다. 삶의 조건이 악화하자 분노한 군중과 집단은 계속 술을 퍼마셨다. 그러나 이런 행동은 곧 도전을 받았다. 옛 법원을 대체해서 설립된 혁명재판소가 심리한 첫 사건이 바로 술에 취해 총을 쐈다는 이유로 해고된 시민군에 관한 것이었다. 혁명적 수병들이 전 정부의 장관 두 명을 살해했을 때는 선동가들이 파견돼서 대중의 험악한 분위기에 맞서야 했다. 그러나 [혁명에] 적대적인 일부 지식인들은 그런 일들을 보면서 마치 저 밑바닥에서 풀려난 '어둠의 세력들'이 날뛰고 있는 것처럼 느꼈다. 시인 발레리 브류소프는 그런 지식인들을 다음과 같이 꾸짖었다.

오, 그대 공상가들이여, 아름다움을 사랑하는 무리여

그대들의 꿈은 모두 가냘프고 아득한 날개가 있어야 하는가?

그것은 책 속에만 있었고, 노래 속에서 안전했다

그대들은 비범하고 강렬한 삶을 살았구나

알렉산드르 블로크는 1918년 1월 페트로그라드의 밤을 묘사한 시 〈열둘〉에서 그 모순을 누구보다 더 잘 포착했다. 눈보라가 몰아치는 밤에 [열두 명의] 적위대 병사들이 순찰을 돌면서 최악과 최선을 모두 경험한다. "아무것도 후회하지 않고 모든 것을 할 태세로 / 그들은 당당한 발걸음으로 계속 걸어간다 / 뒤에는 굶주린 개가 / 앞에는 예수 그리스도가 있다."[51]

어려움이 갈수록 커졌기 때문에 특히 페트로그라드에서 이런 과제들 가운데 어느 것도 쉽게 달성되지 않았다. 볼셰비키는(흔히 좌파사회혁명당도) 이제 질서를 주장해야 했다. "노동시간의 손실이 있을 때마다 굶주림은 더 심해지고 노동계급의 목에 걸린 올가미는 더 꽉 조여진다"고 그들은 말했다.[52] 격렬한 논쟁이 계속됐다. 적대적 신문들은 발행이 금지됐어도 이름만 바꿔서 다시 발행됐다. 대중의 분위기는 오락가락했다. 봄에는 일부 지역에서 멘셰비키와 우파 사회혁명당에 대한 지지가 되살아났고 다른 지역에서는 좌파사회혁명당이 지지를 받았다. 그들은 혁명이 부딪힌 어려움을 이용할 수 있었다. 그러나 여전히 그들은 이제 헌법에 국가의 전반적 형식이 제시된 나라에서 충실한 야당이 될지 아니면 반체제 세력이 될지를 결정하지 못했다. 그 헌법은 1918년 7월 4~10일 열린 제5차 소비에트 대회에서 채택됐다. 그러나 이때쯤 본격화한 내전과 좌파사회혁명당의 반란이 혁명의 전반적 양상을 바꿔 놓기 시작했다.

그때 이후로, 분명한 사회주의 정책이 무엇인지를 두고 많은 논쟁이 벌어졌다. 1917~1918년 겨울의 정책이었는가 아니면 1918년 봄의 부분적 후퇴였는가? 그 뒤에 벌어진 내전 기간의 전시공산주의 정책이었는가 아니면 1921년에 시작된 신경제정책이었는가? 간단한 대답은 그 어떤 것도 아니었다는 것이다. '사회주의 소비에트 공화국'이라는 용어는 사회주의를 향해 전진하겠다는 소비에트 공화국의 결의를 표현한 것일 뿐이다. 이것은 결코 러시아의 새로운 경제 질서가 사회주의 경제 질서라는 주장이 아니었다. 레닌 자신이 1918년에 그렇게 말했다.[53] 당시 러시아 혁명가들은 전에 한 번도 실행된 적이 없는 일을 시도하고 있었다. 그들은 러시아의 후진성 때문에 할 수 있는 일이 제한적이라는 사실을 알고 있었다. 진정한 사회주의는 오직 국제적으로만 건설될 수 있다는 것은 끊임없이 제기되는 주제였고, 바로 그 때문에 혁명을 확산시키는 일이 여전히 중요했다. 그사이에 그들은 자신들이 해야 할 일을 계속해 나갔다. 날카롭고 때로는 격렬한 논쟁이 벌어진 것만 보고, 상황이 그들을 그렇게 하도록 만들었다는 사실을 놓쳐서는 안 된다. 문제는 '현실주의' 때문에 원칙을 희생시킨 것이라기보다는 나중에 시도된 것처럼 일시적 현실주의를 원칙으로 격상시키고 대체 가능한 정책들을 영구불변의 진리로 정당화한 것이었다.

이런 논쟁·의심·주장들은 진정한 내전이 본격화하면서 갑자기 끝나 버렸다. 이후 3년간 혼란은 더 심해졌다. 반혁명은 결국 실패했지만, 혁명 초기의 이상과 희망도 끔찍한 대가를 치러야 했고, 끝내는 혁명의 미래 자체가 재앙을 겪었다.

현실 돋보기

러시아 노동계급

1914년 1월 러시아제국의 인구는 1억 6750만 명이었다(1939년 이전의 국경선을 따라 계산하면 1억 3990만 명이었다). 인구의 대다수는 농민이었다. 도시에 사는 인구는 약 17.5퍼센트였다. 그러나 [현대적] 공업, 수공업, 건설업, 운수업 등에 고용된 노동계급이 형성되면서 계급 구조가 복잡해지고 있었다(러시아 노동계급은 비록 수는 적지만 강력했다). 여기에다 이 노동자들의 부양가족을 더해야 한다. 그러면 광범한 의미의 노동계급은 인구의 15~20퍼센트를 차지했다.

핵심은 공장 노동자들이었다. 1914년에 공장 노동자의 5분의 2는 1000명 이상의 대공장에서 일했다. 이 수치는 가장 작은 작업장들이 통계에서 제외됐기 때문에 약간 과장된 것이지만, 그래도 놀랍다. 많은 노동자들은 여전히 농촌과 연계가 있었다. 그 연계의 정도는 업종과 도시에 따라 다양했다. 가장 발전한 지역들에서는 대물림하는 노동계급이 등장했다. 1900년에는 여성이 산업 노동자의 18퍼센트를 차지했는데, 1914년에는 27퍼센트를 차지했다. 글을 읽고 쓸 줄 아는 사람이 인구의 약 40퍼센트였지만, 산업 노동자 중에서는 64퍼센트였(고 여성보다 남성의 비율이 더 높았)다. 그즈음에 학교가 급격히 확대된 덕분에, 사회 전체보다 청년들 사이에서 글을 읽고 쓸 줄 아는 사람의 비율이 더 높았다.

제정러시아의 노동계급과 임금노동자 규모(단위: 100만 명)[i]

	1861년	1913년
1. 광공업	1.60	6.10
(1) 공장과 광산	0.80	3.10
(2) 농촌과 도시의 가내공업	0.80	3.00
2. 건설업	0.35	1.50
3. 운수업과 통신업	0.51	1.41
(1) 철도(사무직 포함)	0.01	0.82
(2) 수상 운수	0.50	0.50
(3) 우편·전신·전화	–	0.09
4. 기타 비농업 취업자	0.80	4.07
(1) 미숙련 일용 노동자	자료 없음	1.10
(2) 사무직 노동자	자료 없음	0.55
(3) 상업과 관광업	자료 없음	0.87
(4) 가내 하인	자료 없음	1.55
5. 농업 노동자	0.70	4.50
합계	3.96	17.58

전쟁으로 말미암아 노동자의 수는 더욱 늘어났다. 특히 군수생산 부문에서 그랬다. 1917년에는 360만 명이 현대적 공장과 광산에서 일하고 있었다. 대다수 숙련 노동자는 강제징집에서 면제됐다. 그들은 공장에서 더 쓸모가 있었기 때문이다. 그들은 공장에 새로 들어오는 청년 노동자들을 이끌 수 있는 급진적 중핵 구실을 계속했다.

1917년의 소비에트 민주주의

 1917년에는 소비에트, 즉 노동자·병사·농민이 선출한 평의회가 도처에서 생겨났다. 대도시에는 구區별로, 또 도시 전체의 소비에트가 각각 있었다. 소비에트는 단지 말만 무성한 곳이 아니었다. 소비에트는 밑에서부터 사회를 조직하기 시작했다. 10월 무렵에는 약 900개의 소비에트가 존재했다. 전국의 소비에트 대표들이 모여서 전국 소비에트 대회를 열었다. 1차 대회와 2차 대회 사이에 그 구성이 바뀌어서 볼셰비키가 소비에트의 다수파가 됐다.

1~3차 소비에트 대회의 구성 변화(단위: 명, 퍼센트)[ii]

	참가한 소비에트 수	대의원 수	대의원 비율				
			볼셰비키	좌파 사회 혁명당	사회 혁명당	멘셰비키	기타
1차 (1917년 6월 3일)	305	1090	13	–	34.5	37	14.5
2차 (1917년 10월 25일)	402	1012	52	15	13	14	5
3차 (1918년 1월 10일)	619	1800	53	21	5	4	16

 십중팔구 제헌의회 선거 때 투표한 사람들만큼 많은 사람들이 소비에트 선거 때도 투표했을 것이다. 소비에트 대의원들은 정당 득표율에

비례해서 선출됐고, 임기는 보통 6개월이었다. 그러나 대의원들은 언제라도 소환될 수 있었다. 존 리드는 다음과 같이 말했다.

"[소비에트보다] 더 민감하게 대중의 의지에 반응하는 정치기구는 아직까지 만들어진 적이 없었다. 예컨대, 1917년 12월 첫 주에 제헌의회를 지지하는, 즉 소비에트 권력에 반대하는 시위와 행진이 벌어졌다. 일부 무책임한 적위대가 이 행진 대열에 발포해서 몇 명이 죽었다. 이 어리석은 폭력에 대한 반응이 즉시 나타났다. 12시간이 채 안 돼 페트로그라드 소비에트의 면모가 바뀌었다. 볼셰비키 대의원 10여 명이 물러나고 멘셰비키로 교체됐다. 이런 감정이 가라앉을 때까지 3주가 걸렸다. 즉, 3주 만에 멘셰비키 대의원이 한 명씩 차례로 물러나고 다시 볼셰비키가 복귀한 것이다."[iii]

레닌은 10월 혁명 이후 제헌의회의 존속을 거부하고 볼셰비키, 좌파사회혁명당, 아나키스트 등 10월 혁명을 지지하는 광범한 사람들을 옹호하면서 다음과 같이 말했다.

"부르주아 의회 제도와 제헌의회를 위해 소비에트의 주권을 포기하고 민중이 쟁취한 소비에트 공화국을 포기하는 것은 이제 후퇴하는 것이고 10월에 승리한 노동자·농민의 혁명을 무너뜨리는 것이다."[iv]

3장

—

혁명의 변질

1917년의 볼셰비키 중앙위원회. "사형집행인, 스탈린만 살아남았다"고 쓰여 있다.
이 그림은 1938년 3월에 미국 사회주의노동자당이 만들었다.

흔히 혁명은 결국 실패할 수밖에 없다고들 한다. "모든 권력은 부패하기 마련"이고, 그래서 "모든 혁명은 부패한다"는 것이다. 이것은 현상 유지를 뒷받침하는 깔끔한 이론이다. 이 이론은 혁명을 논할 때 모든 문제의 책임을 혁명가들에게 묻는다. 특히, 혁명가들의 사고방식과 '전체주의 성향'을 탓한다. 그러나 아래로부터 혁명이라는 관점에서 보면, 이 이론은 별로 깔끔하지 않다. 물론 그 이론에 따르면, [혁명에서] 평범한 사람들은 손해를 보지만 어리석게도 그러지 않을 수 있다고 생각한다. 또한 그 이론은 권력이 필연적으로 [아래가 아니라] 위로 올라가게 돼 있으며, "모든 요리사가 국정에 참여해야 한다"는 레닌의 생각은 거리의 대중을 겨냥한 데마고기, 즉 감정적 거짓 선동이었을 뿐이라고 말한다. 모든 요리사는 사회적 지위에 맞지 않는 망상을 품기보다는 그냥 요리를 하는 게 훨씬 더 낫다는 것이다. 사회학자 앨빈 굴드너는 그런 이론이 "형이상학적 비애"를 표현한다는 멋진 말을 한 적 있다. 굴드너가 "비애"라고 말하는 이유는 그것이 슬픔과 연민의 이론이기 때문이다. 그런 이론을 옹호하는 사람들은 우리에게 "여러분이 추구하는 세계는 우리도 좋아합니다. 그러나 그 세계는 실현될 수 없습니다" 하고 말하는 셈이다. 또, 굴드너가 "형이상학적"이라고 말하는 이유는 그런 이론이 현실의 사회 과정을 분석한 결과가 아니라, 추상적·일반적 추론에서 나온 것이기 때문이다. 세상이란 원래 그런 것이고 마땅히 그래야 한다는 것이다. 그런 "형이상학적 비애"는 러시아 혁명의 운명을 논할 때 빠짐없이 등장한다.

이에 맞서 우리는 러시아 혁명의 변질이 결코 필연적이지 않았다는 점을 강조하고자 한다. 러시아 혁명은 1000만 명을 죽게 만든 제1차세계대전이라는 야만에 대항한 반란이었다. 또, 그 전쟁을 낳은 체제 자체에 대항한 반란이기도 했다. 그러나 러시아 혁명은 서유럽의 메아리가 필요했지만, 오히려 서로 전쟁 중이던 서유럽 강대국들은 신생 [노동자] 국가를 공격했고 매우 파괴적인 내전을 부추겨서 그 국가를 분쇄하려 했다. 그래서 러시아인들의 일상생활은 파괴됐고, 그와 함께 혁명도 많은 부분 파괴됐다. 1917년에 확립된 혁명의 대중적 기반은 약해졌고, 이 때문에 당과 계급이 어느 정도 괴리됐다. 1920년대에도 국내외의 압력이 새로운 체제의 틀을 계속 좌우했다. 볼셰비키당과 국가의 관료 집단이라는 중요한 계층은 1917년의 핵심 메시지, 즉 밑에서부터 사회를 재건해야 한다는 사상에서 멀어지기 시작했다. 1920년대에 이 관료층의 권력은 결코 절대적이지 않았다. 그들의 정책은 당내 다양한 반대파의 도전을 받았다(그런 반대파 집단의 지도자 중에서 가장 두드러진 인물은 트로츠키였다). 또, 그들은 노동자들이 혁명으로 쟁취한 물질적 성과들을 어느 정도 용인할 수밖에 없었고 심지어 장려하기도 했다. 그러나 [당과 계급의] 괴리가 심해질수록 이 사회집단의 물질적 이해관계와 나머지 사회집단의 이해관계 사이의 모순도 첨예해졌다. 이 사회집단의 우두머리가 스탈린이었다. 스탈린의 지도 아래 그 사회계층은 저항하는 사람들을 공격하기 시작했다. 그러나 스탈린 자신도 그런 사회적 압력의 산물이었다. 1928년의 스탈린은 1917년의 스탈린, 심지어 1922년의 스탈린과도 다른 사람이었다(혁명 초기의 스탈린에게 무슨 결점이 있었든 간에 말이다). 스탈린을 비롯한 관료층이 성장함에 따라 스탈린 자신도 악명 높은 인간으로 성장했다. 결국 1920년대 말에 세계적 사건들의 압력을 받아서 소련의 공산당과 노동계급은 완전히 분리됐고, 이제 소련은 노동계급·농민과 정면으로 대립하는 강압적 축적 체제로 변모했다. 이 사회집단은 더는 공평무사한 계층이 아니라 '대자적 계급'이 됐고, 소련은 어떤 의미에서도 '소비에트'와 전혀 관련이 없는 나라가 됐다.

국제 혁명의 실패

그 과정을 이해하려면, 먼저 1917~1921년에 혁명이 국제적으로 확산되지 못한 결과로 어떤 문제들이 생겨났는지를 알아야 한다. 1917년 이후의 러시아 국내 상황을 국제 혁명이나 외국의 간섭과 연결시키는 주장은 오늘날 인기가 없다. 혁명의 역사를 끔찍한 일탈쯤으로 묘사하고, 혁명가들이 자본주의의 만행에 도전한 일을 무모한 짓으로 비난하기가 훨씬 더 쉽다. 그러면 러시아처럼 혁명을 일으킬 능력이나 용기가 없던 러시아 밖의 사람들이 용서받을 수 있다.

그러나 [서]유럽에서도 혁명이 거의 성공할 뻔한 경우가 몇 차례 있었다. 제1차세계대전 말기에 시작된 대규모 사회적 위기는 1921년까지 지속됐다. 또, 1923년에도 몇 번의 기회가 있었다. 그런 사회적 위기는 스페인에서 스칸디나비아반도까지, 또 대서양 건너 미국과 캐나다까지 휩쓸었다. 그 사실은 당시의 파업을 기록한 도표를 보면 알 수 있다. 또, 노동조합의 급속한 성장과 대중의 정치적 좌경화에서도 찾아볼 수 있다. 유럽의 지배자들이 두려워한 것을 봐도 알 수 있다. 당시 영국 총리 데이비드 로이드조지는 [프랑스 총리 조르주 클레망소에게 보낸 편지에서] 다음과 같이 말했다. "유럽 전체에 혁명의 정신이 가득 차 있습니다. 노동자들의 마음속 깊숙한 곳에는 전쟁 전의 조건에 대한 불만뿐 아니라 분노와 반란 의식도 존재합니다. 유럽의 이쪽 끝에서 저쪽 끝까지 대중은 기존의 정치·사회·경제 질서를 모두 불신하고 있습니다."[1]

그 위기의 수준은 크게 셋으로 나눌 수 있다. 첫째, 전쟁에 직접 뛰어들지 않은 나라라고 해도 산업 노동자들이 모종의 급진화를 경험하지 않은 나라는 거의 없었다. 둘째, 국가권력이 흔들릴 만한 위기와 19세기 상반기 이래로 볼 수 없었던 급진화가 일어났는데도, 대체로 안정이 유지된 나라들도 있었다. 예컨대, 영국과 프랑스가 그랬다. 셋째, 1918~1921년과 1923년의 독일, 1918~1919년의 오스트리아, 1919~1920년 이른바 '붉은 2년' 시기의 이탈리아처럼 국가권력이 가장 심각한 도전에 시달린 나라들이 있었다. 1919년 3월 헝가리에서도 소비에트 정권이 수립됐지만, 연합국의 부추김을 받은 루마니아의 침공으로 곧 분쇄되고 말았다.[2] 그중에서도 독일에서 일어난 사건들이 가장 중요했다.

왜 좌파는 독일의 상황 같은 혁명적 상황을 이용하지 못했는가? 독일은 유럽에서 가장 중요한 나라였다. 제1차세계대전 막바지에 독일의 킬 군항에서 해군이 반란을 일으켰다. 독일 전역에서 노동자 평의회들이 수립됐다. 당시 한 독일 신문은 "혁명이 진행 중"이라고 보도했다. 급진주의가 아래로부터 분출했다. 베를린의 한 현장위원은 "이 봉기의 특징은 자발성과 폭발력이다" 하고 말했다.[3] 전쟁과 붕괴와 반란이 결합돼 구질서와 거대한 독일 사민당이 약화하고 혼란에 빠졌다. 1918~1923년에 적어도 다섯 차례나 독일 자본주의 체제 전체가 위험에 빠졌고, 그 후에 좌파의 도전은 약해졌는데도 계속되다가 1933년에 히틀러가 승리한 뒤에야 비로소 제거됐다.[4] 1918~1923년에 독일의 계급투쟁이 부침을 거듭할 때마다 지배계급의 분위기도 자신감과 절망 사이를 오갔다. 예컨대, 1918년 말에는 아마 당시 군대의 핵심 인물이었을 그뢰너 장군이 다음과 같이 보고했다. "노동자·병사 평의회의 영향력이 군대의 모든 부문을 지배하고 있다." 또 다른 보고서는 공장에서 "사용자들이 중간 관리자들만큼이나 무력하다. 모든 힘은 노동자위원회의 수중에 있다"고 말했다.[5]

그런데도 왜 혁명은 실패했는가? 어떤 일이 일어나지 않았을 때 우리는 객관적 상황이 불리했기 때문이라고 말하기 쉽다. 주류 역사학의 견해가 바로 그렇다. 즉, 서유럽 정권들은 러시아 지배자들에게는 없던 강점이 있었다는 것이다.[6] 그러나 그런 [혁명적] 위기 때는 주관적 요인, 즉 정치적 지도와 조직이라는 요인이 가장 중요하다. 로자 룩셈부르크는 1917년에 독일 감옥에서 러시아 혁명 소식을 들었을 때 이 점을 알고 있었다. 그래서 독일의 주요 마르크스주의 이론 가인 카를 카우츠키의 부인 루이제 카우츠키에게 [1917년 11월 24일] 보낸 편지에서 다음과 같이 말했다.

러시아인들의 소식을 듣고 기쁘지 않으세요? 물론 그들은 이 악마의 잔치에서 살아남지 못할 겁니다. 당신의 현명한 남편이 항상 주장한 것처럼 통계자료상으로 러시아의 경제 발전이 너무 뒤떨어졌기 때문이 아니라, 매우 발달한 서유럽의 사회민주주의자들이 가련한 겁쟁이들이기 때문이죠. 그들은 조용히 사태를 관망하면서 러시아인들이 피를 흘리며 죽어 가도록 내버려 둘 겁니다. 그러나 차라리 그렇게 몰락하는 것이 '[부르주아] 조국을 위해 사는 것'보다 더 낫습니다. 왜냐하면 그것은 세계사적 행동이고, 그 행동의 흔적은 지금부터 영원히 지워지지 않을 것이기 때문입니다.[7]

[국제적] 좌경화를 장려하고 지도하기 위해 1919년 3월 모스크바에서 제3인터내셔널, 즉 공산주의인터내셔널(이하 코민테른)이 만들어졌다. 처음에 코민테른은 낙관과 희망의 상징적 몸짓에 불과했다. 그 낙관은 1921년까지 유지됐다. 지노비예프는 1920년 7월에 열린 코민테른 2차 세계 대회에서 각국 대표 200여 명에게 다음과 같이 말했다. "이 2차 세계 대회는 소비에트 공화국들의 세계 대회라는 또 다른 대회의 예고편일 뿐이라고 깊이 확신합니다." 그렇게 코민테른 주위로 모여든 정당들은 진정한 대중정당으로 성장하기 시작했다. 1921년의 코민테른 3차 세계 대회에는 52개국의 48개 신생 공산당

[을 포함한 103개 조직]의 대표 605명이 참석했다.[8]

그러나 로자 룩셈부르크의 두려움은 충분히 근거가 있었다. 룩셈부르크와 동료 사회주의자 카를 리프크네히트는 다른 혁명가들과 함께 1919년 초에 우파 무장 집단인 자유군단 대원들에게 살해당했다. 사민당 정부는 기층 대중의 도전을 억누르기 위해 자유군단이 날뛰도록 내버려 뒀다. 온건한 사민당 지도자 프리드리히 에베르트는 다음과 같이 말했다. "저는 사회혁명을 … 원하지 않습니다. 사실 저는 사회혁명을 끔찍이 싫어합니다."[9] 자유군단은 몇 달 뒤에 바이에른 소비에트 공화국을 탄압하는 데 다시 동원됐다. 한 자유군단 장교는 다음과 같이 말했다. "범죄자 한 명이 도망가게 놔두는 것보다는 무고한 사람 몇 명을 죽이는 게 더 낫다. … 어떻게 처리해야 하는지 알겠나? … 그들을 사살하고 나서, 그들이 먼저 너를 공격했다거나 도망가려 했다고 보고하면 돼."[10] 모든 나라에서 사회민주주의 정당과 노동조합 지도자들은 급진화를 억제하려고 애쓰는 듯했다. 그들은 자신들이 체제를 보존하면서도 개혁하려고 노력하면 더 광범한 지배계급이 자신들에게 고마워할 것이라고 믿었다. [1918~1925년에] 이탈리아 노총CGL 사무총장을 지낸 루도비코 다라고나는 "극단주의자들이 원하던 혁명을 막은 것은 우리의 영광이자 자랑"이라고 말했다.[11] 그러나 지배계급은 크게 고마워하지 않았다. 1922년 이탈리아 지배계급은 무솔리니의 파시즘을 지지하는 쪽으로 돌아섰고, 사회민주주의자들보다 좌파적인 사람들[공산주의자들]을 처리한 것만큼이나 손쉽게 사회민주주의 지도자들도 제거해 버렸다. 독일에서는 1933년에 지배계급의 광범한 집단이 공모해서 히틀러를 권좌에 앉혔다. 공산주의자들만큼 사회민주주의자들도 큰 고통을 겪었다. 1919년에 사민당 장관들의 부추김을 받고 로자 룩셈부르크 등을 살해했던 자유군단이 나치의 원조로서 칭찬받았다.

더 좌파적인 지도자들은 1917~1921년에 혁명적 정치와 사회민주주의 정치 사이에서 동요했다. 카를 카우츠키는 독일 사민당에서 좌파가 분열해 나와 만든 정당인 독립사민당USPD이 1918년 말에 다음과 같은 압력을 받았다고 말했다. "우리 당[USPD]의 모습은 기괴했다. 아마 세계 역사상 다른 어떤 정당의 모습도 그렇지 않았을 것이다. 당내 우파는 정부에 들어가 있었고, 당내 좌파는 바로 그 정부를 무너뜨리려고 애쓰고 있었다."[12] 그러나 이런 [중간주의] 경향·집단·정당의 지도자들은 독일뿐 아니라 다른 나라에서도 볼셰비즘을 지지하지 않았다. 그들이 보기에 제2인터내셔널은 신뢰를 잃어버렸다. 그러나 새로 결성된 제3인터내셔널은 너무 멀리 나아갔다. 그래서 그들은 우파 사회주의와 볼셰비즘 사이를 오가면서, 한동안 독자적 인터내셔널을 만들어 활동했다(사람들은 그 인터내셔널을 장난스럽게 2.5인터내셔널이라고 불렀다). 혁명가들은 그들이 중간주의라는 장난을 치고 있다고 비판하며, 중간주의는 대중의 분위기가 고양돼 있을 때만 존속할 수 있다고 주장했다. 그러나 이렇게 중간주의를 비판한 혁명적 좌파는 극소수였다. 이 혁명적 좌파는 어느 정도는 자신들의 약점 때문에, 또 어느 정도는 경험 부족 때문에 혁명적 기회를 놓쳐 버렸다. 여러 나라에서 공산당이 생겨나기 시작했지만, 그들이 실질적 정치 활동에 나섰을 때는 이미 위기가 가라앉기 시작한 뒤였다. 이것은 러시아와 크게 다른 점이었다. 러시아에서는 혁명적 정당[볼셰비키]이 미리 존재해서 혁명이 시작될 때부터 대중에게 영향을 미칠 수 있었다.

그 결과는 단지 러시아 혁명의 고립만이 아니었다. 설상가상으로, 주요 열강이 러시아를 공격해서 혁명을 분쇄하는 일을 거들었다. 로자 룩셈부르크는 1918년에 다음과 같이 말했다. "러시아에서 일어나는 일은 모두 이해할 수 있는 것들이고, 불가피한 인과관계의 사슬이다. 그 출발점과 종점은 독일 프롤레타리아의 실패, 그리고 독일 제국주의의 러시아 점령이다."[13] 만약 그녀가 더 오래 살았다면, 자신이 살해당한 다음 해에 절정에 달한 연합국의 간섭을 덧붙였을 것이다. 1918년 4월 트로츠키는 볼셰비키 중앙위원회에서 "우리 국내의 적들은 한심합니다" 하고 말했다. 문제는 "막강한 외부의 적들이 엄청난 중앙집권적 기구를 활용해서 대량 학살과 절멸을 자행하려 한다는 것"이었다.[14]

외국의 간섭과 내전

오늘날에는 당시 외국의 간섭이 한 구실을 폄하하는 경우가 아주 흔하다. 많은 역사가들은 내전이 한바탕 혼란스러운 싸움이었을 뿐이고 양측의 차이는 없다고 여긴다. 그러나 이런 생각은 완전히 틀렸다.

앞서 봤듯이, 브레스트리토프스크 강화조약은 혁명에 큰 영향을 미쳤다. 1918년 11월 제1차세계대전이 끝나자 그 조약은 무효가 됐다. 그러나 그때쯤 연합국의 간섭은 이미 한참 진행 중이었다. 처음에 연합국의 간섭 목적은 러시아를 다시 전쟁에 끌어들이는 것이었다. 1918년 11월 이후에는 볼셰비키를 겨냥한 공격이 더 분명해졌다. 그 동기는 전반적으로 혁명의 위협을 막는 것이었지만, 러시아 시장을 상실한 충격, 해외투자의 손실 우려, 제정러시아 시절 빌려준 돈을 돌려받지 못할 위험 등 구체적 두려움도 있었다. 그들은 러시아 혁명의 신뢰를 떨어뜨리고 자국 내의 급진파들을 약화시키기 위해 반反볼셰비키 선전 공세를 퍼부었다. 즉, 레닌과 트로츠키가 서로 싸우고 있다는 둥 혁명이 아직 살아 있는 유일한 이유는 중국 군대를 이용하고 있기 때문이라는 둥 러시아에서는 여성을 국유화했다는 둥 온갖 거짓말이 차고 넘쳤다. 반동적 세력들이 '볼셰비즘' 반대를 중심으로 결집했다. 영국에서는 보안경찰이 런던의 유명한 식당이자 연회장인 카페 로열에서 '볼로*' 청산 오찬회'를 열었다.[15] 그러나 간섭의 열의는 국가마다, 또 정부 안에서도 부처마다 서로 달랐다. 1920년에 이르러 반혁명의 성공 가능성이 희박하다는 것이 분명해지자 반혁명을 지지하는 태도는 서서히 바뀌었고 새로운 전술이 개발됐다. 그러나 외국의 간섭이 없었다면, 내전은 그렇게 치열하지 않았을 것이고 파괴적 효과도 덜했을 것이다.

러시아의 혁명적 국가와 이에 대항한 14개 국가 사이의 세력 불균형은 엄청났다. 그들에게 간섭은 '비용이 적게 드는' 일이었다(식민지 전쟁과 탈식민지 전쟁을 떠올리게 만든다). 피해자에게 간섭이 미친 영향은 사뭇 달랐다. 제1차세계대전 때의 봉쇄로 러시아는 이

---

* 볼로(Bolo) 당시 영국과 미국의 관리들이 볼셰비키를 비하하던 말.

미 외국과 연계가 많이 끊어진 상태였는데, 이제 거의 완벽하게 고립됐다. 수많은 외국 군대가 러시아 영토로 들어왔다. 이 군대들이 직접 전투를 벌이는 일은 거의 없었(고 일부 군대는 전혀 없었)다. 그렇다고 해서 간섭 행위의 효력이 달라지지는 않았다. 반혁명 세력에 대한 원조가 쏟아져 들어왔다. 그 원조 비용 총액이 얼마였는지 정확한 기록은 없지만 상당한 규모였음은 분명하다. 특히 엄청나게 가난한 혁명적 러시아 국가와 비교해 보면 확실히 그랬다. 대량의 무기와 장비가 백군白軍(당시 반혁명 세력을 그렇게 불렀다)에게 흘러 들어 갔다. 적군赤軍은 제정 시대에 비축된 무기에 의지할 수 있었지만, 내전 당시에 새롭게 생산된 무기는 거의 없었다. 예컨대, 내전 기간에 새로 만들어진 [적군의] 소총은 겨우 100만 정이었는데, 영국 혼자서만 거의 100만 정의 소총을 백군에 공급했다.[16] 무기와 장비뿐 아니라 노련한 군사 고문단도 들어왔다. 그러나 또 다른 기여도 무시해서는 안 되는데, 바로 반혁명 세력의 자신감을 크게 고무했다는 사실이다. 이제 서유럽 [열강]이 옛 러시아 지배자들의 뒤를 봐주는 듯했다. 그런 뒷받침 덕분에 반혁명 세력은 어느 정도 마음의 평정을 되찾을 수 있었다.

내전의 주요 작전 지역은 다섯 군데였다. 시베리아에서는 알렉산드르 콜차크가 이끄는 백군이 서유럽 열강의 지원을 받으며 진군해 왔다. 남캅카스 지역에서는 더 작은 규모의 전투가 벌어졌다. 남부 지방에서는 안톤 데니킨과 표트르 브란겔이 이끄는 백군과 적군 사이에 주요 전투가 벌어졌다. 북서부에서는 니콜라이 유데니치가 이끄는 백군이 진군해 왔고, 극북 지방에서는 외국 군대가 이미 상륙

한 아르한겔스크에서 남쪽으로 무력 충돌이 확산되고 있었다. 다행인 것은 백군의 이런 작전들이 서로 조율되지 않았다는 것이다. 그랬는데도 1918~1919년에 혁명 러시아는 인구 6000만 명의 중부 러시아 일대로 급속히 쪼그라들었다. 설상가상으로, 식량·연료·원료 공급도 더 극심하게 차단됐다. 그러나 1920년 초쯤 백군은 대부분 패배했다. 그러자 4월에 연합국의 부추김을 받은 폴란드 군대 74만 명이 우크라이나를 침공했고, 전쟁은 1920년 10월까지 계속됐다. 내전의 양상을 더 혼란스럽게 만든 것은 이른바 '제3세력'이었다. 10월 혁명을 반대한 사회주의자들이 독립적 정부를 수립하려고 노력했지만, 모두 실패하거나 백군에게 소탕됐다. 더 중요한 것은 이른바 '녹색 군대', 즉 네스토르 마흐노 같은 지도자들이 이끄는 대규모 농민 부대였다. 이들은 백군에는 전혀 흥미를 못 느꼈고, 때로는 남부 지방에서 백군을 물리치는 일을 도와주며 중요한 구실을 하기도 했다. 그러나 그들의 정치는 변덕스러웠다. 또, 행동도 잔인했는데, 이것을 보면 일부 사람들이 그 농민 군대를 낭만적으로 묘사한 것이 허위임을 알 수 있다.[17]

왜 반혁명은 실패했는가? 여러 가지 군사적 이유가 있었다. 예컨대, 군사 작전이 서로 조율되지 않았다거나 혁명가들이 중앙을 확고하게 통제하고 있었다 등등. 그러나 주된 이유는 정치적인 것이었다. 백군은 과거의 "분리될 수 없는 하나의 러시아"로 되돌아가자는 생각을 중심으로 뭉쳤다. 그래서 차르 체제의 냄새가 너무 많이 났다. 토지를 지주에게 돌려주는 방안을 지지한 것도 마찬가지였다. 또, 백군의 부패는 고질적이었다. 그리고 조직적이고 끔찍한 만행을 엄청나게 저질렀다. 백군은 의미 없는 전쟁에서 자국 병사 거의 200만 명을 희생시킨(수많은 적국 병사를 죽인 것은 말할 나위도 없다) 구질서의 산물이었다. 그들은 이제 원한을 품은 옛 지배계급 사람들과, 함께 살인을 자행하는 데 익숙해진 집단들, 그리고 행동의 자유를 보장해 줘야 백군을 계속 지지할 지역 유지들을 연결시켰다. 영국 장군 앨프리드 녹스는 시베리아의 백군 우두머리 콜차크가 "정직하고 애국적이고 유능한" 인물이라고 본국에 보고했다. 미국 장군 윌리엄 그레이브스는 시베리아에서 백군이 저지른 많은 만행과 그들의 협소한 기반을 다음과 같이 고지식하게 기록했다. "콜차크 정부는 소수의 불신당한 반동 세력, 왕당파, 옛 군 장교 집단을 제외하면 시베리아에서 어느 누구의 신뢰도 얻지 못했다." 그래서 미국 정부는 콜차크를 공식적으로 인정하지 않았지만, 그래도 총과 탄약을 제공하고 돈도 빌려줬다.[18] 백군은 유대인 6만~10만 명을 학살하는 만행도 저질렀다. 최악의 만행은 우크라이나 유대인 학살이었다. 자신들의 소행을 자랑스럽게 여긴 백군은 사진을 찍었는데, 그중 일부는 지금도 남아 있다. 그들이 1919년 8월에 찍은 사진 하나를 보면, 탈리트라는 기도용 숄에 싸인 유대인 시체 더미 위에서 카자크 군인들이 폼을 잡고 있다. 이 사진을 보고 나중에 나치가 저지른 유대인 학살 만행이 떠오르는 것은 당연하다. 수많은 유대인이 러시아 국내에서, 또 유럽이나 미국·팔레스타인 등지로 피난을 떠났다.[19]

그러나 반혁명 격퇴는 결코 쉬운 일이 아니었다. 적군은 맨손으로 시작해야 했는데, 처음에는 자원병, 나중에는 징집병으로 건설됐다. 1918년 말에 적군의 장부상 병력 규모는 50만 명이었고, 1919년 7월에는 230만 명, 1920년 7월에는 400만 명을 헤아렸다. 새로운 형태의 군대 조직을 만들겠다는 초기의 희망은 비현실적이었음이 드러났다. 그러나 여전히 적군은 역사상 가장 민주적인 군대 중 하나로 남아 있다. 옛 제정 시대의 군 장교들을 활용하는 문제를 두고 논쟁이 벌어졌다. 적군은 흔히 무기와 장비가 부족했다. 규율도 문제였다. 제1차세계대전에 참전한 모든 장군들과 마찬가지로 [적군 사령관] 트로츠키도 적 앞에서 나약해지는 병사를 가혹하게 처벌할 태세가 돼 있었다. "억압 없이는 군대를 건설할 수 없다. 군사령부의 무기고에 사형제라는 무기가 없다면, 수많은 사병을 죽음[의 전장]으로 내몰 수 없는 법이다."[20] 그러나 다른 측면도 있었다. 백군과 달리 적군은 잔혹 행위를 줄이고 [병사들의] 도덕적·정치적 수준을 높이려고 끊임없이 노력했다. 물론 그것이 항상 효과가 있었던 것은 아니다.[21] 그러나 그 목적은 적군을 정복군이 아니라 해방군으로 만드는 것이었고, 본보기 처벌은 다른 사람들이 강간·살인·약탈을 하지 못하도록 막으려는 조치였다.

전선의 뒤에서 — 혁명을 십자가에 못 박기

급변하는 전선의 뒤에서 혁명 러시아는 굶주림과 추위가 심해질수록 악화하는 사회적 재난에서 살아남으려고 분투했다. 삶을 옥죄는 쇠퇴의 악순환은 정권의 우선순위와 형태를 모두 바꿔 놨다. 연료·식량·원료를 구할 수 없었으므로 공장은 문을 닫았고 노동자들은 굶주렸다. 1920년 무렵 산업 생산은 1913년 수준의 31퍼센트에 지나지 않았고 총생산량도 38퍼센트 수준이었다. 자원이 줄어드는 상황에서 최우선 순위는 군대에 물자를 공급하는 것이었다. 식량이 부족한 지역들의 도시는 텅 비어 갔다. 1917년에 230만 명이던 페트로그라드 인구는 1918년에 150만 명, 1920년에는 74만 명(1917년 수준의 겨우 32퍼센트)으로 줄어들었다.[22] 소설가 알렉세이 톨스토이는 1918년 겨울의 페트로그라드를 다음과 같이 묘사했다. "사람들은 굶주리고 있었고 … 북극의 칼바람이 살을 에는 듯했다. 페트로그라드는 석탄과 빵이 바닥난 도시, 공장 굴뚝에서는 연기가 끊겼고, 마치 살갗이 벗겨져 힘줄이 드러난 인간 같은 도시"였다.[23] 식량을 구할 수 있는 지역으로 난민들이 몰려가 농촌과 지방의 소도시를 가득 채웠다.

페트로그라드의 사정이 특별히 나빠진 이유는 주요 보급원에서 고립됐기 때문이다. 앞서 말했듯이, 1917년 페트로그라드에는 40만 명의 공장 노동자가 있었다. [혁명 후] 초기 몇 달 동안 이런저런 문제들이 많은 사람에게 타격을 줬다. 그 뒤 사정은 훨씬 더 나빠졌다. 어떤 역사가의 계산을 보면, 1918년 여름부터 페트로그라드 공장 노동자 4만 명이 적군에 입대했다. 또, 2만 명은 식량과 연료를 징발하는 일에 참여했다. 1만~1만 5000명은 러시아의 다른 지역에서 일하도록 보내졌을 것이다. 1917년 10월 이후 감소한 페트로그라드 공장 노동자 수를 합산하면, 1921년 무렵에는 1917년의 원래 노동자 가운데 겨우 5만 명만이 남아 있었던 듯하다.[24] 그러나 질적인 측면에서도 타격이 있었다. 혁명을 방어하고 확산하기 위해 공장을 떠난 노동자는 가장 뛰어난 투사들이었다.

표 3.1. 1913~1922년의 러시아 산업 노동계급 규모 추정치(단위: 명)[25]

	러시아	지수 (1917년=100)	유럽러시아 지역의 24개 주州	볼셰비키가 지배한 지역	지수 (1917년=100)
1913년	3,100,000	86	–	–	–
1917년	3,600,000	100	1,850,000	3,600,000	100
1918년	2,500,000	69	1,071,000	1,150,000	32
1919년	1,400,000	39	–	–	–
1919년 상반기 평균	–	–	910,000	910,000	25
1919년 하반기 평균	–	–	760,000	760,000	21
1920년	1,500,000	42	735,000	1,500,000	42
1921년	1,200,000	33	–	1,200,000	33
1922년	1,100,000	31	–	1,100,000	31

노동계급의 더 광범한 경험은 표 3.1을 보면 알 수 있다. 첫째 열은 [노동계급의] 전반적 감소를 보여 주는데, 이것은 실제보다 작은 수치다. 왜냐하면 뒤로 갈수록 공장을 계속 가동하기 위해 노동자가 아닌 사람들이 공장으로 많이 들어왔기 때문이다. 셋째 열은 볼셰비키가 여전히 지배하고 있던 핵심 지역의 노동계급을 보여 준다. 넷째 열은 내전 상황의 변화에 따라 볼셰비키가 지배한 지역의 노동계급 규모가 어떻게 변했는지를 대강 추정한 수치다.

가장 어려운 일은, 산업의 붕괴로 농민들이 살 수 있는 공산품이 없는 상황에서 농민들한테 식량을 얻는 것이었다. 도시에는 식량과 교환할 상품이 별로 없었는데, 이조차도 곧 바닥나고 말았다. 그 해결책으로 1918년 여름에 채택된 정책이 곡물 강제 징발이었다. 여러 주·군·면의 상황을 각각 평가해서 농민들에게 잉여 곡물을 넘겨줄 것을 요구했(고 필요하다면 강압적으로 징발했)다. 농민들은 엄청나게 분노했고, 도처에서 충돌이 일어났다. 그러나 극단적 시대에는 극단적 조치가 필요했다. 곡물 징발은 다른 곳에서도 사용된 적 있었고, 물자 부족과 굶주림이 만연한 상황에서 다른 효과적 대안을 내놓을 수 있는 사람은 아무도 없었다. 더욱이, 공산당은 농민들에게 곡물만 징발하러 왔지만, 만약 백군이 승리하면 곡물과 토지를 모두 빼앗기고 말 것이라는 사실을 알게 된 농민들은 결국 적개심을 눌렀다.

국가 통제가 확대되고 경제 전반이 중앙집권화했다. 공식적 시장 관계는 하찮은 요소가 됐다(비록 암시장이 성행하기는 했지만 말이다). 당시 발전한 전반적 통제 체제를 일컬어 '전시공산주의'라고 했다. 그것은 실제로는 군사적 필요에 부응하는 일종의 '병영 공산주의'였다. 대다수 볼셰비키는 그렇게 생각했다. 물론 원시적 평등주의 사상에는 매력적인 요소들이 있었다. 그러나 당시 금방 공산주의로 도약할 것이라는 의미심장한 착각이 널리 퍼져 있었다는 주장은 당시의 증거를 오해하거나 무시한 것이다. 식량 인민위원회의 관리 한 명은 당시의 상황을 요약해서 다음과 같이 말했다. "식량 인민위원회가 자기만족을 위해 이런 일을 한다고 생각하십니까? 천만에요. 우리가 이러는 이유는 식량이 충분하지 않기 때문입니다." 당시 정책을 결정하는 가장 큰 요인은 급박한 필요였다.[26] 20세기의 어떤 전시경제도 대규모 국가 통제를 피하지 못했다. 혁명 러시아만큼 심각한 붕괴에 대처해야 했던 전시경제도 거의 없었다.

당시의 통계 자료를 보면, 사회 상황이 갈수록 끔찍해졌음을 알수 있다. 나중에 [경제학자] 예브게니 프레오브라젠스키는 노동계급이 "끔찍하게 가혹한 상황에서 전쟁을 수행하는 거지들의 공동체"가 돼 버렸다고 말했다.[27] 노동자들은 점차 임금을 현물로 받았고, 1920년 무렵에는 현물임금이 전체 임금의 5분의 4 이상을 차지했다. 당시 상품과 현물로 지급되는 임금의 가치는 1913년 수준의 10분의 1로 떨어져 있었다. 어떤 가구도 그런 임금으로는 생존할 수 없었다. 어떻게든 먹고살려면 노동자들은 가진 재산을 팔아서 식량을 구하거나 아니면 [공장에서] 훔치거나 직접 만든 상품을 농민에게 팔아서 식량을 구해야 했다. 1921년 4월 무렵 상품과 현물로 지급되는 임금은 가구 소득의 5분의 2에 지나지 않았다. 사회적 조건이 개선된 몇 안 되는 사례 하나는 주택이었다(적어도 이론상으로는 그랬다). 사람들이 피난을 떠나자 전에 비좁은 집에서 살던 가구들은 주거 선택의 여지가 생겼다. 그러나 이것은 별로 위안이 되지 않았다. 수도관은 얼고 하수도도 얼어 터지고 난방이 안 되는 방에서 추위에 떨어야 했기 때문이다. 오히려 작은 방에 사람들이 부대끼는 게 더 나았을 것이다.

이런 환경에서는 질병과 죽음만이 번창할 수 있었다. 수많은 사람이 발진티푸스·장티푸스·말라리아·콜레라·결핵으로 목숨을 잃었다. 그러나 이런 참상 속에서도 사람들은 존엄을 유지하려고 애썼다. 페트로그라드에서는 시체를 넣는 관 가격이 치솟았다. 부자들만이 관을 살 수 있었다. 다른 사람들은 관을 빌려야 했다. 관에 넣은 시체를 꺼내 땅에 묻고 나서 그 관을 다른 장례식장으로 가져갔다.

표 3.2는 이 모든 것 때문에 얼마나 많은 사람이 희생됐는지를 어렴풋이 보여 준다. 이 표를 보면, 다양한 인명 손실 유형에서 군사적 인명 손실은 전염병과 풍토병으로 인한 인명 손실에 견주면 아주 작은 부분일 뿐이라는 사실을 알 수 있다.

표 3.2 1914~1922년 유형별 러시아 인구 감소 추정치(단위: 100만 명)[28]

	1914~1917년	1918~1920년	1921~1922년
군사적 인명 손실	1.8	0.8	–
민간인 사망자	1.5	7.0	약 5.0
출생 적자[사망자 – 출생자]	5.0	5.0	4.0
해외 이주			약 2.0

볼셰비키는 이런 사회적 붕괴의 정치적 결과를 피할 수 없었다. 부하린은 내전 기간에 쓴 저작에서 다음과 같이 말했다. 어떤 혁명에서든 "생산력이 쇠퇴하고 다수 대중의 물질적 조건이 불안정해지면 불가피하게 '변질' 경향이 나타날 것이다. 즉, 지도층이 계급의 맹아 형태로 배설될 것이다." 그러나 이런 경향은 생산력 발전으로 상쇄될 수 있다고 부하린은 주장했다. 생산력이 발전하면 노동자들의 물질적 형편이 개선될 것이고 "교육의 독점이 폐지되면" 정치적·문화적 시야가 넓어질 것이기 때문이다.[29] 그러나 러시아 내전에서는 붕괴 규모가 너무 커서 이런 변질 과정이 극심했다. 노동계급이 해

체됐으므로 권력이 [볼셰비키]당으로 옮겨 갔다. 그러나 당 자체도 계속 변하고 있었다. 당원들은 다른 곳의 필요를 충족시키기 위해 빠져나갔고, 지역의 당 조직을 채운 신입 당원들은 어쩌면 신뢰하기 힘든 사람들이었다. 레닌은 내전에서 "패배하면 죽을 것이 뻔한" 상황 때문에 출세주의자들이 입당을 꺼리게 되기를 바랐지만, 실제로 그렇게 됐는지는 분명하지 않다. 더 중요한 점은 1917년에 승리한 자신감을 간직한 세대가 희박해졌다는 사실이다. 예컨대, 페트로그라드에서는 1919년 3월 무렵 당원 수가 1년여 전 절정기의 5분의 3 수준이었고 10월 혁명 전에 가입한 당원도 46퍼센트밖에 안 됐다. 1917년에 페트로그라드에 있던 볼셰비키 당원의 3분의 2가 다른 곳으로 가 있었다. 1922년 무렵에는 페트로그라드의 볼셰비키 당원 가운데 10월 혁명 전에 가입한 사람이 15퍼센트에 불과했다. 권력도 상층부로 옮겨 갔다. 그러나 거기에도 여러 문제가 있었다. 제5차 페트로그라드 소비에트(1920년 1~6월)의 볼셰비키 대의원 가운데 10월 혁명 전에 가입한 사람은 23퍼센트도 안 됐다. 1917년 (이전) 세대가 우세한 곳은 페트로그라드 소비에트 집행위원회뿐이었다(집행위원의 거의 90퍼센트를 차지했다). 그러므로 당과 계급 사이에 간극이 있었을 뿐 아니라, 당[원들]과 지도부 사이에도 간극이 있었다. 다른 곳의 상황은 훨씬 더 나빴다. 1921년쯤 주州 소비에트 집행위원회의 공산당원 가운데 겨우 45퍼센트만이 1917년 이전에 입당한 사람이었고, 그보다 더 작은 지방 소비에트 집행위원회에서는 그 수치가 20.3퍼센트에 불과했다.[30]

(▶ 현실 돋보기: 원시인, 토끼, 바지 이야기, 157쪽)

이것은 궁핍과 굶주림의 쓰라린 세계였다. 뭐라도 가진 사람은 아무것도 못 가진 사람에 비하면 특권층이었다. 이 점을 가장 날카롭게 비판한 사람이 아나키스트인 엠마 골드만이었다. 그러나 골드만도 병에 걸린 친구들이 죽을까 봐 자신의 연줄을 이용해 의약품 등을 구해야만 했다.[31] 이런 상황이 위험하다는 것은 분명했다. 그러나 장기적으로 더 심각한 문제는 권력의 정치적 이동이었다. 논쟁 상대가 될 만한 [노동계급] 기반, 압박하고 회유하고 필요하다면 쳐부수기라도 해야 할 기반이 없어졌으므로, 1917년의 전망을 유지하려는 [볼셰비키] 선임 당원들의 능력은 제한될 수밖에 없었다.

외국의 간섭과 반혁명으로 말미암아 1918년 여름에 혁명 러시아는 사실상 계엄령이 내려진 병영이나 다름없었다. 볼셰비키는 프랑스 혁명을 방어하기 위한 비상조치를 상기시키는 '공포정치'를 거리낌 없이 이야기했다. 혁명의 적들이 눈곱만큼의 자비도 보여 주지 않는 마당에 '적색테러'를 숨길 이유는 전혀 없었다. 적색테러의 목적은 본보기를 보여서 [반혁명 행위를] 포기하게 만들려는 것이었다. 볼셰비키는 그런 조치들이 정당하다고 믿었다. 그러나 적색테러의 실행 과정에서 큰 혼란이 있었다. 전선에서는 민간인들이 적군赤軍의 행동에 휘말릴 수 있었다. 후방에서는 곡물 징발대가 농민들과 충돌했다. 혁명재판소가 범죄를 처리했다. '반혁명 행위'는 봉기·파업·사보타주·투기 그 무엇이든 모두 체카['반혁명과 사보타주에 맞서 투쟁하는 전 러시아 비상위원회']가 처리했는데, 내전이 격화할수록 체카의 권한도 확대됐다.[32]

체카는 1917년 12월 7일 창설 당시에는 볼셰비키와 좌파사회혁명당이 지휘했지만 [1918년 여름에] 좌파사회혁명당이 반란을 일으킨 뒤에는 볼셰비키만의 조직이 됐다. 처음에는 소규모 무장 파견대가 추가되는 정도였지만, 1918년 말부터 1921년 사이에는 4만~5만 명 규모가 됐다. 당시 질서 유지를 위해 설치된 다양한 형태의 [혁명]재판소에서 처형당한 사람의 수는 여전히 논란거리지만 5만 명을 넘지는 않은 듯하다.[33] 확실히 적색테러는 매우 실질적이었다(비록 일부 역사가들의 추정과 달리, 위협하는 말이 항상 행동으로 이어진 것은 아니었지만 말이다). 그러나 이런 혁명 방어 행위는 항상 볼셰비키를 비난하는 데 이용됐다. 볼셰비키의 방어는 공공연했다.[34] 도를 넘는 행위들이 있었다는 것은 사실이다. 그러나 반혁명도 사실이었고, 오히려 도를 넘는 행위들은 반혁명 세력이 더 많이 저질렀다. 그리고 반혁명 세력의 뒤에는 이른바 '서구 문명'이 버티고 있었다. 그들은 자신들이 후원한 세력이 저지르는 짓을 기꺼이 모른 척했고 그들 자신도 전쟁에서 기꺼이 대학살을 자행했다. 예컨대, 독일이 휴전을 요구한 뒤에도 그리고 휴전 협상이 진행되는 동안에도 영국군 약 10만 명이 전사했다는 사실은 지적해 둘 만하다. 그러나 결정적으로 중요한 점은 적색테러가 바로 혁명이 직면한 위기의 산물이었다는 사실이다.

대도시들의 어려움에도 불구하고 1918년 여름까지는 혁명적 질서가 유지됐고 새 정권의 손에 죽은 사람은 거의 없었다. 혁명에 반대하는 세력들은 더 무자비했다. 볼셰비키는 1918년 초 핀란드에서 2만 명 넘는 혁명가들이 학살당한 것을 보고 경악했다. 핀란드가 러시아에서 공식적으로 해방된 것은 1917년 혁명의 성과 중 하나였다. 그러나 인구 340만 명의 나라 핀란드는 곧 내전에 휩싸였다. 당시 몇 명이 죽었는지는 여전히 불분명하다. 흔히 백군 1만 명과 적군 2만 명을 합쳐 3만 명이 죽었다고들 한다. 적군 사망자 가운데 적어도 1만 명은 백군이 승리한 뒤 수용소에 갇힌 재소자였다.[35] 마찬가지로, 러시아 농촌 지역에서도 살해당한 소비에트·공산당·빈농 활동가가 1918년 여름까지 수천 명에 달했을 것이다.[36] 외국의 간섭과 좌파사회혁명당의 반란으로 압력은 더 가중됐다. 그래서 1918년 6월 16일 사형제를 다시 도입하는 포고령이 발표됐다. 7월과 8월 내전이 격화하면서 레닌 등의 암살 (미수) 사건이 잇따르자 9월에 적색테러를 도입하는 포고령이 발표됐다. 이후 내전의 부침에 따라 전반적 양상도 변화를 거듭했다. 1920년 1월에는 억압을 완화하고 사형제를 폐지하려는 시도가 있었다. 그러나 폴란드와 전쟁이 격화하면서 억압은 다시 강화했다. 체카의 일부는 완전히 통제를 벗어났고, 볼셰비키 당내에서도 이에 대한 우려가 공공연히 제기됐다. 처음에 체카 요원은 경험 많고 신뢰할 수 있는 사회주의자들이 맡는 것으로 여겨졌다. 체카 수장인 펠릭스 제르진스키는 그 본보기였다. 그러나 내전 상황에서 그렇게 신뢰할 만한 사회주의자는 어디서나 심각하게 부족했다. 빅토르 세르주는 "공산당에는 제르진스키 같은 사람이 적었다"고 말했다. 체카는 "점점 더 자신들의 심리적 성향에 따라 요원을 선발하게 됐다. '내부 방어'라는 이 과제에 기꺼이 집요하게 몰두하려면 의심과 적의, 냉혹함과 잔학성 같은 기질이 필요했다."[37] 패배의 위험이 가까워졌을 때는 체카도 가끔 허둥대며 헤맸다. 세르주의 책을 보면 어떻게 그런 일이 일어날 수 있었는지 생생하게 묘사돼 있다.[38] 그래서 내전 말기가 되자 체카의 존재 이유가 없다고 여겨졌다. 레닌은 혁명적 합법성으로 돌아가자고 주도적으로 요구했고, 결국 1922년 2월 체카는 폐지됐다. 이제 게페우GPU, 즉 국가정치보안부라는 새롭고 더 제한적인 조직을 만드는 것이 목표였다. 그리고 네프NEP, 즉 신경제정책 초기의 몇 년 동안은 실제로 그런 일이 일어났다.[39]

그러나 내전의 정책들이 바뀌기 시작한 것은 그보다 거의 1년 전 혁명이 최대 위기를 겪고 있을 때였다. 1920년 봄에 억압 완화의 희망이 있었지만, 폴란드의 침공 때문에 그 희망은 실현되지 못했고 오히려 내부의 어려움은 더 심해졌다. 혁명 러시아가 매우 가난한 나라였음을 감안할 때, 폴란드 전선의 전투에 소모된 자원은 상대적으로 엄청났다. 그러나 적군은 폴란드 군대를 물리쳐서 유럽 전체를 깜짝 놀라게 했다. 폴란드 군대가 퇴각하자, 국제 혁명에 불을 붙이겠다는 희망을 품고 폴란드로 진군할 수 있는 길이 열렸다. 일부 좌파는 그것이 매력적 선택이라고 생각했다. 적군에 합류한 옛 장교 계급의 일부도 그렇게 생각했다.[40] 레닌도 폴란드 진군에 매료됐다. 그러나 트로츠키는 그것이 위험한 모험이라고 생각했다. 결국 트로츠키가 옳았음이 드러났다. 혁명에 불이 붙기는커녕 폴란드 민족주의자들이 러시아의 위협을 이용해 대중을 결집시켰다. 적군 지휘부 내 전술적 이견은 상황을 더 악화시켰다. 결국 적군은 러시아에서 눈부신 승리를 거둔 뒤 폴란드에서 패배했고 강화조약이 체결됐다.

[1920년] 늦가을에 전쟁이 끝났을 때 볼셰비키 정권은 정신적으로든 실천적으로든 위기 대책 돌려 막기의 함정에서 여전히 빠져나오

지 못하고 있었다. 일부 지역에서는 농민들의 인내심이 한순간에 무너졌다. 탐보프 주에서 대규모 농민반란이 일어났다. 도시의 상황도 1920~1921년 겨울에 나빠졌다. 1921년 2월 페트로그라드에서 파업이 벌어졌고, 불만은 크론시타트의 해군기지로 확산됐다. 그때 이래로 크론시타트 반란과 그 진압의 유산은 끊임없는 논란거리다.

여러 주장들이 나왔다. 특히 트로츠키는 수병들의 계급의식이 사라진 것이 반란의 원인이었다고 설명했다. [혁명 당시의 크론시타트 수병들이 내전에서 싸우기 위해 전선으로 떠나고] 신병들이 들어와서 수병들의 정치적 헌신성이 약해졌다는 것이다. 그러나 이 말이 얼마나 맞는지는 분명하지 않고, 어쨌든 반란을 자극한 불만들은 현실적 좌절감에서 나왔다. 물질적 의미에서 보자면, 일부 사람들의 주장과 달리 그런 불만은 내전 시기의 정책들을 더 일찍 폐기했더라도 누그러질 수 없었을 것이다. 그 정책들이 바뀐 뒤에도 1922년 가을 수확기가 돼서야 비로소 실질적 회복이 시작됐기 때문이다. 그러나 농민의 불만에 더 일찍 대응했다면 긍정적인 심리적 영향은 미칠 수 있었을 것이다. 확실히 페트로그라드 현지 지도부(특히 지노비예프와 칼리닌)의 대응이 불만을 폭발하게 만들었다는 것은 분명한 듯하다. 문제는 수병들의 의도가 무엇이었든 간에 그들의 반란은 반혁명과 외국의 간섭에 또 다른 기회를 줄 수 있었다는 것이다. 바로 이 때문에, 빅토르 세르주처럼 결코 의심하기를 멈추지 않은 사람들조차 반란을 진압하는 것 말고는 대안이 없다고 생각한 것이다. "그들[크론시타트 수병들]이 원한 것은 한바탕 폭풍을 일으켜 평화를 가져오는 것이었겠지만, 그들의 어떤 행동이든 사실상 반혁명으로 가는 길을 열어 줬을 것이다. … 크론시타트 반란이 반혁명은 아니었지만, 그 반란의 승리는 반혁명으로 이어졌을 것이다(이 점은 추호도 의심할 수 없다)." 그런 가능성과 반대로 볼셰비키는 비록 결함은 있었지만 여전히 혁명의 최선을 대변하고 있었다. 그러나 그들의 결함은 실질적이었고, 반란군이 패배한 후 처형을 막지 못한 것도 그중 하나다 (비록 그 처형이 어느 정도는 반란 진압 과정에서 크론시타트 수병들보다 공산당원이 엄청나게 많이 희생된 것 때문이었지만 말이다). 세르주는 기층에서 싸움이 계속되고 있는 바로 그 순간에 "건물 전체의 대들보에 금이 가는 소리"가 똑똑히 들렸다고 말했다.⁴¹

그래서 1921년 3월 10차 당대회에서 내전 시기의 정책들이 폐기되고 이른바 신경제정책이 채택됐다. 레닌은 "다른 나라에서 혁명이 일어나지 않는 한 러시아의 사회주의 혁명을 구할 수 있는 길은 농민과 합의하는 것뿐이라는 사실을 우리는 알고 있습니다" 하고 말했다.⁴² 신경제정책의 목적은 시장을 이용해 [경제] 회복을 돕는 것이었다. 그래서 시장 관계가 합법화했다. 그중에서도 가장 중요한 것은 곡물 판매가 허용된 것이었다. 농민들은 이제 곡물을 징발당하지 않고 현물세를 납부하면 됐다. 그들은 [현물세를 납부하고 남은 곡물을 팔아서] 비록 생산량은 얼마 안 되고 가격도 비싸지만 공산품을 살 수 있을 것이고, 그러면 경제가 회복될 수 있을 터였다. 그러나 앞으로 보게 되겠지만, 신경제정책 때문에 새로운 난제들이 생겨났다. 더 장기적인 문제는 혁명의 사회적·정치적 기반 붕괴에 어떻게 대처할 것인지였다.

신경제정책 — 혁명은 어디로 가고 있었는가?

내전의 역설은 볼셰비키가 승리했지만 고립됐다는 것이다. 해외에서 고립된 이유는 그들이 기대했던 국제 혁명이 잇따라 실패했기 때문이다. 국내에서 고립된 이유는 끔찍한 사회적·경제적 붕괴가 혁명의 주역인 노동계급을 파괴했기 때문이다. 공산당은 이제 조직자, 행정관리, 적군 군인 등의 당이 돼 버렸다. 여전히 '작업대'에 남아 있는 노동자 당원은 거의 없었다. 모든 것을 어떻게든 유지하려는 압력 때문에 권력은 자연스럽게 위로 집중됐다. 이것이 변질의 첫 단계였고, 그 바탕 위에서 다음 단계들이 이어졌다. [관료 집단이라는] 별개 계층의 등장은 1917년 혁명 자체에서 비롯한 것이 아니라, 그 뒤에 일어난 사건들의 결과였다. [러시아] 혁명의 진정한 '비애'는 바로 이것, 즉 구질서가 거의 우연히 되살아나서 혁명을 분쇄하는 데 도움이 됐다는 것이다.

신경제정책은 이렇게 국내외에서 고립돼 진퇴양난에 빠진 상황을 벗어나려는 시도였다. 그러나 1921~1928년의 시기는 모순적이었다. 당시는 사회가 비교적 평화롭고 갖가지 실험이 이뤄진 시기였다. 내전 기간의 억압은 대부분 사라졌다. 1917년의 활력이 어느 정도 되살아나기 시작했다. 그것은 과학·교육·사회정책·예술·문화 분야의 새로운 운동들을 고무했다. 혁명적 시인 블라디미르 마야콥스키는 "더 많은 시인, 좋은 시인과 다양한 시인[이 필요하다]" 하고 외쳤다. 세계에서 가장 진보적인 사회를 만들겠다는 꿈에 한동안은 혁명이 어느 정도 부응하는 것처럼 보였다. 그것이 그 꿈의 일부일 뿐이었던 이유는 모든 종류의 문화가 여전히 분명한 한계에 갇혀 있었기 때문이다. 그 한계는 어느 정도는 물질적인 것이었다. 신경제정책 시기의 러시아는 여전히 고질적 가난에 시달리는 세계였다. 그래서 전당포가 다시 도입돼야 했다. 그 한계는 또, 어느 정도는 사회적인 것이기도 했다. 트로츠키는 일상생활의 수준과 개인의 행동 방식을 개선하는 것 자체가 사회주의의 성과라는 생각을 날카롭게 비판했다. 손수건 사용을 장려하는 것은 후진국에서 진보적 조치이지만, 그렇다고 해서 손수건이 사회주의는 아니라는 것이었다. 그러나 문화혁명의 가능성을 제약하는 한계는 정치적인 것이기도 했다. 당시의 가장 상징적인 사상 하나는 지휘자 없는 오케스트라, 즉 페르심판스였다.* 당시 러시아의 가장 뛰어난 음악가들로 이뤄진 페르심판스는 "민주적이고 사회주의적이고 평등주의적인 연주자 공동체"였다.[43] 그 이미지는 인간 해방의 토대를 놓고자 하는 혁명의 숭고한 염원과 잘 맞았다. 이것을 일반화하려면 능동적이고 활기찬 사회가 필요했지만, 그것은 대부분 내전으로 파괴되고 말았다.

그러나 이런 한계들 이면에는 결코 해소되지 않은 더 심각한 긴장이 있었다. 그 때문에 내전기에 분명히 드러난 변질이 1920년대 내내 지속되고 심화했다. 이 과정의 사회적 토대를 이해하려면 몇몇 요소들이 어떻게 상호작용했는지를 봐야 한다. 혁명은 잠재적 변화 과정의 시작이었을 뿐이다. 이제 혁명은 내적·외적 모순에 직면했고, 그 모순들은 아직 극복되지 않은 구질서에 뿌리를 두고 있었다.

---

* 페르심판스 러시아어로 '지휘자 없는 최초의 교향곡 합주단'이라는 말의 약어.

외부적으로는 고립된 국가가 장기적으로 세계 자본주의의 경제적·군사적 압력에 어떻게 대처할 것인가 하는 문제가 제기됐다. 내부적으로도 구질서의 근본적 구조가 많이 남아 있었다. 그래서 안 그래도 심각하게 손상된 혁명을 후퇴시키려는 압력이 형성됐다. 공산당과 국가 안에서는 내전으로 생겨난 관료주의적 변질의 요소들을 극복할 수 있는가 하는 문제가 제기됐다. 여기에도 긴장이 있었다. 혁명의 토대는 심각하게 약해졌지만, 노동자 권력의 요소들은 살아남아서 부분적으로는 그 토대에 제도화했다. 당내에서도 내전의 최종 승리에 고무된 많은 당원들이 원래의 이상에 여전히 충실했고, 그들의 압력은 내전을 거치며 등장하기 시작한 [관료] 계층을 억제하는 구실을 했다. 이 계층의 이상도 처음에는 혁명 초기의 목표·염원과 결부돼 있었다. 그러나 신경제정책 시기, 특히 그 초기에 노동계급이 극도로 허약했기 때문에 정권은 관료에 의지해서 운영돼야 했고, 관료 계층의 입지가 점차 강해졌다. 그들은 점점 더 [노동계급과] 분리됐다. 이제 많은 관료들은 자신들이 처한 상황의 사회적·이데올로기적 압력을 반영하기 시작했고, 자신들이 가장 중요한 구실을 하므로 보상도 더 많이 받아야 한다고 생각했다. 그들은 당시 러시아에 가해진 더 광범위한 내적·외적 압력에도 반응했다. 이것은 단순한 양자 간 충돌이 아니었다. 공산당과 [국가] 관료 집단의 일부는 서로 다른 전망 사이에서 동요했다(지노비예프가 전형적 인물이었을 것이다). 즉, 한동안은 더 관료주의적 추세를 지지하다가 나중에는 반대하고 다시 지지하고 그랬다. 개인적 요인들도 있었다. 레닌이 죽자 관료주의를 제약하는 중요한 요인이 사라졌다. 레닌이 1922년부터 병으로 정상적 생활이 불가능해지지 않았다면, 그의 엄청난 신망이 혁명의 변질을 억제하는 요인으로 작용해서 혁명이 고립에서 벗어날 시간을 벌 수도 있었을 것이다. 스탈린의 개인적 특성은 반대 방향으로 작용했다. 관료화 과정을 더 촉진한 것이다. 그러나 근본적으로, 스탈린이 떠오르고 결국 1917년과 완전히 결별하게 된 것은 단지 개인의 문제가 아니었다. 개인들은 사회적 과정에 뿌리를 두고 있었다. 이 서로 다른 요소들이 어떻게 상호작용했는지를 살펴보면 그 점을 알 수 있을 것이다.

신경제정책의 외적 모순

신경제정책 초기에 경제 회복의 기본 과제는 공업을 되살리는 것이었다. 이것만 해도 충분히 어려운 과제였다. 페트로그라드의 '얼어붙은' 공장 하나가 문을 열었을 때 노동자들이 본 것은 "쓰레기 더미, 수리가 안 돼 무너져 가는 건물, 고장난 기계였다. 기계와 작업실은 더러웠고, 물도 없어서 멀리서 떠 와야 했다. … 그러나 가장 괴로운 것은 추위였다. … 우리는 어떻게 일하는지도 완전히 잊어버렸을까 봐 두려웠다."[44]

그러나 더 큰 맥락에서 미래의 경제 발전을 좌우한 것은 외부 세계였다. 국제적 경쟁 압력을 받으며 세계경제는 끊임없이 전진하고 있었다. 1920년대 중반쯤 대다수 나라의 경제는 1913~1914년의 생산 수준을 회복했다. 1929년쯤 그중 일부, 특히 미국 경제는 그보다 훨씬 앞서 나갔다. 소련의 경제 회복 속도도 인상적이었지만, 경제 붕괴가 워낙 심했기 때문에 1927~1928년에야 비로소 1913~1914년 수준을 회복했다. 따라서 선진 자본주의와 소련의 격차는 1913년보다 1929년에 더 컸다. 소련 경제가 비교적 허약한 동안에는 모든 고립된 국가가 그래야 했듯이 더 광범한 세계경제의 발전 양상을 모방할 수밖에 없었고 세계경제에 좌우될 수밖에 없었다. 1927년에 트로츠키는 소련 국가가 "직접적으로나 간접적으로 세계시장의 상대적 지배를 받으며" 발전하고 있다고 말했다. "바로 여기에 문제의 뿌리가 있다. 발전 속도는 마음대로 정할 수 있는 것이 아니다. 그것은 세계 전체의 발전 속도에 좌우된다. 따지고 보면 각국의 산업을 지배하는 것은 세계 산업이기 때문이다. 심지어 프롤레타리아 독재 아래서 사회주의를 건설하고 있는 나라의 산업이라고 할지라도 그 점은 마찬가지다."

이런 국제적 경쟁 압력은 구체적 형태들로 나타났는데, 그중 하나가 군사적 경쟁이었다. 신경제정책에 따라 러시아는 여러 나라와 협정을 맺고 무역을 재개했다. 1921년 영국과 맺은 협정이 처음이었다. 단기적으로 외교를 통해 서구 국가들과 모종의 타협을 원했다. 즉, 서구 국가들도 경제 회복의 필요성 때문에 러시아를 소중한 시장으로 여길 것이고, 그들 사이의 긴장 때문에 러시아를 적대하는 연합이 금방 등장하는 일도 없으리라고 기대한 것이다. 그러나 이런 효과는 일시적일 뿐 상황이 바뀌면 언제든지 사라질 터였다. 따라서 어느 정도 군사적 방어 준비도 해야 했다. 그러나 얼마나?

한 가지 해결책은 군사적 준비를 하는 동시에 혁명의 확산을 계속 지원하며 국제 혁명에 의지하는 것이었다. 실제로 신경제정책 초기의 정책은 그랬다. 물론 내전이 끝난 후 적군 병사들이 제대해서 군사적 준비는 그리 대단하지 않았다. 1924년 [소련공산당] 중앙위원회는 적군이 "군사작전에 적합하지 않다"는 보고를 받았다. 1924~1927년에 적군의 규모는 56만 2000명이었고, 국가 예산에서 방위비가 차지하는 비율은 감소해서, 1926~1927년에는 1913년 수준의 약 40퍼센트에 불과했다.[45] 반대파는 국제 혁명의 중요성을 계속 강조했다. 지노비예프는 "[국제 — 헤인스] 혁명운동의 발전이야말로 … 소련의 불가침성과 사회주의의 평화적 발전 가능성을 보장하는 가장 중요한 근본적 요인"이라고 말했다.[46] 그러나 국제 혁명이라는 가장 중요한 요인을 포기한다면, 소련의 생존은 오로지 군사적 방어에 달려 있을 것이다. 그러면 소련은 전통적인 군사적 위협에 전통적 방식으로 대응하는 전통적 국가처럼 행동해야 할 것이었다. 1925년 1월 적군 사령관 미하일 프룬제는 미래에 "우리는 온갖 최신 기술로 무장한 뛰어난 군대를 상대해야 할 것이고, 만약 우리가 그런 최신 기술을 확보하지 못한다면 틀림없이 우리의 전망은 매우, 매우 불리할 것"이라고 경고했다. 당시에는 별로 알려지지 않았지만, 이 말의 함의는 현대화한 군사적 방어 전략을 경제력으로 뒷받침해야 한다는 것이었다. 그러면 마르크스와 엥겔스의 시대 이후 자본주의 발전 방식의 핵심적 일부가 된 군사적 경쟁에 소련 국가가 휘말리게 될 터였다.

오늘날 이런 사태 전개의 맹목성은 매우 명백하다. 전쟁과 군사 작전은 대부분의 인류 역사에 존재했다. 그러나 현대의 전쟁은 설명할 수 없는 일이 아니다. 현대의 전쟁은 [자본주의] 체제의 산물이고 체제의 일부다. 엥겔스는 "육군과 해군보다 경제적 조건에 많이 의존하는 것이 없다"고 말했다. "군비, 군대 편제, 전략·전술은 무엇보다도 당시의 생산 수준과 교통·통신에 의존한다."[47] 이 관계는 쌍방향으로 작용한다. 즉, 자본주의가 군사적 경쟁에 영향을 미치고 그런 경쟁이 일단 작동하기 시작하면 군사적 경쟁이 다시 자본주의 발전 주기에 영향을 미친다. 가장 극단적인 경우에는 1914~1918년과 1939~1945년에 그랬듯이 군사적 경쟁과 투쟁이 총력전의 형태를 띨 수 있다. 그런 시기에는 '평화적' 경쟁의 정상적 특징들은 많이 억제되고 전쟁터에서 적을 격퇴하게 해 줄 다른 특징들이 극대화했다. 1920년대에 이런 압력이 어느 정도였는지는 당시의 세계 군비 지출 기록을 보면 알 수 있다. 1914~1918년의 군사적 동원이 끝나자 평화가 찾아왔다. 그러나 1929년 무렵에는 바이마르공화국의 독일과 소비에트 러시아를 제외하면, 대다수 국가들이 전쟁 전의 군비 지출 수준을 회복하거나 그것을 능가했다.[48]

그러나 세계경제의 압력은 더 협소한 경제적 방향에서도 가해졌다. 러시아는 무역과 투자가 절실히 필요했다. 러시아는 고립된 처지였으므로 무역과 투자의 조건은 더 광범한 서구 자본주의의 이해관계에 따라 결정됐다. 다양한 양보를 통한 투자 유치 노력에도 불구하고 1920년대에 실제 투자는 거의 없었다. 무역 관계가 다시 확립됐지만, 식량과 원료를 수출하는 대신 더 경쟁력 있는 외국산 제품이 물밀듯이 들어올 위험이 있었다. 지도적 볼셰비키 당원이었고 한때 재무 인민위원이었던 그리고리 소콜니코프는 1925년 12월 14차 당대회에서 "우리는 결코 외국시장을 뿌리치고 도망갈 수 없습니다"

하고 말했다. 지노비예프는 값싼 [외국산] 상품이 혁명의 방어벽을 무너뜨릴 "거대한 포탄"이나 다름없다고 말했다.[49] 외국무역을 국가가 독점한 것은 이런 위험을 줄이려는 노력이었다. 무역 경로를 통제해서 세계시장의 직접적 압력을 억제하려 한 것이다. 그러나 이런 차단막은 절대적인 것이라기보다는 상대적인 것이었다. 그것이 실제로 의미하는 바는 국내 생산자들을 지원하고 보호하려는 것이었다. 그리고 국내 생산물의 가격과 품질 사이의 격차가 클수록 [이런 통제] 비용도 더 증가했다.

신경제정책의 내적 모순

앞서 봤듯이 신경제정책의 대외적 문제들이 엄청났지만, 국내적 문제들도 마찬가지였다. 가장 중요한 문제는 다양한 사회집단 사이의 세력균형이었는데, 이것은 결국 경제 관계에 달려 있었다. 옛 부르주아지는 별로 실질적 위협이 되지 못했다. 그들은 혁명과 내전, 해외 이주로 입지가 약해진 상태였다. 그러나 도시에서는 '네프맨'이라는 신흥 상인계급이 등장했고, 그중 일부는 거리낌 없이 부를 과시했다. 그렇지만 더 큰 문제는 농촌에 있는 듯했다. 1917년에 농민은 혁명의 동맹 세력이었다. 내전 기간에 농민의 다수는 볼셰비키 지지와 중립 사이에서 왔다 갔다 했다. 이제 [내전이 끝났으니] 인구의 다수[농민]와 더 장기적 관계가 수립돼야 했다. 이것은 노동자와 농민의 협력, 즉 스미치카(노농동맹)를 의미했다. 부하린은 "농민을 상대로 전쟁을 벌이고 있는 프롤레타리아 독재는 결코 강력할 수 없다"고 말했다. 그러나 두 가지 요인 때문에 문제가 복잡해졌다. 하나는 농촌의 사회분화였다. 앞서 봤듯이 [혁명 이후] 사회가 상당히 평준화했지만, 농촌이 회복되기 시작하자 사회분화가 빨라졌다. 토지와 가축을 더 많이 소유하고 농업 노동자를 고용하는 부유한 농민들, 즉 쿨라크가 새로운 농촌 부르주아지의 토대가 될 수 있다는 두려움이 널리 퍼졌다. 그래서 농민이 혁명의 동맹이자 위협이라는 생각이 1920년대에 광범하게 받아들여졌다. 지노비예프는 "농촌의 쿨라크가 도시의 네프맨보다 훨씬 더 위험하다"고 말했다.[50]

둘째 요인은 경제 문제였다. 흔히 농민이 많은 농업국에서는 도시의 공업 발전을 위한 잉여가 대부분 농촌에서 나온다고 여겨졌다. 지도적인 좌파 경제학자 예브게니 프레오브라젠스키는 마르크스가 자본주의 초창기를 설명할 때 사용한 용어를 빌려와서 "사회주의적 시초 축적"에 관해 다음과 같이 말했다.

생산을 사회주의적으로 조직하는 과도기에 있는 나라가 경제적 후진국이고 프티부르주아와 농민이 많을수록 사회주의 혁명의 순간에 프롤레타리아가 독자적으로 사회주의적 축적을 하기 위해 얻을 수 있는 유산은 더 적을 것이다. 그만큼 더 사회주의적 축적을 하려면 사회주의 이전 경제형태들이 생산한 잉여를 몰수해야 할 것이다.

나중에 일어난 일에 비춰 보면, 그 용어 선택은 불행한 일이었다. 이후 많은 사람들은 '시초'라는 말을 '거친' 또는 '착취적'이라는 의미로 해석했다. 그러나 프레오브라젠스키가 원한 축적은 "적절한 가격 정책"을 통해 농촌의 잉여가 더 많이 공업 재건 과정으로 이전되는 것이었다. 1922년에 그는 "비경제적 억압 조치로 돌아가는 것은 끔찍한 실수일 것"이라고 썼다.[51] 그러나 농민을 너무 많이 쥐어짜면 스미치카에 심각한 정치적 문제가 생길 수 있었다. 또, 경제적 역효과를 낼 수도 있었다. 왜냐하면 농촌도 중요한 시장이었기 때문이다. 니콜라이 부하린은 프레오브라젠스키의 주장에 반대하며 "농민의 구매력이 클수록 우리 공업도 더 빨리 발전할 것"이라고 말했다. 바로 이 견해가 1920년대에 당 중앙의** 정책을 규정했다. 그것이 의미하는 바는 농민 대중의 지지를 계속 받을 필요에 따라 [경제] 발전 속도가 결정돼야 한다는 것이었다(그 때문에 부하린의 말처럼 "달팽이처럼 느리게" 발전하더라도 말이다). 부하린은 여기서 더 나아가, 농촌이 번영해야 스미치카와 경제 회복이 굳건해질 것이므로 "우리는 농민들에게, 모든 농민들에게 다음과 같이 말해야 한다"고 주장했다. "부자가 되십시오. 여러분의 농장을 개발하십시오. 제약당할까봐 두려워하지 마십시오."

부하린과 당 중앙을 비판한 사람들은 이런 주장이 부농, 즉 쿨라크의 손에 놀아나는 것이라고 봤다. 부하린과 당 중앙은 혁명을 농촌의 포로로 만들어 버렸다는 것이다. 따라서 그 주장은 자원을 더

---

* 시초(primitive)라는 말은 '원시적'이라는 뜻도 있다.

** 당 중앙(the centre)은 당시 트로츠키가 이끄는 당내 좌파와 부하린 등의 우파 사이에서 중간적 태도를 취하던 스탈린파, 즉 중도파라는 의미도 있는 듯하다.

많이 [공업으로] 이전해서 혁명을 강화하려는 사람들과, 그런 정책은 혁명을 약화시킬 뿐이라고 두려워하며 더 균형 잡힌 성장이 유지되기를 바라는 사람들을 양극화시켰다.[52]

이 모든 논쟁은 신경제정책이 언제까지나 계속될 것이라는 가정에 바탕을 두고 있었다. 즉, 그것은 신경제정책 안에서 강조점의 차이에 관한 논쟁이었다. 또, 1920년대의 발전 양상에 따라 논쟁의 강도가 달라지기도 했다. 비록 경제 회복은 계속됐지만, 특히 농촌 상황에 따라 회복의 속도가 빨라지기도 하고 느려지기도 했다. 도시와 농촌 사이에 균형이 존재할 때는 일이 잘 풀렸다. 그러나 균형이 깨지면 날카로운 정치적 논쟁이 벌어졌다.

시간이 흐른 뒤에 사정을 파악하기는 쉽기 때문에 우리는 이 신경제정책의 내적·외적 모순이라는 문제를 당시 사람들보다 더 분명히 알 수 있다. 그러나 당시의 딜레마가 얼마나 새로운 것이었는지에 둔감하다면 우리는 상황을 제대로 파악할 수 없을 것이다. 스탈린 분파가 발견하게 되는 궁극적 해결책은 국가 주도 공업화 정책이었다. 러시아의 강력한 군사적 방어를 뒷받침하려면 중공업 기반을 구축해야 했는데, 여기에 필요한 자원은 농민과 노동자를 모두 쥐어짜서 얻어 냈다. 그러나 이와 같은 일은 그때까지 한 번도 시도된 적 없었다. 1914년 이전에도 그런 요소들이 존재했다는 것은 사실이다. 제정러시아를 포함해 허약한 국가들이 경제적·군사적 후진성을 극복하려고 노력하는 과정에서 그런 요소들이 나타났던 것이다. 그러나 그것들은 어디까지나 요소였을 뿐이다. 전시에 대규모 국가 통제가 실시됐지만, 1920년대의 평화기에 각국의 국가 통제 수준은 나중과 비교하면 한참 낮았다. 이런 상황을 결코 원하지도 의도하지도 않았던 [러시아] 혁명가들이 이런 문제들로 논쟁하고 있었다는 사실도 새로운 점이었다. 그들은 어둠 속에서 더듬더듬 길을 찾고 있었다. 때로는 그들의 딜레마를 분석하고 어떤 결과가 빚어질 수 있는지를 밝혀 내는 날카로운 통찰들도 있었지만, 어느 누구도 이것들을 일관되게 결합하지 못했고 그 일은 훨씬 나중에야 가능해졌다. 중요한 점은 혁명이 변질되고 있다는 사실 때문에 문제 해결이 어려워졌다는 것이다. 논쟁의 이론적·실천적 한계들은 모두 혁명의 변질에서 비롯했다. 결정적인 이론적 한계는 어느 누구도 노동계급이나 농민에 대한 대규모 착취라는 관점에서 생각하지 않았다는 것이다. 진보는 잉여를 재투자하는 것에 달려 있다는 사실을 누구나 알고 있었지만, 이것은 체제의 비자본주의적 성격 때문에 정치적·사회적으로 제한된다고들 생각했다. 부하린과 프레오브라젠스키는 모두 노동계급의 생활수준을 억제하는 데 한계가 있다고 봤다. 아무리 농민에 관한 견해가 부하린과 달랐어도 프레오브라젠스키는 나중에 스탈린 치하에서 실제로 일어난 [강제 집산화와 급속한 공업화 같은] 엄청난 일을 감히 상상도 할 수 없었다. 1928~1929년에 그를 비롯한 많은 사람들이 스탈린의 새로운 정책은 바로 자신들이 주장하던 것이라고 생각했다는 점은 사실이다. 그러나 그들은 곧 착각에서 깨어나게 된다. 1930년대에 공개 발언권을 박탈당한 프레오브라젠스키는 [1934년 17차 당대회에서] 스탈린의 정책이 어떤 의미에서는 자신의 주장이었다는 생각을 여전히 부정했다.

집산화, 그것이 근본적 문제입니다. 제가 집산화를 예상했습니까? 그러지 못했습니다. … 마르크스도 엥겔스도 … 농촌 생활이 어떻게 혁명적으로 변혁될 것인지 예견하지 못했습니다. … [이 문제에서] 필요했던 것은 스탈린의 놀라운 선견지명, 문제들을 직시하는 위대한 용기, 정책들을 실행하는 가장 냉철한 태도였습니다.[53]

그러나 앞서 말했듯이 이런 한계들은 단지 사상적인 것이 아니었다. 자본주의적 관계의 기본 형태들이 1920년대에 다시 효력을 발휘하기 시작했지만, 계속되는 혼란과 1917년의 유산이라는 요인들 때문에 완전히 지배하지는 못했다(물론 그 유산은 시간이 흐르면서 점차 약해지고 있었다). 그러므로 경제 발전을 추진하는 데 필요한 잉여를 창출하려면 그런 요소들을 파괴해야만 했다. 국가의 구실이 모호해서는 안 됐다. 노동자와 농민은 경쟁적 축적이라는 목표에 확실히 종속돼야 했다. 그러려면 상층의 지도자들이 이런 정책들을 밀어붙여야 했다. 그러나 그 밑에서 정책들을 뒷받침하고 자신들의 이해관계를 정책에 반영할 수 있는 사회집단도 필요했다. 관료 집단이 새로운 지배계급으로 변모하는 이 과정이 1920년대 전체의 특징이었고, 당시 벌어진 대논쟁의 배경이었다.

관료주의적 변질

1921년에 권력이 '국가'와 '당'에 깊이 의존하게 된 것을 기꺼워할 사람은 아무도 없었다. 당내에서는 노동자반대파가 노동계급의 대표

기구인 노동조합으로 권력이 이양돼야 한다고 주장했다. 그러나 이것 또한 착각이었다. 노동조합도 노동계급 기반 붕괴의 피해자였기 때문이다. 1921년 10월 레닌은 다음과 같이 말했다. "산업 프롤레타리아는 … 탈脫계급화했다. 그들은 프롤레타리아로 존재하지 않게 됐다. 대규모 자본주의 산업이 파괴되고 공장이 멈춰 섰으므로 프롤레타리아도 사라지고 말았다."[54] 노동자반대파의 염원은 존경할 만한 것이었지만, 그들이 말하는 노동자들은 [당] 지도부가 말하는 노동자들만큼이나 유령 같은 존재였다. 1922년 봄에 열린 11차 당대회에서 레닌이 당의 지도적 구실에 관해 말했을 때 노동자반대파의 지도자인 알렉산드르 실랴프니코프는 "존재하지 않는 계급의 전위가 되신 여러분에게 축하 인사를 드립니다" 하고 말했다. 그것은 쓰라린 비난이었다. 그리고 정확한 비난이었다. 그러나 실랴프니코프 자신을 포함해서 모든 사람이 곤경에 처했음을 보여 주는 말이었다. 이 궁지에서 벗어나는 빠른 길을 찾을 수 있는 사람은 아무도 없었다.

당장의 대응은 당이 더 단결하고 (사회가 회복되는 동안) 관료주의적 압력에 저항하는 새로운 방법들을 찾아서 상처를 치유할 시간을 벌려고 애쓰는 것이었다. 1921년 3월 10차 당대회에서 분파 금지가 합의됐다. 당시의 처절한 상황에서 당내에 조직적 반대파를 허용할 여유가 없었던 것이다. 지금이야 이것이 재앙적 실수였다는 것을 쉽게 알 수 있다. 특히, 관료화 문제에 대처하려는 노력이 실패한 것을 보면 그렇다. 그러나 분파 금지의 시작은 그 결과와 달랐다. 그것은 영속적 정책으로 의도된 것이 아니었다. 논쟁을 억누르기 위한 조치도 아니었다. 분파 금지의 목적은 당의 분열을 막으려는 것이었다. 얄궂게도 분파 금지 후에 논쟁이 더 격렬해졌다. 1920년대에는 서로 다른 견해를 지지하는 사실상의 분파가 많았다. 그러나 분파 금지가 반쯤 영속적인 조치가 됐다가 나중에 완전히 영속적 규정이 된 것은 당의 허약성을 보여 줬다. 그것은 당 중앙의 권력을 정당화하는 데, 그리고 당 중앙에 맞서 싸우려는 사람들의 정당성을 떨어뜨리는 데 도움이 됐다.

국가와 당 안에서 관료층이 성장하는 것을 막으려는 조치들도 취해졌지만, 여기에도 모순이 있었다. 1922년 4월 스탈린이 서기장이 돼 당내 기강을 잡는 일을 지원하게 됐다. 당과 국가에 대한 감찰을 강화해서 부패를 줄이려는 노력도 있었다. 그러나 이것들은 본질적으로 관료주의 문제에 대한 관료적 대응이었다.

레닌은 이 점을 분명히 알고 있었다. 그는 다음과 같이 말했다. "지금 당의 프롤레타리아 정책을 좌우하는 것은 당의 사회적 구성이 아니라, 올드 가드[경험 많은 선임 당원들]라 할 수 있는 소수 집단의 엄청난 신망이다." 그러나 이 집단도 상황과 무관하게 마음대로 행동할 수 있는 것이 아니었다. 그들은 이미 상황의 압력을 받고 있었고, 곧 더 많은 압력을 받게 된다. 여기에서 물질적 특권의 문제는 부분적이었다. 진정한 문제는 더 광범한 상황에 대응하는 방식이었다. 자기 규율과 도덕성은 가식이었을 수도 있고 실제였을 수도 있지만, 그 이면에서 일어난 사상과 정책의 변화는 지도부가 활기찬 노동계급에 기반을 둔 진정한 당을 이끌고 있을 때는 결코 예상하지 못하던 것이었다.

이런 경향의 발전에 맞서 싸운 레닌의 투쟁(흔히 레닌의 '마지막 투쟁'이라고들 부른다)은 중요하다. 왜냐하면 그것은 레닌과 스탈린 사이에 연속성이 있다는 단순한 주장이 거짓임을 보여 주기 때문이다. 실제로 그 투쟁의 초점은 레닌이 스탈린을 우려했다는 것이다. 이것은 어느 정도는 레닌의 예리한 정치 감각을 반영했다. 그러나 또 다른 차원도 있었다. 레닌은 1922년 5월 뇌중풍으로 처음 쓰러졌고, 12월 중순에 두 번째, 1923년 3월에 세 번째 쓰러졌다. 그사이 몇 달 동안 그는 일상적 정치 활동에서 손을 뗄 수밖에 없었다. 어쩌면 이 때문에 그는 문제의 심각성을 더 날카롭게 감지할 수 있었을 것이다.

레닌이 당의 상층부에서 특이한 정치, 문화, 행동 방식이 발전하고 있다는 사실을 처음 눈치챈 것은 1922년 말이었다. 그는 스탈린과 세르고 오르조니키제가 그루지야 공화국[과 아제르바이잔·아르메니아 공화국]을 묶어서 캅카스 연방을 건설하려 하면서 이에 반대하는 그루지야 공산당원들을 협박했다는 사실을 알게 됐다. 오르조니키제는 심지어 그루지야 공산당원에게 물리적 폭력을 휘둘렀다는 보고까지 있었다. 레닌은 즉시 "이 100퍼센트 러시아적인 현상, 즉 러시아 관료주의의 특징인 대러시아 국수주의"를 비판하는 메모를 구술했다. 그리고 자신의 사후 일어날 일을 우려해서 1922년 12월 유언장을 구술했다. 여기서 당의 분열을 경고하기도 했지만, 다른 동지들의 장단점도 거론했다. "스탈린 동지는 서기장이 된 이후 엄청난 권력을 자신의 손에 집중시켜 놨습니다." 그 뒤 더 많은 정보를 입수한 레닌은 [1923년] 1월 4일 다음과 같은 추신을 유언장에 덧붙였다. "스탈린은 너무 무례합니다. 그리고 이 결점은 우리 사이에서, 우리 공산당원들 사이에서는 용납될 수 있을지라도 서기장직을 맡는 데서는 용납될 수 없습니다. 바로 그 때문에 저는 동지들이 스탈린을 그 직위에서 해임하는 방안을 생각해 보시라고 제안합니다." 이후 몇 주 동안 레닌은 건강이 계속 나빠졌는데도 스탈린이 이끌고 있던 감찰 기관을 개편하는 방안 등을 마련했다. 그리고 아내가 스탈린에게 욕설을 듣고 협박을 받았다는 사실도 알게 됐다. 그는 기운을 내서 스탈린을 개인적으로 힐책하는 메모를 구술해 [스탈린에게 보내고] 사본을 카메네프와 지노비예프에게 보냈으며, 그루지야 공산당원들을 지지하는 편지도 보내고 그 사본을 트로츠키와 카메네프에게 보냈다. 또, 트로츠키에게 그루지야 문제를 맡아 달라고 부탁하는 메모도 보냈고, 그 뒤에는 [다가오는 당대회에서] 자신이 나서서 스탈린을 공격할 준비를 하고 있다는 구두 메시지도 보냈다. 그러나 사흘 후 세 번째 치명적 뇌중풍으로 쓰러져 다시는 일어나지 못했다.

당시 몸이 마비되고 언어 능력도 상실해서 예전 모습은 온데간데 없이 사라진 레닌을 찍은 사진들이 있다. 그 사진들에 나오는 레닌의 모습은 거의 유령 같다. 그의 정치 생명은 1922년 5월에 단축됐고, 1923년 3월에 완전히 끝났다. 그 뒤에 일어난 일은 혁명에 치명적이었다. 분열을 두려워한 당 지도부는 힘을 합쳤는데, 레닌의 경고와 제안들을 무시하기로 합의했다. 나중에 그들은 이 결정을 쓰라린 심정으로 후회하게 된다. 왜냐하면 스탈린이 매우 신속하게 권력을 장악해서 자신의 입지를 빠르게 강화할 수 있었기 때문이다. 1923년 4월 12차 당대회가 열렸을 때 그루지야에서 온 대의원들은 당 중앙을 지지하는 사람들이었지 그 피해자들이 아니었다.

이런 일이 가능했던 이유는 혁명이 변질되는 속도와 범위를 과소평가했기 때문이다. 그리고 상황은 빠르게 더 나빠졌다. 국가기구는 부분적으로 구체제의 구조들을 포함하고 있었다. 또, 국가기구의 많은 부분은 1917년 이후의 활동 개편, 과거의 '민간' 기능 인수, 새로운 기능의 발전을 반영했다. 따라서 제정 시대와 소비에트 초기 관료의 수를 비교하는 것은 거의 불가능하다. 둘의 구조는 사뭇 달랐다. 그러나 레닌은 둘 사이에 연속성이 너무 크다고 걱정했다. "외무인민위원회를 제외하면 우리 국가기구는 대체로 옛 국가기구의 유물이고, 심각한 변화를 전혀 겪지 않았다. 표면만 약간 다시 색칠했을 뿐이고, 나머지는 모두 옛 국가기구의 전형적 유물이다." 사실 양적 측면에서 연속성의 수준은 다양했지만, 아마 그것보다는 옛 집단들과 낡은 방식의 영향력이 더 중요했을 것이다. "[관료들의 ― 헤인스] 문화는 형편없고 하찮지만, 그래도 우리의 문화보다는 수준이 높습니다" 하고 레닌은 말했다. 동시에 국가와 당의 행정을 담당하는 계층은 엄청난 기득권을 대변했다. "저 어마어마한 관료 기구[국가 ― 헤인스], 산더미처럼 거대한 저 기구가 우리 앞에 있습니다. … 우리는 누가 누구를 지도하고 있는지 물어야 합니다. … 솔직히 말하면, 공산주의자들은 지도하는 것이 아니라 지도받고 있습니다." 그리고 다시 다음과 같이 말했다. "그 기구는 자신을 지도하는 손을 따르지 않았습니다. 마치 운전자가 원하는 방향이 아니라 다른 누군가가 원하는 방향으로 가고 있는 자동차와 비슷했습니다. 뭔가 신비하고 제멋대로 움직이는 손, 아무도 모르는 누군가의 손이 그 자동차를 몰고 있는 것처럼 말입니다."[55]

　공산당 서기장으로서 ([당원 명부를 관리한다고 해서] '색인 카드 동지'라는 별명이 붙은) 스탈린은 이런 상황을 기회로 이용할 수 있었다. 나중에 스탈린의 소련 지배를 거들게 되는 별로 유명하지 않은 인물들, 즉 뱌체슬라프 몰로토프, 발레리안 쿠이비셰프, 라자르 카가노비치 같은 자들이 사무국으로 들어오거나 사무국과 긴밀하게 협력했다. [좌익]반대파나 반대파라는 의심이 드는 사람들은 한직으로 밀려났다. 때로는 니콜라이 크레스틴스키나 흐리스티안 라콥스키처럼 정치국의 승인을 받아서 외국 대사로 파견된 [반대파] 사람들도 있었다. 그러나 이것은 빙산의 일각이었을 뿐이다. 스탈린이 서기장이 된 지 1년이 채 안 돼 유럽러시아 지역의 50개 주 가운데 37개 주의 지구당 사무국장이 해임됐고 약 1만 명이 당직에 임명됐는데, 이 모든 것은 레닌이 세 번째 뇌중풍으로 쓰러지기 전에 일어난 일이었다. 레닌이 죽을 때쯤 사정은 알아보기 힘들 만큼 달라져 있었다. 트로츠키는 1923년 가을 다음과 같이 썼다. "현재의 체제는 … 전시공산주의가 가장 맹위를 떨쳤을 때의 체제보다 더 노동자 민주주의에서 멀어져 있습니다."[56] 또 다른 당원은 〈프라우다〉에 기고한 글에서 다음과 같이 불평했다.

　지난해에 [당의] 여러 위원회에서 보수성이 증대했다. 일부 위원회는 선거라는 개념을 완전히 포기했고 당헌도 무시하고 있다. … 위원회의 의사록에는 온통 명령뿐이다. … 위원회들이 쓸데없이 많은 고위 관리의 통제를 받는 관료적 부서로 변모하는 것을 보면 그저 개탄스러울 뿐이다. … 이제 공산당원은 자신의 지역 위원회를 더는 정치 생활의 중심으로 여겨서는 안 되고 단지 하나의 기관, 즉 자신에게 자리를 보장해 주고 출세에 도움이 될 수도 있지만 자신을 처벌하거나 당에서 제명할 수도 있는 기관으로 여겨야 한다.[57]

중앙위원회의 정위원은 1922년 27명이었는데 1925년에는 63명, 1927년에는 71명으로 늘어났다. 원래 의도는 중앙위원회의 구성을 확대[해서 민주주의를 강화]한다는 것이었다. 현실은 스탈린이 캅카스 지방 공산당 사무국장 아나스타스 미코얀 같은 충성스럽고 유능한 행정 관리들을 중앙위원회에 채워 넣을 수 있었다는 것이다. 1921년에는 중앙위원 가운데 고위 당 간부가 20퍼센트에 불과했다. 1924년에는 그 비율이 38퍼센트, 1927년에는 45퍼센트로 높아졌다. 그해에 또 다른 20퍼센트의 중앙위원은 경제 관리 기구 출신이었다. 관료 집단의 지배는 당대회에서도 찾아볼 수 있었다. 1921년 10차 당대회에서는 대의원의 24.8퍼센트가 당 간부였다. 1923년 4월 12차 당대회에서는 그 비율이 이미 55.1퍼센트에 달했다. 나중에 트로츠키는 12차 당대회가 마지막 진정한 당대회였다고 말했다. 1년 뒤인 1924년 5월 13차 당대회에서는 당 간부의 비율이 65.3퍼센트였고, 반대파는 단 1명도 표결권 있는 대의원으로 선출되지 못했다.[58]

1920년대 중반 무렵에는 당 간부가 2만 5000명 있었는데, 평당원들은 간부들에게 거의 영향을 미치지 못했다. 1924년 초에 이미 부하린은 [좌익]반대파만큼이나 비판적 어조로 당내 세력균형을 다음과 같이 묘사했다.

모스크바 조직을 보면, 당세포의 간사는 지구 위원회가 임명하는 것이 보통입니다. … 보통은 그 문제를 표결에 부치는 일정한 패턴이 있습니다. 그들이 모임에 와서 "반대하는 사람 있습니까?" 하고 묻습니다. 그러면 사람들은 거의 모두 반대 의견을 말하기 두려워하기 때문에, 임명된 그 사람이 당세포 간사로 선출됩니다. … 각급 당 조직에서도 모두 똑같은 일이 조금씩 수정된 형태로 벌어지고 있다는 것을 알 수 있습니다.[59]

당에서도 국가에서도 행정을 담당한 계층은 내적·외적 압력에 시달렸다. 제정 시대와 비교하면 그들은 결코 특권층이 아니었다. 그러나 실제로 그들은 특권이 있었고 생활양식도 달랐다.[60] 당연히 그런 특권과 생활양식을 지키고 발전시키고자 하는 경향이 나타났다. 또, 이 계층은 자기 능력에 대한 자신감이 있었다. 자신들이 체제에 기여하고 체제가 자신들에게 의존한다는 확신이 있었던 것이다. 스탈린은 바로 이런 경향을 부추기고 추어올렸다. 그는 당 간부들이 "소비에트 국가의 중심에 있는 튜턴 기사단"이라고* 말했다.[61]

성장하던 반대파가 당 지도부를 비판했을 때 흔히 지도부의 대응은 관료주의를 훨씬 더 강력하게 비난하는 것이었다. 그러나 이런 비난은 의례적인 것이었을 뿐, 당 중앙은 아무 해결책도 없었다. 1927년 중앙위원회가 채택한 결의안에는 이런 곤경이 다음과 같이 반영돼 있었다.

---

* 튜턴 기사단 중세 십자군 전쟁 때 주로 독일인 기사들로 구성된 교단으로, 나중에 프로이센 지방을 정복하고 프로이센 왕국의 토대를 놓았다.

공산당원인 피고용인 집단이 지난 몇 년 동안 수십만 명을 헤아릴 정도로 너무 커져서 당의 완전히 자연스러운 염원, 즉 산업에 직접 종사하는 노동자들의 우세한 영향력을 유지하고자 하는 염원에 장애가 되고 있다. 다른 한편으로, 정부 기구의 지도부와 피고용인 집단 중에는 당원이 너무 적다. 공산당의 영향력을 강화하려면, 정부의 피고용인들 사이에서 당원을 확대해야 할 것이다.[62]

이 관료 집단의 비중이 늘어났다는 것은 더 근본적 위협이었는가? 예컨대, 부하린은 "국가 통제를 통해서 새로운 지배계급의 맹아가 출현할 수 있다"고 추측했다. 그러나 그 함의를 직시하려 하지는 않은 채 당이 그럴 가능성을 차단할 수 있을 것이라는 순진한 믿음을 피력했다. 부하린보다는 착각이 덜했지만, 반대파도 새로운 계급이 출현할 수 있다는 말의 함의를 직시하기를 꺼렸다. 그러나 1930년에 흐리스티안 라콥스키와 한 무리의 반대파는 그럴 가능성을 더 광범하게 제기했다. "바로 우리 눈앞에서 독자적 담당 구역을 가진 지배자 계급이 대규모로 형성되고 있다. 그들은 신중한 선발 과정을 거치며 성장하고 있다. … 이 독특한 종류의 계급을 하나로 묶어 주는 것은 독특한 종류의 재산, 즉 국가권력이다." 라콥스키는 관료 집단이 아직 계급은 아니지만 "계급의 중핵"이라고 말했다. "지금까지 알려지지 않은 또 다른 계급의 중핵이 출현했다는 것의 의미는 노동계급이 또 다른 피억압 계급이 되리라는 것이다. 관료 집단은 국가를 통제하고 생산수단을 집단적으로 소유하는 일종의 자본가 계급의 중핵이다."[63]

그 문제는 단지 사회적인 것만이 아니었다. 이 계층의 출현으로 정권의 이데올로기적 전망도 더 확실히 바뀌었다. 폴란드와 전쟁할 때 당내 일부는 민족주의적 입장으로 방향을 틀기 시작했지만, 국제 혁명의 가능성이 더 직접적으로 느껴지는 동안에는 그런 전환이 쉽지 않았다. 1921년 이후에는 그럴 여지가 더 커졌고, 1923년 이후에는 훨씬 더 커졌다. 1923년에 처음에는 불가리아에서, 나중에는 더 중요한 나라인 독일에서 혁명적 위기가 발생했지만, 두 나라 모두 경험 없는 지도자들이 혁명을 성공시킬 기회를 놓쳐 버렸다. 그래서 소련에서는 엄청난 사기 저하가 나타났다. 이제 자본주의가 안정을 되찾은 것처럼 보였고, [혁명 러시아의] 고립은 적어도 중기적 전망이 됐다. 일국사회주의 이론은 바로 이런 상황에 대한 반응이었다. 일국사회주의론은 처음에 부하린이 제기했고 나중에 스탈린이 받아들였다. 그들은 러시아가 독자적으로 발전할 수 있다고 주장했다. 국제 혁명이 일어나면 도움은 되겠지만, 그것은 중요한 진보의 전제 조건은 아니라는 것이었다. 일국사회주의론이 완전한 형태로 나타난 것은 1925년 4월 14차 당 협의회에서였다. 이제 그동안 지지받던 주장이 뒤집혀 "일반적으로 사회주의의 승리(최종 승리라는 의미는 아니다)는 한 나라에서 무조건 가능하다"고 결의됐다. 이 말의 온전한 의미는 이해되지 않았다. 얄궂게도, 혁명에 반대했(고 심지어 맞서 싸웠)던 우파의 일부가 이제는 새로운 강대국의 가능성이 열렸다고 여기고 그것에 매료됐지만 말이다. 그들은 러시아가 (겉은 빨갛고 속은 하얀) '방울무'처럼 되고 있다고 말했다.[64]

트로츠키 등이 국제 혁명이라는 원래 목표가 혁명의 진정한 심화

(일정한 경제적 진보가 아니라)를 위한 전제 조건이라고 주장했을 때 많은 사람들은 분명히 일국사회주의가 혁명적 낭만주의에 대비되는 현실적 정치 노선이라고 생각했다. 일국사회주의론은 앞서 살펴본 지배 계층에게 특별히 매력적이었다. 바로 그들이 소련을 이끌고 전진할 사람들이며, 진보는 바로 그들의 기량과 능력에 달려 있다는 것이 일국사회주의론의 주장이었기 때문이다. 반대파의 견해는 그들이 그동안 이룩한 것을 위험에 빠뜨리고 그들의 구실을 의심하는 것이었다. 물론 국제 혁명이 일어났다면 당시 어느 누구도 반대하지 않았겠지만, 국제 혁명이 일어나지 않는 상황에서는 새 정권을 우선하는 쪽으로 균형추를 옮겨야 했다.

(▶ 현실 돋보기: 일국사회주의, 159쪽)

기력이 없는 당? 기력이 없는 계급?

그토록 많은 당원들이 침묵한 이유를 알려면, 당내 상황이 얼마나 악화했는지를 살펴봐야 한다. 신경제정책이 시작되고 나서 1921년 8~12월에 당을 청소하는 작업, 즉 숙청(당시에는 이 단어의 의미가 사뭇 달라서, 그냥 당원증을 회수한다는 뜻이었다)이 실시됐다. 그래서 부적격자로 제명된 당원이 약 17만 5000명이었다. 그러나 상황은 갈수록 나빠졌다. 다른 사람들의 운명을 좌우하는 많은 사람들이 자신이 치유하려고 애쓰던 바로 그 질병에 걸리지 않는다는 보장은 없었다. 죽기 전에 레닌은 "적더라도 더 나은" 당원들이 있어야 문제를 억제할 수 있다[며 당을 숙청해야 한다]고 주장했다. 그러나 얄궂게도 그가 죽은 뒤에 당 지도부는 레닌의 이름으로 당원을 크게 늘리기로 합의했다[이른바 '레닌 입당']. 그 결과 더 고분고분한 당원들이 엄청난 기반을 형성했다. 표 3.3은 당원 규모에 관한 기본 자료를 보여 준다.

표 3.3. 1917~1929년 소련공산당 당원 수(단위: 명)[65]

1917년 10월	200,000~350,000
1920년 3월	611,978
1921년 3월	730,000
1922년	514,800
1923년	485,600
1924년	472,000
1925년	798,804
1926년	1,078,185
1927년	1,147,074
1928년	1,304,471
1929년	1,532,362

당원이 엄청나게 늘었다는 것은 분명하다. 그러나 질적인 영향도 분명하다. 1927~1928년 무렵 당원의 다수는 당 중앙의 도구였다. 당원 중에서 1917년 이전 세대는 5퍼센트로 감소했고, 1918~1920년에 가입한 당원은 29퍼센트로 감소했다. 1920년대 말에 당원의 약 66퍼센트는 신경제정책 시기에 가입했고, 대부분 레닌 사후에

입당한 사람들이었다.[66] 그들은 자기 능력에 대한 자신감이 부족했다. 그래서 레닌 숭배가 그들의 버팀목이 됐고, 더 일반적으로는 당 전체가 그랬다. 레닌을 열렬히 칭송하는 서적이 1925년 한 해에만 6296종이나 출판됐다.[67] 카를 라데크는 이를 두고 "정치적 미신"이라고 부르며 "레닌의 역사적 구실에 대한 비이성적 평가"를 비난했다.[68] '레닌주의'는 달달 외워야 하는 교리문답 같은 것이 돼 버렸다. 스탈린이 지은 《레닌주의의 기초》를 읽고 당원들이 배운 것은 치열한 논쟁을 거쳐 단결[된 행동을]해야 한다는 것이 아니라, 철의 규율에 자발적으로 복종하는 자세가 중요하다는 것이었다. 내부의 반대는 '오염', 즉 '기회주의'의 산물이고 "당은 기회주의적 요소들을 스스로 숙청함으로써 강해진다"는 것이었다. 레닌의 사상은 무덤 속에 있는 그의 몸처럼 송장 같은 것이 돼 버렸다. 그리고 환상을 유지하려면 그 시신에 가끔 새로운 귀나 코가 필요했듯이, 필요할 때마다 '레닌주의'의 새로운 요소들이 그 교리문답에 이식됐다.

당의 성격 변화를 가장 극적으로 보여 주지만 평론가들이 거의 주목하지 않는 지표가 하나 있다. 그것은 바로 '혁명적 세대'가 소멸했다는 사실이다. 그들은 대부분 죽거나 천천히 사라졌다. 1924년 프레오브라젠스키는 죽음이 볼셰비키 선임 당원들을 데려가고 있다고 한탄했다. 그들은 "투르게네프의 소설 《귀족의 보금자리》에 나오는 벚나무 과수원들이 청산되는 것보다 더 빨리 사라지고 있다"는 것이었다.[69] 앞서 2장에서 봤듯이, 1917년에 볼셰비키당이 엄청나게 성장했기 때문에 당원 수를 정확히 말하기는 어렵다. 당시 당원 수가 정말로 35만 명이었다면, 1927년에는 그중에 겨우 11퍼센트만이 당에 남아 있었다. 만약 1917년에 당원 수가 20만 명이었다면, 1927년에는 20퍼센트가 남아 있었다. 35만 명이었든 20만 명이었든 1927년에는 재앙적으로 감소했음을 알 수 있다. 혁명이 절정에 달했을 때의 흥분과 열망을 기억하고 있던 혁명적 세대의 약 80~90퍼센트가 사라진 것이다.[70]

노동자들도 상황의 포로였다. 노동계급의 중핵인 공업 노동자 수가 다시 늘어났다는 것은 표 3.4를 보면 알 수 있다.

표 3.4. 대규모 공업의 노동자 수(단위: 명)[71]

1917년	2,596,400
1921년	1,185,500
1922년	1,096,200
1923년	1,434,600
1924년	1,548,700
1925년	1,781,900
1926년	2,261,700
1927년	2,365,800
1928년	2,531,900
1929년	2,788,700

이런 사회적 회복이 곧 정치적 회복을 의미하는 것은 아니었지만, 그 전제 조건이었다는 것은 분명하다. 표를 보면 알 수 있듯이, 1928~1929년의 공업 노동자 수는 10여 년 전의 수준과 다시 비슷

해졌다. 그러나 회복 과정은 느렸다. 1917년에 노동자들의 자신감을 떠받치는 데 매우 중요했던 많은 공식·비공식 작업장과 지역사회 구조는 파괴되거나 변형됐다. 많은 노동자들은 지옥 같은 상황을 견뎌 내고 살아남느라 1917년과 달라져 있었다. 실제로 1917년에 작업장에 있던 많은 노동자가 신경제정책 시기에는 작업장에 있지 않았다. 그 증거는 1920년대 말에 조사한 자료(항상 제대로 해석된 것은 아니었다)에 나와 있다. 예컨대, 면직업에서는 1929년에 겨우 절반이 조금 넘는 노동자가 12년 이상 고용된 상태였고, 금속과 석유 산업에서는 그 비율이 35~40퍼센트에 불과했고, 석탄 산업에서는 30퍼센트도 채 안 됐다.[72]

도시의 상황은 여전히 열악했다. 실업이 만연했고 일상생활은 여전히 어려웠다. 10월 혁명을 신화화한 세르게이 예이젠시테인의 영화가 1927년에 상영됐을 때 일부 러시아 관객들이 그보다 훨씬 더 신화적인 할리우드 무성영화의 고전 〈로빈 후드〉를 더 좋아했다는 것은 아마 놀라운 일이 아닐 것이다.[73] 그러나 신경제정책의 긍정적 측면은 노동계급의 더 광범한 부문이 다양한 활동에 나서며 정신적·정치적 성장을 보여 줬다는 것이다. 작업장 안에서도 충돌과 쟁의가 벌어졌다. 1921~1922년에는 노동자 18만 4000명이, 1922~1923년에는 15만 4000명이 파업을 벌였다. 그 뒤 파업 노동자 수는 1924년 5만 명, 1927년 2만 명으로 감소했다.[74] 문제는 노동계급의 효과적인 지도부가 발전하지 못했다는 것이다. 그 이유는 부분적으로는 열정적인 노동자들이 행정·관리직으로 대거 옮겨 갔기 때문이다. 어떤 계산을 보면, 1920년대에 해마다 2만 명이나 되는 공산당원이 작업대를 떠나 사무직 종사자가 됐다.[75] 또 다른 이유는 '노동자 국가'에 맞서 '저항'하고 '파업'을 벌이는 것이 모든 사람에게 긴장을 자아냈기 때문이다. 그러다가 저항이 [좌익]반대파와 결부되자, 저항하기가 훨씬 더 어려워졌다.

경제 회복으로 노동자들의 물질적 조건은 개선됐지만, 그것은 (앞서 분석한) 신경제정책의 모순 때문에 여전히 제한적이었다. 그 모순은 1927~1928년에 극도로 악화했다. 트로츠키와 좌파는 다음과 같이 주장했다. "사회주의의 발전이 노동계급의 일상생활에서 그들의 물질적 처지를 끊임없이, 공공연히, 뚜렷하게 개선하지 못한다면, 그것은 더는 사회주의의 발전이 아니다."[76] 그러나 공장의 공산당원들은 당 중앙의 정책을 위해 노동자들을 진정시키는 일을 거들라는 요구를 받았다. 그 공산당원들이 겪은 어려움은 쉽게 상상할 수 있을 것이다. 실제로 1929년 4월 모스크바의 어떤 공장 집회에서 한 여성 노동자는 다음과 같이 말했다. "저는 비록 공산당원이지만 여전히 노동계급을 지지합니다."[77]

스탈린의 정치적 부상

결국 이런 과정의 수혜자로 떠오른 것은 스탈린과 그를 충실히 지지하는 자들이었다. 그들에게 저항하고 혁명을 수호하는 투쟁은 세 단계를 거쳤다. 각 단계에는 모두 다음과 같은 네 가지 주요 쟁점이 있었다. 첫째, 관료화. 둘째, 도시와 농촌, 노동자와 농민 사이의 균형. 셋째, 이와 연관된 문제로 [경제] 발전의 속도. 넷째, 국제 혁명이

냐 일국사회주의냐 하는 문제. 시간이 흐르면서 견해가 바뀌고 갈수록 분명해졌지만, 처음에는 스탈린을 포함해 어느 누구도 자신들이 어디로 가고 있는지를 분명히 알지 못했다. 그러나 스탈린은 자신의 지지 기반을 구축하면서, 특히 1927년 이후 어디로 나아갈지 더 분명한 시각을 발전시키기 시작했다. 그 방향은 그 전까지 아무도 예상하지 못한 것이었다.

레닌이 정상적으로 생활할 수 없게 되자 당 지도자들은 강력한 집단적 단결을 보여 줬다. 스탈린은 다음과 같이 말했다. "집단지도 체제가 아닌 방식으로 당을 이끄는 것은 불가능하다. 지금 일리치[레닌 — 헤인스]가 우리 곁에 없는 상황에서 다른 방식을 꿈꾼다는 것도 어리석은 일이고 다른 방식을 말한다는 것도 어리석은 일이다."[78] 그러나 지노비예프·카메네프·스탈린(이른바 '트로이카') 같은 유력 인사들과 트로츠키를 필두로 한 좌파 사이에 긴장이 나타났다. 1922~1925년의 이 첫 단계에서 좌파의 핵심 정책은 과거의 민주적 전통으로 돌아가고, 국제 혁명을 지지하고, (경제적 어려움을 완화하기 위해 필요하다면 농민을 더 압박해서라도) 국내 경제 발전을 가속화하고, 혁명의 정치적·사회적 기반을 강화하자는 것이었다. 1924년 1월 레닌이 죽기 직전에 열린 [13차] 당 협의회는 사정이 얼마나 어려워졌는지를 보여 주는 징후였다. 그 협의회에서는 당 지도부의 교묘한 조작 때문에, 핵심 결의안 표결에서 지도부가 125표를 얻은 반면 반대파는 겨우 3표를 얻는 데 그쳤다. 따라서 레닌이 죽은 뒤 스탈린이 레닌의 "명령을 영예롭게" 따르겠노라고 거의 종교 기도문에 가까운 맹세를 했을 때 이미 청중은 호응할 태세가 돼 있었다. 레닌이 스탈린을 의심했다는 말이 흘러나오기 시작했을 때 지노비예프는 "레닌이 우려한 것들은 사실로 확인되지 않았다"고 당원들을 안심시켰다.

이제 투쟁은 둘째 단계로 넘어갔다. 트로이카는 1924~1925년에 사태의 압력을 받고 빠르게 분열하기 시작했다. 지노비예프와 카메네프는 이제 스탈린이 얼마나 많은 권력을 구축해 놨는지를 깨달았다. 지노비예프는 또 스탈린이 주장한 일국사회주의론이 얼마나 심각한 일탈인지도 감지했다. 사실 처음에는 이 문제에서 트로츠키보다 지노비예프가 더 공공연히 스탈린을 반대하고 나섰다. 또, 지노비예프와 카메네프는 스탈린의 지지를 받는 부하린이 지나치게 친농민 노선을 밀어붙인다고 보고 우려했다. 그러나 이때까지는 트로츠키를 비롯한 좌파와 지노비예프·카메네프 사이의 긴장이 너무 커서 그들이 동맹을 맺을 수 없었다. 지노비예프와 카메네프는 스탈린 분파의 정책들을 강력하게 비판했고, 그 비판은 1925년 12월 14차 당대회에서 절정에 달했다. 그러나 두 사람이 그동안 좌파를 물리치는 데 사용한 방법이 이제 그들 자신을 공격하는 무기가 됐다. 그래서 미코얀은 다음과 같이 지노비예프를 조롱할 수 있었다. "지노비예프는 자신이 다수파일 때는 철의 규율과 복종을 지지하고 다수파가 아닐 때는 … 반대한다." 카메네프는 당대회에서 다음과 같이 발언하다가 야유를 받았다. "저는 스탈린 동지가 볼셰비키 참모부의 통합자 구실을 할 수 없다고 확신합니다. 우리는 1인 지배 원칙에 반대합니다. 우리는 '수령'을 옹립하는 데 반대합니다." 그러나 통합자·중도파를 자처하며 관료들에게 호소할 수 있었던 사람은 바로 스탈린이었다. 핵심 결의안 표결에서 지노비예프와 카메네프는 65표 대 559표로 패배했다(그 65표는 모두 지노비예프의 근거지인 레닌그라드에서 나온 것이었다).[79]

패배한 그들은 주변부로 밀려났다. 당 중앙의 정책은 이제 스탈린의 영향력 아래 놓였고, 니콜라이 부하린이 주요 이론가로서, 알렉세이 리코프가 총리이자 경제 지도자로서, 미하일 톰스키가 노동조합 지도자로서 스탈린과 협력했다. 그들은 함께 신경제정책을 국내 발전의 장기적 토대로 보고 일국사회주의 노선을 더 밀어붙이면서 국제 혁명 추진 노력을 더욱 약화시켰다. 이제 트로츠키·지노비예프·카메네프 지지자들은 협력했고, 이 중간 단계의 투쟁은 둘째 국면으로 넘어갔다. 그러나 통합반대파는 재개된 이데올로기 공세에 시달렸고, 그 지지자들은 계속 관료들에 의해 주변부로 밀려났다. 1926년 10월과 11월에 지노비예프·카메네프·트로츠키는 정치국에서 쫓겨났다. 지노비예프와 카메네프는 곧 [스탈린과] 화해했지만, 트로츠키는 개인적으로든 정치적으로든 굴복하지 않았다. 1927년 9~11월에 그는 코민테른, [소련공산당] 중앙위원회, 당 자체에서 잇따라 쫓겨났다. 10월에 그는 중앙위원회에서 자신을 변호하려다가 다른 중앙위원들에게 욕설을 들었다. 그들은 트로츠키에게 잉크통, 유리잔, 책 등을 집어 던졌고, 한 중앙위원은 연단에서 그를 끌어내리려 했다. 나중에 트로츠키 지지자인 이바르 스밀가의 아파트를 [보안경찰이] 불시에 덮쳤을 때는 다른 반대파 지도자들도 폭행당했다. 이런 흉악한 분위기에서 반대파 지도자 중 한 명인 아돌프 이오페가 평생 헌신하고 투쟁했던 혁명이 변질되는 것에 절망해 자살했다.[80]

상층부의 투쟁은 이제 마지막 셋째 단계로 접어들었다. 스탈린과 함께 득세한 부하린·리코프·톰스키의 권력은 오래가지 못했다. 1927년 중반부터 스탈린 분파는 처음에는 아주 조심스럽게 농촌에서 더 강경한 노선을 밀어붙이기 시작했고 더 지속적인 공업화를 추진했다. 이런 변화는 흔히 국내 요인들에서 비롯한 것으로 묘사된다. 즉, 당시 경제 회복은 한계에 이르렀고 새로운 투자가 필요했다는 것이다. 그리고 농민들은 도시에 곡물을 넘겨주기를 더 꺼리면서, 양보와 곡물 가격 인상을 [정권에] 강요하려 했다고 말한다. 이 두 가지 주장이 사실인지를 두고 논란이 있다. 그러나 더 심각한 문제는 이런 견해가 핵심 문제, 즉 소련의 외부 상황이 악화하고 있었다는 사실을 놓친다는 것이다.[81]

1926년 영국 총파업의 실패는 또 다른 기회 상실처럼 보였다. 아마 더 심각한 사태는 1926년 5월 폴란드에서 군사 쿠데타가 일어나 (1920년 러시아를 침공한) 유제프 피우수트스키가 실질적 지배자가 된 일이었을 것이다. 전쟁에 대한 위기의식이 소련 전역을 자극해서 1927년 1월 방위·비행·화학건설후원회가 설립됐다(회원이 200만 명을 넘었다).[82] 1927년 봄 중국 혁명의 패배는 상황을 더 악화시켰다. 전에 불가리아와 독일에서 그랬듯이, 중국에서도 공산당의 약점과 소련의 그릇된 정책, 심지어 어리석은 정책이 패배의 원인이었다. 그러나 이유야 어쨌든 이것은 중대한 차질이었다. 5월에는 캐나다에 이어서 영국 정부가 소련과 외교 관계를 단절할 구실을 만들고 있는 것처럼 보였다. 이것은 더 큰 위협이었을 것이다. 왜냐하면 영국은 여전히 중요한 세계 열강이었고, 다른 많은 국가들은 아직 소련과 외교 관계를 정상화하지 않은 상태였기 때문이다. 게다가 6월에는 폴란드 주재 소련 대사가 암살당했다. 7월에 전국적인 '방위 주간'이 선포됐고, 여름 내내 소련 전역에서, 특히 모스크바에서 전쟁 공포가 고조됐다.

오늘날에는 1927년 당시의 전쟁 위협을 얕보는 것이 흔한 일이지만, 현대 외교정책에서 전쟁이 흔히 고려된다는 점을 감안하면 그런 시각은 꽤나 순진한 것처럼 보인다. 소련공산당 지도부가 전쟁 위협을 교묘하게 이용했다는 것은 확실하다. 그러나 그들은 진짜로 무력 위협에 대응하고 있었다. 바로 이것이 일국사회주의 이론의 핵심에 있는 허점을 깨닫게 해 줬다. 경제 발전이 "달팽이처럼 느리게" 이뤄진다면 어떻게 소련을 방어할 수 있겠는가? 그렇다고 해서 더 급속한 발전을 시도한다면 신경제정책의 한계에 직면할 터였다. 1927년 말부터 이 한계가 부담이 되기 시작했다. 이것이 공업화 속도를 높여야 한다는 생각의 근거가 됐다. 또 농촌에서 더 강경한 노선을 취하게 만든 근거이기도 했다. 스탈린은 1929년 4월 다음과 같이 주장했다. "농민들은 보통의 세금 외에도 … 공산품은 더 비싸게 사고 농산물은 제값을 받지 못하는 형태로 일종의 부가세를 내고 있다. … 공업 발전을 자극하고 후진성을 극복하려면 이런 부가세가 필요하다."[83] 농민의 저항과 부농, 즉 쿨라크의 도전에 관한 논의는 문제를 더 복잡하게 만들지만, 그렇다고 해서 전환의 근거가 무엇이었는지를 놓쳐서는 안 된다.

당 중앙이 더 강경한 정책으로 전환하자 좌익반대파는 혼란에 빠졌다. 언뜻 보면 마치 스탈린 분파가 좌익반대파의 주장을 따르고 있는 것처럼 보였기 때문이다. 그래서 스탈린에게 굴복한 사람들은 곧 자신이 착각했음을 깨닫게 된다. 트로츠키는 스탈린과 결코 타협할 수 없다고 주장했다. 왜냐하면 관료 집단의 정치적 지배력에는 아무런 변화도 없기 때문이라는 것이었다. 1928년에서 1929년으로 넘어가면서 경제를 발전시켜야 한다는 압력이 가중됐다. 이제 부하린 분파도 스탈린에 반대하기 시작했다. 그러나 그들은 이전의 좌익반대파보다 훨씬 더 체제의 포로 신세였고, 그들의 저항은 대부분 비밀리에 진행됐다. 그렇지만 그들이 느낀 공포에는 얼마나 무시무시한 일이 일어날 수 있는지와 자신들의 궁극적 운명에 대한 번뜩이는 통찰이 담겨 있었다. 그러나 이제 그들은 효과적으로 저항할 수 없는 무기력한 존재였다.

(▶ 현실 돋보기: 좌익반대파, 161쪽)

결론

스탈린이 승리한 이후로 줄곧 그 승리의 속도와 규모는 어느 정도 당혹감을 불러일으켰다. 우리는 그것을 몇 가지 요인으로 설명할 수 있다는 점을 보여 주려 했다. 가장 중요한 첫째 요인은 처음에는 내전이, 나중에는 신경제정책 초기의 내적·외적 고립이 만들어 낸 엄청난 압력이었다. 경험 많은 선임 당원들은 권위가 있었지만, 레닌이 감지한 더 광범한 압력에 저항할 기반이 없었다. 스탈린이 교묘한 책략을 부렸다는 것은 확실하다. 그러나 여기서 조심해야 한다. 스탈린이 상황을 이용한 것은 사실이지만, 그는 상황의 산물이기도 했다. 그는 당을 조종했고 어느 정도는 노동자들도 조종했지만, 그가 이용할 수 있었던 약점은 더 큰 요인들의 산물이었다. 그의 승리는 개인적 승리였지만, 사회적·정치적 승리이기도 했다. 그는 트로츠키와 좌익반대파, 심지어 지노비예프·카메네프·부하린·리코프·톰스키 등 다른 많은 사람들보다도 더 무원칙하게 정권의 방향을 틀어 버릴 태세가 돼 있었다. 즉, 정권을 완전히 새로운 방향으로 밀고 나갈 준비가 돼 있었다. 스탈린에게 반기를 든 사람들(가장 강력한 트로츠키든 아니면 가장 허약한 축에 드는 부하린이든)의 정치적 결함이 무엇이었든 간에 그들이 노동계급의 해방이라는 1917년의 사상적 특징을 흔적으로 간직한 다른 전망을 최대한 오래 유지했다는 사실은 인정해야 한다.

1928년 모스크바 당 협의회에서 몰로토프는 다음과 같이 쓰여 있는 편지를 건네받아 낭독했다.

몰로토프 동지! 당신은 자기비판을 소리 높여 강조하지만, 만약 누군가가 스탈린 분파의 독재를 비판하면 내일 당장 그는 자기 자리와 직장에서 쫓겨나 결딴이 나고 감옥이나 그보다 더한 곳으로 끌려가게 될 것이오. 사람들이 당신을 따를 것이고 만장일치로 당신에게 표를 던질 것이라고 생각하지 마시오. 많은 사람들이 당신을 반대하면서도 그 알량한 빵 조각과 특권을 잃을까 봐 두려워하고 있소. 내가 장담하건대, 모든 농민이 당신을 반대하고 있소. 레닌주의 만세! 스탈린 독재를 타도하자![84]

이 편지에는 일부 당원들이 느낀 배신감과 적대감, 즉 혁명이 변질되고 있다는 생각이 잘 드러나 있다. 여기서 우리가 볼 수 있는 것은 지도부가 자기방어를 위해 두려움이라는 채찍과 특권이라는 당근을 모두 사용하는 것을 보며 당원들이 느낀 좌절감이다. 그러나 무엇보다도 몰로토프는 그 편지를 낭독할 만큼 자신감이 있었다. 스탈린과 그 지지자들은 이제 막 한 걸음 더 내딛으려고 하는 찰나였다. 위로부터 반혁명을 통해 혁명의 잔재는 마침내 파괴되고 새로운 체제가 무자비하게 수립됐다. 이것은 대중 의식의 좌경화에 이어서 우경화가 일어날 때 사회주의 운동이 '보통' 경험하는 패배와는 다른 종류의 패배였다. 아무리 그런 우경화가 일어나더라도 나치의 정권 장악처럼 반혁명이 유별나게 파괴적이지만 않다면 흔히 희망의 근거는 남아 있기 마련이다. 그래서 1905년 러시아 혁명이 잔혹한 반혁명에 패배했어도 12년 뒤 훨씬 더 크고 급진적인 혁명이 일어날 수 있었다. 그러나 1920년대 말에 일어난 반혁명의 충격은 달랐다. 혁명이 변질된 이유는 물질적 상황이 혁명의 생존에 대한 희망을 철저히 파괴할 만큼 치명적으로 변했기 때문이다. 혁명의 변질은 하나의 길을 봉쇄했지만, 새로운 지배계급이 권력을 장악할 수 있는 다른 길을 열어 줬다.

원시인, 토끼, 바지 이야기

　내전 시기의 끔찍한 상황은 더 나은 세계에 대한 희망을 끊임없이 짓눌렀다. 상황이 가장 나쁜 곳은 페트로그라드였다. 그곳에서는 생존을 위한 일상적 투쟁 때문에 혁명의 활력이 많이 약해졌다. 작가 예브게니 자먀틴은 페트로그라드를 "얼음 왕국"으로 묘사하면서, 페트로그라드 주민들은 "원시인처럼 짐승 가죽, 모포, 누더기를 걸친 채 이 동굴에서 저 동굴로 옮겨 다니거나 점점 더 동굴 깊숙이 들어가서 … 포위를 견뎌 내든지 아니면 거기서 죽어야 한다"고 썼다.'

　또 다른 작가 일리야 예렌부르크의 회고록도 내전이 자아낸 긴장과 공포를 정확히 포착했다. 예렌부르크는 처음에 혁명을 피해 달아났지만, 내전 말기에 [모스크바로] 돌아왔다. 이미 어느 정도 유명하던 그는 모스크바 아동 극장에서 일하기 시작했다. 거기에는 당대의 뛰어난 광대이자 동물 조련사인 [블라디미르] 두로프가 있었다. 두로프는 어린이들에게 어떻게 세상이 바뀔 수 있는지를 보여 주고 싶었다. 그래서 "만국의 토끼여, 단결하라!"라는 쇼를 만들었다. 러시아 민속에서 토끼는 전통적으로 겁쟁이였지만, 두로프의 쇼에 나오는 토끼는 스스로 혁명을 일으키고 총을 쏘며 궁전을 습격해 승리하는 영웅이었다. 굶주려서 "핼쑥해지고 여윈" 아이들은 그 쇼에서 더 나은 다른 세계를 언뜻 볼 수 있었다. 또, 동물들의 전통적 구실이 바뀐 것을 보면서 약자도 강해질 수 있다는 것을 배웠다.

그러나 가난·추위·굶주림은 결코 멀리 있지 않았다. 두로프의 새끼 코끼리는 얼어 죽었다. 사람들이 입을 옷도 부족했기 때문에, 덩치가 커진 새끼 곰은 너무 작은 옷을 입고 있었다. 예렌부르크가 모스크바에 도착했을 때 바지의 무릎이 닳아서 너덜너덜했다. 이제 새 일자리를 얻은 그는 의복 배급표를 받을 수 있었다. 그 배급표에는 "예렌부르크 동지에게 의복을 지급할 것"이라고 쓰여 있었다. 그러나 배급표에 쓰여 있는 말과 실제로 옷을 구할 수 있는지는 별개의 문제였다. 내전 시기의 경제적 붕괴가 워낙 심했기 때문에 예렌부르크는 겨울 코트와 정장 중에서 하나를 선택해야만 했다. "그 선택은 매우 어려웠다. 몸이 꽁꽁 얼어 버릴 것 같았기 때문에 나는 겨울 코트를 달라고 할 생각이었다. 그런데 갑자기 지난 몇 달 동안 창피했던 것이 생각나서 '바지! 정장을 주시오!' 하고 소리쳤다."[vi]

혁명은 정치적 변화뿐 아니라 인간의 존엄성을 주장하는 것이기도 했다. 그렇지만 내전이라는 최악의 상황에서는 (시인이든 작가든 노동자든) 모든 사람들이 "가장 기본적인 생활필수품"에 집중할 수밖에 없었다.

현실 돋보기

일국사회주의

혁명 초기의 국제주의가 일국사회주의 사상으로 바뀐 것은 흔히 '정치적 현실주의'가 '혁명적 낭만주의'에 승리한 것으로 여겨진다. 그러나 러시아 혁명과 혁명의 국제적 확산 사이에 불가분의 연관이 있다는 생각은 고립된 [노동자] 국가가 국내외에서 직면할 어려움에 대한 현실주의적 평가에 바탕을 두고 있었다. '일국사회주의'는 곧 역효과를 낳았다. 그것은 민족주의적 관점에 대한 순응이었다. 해외에서 적들에 직면한 소비에트 러시아는 더 전통적인 외교·군사 정책을 채택할 수밖에 없었다. 국내에서는 후진성을 극복해야 하는 부담이 러시아 민중의 어깨에 떨어졌다. 더욱이 이 과제는 이제 더 광범한 세계 자본주의의 발전과 분리된 채 수행돼야 했다. 장기적으로 이 모든 것은 '현실적'이지 않다는 사실이 입증됐다.

'일국사회주의'론이 정책에 영향을 미치기 시작하자 국제 공산주의 운동 안에서 새로운 모순들이 생겨났다. '일국사회주의'가 '정치적 현실주의'라면, 소련의 직접적 이해관계와 더 광범한 사회주의 운동의 이해관계 사이에 모순이 있지 않겠는가? 1923년에 불가리아와 독일의 공산당이 혁명적 기회를 놓친 것은 소련의 해로운 영향 탓도 있었지만 두 나라 공산당이 무능한 탓도 있었다. 그렇지만 1926~1927년 무렵에는 분명히 소련이 국제 공산주의 운동을 조종하고 있었다.

1928~1929년쯤 국제 공산주의 운동은 [소련에] 완전히 종속돼 있었다. 소련은 각국의 공산주의 운동을 외교정책 도구쯤으로 이용했다. 그 결과 급진적 변화의 기회들은 유실됐다. 이제 '현실주의'는 스탈린과 그의 강대국 건설 목표에 충성하는 것이었다. 영국 공산당의 철학자 모리스 콘포스는 1939년에 다음과 같이 말했다. "나는 그런 위치에 있는 사회주의 국가[원문 그대로다 ─ 헤인스]는 어떤 잘못도 할 수 없고 어떤 잘못도 하지 않는다고 믿는다. … 바로 이것이 내가 개인적으로 정치적 공중제비를 돌기 시작한 이유다. 왜냐하면 이게 바로 그 말이 의미하는 바이기 때문이다."[vii] 콘포스는 '현실주의' 때문에 역사의 조롱거리만 됐다. 다른 사람들은 국제 사회주의보다 스탈린과 강대국에 충성해야 한다는 신념을 더 중시한 대가로 목숨을 잃어야 했다. [외국의] 공산당원 약 1400명이 피난처를 기대하며 스탈린 치하 소련으로 도망갔지만, 대숙청 과정에서 총살당했다.[viii] 다른 많은 사람들은 강제수용소에서 죽었다. 세계 자본주의에 맞설 대안으로서 진정한 사회주의적 국제주의라는 이상을 계속 유지하는 과제는 이제 국제 사회주의 운동의 주변부에 있는 사람들에게 남겨졌다.

좌익반대파

1920년대 말에 스탈린은 자신이 이끄는 사회계층에게 유리한 해결 책을 실용주의적으로 더듬더듬 찾고 있었다. 그를 비판하는 반대파도 혁명에 무슨 일이 일어나고 있는지를 이해하려고 애쓰면서 더듬더듬 길을 찾고 있었다. 혁명의 유산을 가장 분명하게 방어하고 나선 것은 좌익반대파였다. 그러나 그들은 혁명에 대한 진정한 도전이 어디에서 비롯하고 어떤 형태를 취하고 있는지 파악하는 데 어려움을 겪었다. 시간이 흐른 뒤에 사정을 파악하기는 쉽다. 그러나 좌익반대파에게는 그런 이점이 없었다. 그들은 스탈린의 권력 강화와 관료 집단의 성장을 알고 있었다. 또, 당이 노동자들에게 도움이 되지 않는다는 것도 알았다. 그러나 누가 또는 무엇이 더 큰 적인가? 당과 국가 관료 집단의 성격은 무엇인가? 당을 구하는 것이 여전히 가능한가?

좌익반대파는 스탈린 분파가 좌파와 우파 사이에서 왔다 갔다 한다고 생각해서 그들을 '중도파'라고 불렀다. 이런 식으로 그들은 스탈린을 과소평가했다. 그들은 또, 스탈린이 대표하는 계층이 노동자와 농민을 모두 후려칠 수 있는 능력도 과소평가했다. 좌익반대파는 당의 자기 치유 능력에 대한 믿음을 어느 정도 간직하고 있었다.

1927~1928년에 정권의 문제들이 누적되자 노동자들의 불만도 고조됐다. "좌익반대파의 활동이 봇물 터지듯 확산되고 있었다. 그들은 산

업 노동자들의 대중 집회를 조직했다. 모스크바의 한 화학 공장에서는 '스탈린 독재를 타도하자! 정치국을 타도하자!' 하고 외치는 소리도 들렸다."[ix] 그러나 좌익반대파가 당내에서 개혁을 위해 협소한 운신의 폭을 이용해야 하는가 아니면 당 밖에서 [대중을] 동원해야 하는가? 1928~1929년에 스탈린이 농촌에서 더 강경한 노선을 주도하자 좌익반대파의 딜레마는 더 심각해졌다. 이것은 '중도파'가 다시 우왕좌왕하면서, 노동자들의 처지 개선에 도움이 되도록 공업 [발전]을 더 강조하라는 [좌익반대파의] 요구에 호응하는 것인가 아니면 뭔가 새로운 사태 전개인가? 많은 좌익반대파는 처음에 그것을 자신들이 주장한 방향으로 노선이 바뀐 것이라고 오해해서 그것에 동조했다. 그들은 "중앙위원회는 야만적이고 때로는 어리석지만, 미래를 대비하고 있습니다" 하고 말했다. 그것은 치명적 실수였다.

좌익반대파가 성공하기에는 객관적 상황이 불리했다. 그러나 그들의 불완전하고 잘못된 분석도 문제였다. 새로운 체제의 더 영속적 형태가 분명해진 뒤에야 비로소 그것을 극복하는 일이 가능했을 것이다. 그러나 좌익반대파는 (위로부터 반혁명의 피해자가 돼) 감방에 갇혀서 이것을 이해하려고 분투하게 된다.[x]

4장
—
자본축적

모스크바 붉은광장에서 열린 군사 퍼레이드에서
군비경쟁의 상징인 미사일을 과시하고 있다(1964년).

1931년 [2월] 스탈린은 러시아 혁명의 잿더미 위에서 성장한 새로운 체제의 논리를 다음과 같이 분명히 밝혔다.

안 됩니다, 동지들. … 결코 속도를 늦춰서는 안 됩니다! 오히려 … 속도를 높여야 합니다. … 속도를 늦추는 것은 뒤처진다는 것을 의미합니다. 그리고 뒤처진 사람들은 패배합니다. 안 됩니다, 우리는 결코 패배할 수 없습니다! 옛 러시아 역사의 특징은 끊임없는 패배였습니다. 후진성 때문에 옛 러시아는 끊임없이 패배했습니다. 몽골의 왕들에게 패배했습니다. 오스만튀르크의 총독들에게 패배했습니다. 스웨덴의 봉건 영주들에게 패배했습니다. 폴란드와 리투아니아의 귀족들에게 패배했습니다. 영국과 프랑스의 자본가들에게 패배했습니다. 일본의 재벌들에게 패배했습니다. 이들은 모두 러시아에 패배를 안겨 줬습니다. 러시아의 후진성 때문이었습니다. 군사적 후진성, 문화적 후진성, 정치적 후진성, 공업의 후진성, 농업의 후진성 때문이었습니다. 그들은 러시아를 이기는 것이 이득이 되고 그래도 아무 탈이 없었기 때문에 그럴 수 있었습니다. 혁명 전의 시인이 다음과 같이 말한 것을 기억하십니까? "가난하면서도 풍요롭고, 강력하면서도 무기력한 조국 러시아여!"… 우리는 선진국들보다 50~100년 뒤처져 있습니다. 10년 안에 그들을 따라잡아야 합니다. 그러지 못하면 그들이 우리를 파멸시킬 것입니다.[1]

이 말은 세계경제에서 후진국이 빠진 딜레마를 떠올리게 하고, 1914년 이전 제정러시아의 딜레마를 무의식적으로 되풀이한 것이다. 1890년대에 러시아 재무부 장관 세르게이 비테 백작도 거의 똑같은 표현으로 차르와 그 주위 사람들의 각성을 촉구했다. 40년의 시차가 있지만 비테와 스탈린은 모두 후진국이 살아남기 위해 경제 발전을 추진할 수밖에 없게 만드는 압력을 그렇게 표현한 것이다. 그 목적은 세계 자본주의를 전복하는 것이 아니라, 그 틀 안에서 승리하는 것이었다. 그러나 비테보다는 스탈린이 사회를 더 강력하고 무자비하게 지배했다. 스탈린에게 충성한 영국 공산당원 앤드루 로드스타인이 다음과 같이 쓴 것은 결코 과장이 아니었다. "[앞서 인용한 스탈린의 말과 1931년 6월의 연설로* ― 헤인스] 소련의 경제 발전에서 새 시대가 열렸다. … 스탈린의 말은 국민 의식, 특히 산업 현장 노동자들과 관리자들의 의식에서 핵심적 부분이 됐다. 수많은 모임과 학습 서클이 그 말을 연구하고 토론했다."[2] 일국에서 경쟁력 있는 경제 발전을 달성해야 한다는 논리가 깊이 뿌리내렸다. 심지어 1989년에도 스탈린 체제를 비판하는 [소련의] 자유주의자 두 명이 스탈린의 비전은 "(1930년대는 말할 것도 없고) 심지어 오늘날에도 무시할 수 없

---

*   1931년 6월 23일 경영자 협의회에서 스탈린은 경제 건설을 위한 '6개 신조건'에 관해 연설했다.

는 결론처럼 보인다"고 말할 정도였다.[3]

더욱이, 자본주의적 경쟁은 역동적이기 때문에 그 압력은 끊임없이 작용하고 있었다. 스탈린에게 충성하는 경제학자 한 명이 1937년에 지적했듯이 "선진 자본주의 나라들의 기술적·경제적 수준을 따라잡고 앞질러야 한다는 과제는 결코 모종의 고정된 목표를 달성하는 것을 의미하지 않는다. 이 목표 자체가 역동적이다. 자본주의의 전반적 위기에도 불구하고 자본주의 나라들의 경제는 결코 완전히 정체 상태에 있지 않다."[4]

스탈린이 위의 연설을 할 때쯤에는 세계경제가 엄청나게 불안정하다는 것이 분명해졌다. 1927년의 전쟁 공포는 소련의 취약성을 깨닫게 해 줬다. 1929~1933년의 세계경제 위기는 열강의 관계를 바꿔 놨고, 그 때문에 결국 20세기의 두 번째 세계대전이 벌어졌다. 무역과 투자는 붕괴했다. 어느 정도는 경제 위기 자체 때문이었고, 어느 정도는 자본주의 열강이 자기방어를 위해 보호무역주의 정책을 사용한 탓이었다. 미국과 영국 두 나라 지도자들은 결국 자신들의 우위를 유지할 수 있는 최선의 길은 더 개방적인 세계경제라고 보고 그 방향으로 돌아가기 시작한다. 그러나 이탈리아·일본·독일처럼 '가진 것 없는' 후발 강대국들이 입지를 강화하려면 더 분명한 세력권이 필요했다(이 정책은 국내의 극우·파시즘 정치의 동역학으로 말미암아 더 강력해졌다). 바로 이런 압력이 스탈린 치하 소련의 정책을 결정한 근본적 요인이었다. 소련 지도부는 영국이나 미국 같은 과거의 적들을 계속 불신했다. 그러나 세계적 경쟁 압력 때문에 점차 극동의 일본이나 서쪽의 나치 독일처럼 소련과 더 가까운 국가들의 위협에, 또 폴란드처럼 소련과 국경을 맞대고 있는 국가들에 신경을 쓰게 됐다. 폴란드 같은 국가들은 흔히 자체의 적대적 이해관계도 있었지만, 배후의 강대국들이 가하는 압력의 전달 벨트 구실도 할 수 있었다.

1930년대가 지나면서 군사적·경제적 경쟁 압력은 갈수록 위험해졌다. 극동에서는 일본이 1931년에 만주사변, 1937년에 중일전쟁을 일으키며 중국으로 진출했다. 그래서 소련 군대의 4분의 1이 극동 지역에 배치됐다. 소련은 [극동 지역의] 국경을 요새화하고 철도 연결망을 강화했다. 1938년에는 하산 호에서, 1939년에는 할힌골에서 일본과 심각한 국경 분쟁이 벌어져 100만 명의 군인이 전투에 휘말렸다.[5] 서유럽에서는 1935년에 나치 독일이 재무장을 선언하더니 1938년 3월 오스트리아를 병합했다. 그해 9월 뮌헨협정 체결 후에는 체코슬로바키아를 분할했고, 1939년 3월에는 [1919년까지 독일 영토였으나 베르사유조약에 따라 프랑스령이 됐다가 1923년부터] 명목상 리투아니아의 보호령이던 메멜[오늘날 리투아니아의 클라이페다]을 점령했다.

소련 지도부는 국제 혁명을 포기했으므로 이제 자국의 안보가 군사력 강화에 달려 있다는 사실을 알고 있었다. 1937년 11월에 [외무인민위원] 막심 리트비노프는 다음과 같이 주장했다. "소련의 방어 능력은 국제 관계의 조합에 달려 있는 것이 아니라 소련 육해공군의 확실한 군사력 증강에 달려 있다." 그러나 이 '군사력 증강'을 위해서는 급속하고 지속적인 공업화가 필요했다. 제1차 5개년계획을 구상할 때도 바로 이 문제가 중요한 구실을 했다.

우리는 5개년계획을 작성할 때 일반적으로는 우리 경제체제, 특수하게
는 우리 전쟁 산업의 급속한 발전에 큰 주의를 기울여야 한다. 그것이
우리나라의 방어 능력을 강화하는 데서 주된 구실을 하고 전시에 경제
적 안정을 보장해 줄 것이다. 공업화는 우리 전쟁 산업의 발전을 의미
하기도 한다.

1930년 여름에 열린 소련공산당 16차 당대회에서 [국방 인민위원]
클리멘트 보로실로프도 똑같은 주장을 되풀이했다. "우리나라의 무
장을 위한 기초는 우리 경제체제의 급속한 발전, 야금 생산의 증대,
우리 화학 산업의 발전, 자동차와 트랙터 생산, 일반적으로는 엔지
니어링 산업의 발전입니다."[6]

이런 군사적 경쟁의 동역학은 여러 수준에서 작동했다. 먼저 군
사적 경쟁 압력은 전반적 공업화를 촉진했다. 1927년 보로실로프
는 "미래의 전쟁은 공장들의 전쟁이 될 것이다" 하고 말했다. 국가계
획위원회(고스플란)의 국방 부문 책임자는 "우리는 경제 전체가 국
방의 토대라고 생각한다" 하고 말했다. 그러나 군수생산 자체에 우
선순위를 두는 정책이 1931~1932년에 신속하게 등장했고, 이후 군
수산업은 경제를 선도하는 구실을 했다.[7] 군사적 경쟁에 직접 사용
되는 자원이 점점 더 많아져서, 1928년에는 생산의 1퍼센트였지만
1937년에는 약 6퍼센트, 제2차세계대전 직전에는 20퍼센트나 됐다.
소련의 [군비] 지출은 나치 독일의 위협과 밀접하게 연결돼 있어서
1938년에는 세계 군비 지출의 약 70퍼센트를 이 두 나라가 차지할
정도였다.[8] 군사적 경쟁은 또, 급속한 경제성장의 전반적 양상과 전

략적 우선순위도 결정했다. 다른 모든 선택들도 군사적 경쟁의 간접적 영향을 받았다. 예컨대 우랄·쿠즈네츠크 콤비나트와 유명한 [철강업 중심 도시] 마그니토고르스크의 발전처럼 산업의 입지 선정이나 모스크바 지하철 설계, 심지어 트랙터 생산도 그 영향을 받았다. 당시 식견 있는 어떤 사람은 다음과 같이 썼다. "탱크는 트랙터에 무기를 장착해서 특별히 조립하고 장갑을 두른 것일 뿐이다. 1937년에 소련은 자그마치 17만 6000대나 되는 트랙터를 생산했고, 대형 트랙터 공장은 이미 바퀴 달린 보통 트랙터를 무한궤도 트랙터로 바꿔 생산해 왔다." [국가 안보의] 비결은 적에 맞서 버티며 방어할 수 있는 능력이었다. 1936년 5월 국방부 기관지 〈붉은 별〉에 기고한 글에서 세르기예프는 다음과 같이 말했다. "기습만으로는 사전 작전의 결과를 결정하는 데 충분하지 않다는 것이 확실하다."⁹

이를 위해서는 경쟁적 자본축적이 엄청나게 증대해야 했다. 1930년대 초에 축적률은 (계산 방법에 따라) 2배 또는 3배가 됐다. 이것은 당시의 서유럽이나 1914년 이전 제정러시아의 2배나 되는 수치였다.¹⁰ 소련이 더 강한 압력을 받은 이유는 외국에서 거의 도움을 받을 수 없었기 때문이다. 1928~1929년의 원래 생각은 농산물을 수출해서 번 돈으로 기계류를 수입한다는 것이었다. 그러나 세계경제 위기로 가격이 붕괴하자 단기간의 수출 증대 노력에도 불구하고 [소련의] 생산량에서 수출이 차지하는 비율은 1928년 3.5퍼센트에서 1938년 0.5퍼센트로 낮아졌다. 스탈린 치하 소련은 현대적 경제치고는 전례 없이 빠르게 대외무역에서 고립되다시피 했다.

투자는 중공업으로 몰렸고, 석탄과 철강, 엔지니어링, 화학, 전력

생산 증대에 집중됐다. 1929년에 스탈린은 "중공업의 문제가 더 어렵고 더 중요하다"고 인정했다. "더 어려운 이유는 … 후진국의 역사를 보면 알 수 있듯이 … 막대한 자본 투자가 필요하기 때문이다. … 더 중요한 이유는 우리가 중공업을 발전시키지 못하면 어떤 공업도 건설할 수 없고 어떤 공업화도 수행할 수 없기 때문이다."[11] '무명옷 입은 공업화'라고 얕잡아 부른 것이 경제의 군사적 기초를 보장해 줄 수는 없었다. 1930년대에는 공업 투자의 80퍼센트 이상이 중공업에 집중됐다. 중공업의 새로운 구실을 가늠해 볼 수 있는 척도 하나는 부문 A, 즉 생산수단(경제를 계속 돌아가게 해 주는 기계와 설비)과 부문 B, 즉 소비수단(소련의 지배자들과 노동자들을 먹이고 입히는 데 필요한 제품) 생산의 균형이 바뀌었다는 것이다. 이 점을 보여 주는 것이 표 4.1인데, 이 표를 보면 부문 A와 부문 B의 새로운 관계가 소련이 망할 때까지 계속해서 경제의 특징이었다는 사실을 알 수 있다.

표 4.1. 생산량에서 중공업과 경공업이 차지하는 비율(단위: 퍼센트)[12]

	부문 A	부문 B
1913년	33.3	66.7
1928년	39.5	60.5
1940년	61.0	39.0
1960년	72.5	27.5
1985년	74.8	25.2
1989년	74.0	26.0

1930년에 어떤 소련 평론가는 다음과 같이 말했다. "한 나라의 전반적 공업 발전이 취약할수록 군수산업의 상대적 규모가 더 커야 전시에 제대로 싸울 수 있다."[13] 그는 여러 나라의 군수산업 규모를 살펴보면서 이렇게 말했지만, 이 말은 스탈린 치하 소련에 특히 잘 들어맞았다. 직접적 방위비 부담이 가중되고 중공업이 우선이었기 때문에, 농업을 쥐어짜고 사회 기반 시설을 쥐어짜고(예컨대, 철도는 선로 1킬로미터당 미국보다 4배나 많은 화물을 실어 나를 수 있도록 만들어졌다) 무엇보다도 소비를 쥐어짜야 했다. 또, 농촌에서 노동자들을 끌어오고 여성 고용을 늘려서 노동력 투입을 엄청나게 증대해야 했다.

이런 변화를 달성할 수 있는 방법은 오직 국가가 강압력을 사용하는 것뿐이었다. 생산량에서 국가 부문이 차지하는 비율은 1928년 44퍼센트에서 1934년 96퍼센트, 1930년대 말에는 99퍼센트까지 치솟았다. 그러나 이 과정은 결코 순조롭거나 계획적이지 않았다. 그래서 무슨 무슨 '전투'나 '강행군', '생산 전선' 따위의 군사 용어들이 난무했다. 경제학자 스트루밀린은 "우리는 어떤 법률에도 구속되지 않는다"고 말했다. "볼셰비키가 기습하지 못할 요새는 없다." 그 구호는 대중을 동원하기 위해 사용됐을 뿐 아니라, 이른바 '반동, 표류, 즉흥성, 타성의 강력한 영향'에 대항하는 투쟁을 방해하는 모든 장애물을 극복하는 데도 사용됐다.[14]

그 결과는 흔히 혼란이었다. 이것은 어떤 의미에서도 계획이 아니었다. 이후의 역사 내내 많은 좌파가 '소련에는 계획이 있다'는 사상에 매료됐다. 그것은 국가가 사람들에게 좋은 것을 생각해 내고 그것을 달성할 제도를 계획한다는 믿음이었다. 그런 방식이 비록 민주적이지는 않을지 몰라도 서방의 혼란스러운 시장보다는 우월하다는 것이었다. 그러나 여기에는 근거 없는 믿음 두 가지가 있었다. 첫째는 진정한 계획이 민주주의와 분리될 수 있다는 생각이다. 만약 계획이 사람들의 필요에 부응하고자 한다면 그것은 모든 수준에서 민주적이어야 한다. 그러므로 계획은 관료주의적일 수 없다. 거대한 전문가 체제가 사람들을 최대한 쥐어짜서 효율을 높이는 것을 계획이라고 할 수는 없다. 이것은 인간 해방과 정반대다. 오히려 극단적 소외의 표현이다. 그러나 스탈린의 선전가들이 널리 퍼뜨린 것이 바로 이런 근거 없는 믿음이었다. 한 세대 이상의 사람들이 그것에 매료됐다. 바로 이 때문에 스탈린 치하 소련이 페이비언협회나 사회민주주의 정당의 국가 계획 주창자들의 구미에 맞았던 것이다. 그래서 예컨대, [페이비언협회의 지도자들인] 시드니 웨브와 비어트리스 웨브는 순진해 빠진 것으로 악명을 떨치게 되는 책에서 다음과 같이 썼다. "우리가 자전적 이야기를 좀 해도 된다면,* [70대의] 고령을 무릅쓰고 우리가 지금 소련에서 무슨 일이 벌어지고 있는지를 이해하고자 애쓰게 된 것은 바로 경제학상의 이 중요한 발견[국가 계획], 그리고 가망 없는 상황에서 지구 표면의 6분의 1을 차지하는 나라의 사회관계에 이 발견을 적용했다는 사실 때문이다."[15]

핼 드레이퍼는 매우 유명한 글에서 사회주의에는 두 종류가 있다

---

* 웨브 부부는 1930년대 초에 직접 소련을 방문해서 스탈린 정권이 새로운 문명을 건설하고 있다며 칭찬했다.

고, 즉 위로부터 변화를 추구하는 사회주의와 아래로부터 변화를 추구하는 사회주의가 있다고 말했다. 그 둘은 수단과 목적이 모두 서로 다르다. 위로부터 사회주의는 [국가] 계획이라는 신화를 좋아했다. 웨브 부부는 항상 '질서와 효율성'에 관심이 많았고, 그들이 말한 '지도부의 소명 의식'을 가진 자들이 다른 사람들에게 명령을 내릴 권리를 중시했다. 그러므로 웨브 부부가 스탈린 치하 소련에 관해 퍼뜨린 환상적 이미지의 핵심에는 사람들을 장기판의 졸로 여기는 이 [국가] 계획이라는 환상이 있었다.[16]

그러나 이것이 모델에 관한 근거 없는 믿음이었다면, 둘째는 실제에 관한 근거 없는 믿음이었다. 스탈린 치하 소련에는 모종의 순수한 사회주의적 계획이 없었던 것이 아니라, 아예 계획 자체가 없었다. 기껏해야 어설픈 중앙집권적 지령이 있었을 뿐이다. 경제학자 오스카르 랑게는 소련에서 "계획은 허구가 된다. 실제로 존재하는 것은 광포한 개발뿐이다" 하고 말했다. 모셰 러빈은 소련의 역사를 되돌아보면서 다음과 같이 썼다. "모든 과정이 엄청나게 즉흥적이었고, 주먹구구와 육감, 흔히 독재자의 변덕이 규칙이나 지침 구실을 했다는 것은 의심할 여지가 없다."[17] 책자로 1700쪽이 넘었던 제1차 5개년계획은 결코 실행되지 않았다. 그 뒤의 5개년계획들도 단지 의도를 선언한 것이었을 뿐이다. 제2차 5개년계획 책자는 거의 1300쪽이었고, 제3차 계획은 238쪽, 그 뒤부터는 〈프라우다〉에 지면 여유가 있을 때 실리는 정도였다. 당시 '계획의 기적'을 책임지는 기관이었다던 고스플란을 방문한 어떤 사람은 다음과 같이 썼다. "일관된 계획 시스템은 존재하지 않았다. 존재한 것은 상당히 단순한 종류의 우선순위 시스템이었다."[18] 실제로 1934년의 계획 대차대조표를 보면, 수천 개의 생산 품목 가운데 겨우 105개의 상품만이 계산돼 있을 뿐이다. 그러나 계획이라는 근거 없는 믿음의 이면에서 우선순위의 논리적 집합이 생겨나기는 했다. 그 우선순위를 결정한 것은 국가 방위와 경쟁적 공업화의 필요였다. 그런 우선순위는 점차 성장해서, 경제 발전을 지휘하는 다양한 부서의 다양한 권력과 지위로 구체화했다. 이 부서들은(1946년에 인민위원회는 '부'로 이름이 바뀌었다) 매우 강력해서 서로 거의 신경 쓰지 않았다. 이 부서들 사이의 관계에서 나타난 특징은 불균형·낭비·모순이었다. 이런 문제점과 그 밖의 어려움을 해결하고자 제2의 경제가 성장했다. 비공식적이었지만 용인된 이 제2의 경제를 운영한 것은 톨카치라고 불린 일종의 해결사들과* 블라트, 즉 원료와 기계 등을 획득할 때 발휘할 수 있는 개인적 영향력[즉, 연줄]이었다. 그래서 당시 소련에는 '블라트가 스탈린보다 더 강력하다'는 속담도 있었다. 빅토르 세르주는 다음과 같이 썼다. "거대한 기구의 모든 바퀴가 그것[블라트]으로 기름칠 돼 있고 얽히고설켜 있다. 그것의 구실은 계획보다 더 크다. 왜냐하면 그것이 없으면 계획이 결코 달성되지 않을 것이기 때문이다."[19] 그러나 여기서도 비공식적 권력과 영향력의 사용 기준 같은 것이 있었다. 군사적 경쟁과 경쟁력 있는 공업화의 필요가 궁극적으로 경제 안에서 벌어지는 일들을 결정했던 것이다. 바로 그것이 지도자들의 목표 이면에 있는 거의 노골적인 논리였다. 그것은 또, 권력과 영향력이

---

* 이들은 원료·기계 등을 얻는 과정에서 막대한 수수료를 챙겼다.

누구에게 있고 누구에게 없는지를 결정하는 요인이었다. 따라서 그것은 공식적 권력과 비공식적 블라트가 어떻게 사용돼야 하는지를 정해 주는 지침이기도 했다.

이런 동역학은 또, 소련의 상이한 지역들에서 나타난 체계적 불균등 발전의 양상도 결정했다. 지역 간 불균등 발전 문제를 해결할 능력이 억제된 것은 어느 정도는 정치적 중앙집권 체제와 민족주의, 그리고 서로 대립하는 민족주의가 반대파 결집의 계기가 될지도 모른다는 두려움을 반영했다. 그러나 효과적으로 서방과 경쟁하고 경제성장을 이루려면 정권이 자원을 할당해야 한다는 경제적 논리도 반영했다. 주변부 지역들을 향해 이런저런 [균등 발전] 제스처를 취했지만, 진정한 경제 다각화는 이 경쟁적 경제의 필요 때문에 제한될 수밖에 없었다. 예컨대, 우즈베키스탄은 러시아 공장을 위한 면화 생산지가 됐고, 1938년에 우즈베키스탄 지도자들은 "면화를 먹고 살 수는 없다"고 주장하며 경제 다각화 계획을 수립했다가 '부르주아 민족주의' 혐의로 처형당했다.[20] 여기에다 지도부의 다른 정치적 선택들도 덧붙여졌다. 모스크바가 추진한 정책들의 대가를 비러시아계 주민들이 치르도록 만드는 것이 정치적으로 더 쉬운 일이었다. 왜냐하면 농촌 현지의 러시아계 주민들은 모스크바·레닌그라드·우랄 지방의 노동자들과 더 긴밀한 연관이 있어서 도시의 불만과 농촌의 불만이 결합될 위험이 있었기 때문이다. 또, 불평등한 처우는 분열시켜 지배하는 암묵적 정책의 일환으로 생겨난 것이기도 했다. 그러므로 민족 억압을 극복하려던 1920년대의 긍정적 노력은 1930년대 이후 민족 억압을 강화하는 양상으로 바뀌었다.

그 덕분에 스탈린은 원하던 것을 얻을 수 있었다. 1928년부터 1941년까지 소련은 정말 비약적으로 성장했다(비록 혼란스럽고 불균등한 성장이었지만 말이다). 그 변화가 어느 정도였는지를 평가하는 것은 엄청나게 어려운 일이다. 평가의 기술적 문제들, 즉 낭비를 어떻게 측정할지, 부정적 경향들을 얼마나 감안해야 하는지, 수치들이 부풀려진 정도를 어떻게 가늠할지를 두고 논란이 있다. 그러나 이 모든 것을 감안하더라도 협소한 경제적 의미에서 상당한 진보가 있었다는 것은 거의 의심할 여지가 없다. 선철 생산량은 1928년 330만 톤에서 1938년 1470만 톤으로 증가했고, 강철 생산량은 같은 시기에 430만 톤에서 1810만 톤으로 증가했다. 마찬가지로, 표 4.2에 나오는 도시의 성장 수치 같은 다른 변화 지표들도 논쟁의 여

표 4.2. 소련의 도시 성장 패턴(단위: 100만 명, 퍼센트)[21]

	인구	도시 인구 비율	도시 규모별 도시 인구 비율				
			100만 명 이상	50만~ 100만 명	25만~ 50만 명	10만~ 25만 명	10만 명 이하
1913년	159.2	18	−	−	−	−	−
1926년	147.0	17	15.8	15.6	68.6	−	−
1939년	190.6	33	−	−	−	−	−
1959년	208.8	48	9.1	15.1	10.5	13.9	51.4
1970년	241.7	56	14.0	13.4	12.2	15.9	44.5
1979년	262.4	62	19.5	10.8	14.0	15.3	40.4
1989년	286.7	67	21.8	11.4	14.1	13.1	39.6

지가 별로 없다. 예컨대, 1926년부터 1939년까지 도시 인구는 2760만 명에서 5610만 명으로 연평균 6.5퍼센트씩 늘어났다(이런 증가 속도는 당시까지 세계경제 역사에서 유일무이했다). 소련은 1961년에야 도시 인구가 50퍼센트에 이르렀지만(영국보다는 100여 년, 독일보다는 50년 늦었다), 이조차도 중대한 진보였다.[22]

그러나 누군가는 이런 변화의 대가를 치러야 했다. 경쟁적 공업화와 자본축적이라는 목표를 중심으로 돌아가는 사회를 건설하기 위해서는 혁명의 마지막 흔적까지 파괴해야만 했다.

위로부터 반혁명

《자본론》의 유명한 구절에서 마르크스는 투자와 재투자가 어떻게 자본주의의 추진력이 되는지를 다음과 같이 묘사했다. "축적하라, 축적하라! 이것이 모세와 예언자들의 말씀이시다! … 그러므로 절약하라, 절약하라! 즉, 최대한 많은 잉여가치를 자본으로 재전환하라! 축적을 위한 축적, 생산을 위한 생산."[23] 앞서 봤듯이, 이런 축적 압력은 신경제정책 시대에도 있었지만 그때는 이에 대항하는 힘도 작용하고 있었다. 1928~1929년 이후 발전한 새로운 사회에서는 이런 제약이 사라졌고 경쟁적 축적의 압력만이 작용했다. 이런 일이 가능하기 위해서는 스탈린이 말한 '위로부터 혁명'이 필요했다. 이 과정을 촉진하는 데 보안경찰과 강제수용소가 어떻게 사용됐는지는 다음 장에서 살펴볼 것이다. 여기서는 사회관계의 변화라는 더 광범한 쟁점을 살펴보자. 당시 많은 사람들은 소련의 경제성장에 깊은 인상을 받고 그 토대를 자세히 살펴보지 않았다. 안테 칠리가의 말을 빌리면, 그들은 "공장의 굴뚝에 감탄해서, 살아 있는 사람들과 그들의 사회관계를 인식하지 못했다."[24]

그러나 바로 이렇게 변화한 사회관계가 (혁명의 유산을 마지막 잔재까지 제거해 버린) 반혁명의 핵심에 있었다. 1930년에 막심 고리키는 집산화 과정의 핵심에 있는 폭력성을 다음과 같이 인정했다. "우리는 내전 상태에 있다고 스스로 생각해야 한다. 그 논리적 결론은 만약 적이 항복하지 않는다면 절멸시켜야 한다는 것이다."[25] 이 내전, 즉 반혁명에는 정치적 측면과 사회적 측면이 모두 있었다. 상층에서 변화를 반대하는 사람들을 일소하는 데는 충성스러운 스탈린주의자들이 이용됐다. 이 투쟁에는 세 측면이 있었다. 스탈린은 당의 고위층에서 우익반대파를 공격한다는 평계를 대고 자신의 지배권을 확립할 수 있었다. 사실 이른바 '우파'는 단지 1920년대 신경제정책의 기본 노선을 지지했을 뿐이다. 부하린은 스탈린이 "책략을 부려서 우리를 종파주의자처럼 보이게 만들었다"고 말했다. 그런 혼란의 궁극적 결과를 분명히 아는 사람은 아무도 없었지만(아마 스탈린 자신도 몰랐을 것이다), 부하린은 스탈린과 그 지지자들(카가노비치·칼리닌·쿠이비셰프·키로프·미코얀·몰로토프·오르조니키제·보로실로프·야고다 같은 2류 인사들)이 옛 체제와 새 체제 사이에 선을 긋고 있다는 사실을 반쯤은 깨달았다. 1928년 7월 부하린은 카메네프에게 다음과 같이 말했다. "스탈린의 노선은 혁명 자체를 파멸시키고 있습니다. 우리와 당신의 과거 차이보다 우리와 스탈린의 차이가 몇 배나 더 크고 중요합니다."[26] 스탈린파는 또, 노동조합 상층부의 반대도 극복해야 했다. 얄궂게도 노동조합 지도부는 '노동조합주의' 경향을 드러냈다는 이유로 공격당했다. 노동조합 지도자 톰스키는 스탈린주의자인 니콜라이 시베르니크로 교체됐고, 결국 1936년에 자살했다. 이제 노동조합의 임무는 착취율을 높이는 데 기여하는 것이었다. 스탈린은 다음과 같이 말했다. "노동조합은 노동생산성, 노동규율, 사회주의적 경쟁을 고무하고, 동업조합식 고립과 '노동조합주의'의 잔재를 완전히 청산해서 사회주의 공업을 건설하는 임무에서 결정적 구실을 해야 한다." 1932년부터 1949년까지 소련에서는 전국 노동조합 대회조차 열리지 않았다.

그러나 정치혁명을 밀어붙이려면 기층의 저항도 분쇄해야 했다. 그것이 당 위원회가 됐든 노동조합이 됐든 작업장의 당 조직이 됐든 상관없었다. 상층부의 변화에는 반드시 기층의 복종이 수반됐다. 그리고 그 변화는 광범했다. 모스크바, 레닌그라드, 우랄 지방 같은 핵심 공업지역에서는 공장위원회가 그나마 남아 있던 노동자 대의기관의 성격을 잃고 국가의 생산위원회쯤으로 전락함에 따라 공장위원의 75~85퍼센트가 교체됐다.[27]

1934년쯤 되면 아직 할 일이 많이 남아 있긴 했지만 중요한 변화는 달성됐다. 그래서 스탈린은 [1934년 1~2월에 열린] 17차 당대회를 "승리자들의 대회"라고 선포할 수 있었다. 그러나 그 승리자들은 새로운 지도자들과 그 지지자들이었고, 그들은 대중을 짓밟고 권좌에 오른 자들이었다. 1930년에 일부 노동자들은 "우리를 억압하는 이것은 무슨 종류의 노동자 권력인가?" 하고 비꼬았다.[28]

그러나 그 변화는 정치적 변화에 그치지 않고 훨씬 더 심층적이었다. 경쟁적 축적의 논리가 온전히 작용하려면, 사회 전체에서 생산관계가 바뀌어야 했고 발전하는 체제의 필요에 세 사회집단이 종속돼야 했다. 첫째 집단은 현재 추진되고 있는 일의 실현 가능성과 합리성에 의문을 제기할 수 있는 숙련가·기술자·전문가였다. 스탈린은 다음과 같이 말했다. "우리의 공업 발전 속도를 늦춰야 한다고 떠드는 자들은 사회주의의 적이고, 우리 계급의 적이 심어 놓은 첩자다."[29] 1929년 봄에 돈바스 지역 샤흐티 탄광의 전문 기술자 53명이 기소됐다. 이것을 시작으로 전문가들에 대한 공격이 잇따랐다. 그 것은 1920년대에 정권에 기꺼이 협력하던 광범한 집단이 의심받는다는 것을 보여 줬다. 그 뒤 1930년 11월에는 이른바 '산업당' 재판이[*] 벌어졌다. 그리고 1931년 3월에는 멘셰비키 중앙[본부] 재판이[**] 열렸다. 보안경찰은 또, '근로농민당' 사건을 날조해서, 주요 인물 10여 명과 나머지 '당원' 1000여 명을 엮어 넣었다. 이렇게 굵직한 사건들뿐만 아니라 그보다도 더 작은 갖가지 사건을 만들어 낸 목적도 [새로운 체제의] 결함을 이른바 '파괴자들' 탓으로 돌리고 그들의 동료를 위협해서 위로부터 혁명에 협력하게 만들려는 것이었다(그 과정에서 수천 명의 전문가들이 제거됐다).

스탈린의 '사회혁명'에 희생된 둘째 집단은 농민 대중이었다. 전면

---

* '산업당' 재판 과학자들과 경제학자들이 쿠데타를 계획했다는 혐의로 기소돼 유죄 판결을 받은 사건.

** 멘셰비키 중앙본부 재판 옛 멘셰비키 당원들이 멘셰비키당을 재창당하려 했다는 혐의로 기소돼 재판을 받은 사건.

적 집산화는 1929년 11월에 발표됐다. '집산화'라는 용어는 부적절한 단어였다. 농민들은 토지를 빼앗기고 있었고, 1930년 3월 무렵에는 농민 가구의 60퍼센트가 강제로 집단농장[콜호스]에 들어가야 했다. 그러나 농촌이 들끓고 혼란에 빠지자 수확이 위태로워졌다. 그래서 스탈린은 잠시 강제 집산화를 중단시키고, 이 모든 것이 "아찔한 성공"에 도취한 일부 동지들 탓이라고 둘러댔다. 농장 집산화 비율은 순식간에 20퍼센트로 떨어졌다. 그러나 1930년 수확이 끝나자 집산화 캠페인은 다시 시작됐고 그 완성으로 치달았다. 그래서 1930년대 말이 되면 모든 농촌 주민이 24만 개의 집단농장과 4000개의 국영농장[솝호스]으로 조직됐다.

이것을 일종의 혁명으로 묘사하며 "그 결과가 1917년 10월 혁명과 맞먹는다"고 평가하는 사람들도 있다. 이런 비교는 긍정적 의미로 한 것이다. 그러나 의도와 무관하게 그것은 오히려 반대 방향을 가리켰다. 즉, 10월 혁명이 질적 변화였다면 이 이른바 '스탈린 혁명'은 어떤 종류의 질적 변화였는가? 농촌 혁명의 일환으로 2500만의 농민 가구를 위협하고 강요하고 때로는 총칼로 을러대서 집단농장으로 몰아넣었다. 1938년에 출판된 이후 스탈린 정권의 성전이 된 교과서 《소련공산당(볼셰비키)의 역사: 단기 과정》은 "이 혁명의 두드러진 특징은 위로부터, 즉 국가 주도로 완수됐다는 것"이라고 인정했다. 그리고 그 혁명은 "아래로부터 직접 지지를 받았다"고 덧붙였다.[30] 실제로는 격렬한 저항에 부딪혔다는 것이 진실이다. 저항하는 사람들은 쿨라크[부농], 심지어 반半쿨라크나 하층 쿨라크라는 비난에 시달렸다. 그러나 [쿨라크만이 아니라] 모든 농민 집단이 반대했고, 흔히 여성 농민들이 저항에서 지도적 구실을 했다. 1929년부터 1936년까지 농업 손실은 1928년 국민총생산GNP의 40퍼센트와 맞먹었는데, 이조차 과소평가된 수치일 수 있다.[31]

집산화가 매우 유혈 낭자하고 혼란스러워서, 언뜻 보면 완전히 비합리적인 일처럼 보인다. 스탈린 자신이 1927년에는 집산화가 장기적 과정일 수밖에 없고 높은 수준의 경제 발전과 기술이 필요하다고 주장했다. 그러나 1929년에도 사용 가능한 트랙터와 트럭은 각각 1만 8000대와 7000대뿐이었다. 그 뒤에 개선된 것처럼 보이는 많은 것들도 단지 농촌 혁명으로 입은 손실을 메운 것이었을 뿐이다. 화학비료의 사용은 수많은 가축이 죽어서 얻지 못하게 된 거름을 대체했을 뿐이다. 1938년에 트랙터 26만 5800대가 사용됐지만, 그것은 축력의 상실을 대체하기에도 부족했다. 사실 잃어버린 투입물을 대체할 필요가 너무 컸기 때문에, 일부 평론가들은 실제로는 농업의 잉여를 공업에 투자하는 일이 전혀 없었다고 주장했다(말하자면 아랫돌 빼서 윗돌 괴기였다는 것이다). 그 계산은 어렵고 논란이 분분하지만, 실제로 농업의 일부 잉여가 공업으로 이전됐다고 하더라도 그 양이 전에 생각했던 것만큼 많지는 않았다. 이것이 의미하는 바는 도시의 공업 발전을 위한 자원은 대부분 도시 노동계급을 착취해서 얻어 내야 했다는 것이다.

그렇다면 집산화는 과연 소용이 있었는가? 대답은 '그렇다'이다. 유혈 낭자하고 불합리한 짓들이 있었지만, 무모할 만큼 급속한 공업화를 위해서는 농촌을 엄격하게 통제하고 농민의 잠재적 저항을 분쇄해야 했다. 농민들이 굶주리는 한이 있어도 도시 [발전]과 수출을 위해 농촌에서 식량을 쥐어짜 내야 했다. 예컨대, 1928년부터 1932년까지 곡물 생산량은 10퍼센트 줄었지만, 농민이 국가에 넘겨준 곡물의 양은 갑절로 늘었다. 국가의 식량 배급에 의존하는 도시 인구가 2600만 명에서 4000만 명 이상으로 증가했기 때문이다. 농민의 의무는 먼저 국가를 먹여 살린 다음에 자신이 먹고살 궁리를 해야 한다는 것이었다. 사소한 절도죄 처벌을 위해 1932년 8월 제정된 법률은* 굶주리는 농촌과 농민을 주로 겨냥한 것이었고, 그렇게 해서 국가의 필요를 확실히 충족시키려는 조치였다. 농민들은 농촌에서 쫓겨나 도시로 가서 건설 현장과 새로운 공장에서 노동을 해야 했다. 도시의 생활수준이 낮았으므로 이렇게 농촌에서 밀어내고 도시에서 끌어당기는 과정이 진행되려면 농촌의 생활수준이 훨씬 더 낮아야 했다. 농촌의 끔찍한 조건 때문에, 일단 농촌을 떠난 사람은 귀농을 하지 않았다.

(▶ 현실 돋보기: 집산화와 굶주림, 211쪽)

스탈린의 사회혁명이 종속시켜야 했던 셋째 집단이자 결정적 집단은 바로 노동자들이었다. 노동자들도 수동적으로 복종만 하지는 않았다. 1930년에 〈프라우다〉 독자들이 보낸 편지의 내용을 요약한 기밀 자료를 보면, "사람들의 불만은 무엇인가?"라는 물음과 다음과 같은 답변이 나온다.

---

* 이른바 '국영기업, 집단농장, 협동조합, 사회주의적 소유 기관의 재산 보호법'에 따르면, 국가·집단농장·협동조합 소유의 재산을 훔치거나 철도와 수로에서 도둑질을 한 사람은 전 재산이 몰수되고 총살당할 수 있었다. 스탈린은 이 법을 "혁명적 합법성의 토대"라고 치켜세웠다.

첫째, 노동자는 굶주려서 비쩍 말라 있고, 빵은 그림의 떡이다. … 노동자의 아내는 온종일 줄을 서서 기다리고 남편은 일을 마치고 집으로 돌아오지만 저녁은 차려져 있지 않아서 다들 소비에트 권력을 저주하는 것이 흔한 일이다. 사람들이 기다리는 줄에서는 시끄럽게 고함치고 싸우고 소비에트 권력을 저주하는 소리가 끊이지 않는다.[32]

우리는 1930년대 초 소련에서 파업, 준법투쟁, 시위, 식량 폭동이 일어났다는 사실을 안다. 한때 이바노보보즈네센스크 시는 노동자 파업으로 혼란에 빠졌다. 그 분위기는 다른 충돌들이 벌어졌을 때보다 더 정치적이었던 듯하다. 당시의 한 선전 인쇄물에는 다음과 같이 쓰여 있었다. "빵을 요구하는 … 굶주린 노동자들이 총에 맞아 쓰러지고 있을 때, 고위 공산당원들과 게페우의 붉은 경찰관들은 커튼 뒤에 숨어서 배 터지게 먹고 있었다."[33] 그러나 탄압이 심해지자 노동자들은 더 비공식적 방법으로 노동규율을 무너뜨렸는데, 이직(소련에서는 '노동 이동'이라고 불렀다)과 잦은 결근, 고의로 불량품 만들기 등이 그것이었다. 이런 방법은 전 세계 노동자들에게도 익숙한 것이다. 그러자 국가는 압력을 더 강화하는 것으로 대응했지만, 모든 노동자의 뒤를 쫓아다니며 문제를 제거할 수는 없는 노릇이었다.

작업장에서 노동자들이 종속된 것과 나란히 경영자의 통제권이 분명하게 확립됐다. 1929년 9월 소련공산당 중앙위원회는 예디노나찰리(흔히 '1인 경영'이라고 부른다)를 확립하는 포고령을 통과시켰다. 그 용어가 실제로 의미하는 바는 '단일한 통제', 즉 작업장의 공산당과 노동조합 조직을 경영자의 말에 복종하는 도구로 만든다는 것이었다. 실제로는 '부실 경영'이 많았지만, 단일한 통제를 의미하는 그 용어가 끊임없이 반복됐다는 것은 그것이 새로운 이상이자 모범 구실을 했다는 것을 보여 준다. [중공업 인민위원회의 고위 관리를 지낸] 미하일 카가노비치는 다음과 같이 잘라 말했다. "[공장의 피고용인들은 모두 공장장에게 완전히 복종해야 한다.] 공장장이 공장에 들어오면 땅이 흔들릴 정도여야 한다." 그리고 '가장 뛰어난' 경영자가 있는 공장에 서는 실제로 그랬다. 마그니토고르스크에서 엔지니어로 일했던 미국 인 존 스콧은 그곳의 공장장을 "최고사령관이자 … 사실상 독재자" 로 묘사했다.[34]

경영자의 권력을 더욱 강화해 준 것은 점차 가혹해진 노동법이었 다(두 과정은 따로 시작됐다). 노동력이 부족했으므로 가혹한 노동 법이 항상 철저하게 집행된 것은 아니었다. 그러나 모든 노동자는 그 압력을 느꼈다. 그래서 1931년에 어떤 노동자는 "임금률, 임금 등급 표, 하루 7시간 노동, 노동보호 따위는 집어치워라. 우리는 전쟁 중 이 아닌데도 전시처럼 일하고 있다!" 하고 말했다.[35] 그러나 경영자 의 권력과 가혹한 노동법의 연관성은 분명했다. 예컨대, 1932년 12 월 제정된 법령은 식량을 비롯한 생활필수품 공급을 경영자가 통제 할 수 있게 해 줬는데, 그 목적은 "기업 경영자의 권력을 강화하는 것"이었다. 그리고 이런 상황에서 노동자들은 노동 인민위원회의 보 호가 거의 필요하지 않았으므로 노동보호 제도는 결국 1933년에 폐 지됐다. 1940년에 [30분] 지각했다는 이유로 기소된 어떤 노동자는 "자본주의 국가처럼 법률이 노동자를 억압하고 있다"고 말했다가

이 말 때문에 3년 형을 선고받았다.[36] 실제로 1940년부터 1952년까지 지각했다는 이유로 작업장에서 '교정 노동' 형을 선고받은 노동자가 1090만 명이나 된다.[37]

(▶ 현실 돋보기: 노동계급을 억압하는 법률들, 213쪽)

노동의 종속에는 원자화와 경쟁이라는 또 다른 측면도 있었다. 생산도 늘리고 노동자들끼리 서로 경쟁하도록 만들기 위해 전통적 자본주의 방식인 성과급, 즉 생산 실적에 따라 임금을 지급하는 방식이 사용됐다. 1929년 7월 노동조합 기관지 〈트루드〉(노동)에는 진정으로 독립적인 마지막 독자 편지 가운데 하나가 실렸는데, 그 편지를 쓴 나이 많은 노동자는 다음과 같이 불평했다. "[노동자들은 — 헤인스] 이미 현재의 노동조건을 '혹사'라고 부른다. 또, 사회주의적 경쟁에서는 노골적인 자본주의적 착취 냄새가 난다. 나이 든 여느 노동자와 마찬가지로 나도 그렇게 생각한다. 그래서 나는 동료들과의 실적 경쟁에 참여하지 않는다."[38] 그러나 나중에 비하면 1929년 상황은 새 발의 피였다. 성과급으로 임금을 받는 노동자의 비율은 1928년 57.5퍼센트에서 1936년 76.1퍼센트로 높아졌고, 1953년에도 여전히 77퍼센트였다.[39] 더 악명 높은 것은 스타하노프 운동이었다. 알렉세이 스타하노프는 1935년에 채탄 작업 기준량이 7톤일 때 혼자서 102톤의 석탄을 캤다. 스탈린 정권은 노동자들에게 스타하노프의 업적을 본받으라고 부추겼다. 사실 스타하노프의 성과는 짜고 친 고스톱 같은 것이었다. 스타하노프 운동은 경쟁과 착취를 강화하는 또 다른 방법으로 이용됐다. 노동자들이 스타하노프 운동을 증오했다는 것은 다음과 같은 농담에서 잘 드러난다. '스타하노프 노동자' 수상식에서 여성들이 다양한 소비재를 부상으로 받고 있었는데, 1등상 수상자가 스탈린의 《전집》을 받자 청중석 뒤쪽에서 누군가가 "망할 년이 받을 만한 상이네" 하고 말했다는 것이다. 일부 '스타하노프 노동자'들은 따돌림당했고, 일부는 공격당했고 심지어 살해당했다. 빅토르 세르주가 아는 어떤 병원 원장은 '스타하노프 노동자'인 환자에게 적용할 "괜찮은 치료"를 고안해 냈다고 한다. 대체로 스타하노프 운동은 곧 실패했지만, 스탈린 정권은 거의 모든 사람이 스타하노프 노동자가 [돼서 운동이 필요 없게] 됐다는 식으로 주장하며 그 실패를 덮으려 했다.[40]

착취율은 어느 정도였는가? 우리는 1930년대에 소비의 비중이 급감했다는 것을 안다. 또, 훨씬 더 많은 노동자가 생산에 투입됐다는 것도 안다. 인플레이션 때문에, 명목임금은 증가했어도 실질임금은 감소했다(1932~1933년에는 아마 반 토막 났을 것이다). 50년 후 어떤 역사가는 "1933년은 역사상 평화 시에 생활수준이 가장 급격하게 떨어진 해였다"고 말했다. 실질임금의 가치는 1937년까지 약간 회복됐지만, 1950년대 초에도 여전히 1928년 수준보다 낮았다. 노동자 1인당 연간 노동 일수는 1928년에 263일이었는데, 공업화 초기의 변화들 때문에 1931년에 253.8일까지 감소했지만 1933년에 다시 265.8일로 늘어났다.[41] 노동생산성도 1928~1932년의 혼란기에는 낮아졌지만, 이내 회복됐고 1940년쯤에는 1928년 수준보다 약 70퍼센트 더 높았다.[42] 그러나 이것으로 끝이 아니었다. 이제 소련 노동자들은 자신들이 결코 통제할 수 없는 체제에서 부의 창조자가 됐고, 자유로운 노동조합이 존재하는 부르주아 민주주의 국가의 노동자들보다도 자기방어 수단이 부족하게 됐다. 그러나 소련 노동자들은 전 세계 노동자들과 같은 운명에 처하게 됐다. 이제 그들의 삶을 결정하는 근본 요인은 경쟁적 축적이 강요하는 착취의 논리였던 것이다.

경제적·군사적 경쟁

1930년대에 경제적 경쟁과 군사적 경쟁은 더 밀접해졌다. 1938년 메이데이[노동절]에 보로실로프는 "두 대륙에서 전쟁의 불길이 타오르고 있다"고 경고했다. 그러나 스탈린이 제시한 것은 일국적 발전의 논리를 확대하고 소련의 강대국 지위를 방어하는 것이었다. 겉치장에 불과한 좌파적 미사여구는 점점 더 사라졌다. 1939년 11월 몰로토프는 다음과 같이 말했다. "소련의 애국자들에게 조국과 공산주의는 떼려야 뗄 수 없는 한 덩어리다. 볼셰비키는 민중 속에서 나왔고, 우리는 민중의 역사에서 보이는 영광스러운 행위들을 소중히 여기고 사랑한다." 시인 안나 아흐마토바는 그것을 더 잔혹하게 봤다. "크렘린에는 사람이 살 수 없다. … 그곳에는 오래된 증오의 세균들이 여전히 득시글거리고, 보리스의* 강렬한 두려움과 역대 이반 임금들의 악의惡意가 있고, 인민의 법이 아니라 사기꾼의 오만이 있기 때문이다." 1939년 5월 〈이즈베스티야〉는 장기적으로 이런 전쟁 위협 때문에 "소련은 무엇보다도 자신의 힘에 의지해야 한다"고 주장했

---

* 제정러시아의 황제로 이반 4세의 아들을 살해하고 황위를 찬탈했으나 그 망령에 시달리다가 죽었다는 보리스 고두노프를 말하는 듯하다.

다. 그러나 국가 안보는 외교정책으로도 개선될 수 있었다.[43] 서방과 동방에서 모두 도전에 직면한 스탈린은 동맹국을 찾아 나서는 한편 서방 공산당들에는 민중전선 정책을 강요했다. 민중전선 정책의 목적은 계급을 초월한 동맹을 건설해서 서방 각국 정부가 소련에 더 우호적인 정책을 취하도록 압력을 가하려는 것이었다. 이런 이유로 스탈린은 1934년에 소련을 국제연맹에 가입시켰다. 1936~1939년 스페인 내전 당시 스탈린의 정책은 [영국과 프랑스 같은] 잠재적 동맹국들의 심기를 불편하게 할 만한 일은 하지 않는 것이었다. 그래서 소련은 스페인 공산당이 혁명의 가능성을 내버리고 온건한 공화주의 정부를 지지하게 만들었다. 그러나 정작 서방 열강은 스페인의 공화주의 정부를 거의 지원하지 않았다. 결국 공화주의 정부는 프랑코에게 패배했다. 소련 가까이에서 스탈린은 서쪽 국경을 따라 일련의 완충국들을 수립할 가능성을 중시하고 그들을 소련의 세력권 안에 두고자 압력을 가했다. 1936년 12월 [스탈린의 측근] 안드레이 즈다노프는 "거창한 모험에 휘말리는 것은 작은 국가들에게 이득이 되지 않는다"고 경고했다.

그러나 이런 조치들은 모두 헛수고였음이 드러났다. 영국을 비롯한 강대국 지도자들은 자신들만의 속셈이 있었고 여전히 소련을 의심했으며, 일부 정치인들은 히틀러가 동쪽으로 고개를 돌리는 것이 자국에 유리하다고 봤다. 작은 국가들은 여전히 소련에 적대적 태도를 보였다. 물론 스탈린이 그들에게 제공할 수 있는 것은 히틀러보다 훨씬 적었다. 스탈린은 [영국·프랑스 등과] '집단적 안전 보장'으로 소련의 이익을 확보할 수 없게 되자 서슴없이 반파시즘을 내팽개치고 1939년 히틀러와 거래를 도모했다.

독소불가침조약은 1939년 8월 23일 체결됐고, 비밀 보충 협약을 통해 스탈린과 히틀러는 각각 세력권을 확보했다. 스탈린은 단기적·장기적 이득을 봤다고 믿었다. 단기적으로는 1939년 9월 나치 독일이 폴란드 서부를 침공했을 때 소련 군대는 폴란드 동부를 점령했다. 그리고 1939년 11월 30일부터 1940년 3월 12일까지 소련 군대는 핀란드와 유혈 낭자한 전쟁을 벌였다. 이를 통해 스탈린은 소련의 방어선을 확장하려 했다. 마지막으로 1940년 6월에는 발트 3국과 당시 루마니아 영토였던 베사라비아[오늘날의 몰도바]를 강제 합병했다. 이런 영토 확장 덕분에 소련 인구로 2000만~2500만 명이 추가됐다. 스탈린은 히틀러와 거래해서 얻은 장기적 이익은 나치와 안정적 관계를 확립하고 국가 안보를 유지한 것이라고 생각했다. 이를 위해 스탈린은 기꺼이 방대한 수출품으로 대가를 치렀고,* 심지어 나치의 탄압을 피해 소련으로 도망쳐 온 독일 공산당원들도 히틀러에게 넘겨줬다.[44]

스탈린이 히틀러의 의도를 완전히 오판했다는 것은 명백한 듯하다. 물론 스탈린이 여전히 히틀러를 의심스러워했고 소련도 자체 무장을 계속했다는 것은 사실이다. 그러나 스탈린은 자신이 신뢰할 만한 동업자와 거래했다고도 믿었다. 1939~1941년의 상황을 설명하

---

* 소련은 무역협정을 통해 독일에 판매하기로 약속한 석유·철강·텅스텐 등 전략 물자를 차질 없이 넘겨줬지만, 히틀러는 소련에 지급하기로 한 기계·장비·물자의 인도를 게을리했다.

는 문헌들을 보면, 히틀러와 스탈린의 외교관들 사이에 화기애애한 관계가 형성돼 있었다는 이야기가 자세히 나온다. 스탈린 자신도 1941년 새해 첫머리에 "독일 국민들이 사랑하는 총통의 건강을 위해" 건배했다고 한다. 그러나 그때쯤 이미 나치 독일에서는 소련 침공을 위한 바르바로사 작전 계획이 한창 수립되고 있었다.

1941년 6월 22일 나치 군대가 소련 국경을 넘어 진격했다. 독일군은 연전연승했고, 소련군은 겁에 질려 항복하기 바빴다. 1942년 초까지 독일이 점령한 지역에는 소련 인구의 3분의 1이 살고 있었고, 곡물의 38퍼센트와 석탄·철강·알루미늄의 60퍼센트 이상이 생산되고 있었다. 적군赤軍의 인명 손실도 엄청나서, 150만 명이 죽고 300만 명이 포로가 됐다. 그러나 소련군의 전선은 결국 유지됐고, 1943년 초에 나치는 스탈린그라드 전투에서 패배했다. 나치의 약점은 1943년 7월 격전이 벌어진 쿠르스크 전투에서 확인됐다. 나치는 엄청난 희생을 치르고 후퇴했고, 마침내 1945년 5월 9일 베를린에서 항복했다. 소련은 제2차세계대전에서 가장 큰 부담을 졌다. 나치 군대의 대부분에 맞서 싸웠고, 연합군 군인 사상자의 약 80퍼센트, 양측 군인 사상자의 약 60퍼센트가 소련군이었다. '위대한 애국 전쟁'의 승리는 이제 새로운 소련 제국을 정당화하는 신화가 됐다. 그 제국은 1945~1948년에 유럽을 분할하며 등장했다. '조국을 위해, 스탈린을 위해' 하고 외치며 전투에 나서는 사람들의 이미지는 여전히 남아 있고, 스탈린에게 그 전쟁은 소련이 "다른 어떤 비소비에트 사회질서보다 더 우월한 사회"라는 것을 보여 줬다.[45] 그러나 실제로는 이야기가 더 복잡하다.

나치는 두 가지 의미에서 도를 지나쳐 실패했다. 첫째, 그들은 신속하게 승리할 수 있다고 자신들을 과대평가했다. 히틀러는 1940년에 [소련] 공격은 "우리가 그 국가를 한 방에 박살 낼 수 있어야만 의미가 있을 것"이라고 말했다.[46] 소련 경제가 비록 후진적이었지만, 약간의 해외 원조를 받아서 장기전을 위해 인력과 물자를 동원할 수 있을 만큼은 발전해 있었다. 스탈린은 "전쟁에서 승리할 길은 산업 생산"이라고 말했다. 그래서 산업 생산 능력을 보존하고자 공장과 설비, (강제수용소 재소자의 3분의 1을 포함한) 2000만 명의 사람들을 동부 지방으로 허겁지겁 이동시켰다. 자본과 인명의 엄청난 손실은 계속됐지만, 남아 있는 자본과 인력의 3분의 2에서 4분의 3을 군수생산으로 돌려서 대규모 군대에 물자를 공급할 수 있었다. 전시에 소비재 산업과 서비스 산업의 고용은 60퍼센트 감소했고, 여성과 초등학생, 연금 생활자, 심지어 교도소와 수용소의 재소자들도 생산에 투입됐다. 적군의 70퍼센트가 농민 출신이었으므로 이제 농촌에서는 여성이 인구의 압도 다수였다. 1940년부터 1944년 사이에 농촌의 노동인구에서 여성이 차지하는 비중은 3분의 1에서 4분의 3으로 증가했다. 1940년부터 1942년 사이에 공업의 노동인구에서 여성이 차지하는 비율은 38퍼센트에서 53퍼센트로 높아졌다. 이렇게 자원을 집중하고 국내 전선에서 엄청난 희생을 강요한 덕분에 소련은 기반이 훨씬 취약했는데도 생산력 면에서 나치 독일을 능가하기 시작했다. 그래서 1943년에 독일이 탱크 1만 7000대, 대포 2만 7000문을 생산한 반면에 소련은 탱크 2만 4000대, 대포 4만 8000문을 생산했다.[47]

나치의 둘째 실수는 인종차별 이데올로기 때문에 점령지의 주민 대중을 소외시켰다는 것이다. 처음에 일부 지역에서는 사람들이 깃발·빵·소금·꽃을 손에 들고 나치를 해방군으로 환영했다. 그러나 나치 점령지의 유대인들은 살해되고 슬라브인들은 죽도록 일해야 했으며 그들의 재산은 약탈당했다. [친위대의 우두머리로서 유대인 대학살을 주도한] 하인리히 힘러는 나치 지도자들이 내보인 경멸을 다음과 같이 표현했다. "만약 러시아 여성 1만 명이 대對전차 참호를 파다가 탈진해서 죽는다 해도 나의 관심사는 그 참호가 독일을 위해 완공됐느냐 하는 것뿐이다." 사병들도 똑같은 폭력 성향을 드러냈다. 무장 친위대의 병사 한 명은 다음과 같이 말했다. "곧 불타는 마을의 악취가 우리 코를 찔렀다. 멀리서 들리는 총소리에 공기가 진동했다. … 전쟁에 익숙해진 우리지만 심장이 더 빨리 뛴다. 내일의 전투는 항상 심장을 옥죄기 때문이다. 우리는 집으로 보내는 첫 우편엽서를 썼다."⁴⁸

전쟁의 결과를 좌우한 셋째 요소는 스탈린 정권이 애국주의를 한껏 고조시킬 수 있었다는 점이다. 전쟁 첫날부터 그런 일이 벌어졌다. 미하일 숄로호프는 어떤 카자크 병사가 제1차세계대전 때 독일군을 여럿 죽였다고 자랑한 이야기를 들려준다. "이런 이야기를 하면 전에는 항상 좀 어색하게 느껴졌지만 이제는 큰 소리로 말할 수 있어요. … 나는 게오르기 십자 훈장 2개와 메달 3개를 받았습니다. 제가 아무 공적도 없는데 그런 걸 받았겠어요? 안 그래요?"⁴⁹ 코민테른은 [1943년에] 해체됐고, 인터내셔널가는 애국가로 대체됐다. 그 애국가는 '대러시아'가 "조국의 영광을 빛낼 것"이라고 찬양했다. 현재를 지원하기 위해 과거 러시아의 망령들이 불려 나왔다. 그래서 중세 시대에 튜턴 기사단을 물리친 알렉산드르 넵스키, 타타르족과 싸워 승리한 드미트리 돈스코이부터 제정러시아 시대에 각각 오스만제국과 나폴레옹의 프랑스에 맞서 싸운 알렉산드르 수보로프와 미하일 쿠투조프까지 소환됐다. 또, '신성한 러시아'와의 평화도 공식적으로 선포됐는데, 세르게이 총대주교가 이끄는 러시아정교회는 그 기회를 단단히 붙잡았다. 그래서 소련은 "신의 보호를 받는 우리 조국"이고 스탈린은 "신께서 보내시고 … 임명하신 우리 지도자"가 됐다. 그러나 사람들 사이에서는 스탈린에 대한 증오심도 매우 커서, 약 100만 명의 소련 시민이 스탈린 정권에 맞서 싸웠다. 그중에는 히틀러를 반스탈린 동맹으로 이용하고자 했던 안드레이 블라소프 장군 휘하의 [러시아 해방군] 수십만 명도 있었다.

그러나 중대한 실수와 잘못, 계속되는 억압에도 불구하고 소련은 결국 승리했다. 1945년 5월 소련군은 베를린에 입성했다. 그들 뒤의 소련 땅은 황폐해져 있었다. 물리적 파괴 때문에 2500만 명이 집을 잃었다. 자본 손실은 아마 10년간의 생산량과 맞먹었을 것이다. 그러나 비극의 규모를 가장 분명히 깨닫게 해 주는 것은 인구 통계다(그 엄청난 수치를 충분히 이해할 수 있을 만큼 정신력이 강하다면 말이다). 초과 사망자* 수는 모두 합쳐 2600만~2700만 명쯤 되는 듯하다. 그중에 2000만 명은 남자였다. 그래서 1945년에는 20~29세 연

---

* 초과 사망 인플루엔자의 유행이나 공해 같은 특정 원인 때문에 통상적으로 예상되는 것보다 훨씬 많은 사람이 죽은 경우를 말한다.

령대에서 여자가 남자보다 50퍼센트 더 많았다. 약 550만 명은 전선에서 죽었고, 110만 명은 병원에서, 120만 명은 포로수용소에서 죽었다. 대충 계산해 보자면 나머지 사망자의 15퍼센트는 강제 노동의 희생자였고, 35퍼센트는 절멸 정책의 희생자였으며, 50퍼센트는 굶주림과 질병으로 죽었다.[50] 게다가 출생률도 40퍼센트 이상 떨어져 전시의 자녀 부족이 1150만 명에 이르렀다. 그러나 출생 적자赤字는 한 세대 동안 누적됐다. 왜냐하면 남자들이 대거 사라져서 수많은 여성이 죽을 때까지 자녀 없이 혼자 살았기 때문이다.

이런 희생을 치르고 소련 사람들은 히틀러의 마수에서는 벗어났지만 스탈린한테서 해방되지는 못했다. 우울해진 어떤 시인은 다음과 같이 썼다.

승전의 월계관에도 불구하고
우리나라는 폐허가 됐고
우리는 스스로 패배했다
— 로마가 자멸했을 때[51]

사실 일부 지역은 다시 통제하는 데 시간이 걸렸다. 당국은 상당한 게릴라 저항에 부딪혔다. 그러나 승리는 다른 결과도 가져왔다. 제2차세계대전은 전 세계의 세력균형을 바꿔 놨다. 미국이 초강대국으로 떠올랐고 영국과 프랑스는 약해졌으며 독일과 일본은 패망했다. 그리고 동방에서는 스탈린이 지배하는 소련이 군사 강국으로 부상했다(비록 소련 국민의 처지는 비참했지만 말이다). 몰로토프는

1946년 2월에 한 연설에서 사정이 얼마나 달라졌는지를 다음과 같이 표현했다. "오늘날 소련은 가장 권위 있는 세계 열강의 반열에 듭니다. 요즘 중요한 [국제] 관계는 소련이 참여하지 않거나 소련의 의견을 듣지 않으면 결정되지 않습니다."[52]

냉전의 압력과 소련의 발전

1945년부터 1989년까지는 냉전이 지배한 시기였다. 이제 세계적 긴장은 미국과 소련이 주도하는 두 진영(각각 1949년에 결성된 북대서양조약기구[이하 나토]와 1955년에 창설된 바르샤바조약기구)의 충돌 가능성을 통해 굴절됐다. 그 결과는 냉전의 균형과 군비경쟁이었다. 처음에는 미국의 핵무기가 압도적으로 우세했다. 그래서 스탈린은 소련의 핵무기 개발 계획에 박차를 가했고, 그의 [핵]물리학자 팀은 1949년 소련 최초의 핵폭탄을 터뜨리는 데 성공했다(비록 무기 운반 수단은 아직 없었지만 말이다).[53] 이제 군사적 경쟁의 중심축은 핵무기 경쟁이 됐다. 이 핵무기 경쟁은 1947년부터 1962년까지 가장 치열했다. 그 뒤 갈등은 진정됐고, 그것을 일상화하고 억제하려는 노력이 이어졌다. 그러나 항상 냉전은 두 초강대국의 충돌보다는 더 복잡했다.

1945년 이후 미국은 세계경제의 무게중심이었고, 세계적 이해관계와 권력, 세력권의 중심이었다. 그러므로 소련과의 갈등은 미국의 더 큰 야망을 실현하는 데 유용한 핑곗거리였다. 미국의 선전가들은 소련의 팽창을 비난했고, 미국의 구실은 자유주의 역사가 아서 슐

레진저 2세가 말한 것처럼 "공산주의의 침략에 맞선 자유인들의 용감하고 필수적인 대응"이라고 봤다.[54]

그러나 '공산주의의 침략'은 유럽뿐 아니라 라틴아메리카와 아프리카, 아시아에서 미국의 이익을 위협하는 민족주의 세력 등에 대항해 [미국이] 개입하도록 허용하는 등 수많은 범죄를 은폐하는 구실을 했다. 베트남에서 500명의 민간인을 학살한 주범 윌리엄 캘리는 다음과 같이 말했다. "군대에서는 아무도 그들을 공산주의자 말고 다른 존재로 묘사하지 않았다. 공산주의자라면 인종·나이·성별을 따지지 않았다."[55] 현지 정권들은 공산주의의 위협을 [미국과] 협상하는 수단으로 이용할 수 있었다. 그래서 어느 제3세계 나라의 지도자가 미국의 원조를 더 많이 얻어 내려고 자국에 공산당을 만들었다는 농담이 있을 정도였다. 이것이 의미하는 바는 냉전이 끝났을 때도 미국의 더 광범한 개입은 끝나지 않았다는 것이다. 전 세계에서 인도차이나만큼 미국 군대의 야만성을 실감한 지역도 없었다. 그곳에서는 1960년대와 1970년대 초에 미국의 군사작전으로 약 200만~300만 명이 죽었다. 그 충돌은 단지 민족주의 운동을 진압하려는 시도에 그치지 않았고, 그곳에서 미국의 구실이 워낙 역겨웠던 탓에 미국인들 스스로 자국의 정책을 더 비판적으로 보게 됐다. 미국의 이른바 수정주의 역사가들은 소련의 정책을 본질적으로 [미국의 정책에 대한] 조심스러운 대응 조치로 보기 시작했다. 이것은 본질적으로 올바른 관점이었지만, 일부 역사가들은 더 나아가서 소련의 정책을 인자한 것으로 여기기까지 했다. 그들이 놓치고 있던 것은 미국과 소련이 모두 '제국주의적' 속셈이 있었지만 그것을 실현할 능력이 서로 달랐을 뿐이라는 사실이다. 미국에 견주면 소련은 국경이 길고 취약한, 더 약한 초강대국이었다. 소련 지도자들은 미국과 충돌 가능성이라는 직접적 압력을 벗어나면 기껏해야 지역적 패권과 지역적 이익 범위를 기대할 수 있었다. 바로 이것이 1944년 10월 모스크바에서 스탈린과 처칠이 성사시킨 악명 높은 거래의 토대였다. 처칠은 회고록에서 그 거래를 다음과 같이 묘사했다.

> 나는 작은 종이에 다음과 같이 썼다.
> "루마니아: 러시아 90퍼센트, 기타 10퍼센트.
> 그리스: 영국 90퍼센트, 러시아 10퍼센트.
> 유고슬라비아: 50 대 50.
> 불가리아: 러시아 75퍼센트, 기타 25퍼센트."
> 통역을 듣고 있던 스탈린에게 그 쪽지를 넘겨줬다. 그러자 스탈린은 연필을 집어 들더니 동의의 체크 표시(✓)를 커다랗게 해서 우리에게 돌려줬다. 문제가 모두 해결되는 데 걸린 시간은 그것을 종이에 적은 시간만큼이나 짧았다.[56]

그러나 미국 지도자들은 영국이나 소련의 그런 거래로 자신들의 세계적 야망이 어그러지는 것을 원하지 않았다. 그러므로 미국의 정책은 사실상 영국이 미국 주도의 세계 질서에 하위 파트너로 편입되도록 권하면서 냉전을 대부분 소련과 소련의 지역적 야망에 대항하는 쪽으로 이끄는 것이었다.

소련이 진정으로 세계 규모에서 군사력을 투사할 능력은 상징적 수준을 넘어서지 못했는데, 그 점은 끝까지 변함이 없었다. 예컨대, 미국의 해외 군사기지는 2000곳이었지만, 소련은 겨우 500곳이었다. 미국의 군사기지 일부는 소련 가까운 곳에 있었지만, 소련은 1962년에 미국과 가까운 쿠바에 미사일을 배치하려다 [미국의 반발에 밀려] 결국 포기할 수밖에 없었다. 그리고 미국과 달리 소련과 바르샤바조약기구의 군대가 공식적으로 파병된 경우는 동구권 내 반란 진압 작전과 중소 국경 분쟁, 아프가니스탄 전쟁뿐이었다. 소련이 더 광범한 지역에서 힘을 쓰고 싶을 때는 대부분 소련에 의존적인 정권의 군사력을 이용해 대리전을 벌여야 했다. 1950년대 초에 중국이 한반도에서, 1970년대에는 쿠바가 아프리카에서 그런 구실을 했다. 사실 이런 행동은 소련의 군사력 수준을 상징적으로 보여 주기도 했지만, 소련의 경제적 약점을 반영한 것이기도 했다. 미국의 힘은 다른 국가들을 자연스럽게 끌어당기는 자석 구실을 했지만, 소련은 결코 그럴 수 없었다. 노골적 이익 추구라는 관점에서 보면, 소련은 자기 세력권 내에서 보상으로 제공할 수 있는 당근이 미국보다 훨씬 적었다. 1949년 유고슬라비아의 티토가, 나중에 중국의 마오쩌둥이 그랬듯이 국내 기반이 탄탄한 외국 지도자들이 '소련 제국주의'와 충돌했을 때 그들이 다시 소련의 말을 듣게 만들 수단이 소련 지도부에게는 거의 없었다.

무엇보다 1945년 이후 스탈린의 정책에 동기를 부여한 것은 안보 우려, 그리고 소련에 우호적인 완충국들을 동유럽에 세울 수 있을 것이라는 희망이었다. 냉전 시대에 서방은 소련의 의도가 자국의 경계선을 최대한 확장하는 것이라고 선전했다. 그러나 처음에 소련은 장차 동구권이 되는 지역의 공산당들을 억제했다. 당시 소련은 극심한 곤경에 처해 있었다. 1945~1946년에 소련이 동유럽을 탐욕스럽게 착취한 것을 보면, 그 기회를 놓칠까 봐 최대한 빨리 최대한 많이 뜯어내는 것이 소련의 의도였음을 알 수 있다. 더욱이, 소련의 이익이 직접 위협받지 않는 곳, 예컨대 덴마크·노르웨이·핀란드·이란·오스트리아 등지에서 적군赤軍은 철수했다. 문제는 동유럽 지역이었다. 동유럽은 과거에 러시아를 침략한 외세의 진입점 구실을 한 지역이었다. 그러므로 냉전이 격화하기 시작했을 때 소련의 정책은 동유럽에 단지 소련에 우호적인 정권이 아니라 소련이 지배할 수 있는 정권들을 확실히 수립하는 것이었다.

그 결과 동유럽에는 더 많은 국가 통제와 1930년대 소련에서 만들어진 발전 모델이 강요됐다. 그 과정을 책임진 것은 소련에 충성하는 지도부가 이끄는 각국 공산당이었다. 한동안 1930년대 소련에서 실시된 집산화와 숙청 같은 잔혹한 짓들이 동유럽 나라들에서도 재현됐다. 소련의 경제 재건을 돕고 동방 진영 전체를 방어할 수 있는 기초를 마련하기 위해 공업화가 장려됐다.[57] 동유럽에 소련군이 주둔한 것은 어느 정도는 서방의 위협에 대응하기 위한 것이었고 어느 정도는 동유럽 정권들에 모종의 버팀목을 제공하기 위한 것이었다. 동유럽에서 두 차례 반란이 일어나 정권을 위협했을 때, 즉 1956년과 1968년에 각각 헝가리와 체코슬로바키아에 바르샤바조약기구 군대가 투입됐다. 헝가리 혁명을 진압하는 과정이 더 유혈 낭자했지만, 1956년과 1968년에 [소련의] 목적은 똑같았다. 체코슬로바키아 지도자들이 모스크바로 소환됐을 때 그 자리에 있었던 즈데네크 플리나르시는 브레즈네프가 다음과 같이 말했다고 회상했다. "전후 소련은 안보를 얻었고, 그 안보를 보장한 것은 유럽의 분할, 특히 체코슬로바키아가 '영원히' 소련과 연결된다는 사실이었소."[58]

마찬가지로 소련이 1979년에 아프가니스탄을 침공한 것도 불안정에 대한 우려 때문이었다. 소련군은 약 1만 3500명의 병사가 죽은 뒤에야 1989년 아프가니스탄에서 철수했다. 아프가니스탄 사람들이 얼마나 많이 죽었는지는 논란이 분분하다. 그러나 소련군보다는 몇 배나 많이 죽었을 것이고, 인도차이나에서 미군에게 살해당한 사람 수보다는 적다고 하더라도 미군과 소련군이 벌인 일은 많은 점이 똑같았다. 예컨대, 아프가니스탄 전쟁에서 돌아온 소련 군인 한 명은 다음과 같이 말했다. "사람 귀를 말려 목걸이처럼 실에 꿰어 놓은 것을 본 적 있어요? 맞아요, 전리품이죠.* 그것을 작은 종이쪽에 돌돌 말아서 성냥갑에 보관했어요! 믿을 수 없다고요? 우리의 영예로운 소련 장병들이 그런 짓을 했다니 못 믿겠다는 거죠? 하지만 얼마든지 그럴 수 있고 실제로 그랬어요."[59] 결국 소련군이 철수하자 아프가니스탄은 산산조각 나기 시작했다. 그래서 일부 사람들은 돌이켜 보면 소련군의 주둔이 좋은 일이었다고 생각하는 잘못을 저질렀다. 그 전리품 상자들을 보면 결코 그렇지 않았다는 것을 알 수 있다. 이후의 아프가니스탄 상황으로 가는 길을 닦은 것이 바로 소련의 침공과 억압이었던 것이다.[60]

소련의 문서들을 보면, 냉전이 전개됨에 따라 크렘린의 지도부가

---

* 베트남전쟁 때 일부 미군도 똑같은 짓을 했다.

점점 더 자신감이 높아졌다는 사실을 알 수 있다. 그러나 그들은 적에게 포위당했다는 느낌을 결코 떨칠 수 없었다. 긴 국경을 따라 잠재적으로 적대적인 이웃 국가들이 있었고, 초강대국 간 경쟁을 해야 했고, 끊임없는 경제적 압력을 받고 있었기 때문이다. 미국과 나토가 주된 위협이었지만, 극동에서도 일본이 불확실성을 가중시키는 요인이었다. 소련의 군사 전략가들과 경제계획 입안자들이 보기에 미국은 여전히 '주적主敵'이었다. 1983년 초에 국가보안위원회KGB는 늘 그렇듯이 다음과 같이 보고했다. "미국의 모든 지상기지에 있는 대륙간탄도탄, 해군 시설의 70퍼센트, 전략공군의 30퍼센트가 가동 중이고, 나토에서는 핵 시설의 약 70퍼센트가 가동 중이다." 그러나 1958~1960년에 중소 분쟁이 시작되면서 소련 지도부의 어려움은 더 커졌다. '영원한 우방'이 '영원한 적국'이 됐고, 그것도 세계에서 인구가 가장 많고 영토는 3위이며 핵무기를 가진 어마어마한 적이었다. 1969년에는 중국과의 긴장이 공공연한 국경분쟁으로 비화했고, 1970년대 중반에 소련은 국경 지대에 40개의 사단과 미사일을 대규모로 배치하고 방위비의 15~20퍼센트를 중국의 위협에 대처하는 데 쏟아부었다. 마오쩌둥이 죽은 지 1년 뒤인 1977년에도 KGB는 "현재의 중국 지도부는 여전히 소련의 만만찮고 위험한 적수"라고 경고했다. 중국인들에게 이중성과 '공통된 민족 심리'가 있다는 인종차별적 의심 때문에 [소련에 대한] 중국의 직접적 위협뿐 아니라 냉전 자체를 뒤흔들 수 있는 중국의 능력에 관한 우려도 심해졌다. 또 다른 KGB 보고서는 다음과 같이 지적했다. "중화인민공화국의 전략적 정책은 세계의 두 사회체제 사이의 갈등을 이용하고 특히 격화시키는 것에 바탕을 두고 있다."[61] 1970년대 초에 미중 관계가 회복되자 소련의 우려는 더 커졌다.

군사력과 경제적 경쟁

냉전은 군비 지출과 무기고의 경쟁, 즉 재래식 무기와 생물학·화학·핵 무기를 연구하고 실험하고 생산하는 경쟁이었다. 그것은 비축된 무기 체계의 경쟁이었고, 미사일과 탄두, 목표 지점 도달 속도 등을 체계적으로 향상시키기 위한 경쟁이었다. 한마디로 냉전은 엄청난 불합리성의 합리적 질서 체계였다. 1985년 무렵 세계 군비 지출은 1조 달러까지 증가했고, 나토와 바르샤바조약기구가 그중에 4분의 3을 차지했다. 대부분 미국과 소련이 보유한 핵무기가 4만~5만 개 쌓여 있었다. 이런 군비경쟁으로 두 나라와 전 세계의 필수적 자원들이 소모됐다. 핵 잠수함 1대의 비용만 하더라도 가장 가난한 나라 23개국의 학령기 아동 1억 6000만 명에게 지출되는 돈과 맞먹었다. 그러나 군비경쟁이 미래의 가능성을 약화시킨 것은 단지 투자를 압박했기 때문만이 아니다. 전 세계 과학자의 5분의 1이 대량 파괴 수단을 개선하려는 노력에 집중함에 따라 지식·학습·연구도 왜곡시켰기 때문이다.

이것이 소련 지도부에게 가한 긴장과 압력은 투자와 소비 수치, 그리고 특정 산업과 부문의 상대적 비중을 살펴보면 알 수 있다.

소련의 1인당 생산량은 기껏해야 미국의 절반밖에 안 됐다. 그래서 소련의 군비 지출과 투자는 계속 소비를 압박했고, 그와 함께 중공업은 소비재 생산을 압박했다. 예컨대, 흐루쇼프는 회고록에서 다음과 같이 썼다.

> 내가 당과 정부의 지도자였을 때 나는 우리의 국방력 강화를 위해 주택 건설, 공공서비스 시설 건축은 물론이고 심지어 농업 발전에 투자할 재원도 과감하게 절약하기로 결정했다. 나는 키예프·바쿠·트빌리시의 지하철 건설도 중단시켰다. 그래서 그 돈을 우리의 방위력과 공격력을 강화하는 쪽으로 돌릴 수 있었다. 또 우리는 경기장과 수영장, 문화 시설도 더 적게 지을 수밖에 없었다.[62]

경쟁을 안정시키려는 노력의 일환으로 조약이 잇따라 체결됐는데, 그 절정은 1972년의 탄도탄요격미사일ABM 제한 협정이었다. 또 이른바 데탕트, 즉 긴장 완화 정책도 추진됐다. 데탕트는 소련이 지정학적 패권을 인정받는 대가로 경제적 연계[곡물 수입 등]와 인권 문제에서 양보하는 것을 의미했다. 이것은 1975년의 헬싱키 협정으로* 구체화했다. 브레즈네프는 헬싱키 협정을 소련이 강대국 지위를 인정받은 승리로 여겼다. 그러나 헬싱키 협정이 체결되고 있는 동안에도 더 적대적인 분위기가 형성되고 있었다. 문제의 일부는 기술적인 것

---

* 헬싱키 협정 1975년 7~8월 헬싱키에서 열린 유럽안보협력회의에서 채택된 최종 합의 문서로, 소련을 포함한 유럽 33개국과 미국·캐나다가 서명했다. 제2차세계대전 후에 형성된 유럽의 국경선을 서로 인정하고, 경제적·과학적 상호 협력을 촉구하며, 사상·양심·종교·신앙 등 기본적 자유와 인권을 존중한다는 원칙 등이 포함됐다.

이었다. 무기 체계와 병력 배치가 서로 달랐기 때문에(실제로 그랬든 그렇다고 상상했든 간에) 서로 만족스러운 거래가 이뤄질 수는 없다는 점이 드러났다. 군비축소 [회의]는 군비를 축소하지 못했고, 무기 제한 협정은 무기를 제한하지 못했다. 오히려 협상과 조약은 군비 경쟁을 체계화하고 정당화하고 신비화하는 데 도움이 됐다. 그러나 더 심각한 문제는 국가 간 관계를 불안정하게 만들기 쉬운 세계 자본주의의 힘을 어떤 국가도 통제할 수 없었다는 점이다. 바로 이 힘이 1970년대 초에 나타난 서방과의 안정된 관계를 무너뜨리기 시작했다.

이런 압력들이 1945년 이후 수십 년 동안 소련 경제를 계속 전진하게 만들었다. 폴란드 경제학자 오스카르 랑게는 소련 경제를 "독특한 전시경제"로 묘사했는데, 실제로 소련 경제는 끝까지 그랬다. 자원은 계속 국가 방위에 동원됐고, 경제의 우선순위는 국가 방위를 중심으로 구축된 경쟁적 축적에 따라 결정됐다. 전에 공산당원 경영자였다가 1990년대에 옴스크 주지사로 변신한 레오니트 폴레자예프는 직설적으로 다음과 같이 말했다. "진실을 똑바로 보자. 소련 경제는 전쟁을 위해, 전쟁 때문에 만들어졌다."[63] 방위산업 단지는 여전히 경제의 핵심이었다. 직접적 방위비 수준은 여전히 높았고, 1950~1953년의 한국전쟁이나 1960년대 초의 베를린장벽 건설과 쿠바 미사일 위기, 1980년대 초의 제2차 냉전 때처럼 긴장이 고조된 순간에는 방위비가 더 늘어났다. 소련의 딜레마는 [미국보다] 기반이 더 약한데도 나토의 군비 지출에 필적해야 하고 중국[의 위협]도 걱정해야 한다는 것이었다. 더욱이, 바르샤바조약기구 회원국들에 대한 지배력이 약했기 때문에 미국이 나토에서 했던 것과 달리 소련은 부담을 많이 나눌 수 없었다. [소련의] 생산량을 어떻게 측정하고 평가할 것인지에 대한 기술적 논쟁이 분분하므로 군비 지출의 수준을 정확히 말하기는 힘들다. 그러나 소련의 군비 지출이 생산량의 10퍼센트를 초과했다는 것과 "미국[과 ― 헤인스] … 선진 공업국들보다 적어도 3배(흔히 그보다 더) 높았다"는 것에는 모두 동의한다고 분명히 말할 수 있다.[64]

이것은 어마어마한 발전 압력이었고, 경쟁이 첨예하게 느껴지는 분야였다. 물론 군수생산 자체의 비효율성이 있다. 그러나 이 분야에서 소련은 대체로 성공을 거뒀다. 서방의 어떤 관찰자는 군사 연구·개발 분야에서 [소련의] "실적은 훨씬 더 성공적이고 인상 깊었다"고 썼다. 군수생산 자체도 수준이 높았다. 동구권 사정에 밝은 루마니아의 [공산당원] 실비우 브루칸은 다음과 같이 말했다. "군수생산은 [서방과의 군비] 경쟁에 따라 조절되고, 첨단 [군사] 기술은 아무 어려움 없이 도입된다. 그 결과 군수 업체의 생산성은 훨씬 더 높다."[65]

냉전 시대, 특히 초기에 서방의 정책은 소련과 그 위성국들로 첨단 기술 제품을 수출하지 못하도록 막는 것이었다. 그러나 시간이 흐르면서 소련이 세계시장으로 다시 진입하기 시작하자 군사적 경쟁 압력에 더해 전통적인 경제적 힘도 작용하게 됐다. 무역 점유율은 소련 규모의 경제에 걸맞은 수준까지 높아졌다. 1955년에 생산량의 2퍼센트였던 수출은 1980년에 약 7.5~10퍼센트까지 증가했다. 1950년에 무역의 84퍼센트가 소련 진영 내에서 이뤄졌지만 1965년쯤 그 비율은 68퍼센트까지 떨어졌고, 1966년의 제8차 5개년계획에서는 소련이 "국제 규모에서 합리적 분업에 참여하는" 방안을 논했다.[66] 그렇지만 소련 경제의 구조 때문에 손쉬운 [국제적] 통합은 불가능했다. 경쟁적 공업화로 말미암아 소련은 세계 자본주의의 많은 국가들에 뒤지지 않는 경제구조를 갖게 됐다. 또 하나의 군사적 초강대국으로서 발전하는 길을 건설하는 것이 목표인 한, 이 과정에서 생겨난 비효율성은 문제가 되지 않았다. 그러나 [세계경제에] 통합되려면 상호 보완성이 있어야 했는데, 여기서 소련이 곡물과 기계류를 수입하는 대가로 제공할 만한 것은 원료 수출, 석유·무기 판매 외에는 거의 없었다. 1970년대 말쯤 석유 판매가 외화 벌이의 50퍼센트를 차지했고, 무기 판매가 약 15퍼센트를 차지했다.[67]

오랫동안 소련은 높은 경제성장률을 계속 달성했다. 그래서 1950년대 말에 서방의 '주요 물음'은 "소련이 언제 미국을 따라잡고 앞지를 것인가?"였다. "냉철하고 신중한 학자들조차 … 그런 일이 금방이라도 일어날 가능성을 배제하지 않았다."[68] 흐루쇼프는 1956년 미국에 대고 다음과 같이 호언장담했다. "당신들이 좋든 싫든 역사는 우리 편이다. 우리가 당신들을 묻어 버릴 것이다." 1961년에는 앞으로 "10년 안에" 미국을 앞지른다는 목표가 당 강령에 명시됐다.[69] 우주개발 경쟁은 그 전형적 사례처럼 보였다. 1957년 소련은 세계 최초의 인공위성 스푸트니크 호를 쏘아 올렸다. 소련이 의기양양한 만큼 미국은 공황 상태에 빠졌다. 그것은 "미국에 정신적 충격을 준" 사건이었고 "제2의 진주만 공격"이었다고 당대의 어떤 사람은 말했다. 한 역사가는 당시 물밀 듯이 확산된 두려움을 되돌아보면서 다음과 같이 말했다. 미국의 전략가들은 "그동안 미국의 과학기술 능력이 소련보다 훨씬 앞서 있고, 그런 우위 덕분에 핵[무기] 분야에서 안전이 보장될 수 있다고 생각했다. 그런데 스푸트니크 호는 그런 자족적 생각을 산산조각 냈다." 미국의 주류 외교정책을 대변하는 잡지 《포린 어페어스》(외교 문제)에 실린 어떤 글은 이제 공포의 균형이 "미묘해졌다"고 말했다.[70] 1961년 4월 유리 가가린이 최초의 우주 비행사가 됐을 때는 형세가 더욱 역전된 것처럼 보였다. 흐루쇼프는 가가린에게 "우주로 가는 길을 개척한 우리나라를 자본주의 국가들이 따라잡으려고 애쓰는 꼴을 두고 봅시다" 하고 말했다. 미하일 숄로호프는 소련 국내의 공식 견해를 다음과 같이 대변했다. "할 말이 없다. 왜냐하면 우리 조국의 과학이 환상적 성공을 거둔 것을 보며 감탄과 자부심으로 할 말을 잊었기 때문이다."[71]

지금 우리는 [소련의] 그런 따라잡기가 결코 실현되지 않았다는 사실을 분명히 안다. 더욱이, 다른 나라들, 예컨대 동아시아의 나라들이 비약적으로 성장한 것을 보면 소련의 경험은 대수롭지 않게 여겨진다. 그렇다고 해서, 당시 소련이 상당히 실질적인 성취를 했고 바로 이 때문에 서방이 실제로 두려움을 느꼈다는(아무리 과장됐다고 하더라도) 사실이 달라지는 것은 아니다. [영국 경제학자] 앵거스 매디슨은 1969년 쓴 글에서 소련과 일본은 "지난 50년 동안 부유한 국민과 가난한 국민 사이의 소득 격차가 상당히 줄어든 유일하게 분명한 사례"라고 지적했다. 소련의 성취가 더 놀라운 이유는 일본은 이미 1910년에 소련의 1940년 도시화 수준을 달성했고, 전쟁으로 인한 파괴도 덜 겪었으며, 1945년 이후 미국의 경제원조 30억 달러와 군사원조 110억 달러를 받았을 뿐 아니라 한국전쟁 때는 미국의 군

수품 구매가 일본 수출의 4분의 1을 차지했고 그 비율은 1965년에
도 약 5퍼센트를 유지했기 때문이다.[72]

그러나 사적 자본주의 기업들의 경쟁이 위기 없는 과정이 아니듯
이 국가자본들 사이의 경쟁도 마찬가지였다. 소련의 경제적 동역학
이 더는 자본주의적이지 않다는 착각 때문에 많은 좌파들이, 심지
어 좌익반대파의 전통에서 시작된 좌파들조차 그 점을 부정했다. 그
래서, 예컨대 [제4인터내셔널의 지도자] 에르네스트 만델은 1956년에 다
음과 같이 썼다.

> 소련은 과거의 진보가 미래의 가능성을 짓누르지 않은 채, 수십 년 동
> 안 계획이 거듭됨에 따라 거의 균등한 경제성장 흐름을 유지하고 있다.
> … 경제성장의 속도를 떨어뜨리는 자본주의 경제 발전 법칙이 모두 사
> 라졌기 때문이다.[73]

그러나 1960년대에 경제성장 속도가 느려지기 시작하면서 이런
전망은 모두 틀렸음이 입증됐다. 서방의 경제성장률도 1970년대에
떨어졌다. 그래서 브레즈네프 지도부는 비록 걱정하면서도 소련 체
제가 여전히 더 우월하다는 신념으로 스스로 위안을 삼을 수 있었
다. 서방에서 우파가 느낀 두려움은 소련의 이데올로그들이 자랑하
며 떠들어 대는 소리의 메아리인 듯했다. 그래서 나중에 영국 총리
가 되는 마거릿 대처는 1976년 1월 다음과 같이 말했다. "소련은 세
계 지배를 노리고 있고, 세계 역사상 가장 강력한 제국주의 국가가
되기 위한 수단을 빠르게 확보하고 있다." 바로 그날 〈타임스〉는 군

사적 균형을 다룬 기사에서 "지금 동방과 서방은 거의 대등한 상태이고, 몇 년 전부터 그랬다" 하고 말했다.[74] 그러나 1980년대에는 소련 자체의 왜곡된 통계를 보더라도 경제성장률이 서방보다 낮아지기 시작했다. 바로 이 때문에 소련 지배자들은 전략을 재고할 수밖에 없었고, 소련 체제가 우월하다고 착각한 사람들은 어리둥절해졌다. 단지 경제적 어려움의 규모만이 아니라 소련이 결국 택하게 되는 변화의 방향도 그들을 어리둥절하게 만들었다.

집산화와 굶주림

집단농장의 위기와 소련 농업(단위: 퍼센트, 100만 톤, 100만 마리)

	집단농장에 편입된 농가 비율	곡물 수확량	정부 조달량	소	양	말
1913~1914년	–	80.1	–	–	–	–
1928년	–	73.3	10.8	66.8	97.3	32.1
1929년 10월	–	71.7	16.1	58.2	97.4	32.6
1930년 1월	21.0	83.5	22.1	50.6	85.5	31.0
1930년 3월	57.6	–	–	–	–	–
1930년 9월	21.0	–	–	–	–	–
1932년	61.5	69.6	18.5	38.3	43.8	21.7
1937년	93.5	97.4	31.9	47.5	46.6	15.9
1950년	99.0	81.2	32.3	58.1	77.6	12.7
1960년	99.0	125.5	46.7	74.2	136.1	11.0

집산화는 농민을 수탈하는 과정이었다. 그것은 겨우 몇 년 만에 집중적으로 달성된 국가 주도 인클로저 운동이었다.* 농민 가족들은 토

---

* 인클로저 '울타리 치기'라는 뜻으로, 영국 자본주의 초창기에 공유지에 울타리를 쳐서 사유지로 만들고 농민을 토지에서 몰아내 농업 노동자나 공업 노동자가 되도록 만든 과정이었다.

지와 가축에 대한 통제권을 상실했다. 그들은 더 잘 착취당하도록 대규모 농장으로 몰아넣어졌다. 많은 농민이 이에 저항했다. 가축이 대규모로 도살되고 사라졌다. 1932~1933년에는 기후가 나빠서 곡물과 감자 농사가 흉작이었다. 특히 남부 지방에서 그랬다. 안 그래도 집산화로 파괴된 농촌은 큰 타격을 입었다. 그 결과는 끔찍한 기근이었다.

1930년대 내내 약 1000만~1100만 명의 '초과 사망자'가 있었다. 그 중에 가장 큰 집단은 농민이었다. 1929~1931년에 약 500만 명이 '쿨라크'로 몰려 토지에서 쫓겨났다(당시 '쿨라크'라는 명칭은 [무차별적으로 사용돼서] 거의 의미가 없었다). 이 때문에 아마 100만 명은 죽었을 것이다. 1933년에는 기근 때문에 약 500만 명이 죽었다. 우크라이나의 기근이 최악이었지만, 캅카스와 볼가강 유역에서도 수십만 명이 죽었다. 1931~1933년에는 여전히 반쯤 유목민 생활을 하던 카자흐스탄에서 강제 집산화 때문에 (전체 인구의 40퍼센트에 달하는) 약 150만 명이 사망했다.[xi]

1933년 이후 기후가 좋아져 수확도 개선됐다. 그러나 1936년에 사정이 다시 나빠졌다. 제2차세계대전이 끝나고 1946~1947년에 또 다른 심각한 기근이 닥쳤다. 장기적으로는 사정이 나아졌지만, 축적의 압력과 도시 인구의 필요 때문에 농업의 상태와 농민의 생활수준은 여전히 수십 년 동안 형편없이 나빴다.

노동계급을 억압하는 법률들

1920년대에 소련 노동법의 조문은 세계에서 가장 진보적이었다. 노동자들에게는 실질적 권리가 있었다. 심지어 여성 노동자에게 '생리휴가'를 보장하려는 시도도 있었다.[xii] 노동법의 집행은 불균등했지만, 그래도 1920년대에는 국가가 노동조건 개선을 [노동자 국가의] 자존심이 걸린 문제로 보고 관리·감독했다. 그리고 노동자들이 어느 정도 국가에 영향을 미치고 작업장에서 약간의 권력을 행사하는 동안에는 개선된 노동조건을 유지할 수 있었다. 바로 이 때문에 작업장은 위로부터 혁명으로 바뀌어야 했고, 가혹한 노동법이 새로운 노사 관계를 강요한 것이다.

1929년 3월	공장위원회와 상의하지 않고 노동자를 해고할 수 있는 권리를 경영자에게 부여했다.
1930년 2월	일자리를 거부해서 실업자가 된 사람은 실업급여를 받지 못하게 됐다.
1930년 9월	러시아소비에트연방사회주의공화국RSFSR에서 직장을 그만두는 것은 [노동]규율 위반으로 규정되고 그 내용이 급여 지급 장부에 기록됐다.
1930년 10월	실업급여 제도가 폐지됐다.

1930년 12월　9월에 제정된 RSFSR의 법령이 소련 전체로 확대됐다. 직장을 그만둔 노동자는 직업소개소를 통해서만 고용될 수 있었다.

1931년 1월　결근과 노동규율 위반을 이유로 해고하는 것이 가능해졌다.

1932년 8월　국영농장이나 집단농장 소유의 재산을 훔친 사람에게는 사형을 선고할 수 있게 됐다.

1932년 11월　정당한 이유 없이 하루만 결근해도 무단결근 사유로 해고되고, 공장에서 제공되던 배급과 주택도 잃게 됐다.

1932년 12월　국내 통행증 제도가 도입됐다.

1933년 6월　1932년 11월 제정된 법령의 처벌 조항이 확대돼서 주택조합이 제공하는 주택도 잃게 됐다.

1938년 12월　노동 기록부가 도입됐다. 20분만 늦어도 지각으로 처리됐다.

1940년 6월　노동규율 위반을 범죄화하는 법령이 제정됐다.

(1) 허가 없이 근무 이탈하면 2~4개월 징역형에 처해질 수 있었다.

(2) 20분 지각 또는 20분 이내 지각이라도 한 달에 세 번이나 두 달에 네 번 반복되면 자기 작업장에서 '교정 노동' 형과 25퍼센트 임금 삭감의 처벌을 받게 됐다.

(3) 노동일이 연장됐지만 임금은 추가되지 않았다.

1956년 4월　[노동자를] 법률로 처벌하는 경향이 1951년 이후 크게 완화되다가 마침내 "임금노동자의 [허가 없는] 사직과 [정당한 이유 없는] 결근의 법률적 책임을 폐지하는" 법령으로 완전히 사라지게 됐다.

5장
—
억압

굴라크(강제 노동 수용소)의 수용자들이 광산에서 일하던 중 점심을 먹고 있다.

출처: Kauno IX forto muziejus / Kaunas 9th Fort Museum.

1928년 이후의 소련 체제는 극단적 억압에 의존했다. 그래서 좌익 반대파 한 사람은 다음과 같이 말했다. "당시 소련 땅은 거대한 수용소 같았고, 철조망으로 둘러싸인 그 수용소 안에 수많은 러시아인이 갇혀 있는 듯했다." 그 철조망 너머에 정치범 수용소 체계, 즉 굴라크가 세워졌다(굴라크Gulag는 러시아어로 '[교정 노동] 수용소 관리 본부'를 뜻하는 '글라브노예 우프라블레니예 라게레이'의 머리글자다). 스탈린은 정권에 방해가 되는 사람들을 모두 잡아다가 그 수용소에 집어넣기 시작했다. 처음에는 주로 좌파가 잡혀 왔다. 1933년 스탈린 정권에 동조한 영국 변호사 데니스 N 프릿은* 전혀 비꼬는 느낌 없이 자기 독자들에게 다음과 같이 말했다. "[소련의 수용소는 아주 좋아서 — 헤인스] 법무부 고위 관리가 '수용소'에 일반 재소자로 직접 들어가 3개월 동안 즐겁게 지내는 것은 결코 놀라운 일이 아니다."¹ [그러나] 소련 체제가 진정으로 변질됐다는 설명이 차곡차곡 쌓이면서 그런 근거 없는 믿음은 유지되기 힘들어졌다. 1956년 [스탈린

---

* 프릿은 1918년부터 노동당원이었지만 스탈린 정권을 지지했고 1940년 소련의 핀란드 침공을 지지했다가 노동당에서 제명당했다.

을 비난한] 흐루쇼프의 비밀 연설이 소련 외부로 알려지자 그런 착각의 또 다른 버팀목이 무너지기 시작했다. 그 뒤 [1973~1975년에] 알렉산드르 솔제니친이 소련 강제수용소 생존자들의 증언과 자신의 수용소 체험을 엮어서 강제수용소의 역사를 다룬 3부작 《수용소 군도》를 펴내자 착각의 버팀목이 다시 한 번 무너졌다. 마지막까지 남아 있던 의심은 글라스노스트[개방]와 함께 소련의 문서 보관소가 열리기 시작하면서 결국 사라졌고, 강제수용소의 희생자들과 그들의 연인과 가족 등은 억압의 현장을 추모 공간으로 성역화하려 했다.

그런데 왜 공포정치가 그토록 중요했을까? 소련은 물샐틈없는 공포정치 체제였다는 인식이 전체주의 이론과 그보다 느슨한 많은 설명의 핵심에 있다. 마찬가지로, 내전 시기의 방어적 억압 정책이 필연적으로 스탈린의 굴라크로 이어졌음을 입증하려는 노력은 오늘날 급진적 사회 변화를 불신하게 만들려는 이른바 연속성 주장의 중요한 일부이기도 하다. 그러나 그런 설명들은 요점을 놓치고 있다. 스탈린의 새로운 체제가 시작될 때 공포정치가 필요했던 이유는 바로 그 체제가 권력을 찬탈하고 과거와 단절하는 과정을 통해 수립됐기 때문이다. 스탈린 체제는 앞 장에서 설명한 이유들 때문에 당 외부의 대중을 겨냥해야 했지만 사회 전체에 팽배한 불만에 당이 휩쓸리는 것을 막기 위해 당 내부도 겨냥해야 했다. 스탈린과 그 지지자들에게 저항한 사람들은 처음에는 부하린이 말한 '민사상 처형', 즉 비난과 조롱, 고립을 경험했다. 이어서 투옥과 실제 처형이 뒤따랐다. 이것이 자아낸 두려움 때문에 지배층은 스스로 1917년의 유산과 철저히 단절할 수밖에 없었다. 그래서 그들은 위로부터 혁명이라는 소용돌이에 휘말린 노동자·농민·소수민족의 압력에 결코 굴복하지 않았다. 오늘날 우리는 당시 공산당 중앙에 호소하고 애원하는 글들이 쏟아져 들어왔다는 사실을 안다. 예컨대, 1930년 8월 이젭스크의 공장 노동자들이 대규모로 서명한 청원서가 리코프에게 도착했다. "이젭스크 공장 노동자 5만 명의 이름으로 귀하에게 요청합니다. 우리를 굶주림에서 구해 주십시오. … 리코프 동지, 귀하에게 호소합니다. 완고하게 귀를 막지 마시고, 우리 이야기를 들어 주십시오. … 바라건대 우리가 극단적 수단에 의지하도록 몰아가지 마십시오. 우리는 동지로서 귀하에게 호소합니다. … 우리 중에 많은 사람이 공산당원이고, 우리는 모두 똑같은 결론에 이르렀습니다. 즉, 상황이 재앙적이라는 것입니다. 우리는 이제 더는 견딜 수 없습니다. … 우리를 굶주림에서 구해 주십시오."[2] 그러나 리코프 자신도 부하린과 함께 우익반대파로 비난받고 있었으므로 응답할 처지가 아니었다. 고통받는 노동자들의 이름으로 스탈린과 위로부터 혁명에 대항하려고 시도한 사람들은 가장 가혹한 보복을 당했다.[3]

당시의 공포정치와 억압을 이해하려면, 무엇보다도 1929년 이후에 일어난 일은 양적으로든 질적으로든 1929년 이전의 상황과 달랐다는 사실을 알아야 한다. 공포정치가 일단 가동되자 그것은 걷잡을 수 없이 확대되기 시작했지만, 그 근저의 논리는 항상 1928~1933년의 반혁명을 강화하고 공고히 하는 것, 그리고 경쟁적 축적이라는 새 체제의 목적 달성을 지원하는 것이었다. 그러나 스탈린이 죽었을 무렵에는 공포정치가 도저히 감당할 수 없을 만큼 과도해졌다는 점이 분명해지고 있었다. 위협에만 의지해서는 체제가 결코 발전할 수 없었던 것이다. 대중이 더 적극적으로 헌신하도록 만들어야 했다. 바로 이런 필요 때문에, 비정상적으로 높은 억압 수준에 바탕을 둔 체제, 20세기 최악의 체제들 가운데 하나가 결국 억압 수준이 더 낮은 체제, 20세기 후반에 전 세계의 많은 비민주적 국가들의 특징이었던 경찰 통제 체제로 바뀌어 간 것이다.

1917~1928년에는 얼마나 달랐는가?

1936년 가까스로 스탈린 치하 소련을 벗어나 목숨을 구한 빅토르 세르주는 다음과 같이 말했다.

이론에서든 실천에서든 강제수용소 국가는 내전 때 코뮌 국가가 실시하는 공공 안전 조치와 아무런 공통점도 없다. 강제수용소 국가는 큰 승리를 거둔 관료들의 작품이다. 그들은 자신들의 권력 찬탈을 사회에 강요하기 위해 사회주의의 근본 원칙들과 단절하고 노동자들의 자유를 철저히 부정할 수밖에 없다.[4]

1920년대 초에는 국가가 사람들과 사상을 광범하게 통제한다는 생각은 혐오스러운 것이었다. 공산주의는 국가가 시들어 죽는다는 것을 의미하고 국가가 얼마나 시들었는지가 공산주의의 성공을 가늠하는 잣대라는 생각이 여전히 강력했다. 국가가 출판을 독점하는 일 따위는 없었다. 다양한 잡지들이 다양한 경향들을 지지했다. 1922년 검열 제도가 공식적으로 도입됐다는 것은 사실이다. 그러나 제도는 느슨했고, 출판물 통제는 서방보다 덜하면 덜했지 더 심하지는 않았다.

1920년대에 진정으로 진보적인 사법·형벌 제도를 발전시키는 데는 한계가 있었다. 사회정책 전반에 악영향을 미친 것과 같은 종류의 제약 때문이었다. 교도소는 제정러시아에서 물려받은 것이었다. 예산은 빠듯했다. 더 광범한 사회적 조건 때문에 사람들은 범죄의 유혹에 빠지기도 쉬웠다. 그러나 당시 정책의 주요 방향 세 가지는 다른 나라들과 달랐고, 나중의 정책 방향과도 달랐다. 1917년과 1918년의 포고령들, 1919년에 발표된 일련의 지침들, 1922년과 1926년의 법전들은 법률 제도를 바꾸고 범죄를 다시 규정하려 했다. 첫째 목적은 새로운 질서를 보호하는 것이었다. 일부 죄목들은 완전히 사라졌다. 예컨대, 동성애 '죄'가 그랬다. 또, 처음으로 러시아인들은 거주이전의 자유를 얻었다. 당시의 한 참고서에는 다음과 같이 나와 있다. "[국내 — 헤인스] 통행증 제도는 [제정러시아 시대] 경찰의 주요 억압 수단이었다. 소비에트 법률은 통행증 제도를 인정하지 않는다."[5] 그 법전들은 1918년 당시 법무 인민위원이던 좌파사회혁명당원 이사크 시테인베르크의 영향을 받아 수립된 초기의 법률 체계에서 더 나아간 중요한 진보였다. 둘째 목적은 대중의 재판 참여를 확대해서 사법제도의 대중적 기반을 강화하려는 것이었다. 그렇다고 해서 재판이 자의적으로 이뤄지게 하려는 것은 아니었다. 내전이 끝났을 때, 변호사와 검사의 독립을 보장해서 합법성의 기반을 더 안정시키려는 노력이 있었다. 그러나 그것이 의미하는 바는 법률이 더는 소외된 힘이나 사람들을 소외시키는 힘으로 나타나서는 안 된다는 것이었다. 셋째 목적은 '처벌' 개념을 없애는 것이었다. 1919년의 지침을 보면 "계급사회에서 범죄를 유발하는 것은 그 범죄자가 살고 있는 사회관계의 구조"라고 지적했다. 범죄를 바라볼 때 평점심을 유지하기는 힘들다. 1922년과 1926년의 법전에는 "공산주의로 나아가는 과도기에" 사회는 "사회적 보호 조치들"이 필요하다고 나와 있다. 그러나 보복의 의미로 하는 처벌은 필요하지 않았다. 실제로, 처벌이라는 말에 사람들은 눈살을 찌푸리게 됐다. 범죄자에게 지나친 고통을 주지 않고도 사회는 보호될 수 있었다. 왜냐하면 범죄자의 이익과 사회의 이익에 모두 도움이 되는 최선의 방법은 [범죄자가] 신속하게 사회에 복귀하는 것일 터이기 때문이다. 유배형은 폐지됐고, 사형선고가 줄어들었고, 형기가 단축됐다. 가능하다면 징역형 말고 다른 형이 선고됐다. 1923년에는 범죄 혐의로 유죄를 선고받은 사람들 가운데 20퍼센트만이 투옥됐다. 그 비율은 1926년에 40퍼센트까지 올라갔다가 다시 떨어졌다. 심지어 1926년의 수치조차 오늘날에 견주면 인상적이다. 표 5.1은 투옥된 사람의 수를 보여 준다.

표 5.1. 신경제정책 시기 러시아소비에트연방사회주의공화국RSFSR의 재소자 수(단위: 명)[6]

1923년	74,019
1924년	83,736
1925년	94,272
1926년	121,018
1927년	114,604
1928년	111,601

이 수치들은 연평균 수치다. 1년 동안 상당한 변동이 있었고, 재소자 수가 가장 많았던 때는 14만 5000명이 수감돼 있던 1926년 12월이었다.[7] 그러나 형기는 대부분 짧았고, 정상적 생활로 복귀하려는 희망을 완전히 잃어버리지 않도록 [형기의] 최고 한도를 설정하려는 시도도 있었다.

모든 교도소 제도는 이론과 실천 사이에 큰 차이가 있다. 진보적 사상의 일부도 너무 순진한 것이었을 수 있다. 그러나 우리가 판단할 수 있는 한 당시 그런 접근법은 긍정적 효과를 내고 있었고, 그것은 긍정적 진보였다(오늘날 감옥·산업 복합체를 만들려는 움직임을 감안하면 우리 시대와 비교해 봐도 그렇다). 그렇다면 강제 노동 수용소와 보안경찰은 무엇이었나? 수용소는 내전 때도 사용됐지만, 스탈린 치하의 수용소 같은 것은 결코 아니었다. 1920년대에 대다수 수용소는 폐지됐다. 체카의 후신인 게페우가 운용하는 수용소 체계는 소규모였다. 가장 큰 수용소는 백해白海의 [솔로베츠키 섬에 있는] 솔로브키 수용소였는데, 그곳에는 수천 명의 재소자가 있었고 조건은 열악했다.

그러나 1920년대 중반에 혁명이 점차 변질되면서 당 내부와 사회 전체도 갈수록 엄혹해졌고, 이것이 1928년 이후의 변화로 가는 길을 닦는 데 일조했다. 내전이 한창일 때도 볼셰비키당 내 분파들은 자기 주장을 관철하고자 투쟁했다. 심지어 분파가 금지된 뒤에도 노동자반대파는 비록 정치적 압력은 받았을지라도 여전히 같은 당의 동지로 여겨졌다. 이런 사정은 1923~1924년에 바뀌기 시작했다. 1923년 [5월] 일련의 파업 와중에 제르진스키의 새로운 게페우는 가브릴 먀스니코프가 이끄는 [러시아공산당 노동자그룹이라는] 소규모 반대파가 신경제정책NEP을 '프롤레타리아에 대한 새로운 착취 New Exploitation of the Proletariat'[의 머리글자]라고 주장하자 그들을 체포했다. 그러나 당원들은 견해가 다른 일부 [반대파] 최고 선임 당원들을 여전히 동지로 여기고 있었으므로 제르진스키는 당 노선에 도전하는 행위를 신고하는 것을 당원의 의무로 규정해 달라고 정치국에 요구했다. 이 요구는 좌익반대파의 주장을 구체화하는 데 도움이 됐다. 만약 당의 정책이 잘못됐다면 이에 맞서 투쟁해야 하고 그런 투쟁을 할 수 있는 정치적 공간이 있어야 했다. 트로츠키는 제르진스키의 요구에 반대했고(아마 더 강력하게 반대했어야 했는데 그러지 못한 것 같다), 반대파 46명은 함께 서명한 장문의 글에서 "당내 투쟁이 침묵 속에서 비밀리에 전개될수록 그 투쟁은 훨씬 더 맹렬하게 벌어질 것이다" 하고 주장했다. 그들은 분파 금지의 완화를 요구했다.[8] 그러나 앞서 3장에서 봤듯이, 당 중앙은 이제 트로츠키와 좌파에 대항해서 단결했다. 당 중앙은 게페우가 당을 감시하는 새로운 구실을 맡게 된 것을 정당화하기 시작했다. 그에 못지않게 심각한 사태는 게페우가 당 중앙의 수호자가 되면서 변모하기 시작했다는 것이다. 일설에 의하면, 제르진스키는 내전 때 자신을 지지해 준 그나마 혁명적 명예가 있는 '성자聖者들'은 자신을 버리고 이제 자기 주위에는 '악당들'만 남았다고 외국 공산당원에게 말했다고 한다. 그 뒤 게페우의 구실은 혁명의 변질과 나란히 증대하(고 변질을 더 촉진하)게 됐다. 1926년 제르진스키가 사망하자 게페우를 더 부정적으로 사용하지 못하도록 가로막던 중요한 장애물도 사라졌다.

그러나 진정한 변화를 감지할 수 있게 된 것은 1927년 이후 점차 뜨거워진 분위기에서였다. 이제 당 중앙은 당내 반대파를 탄압하는 데 아무 거리낌이 없었다. 변화는 사회 전체에서도 느껴졌다. 1927년 12월 15차 당대회에서 법무 인민위원 니콜라이 크릴렌코는 사회주의 법률이 단지 [통치] 방편이 돼서는 안 된다고 주장했다가 신랄한 비난을 받았다. 1928년의 곡물 조달 캠페인은 농촌에서 더 가혹한 조치들로 이어졌다. 샤흐티 재판으로* 지식인들에게 더 적대적인 분위기가 조장됐고, 당내에서도 투쟁이 가열됐다. 스탈린 분파가 점점 더 억압에 의존하게 되자 이용 가능한 수단의 성격도 더 억압적으로 변해야 했다. 당시 투옥 양상을 분석한 저명 인사 한 명은 다음과 같이 말했다. "사회 보호 정책의 체계에서 자유 박탈의 중요성을 재평가하라는 신호를 받고 형법 개혁 운동이 벌어지고 있다." 크릴렌코 등은 이런 새로운 분위기에 굴복했다. 산업당 재판이 열렸을 때 그는 자백이 "모든 상황에서 최고의 단서"라고 선언했다. 그러나 크릴렌코 자신도 1938년 7월 자백을 근거로 총살당하게 된다. 그것은 1930년대에 스탈린 체제의 '법률' 제도 전체가 부하린이 말한 [비이성적이고 자의적인] "중세적 법학 원리"에 가장 중요한 자리를 내준 결과였다.

반혁명과 공포정치

스탈린과 그 지지자들은 이제 당과 사회가 자신들의 생각을 받

---

* 180쪽 참조.

아들이도록 만들어야 했다. 그러려면 억압 수준도 높이고 억압의 성격도 바꿔야 했고, 그것을 가로막는 모든 제약을 제거해야 했다. 첫째, 많은 사소한 범죄에는 계속 비非감금형을 선고한 반면, 위로부터 반혁명에 방해가 되는 사람들은 잡아 가뒀다. 1930년 초에 '반혁명 범죄'(이른바 스탈린 혁명에 반대하는 행위) 혐의로 유죄 판결을 받은 사람의 66퍼센트가 8~10년 동안 수감됐다. 그러나 가혹한 처벌이 서서히 체제 전체에 영향을 미쳤고, 1941년쯤에는 유죄 판결을 받은 사람 가운데 33퍼센트만이 투옥을 면할 수 있었다. 둘째 요인은 급팽창하는 강제수용소 체계를 운용하는 새로운 임무를 보안경찰이 맡게 됐다는 것이다. 1929년 가을 6만 명 넘는 교도소 재소자가 강제수용소로 이감됐다. 1930년 중반에는 66만 명이, 1932년 무렵에는 약 200만 명이 강제수용소에 있었다. 셋째, 강제수용소 자체도 변화했다. 이제 더는 [범죄자의] 사회 복귀가 중요한 것이 아니라, 처벌과 강제 노동, 공포 분위기 조성이 중요했기 때문이다. 마지막으로, 범죄의 정의가 확대됐고 형벌도 갈수록 가혹해졌다. 스탈린의 억압에 '법률적' 근거가 있었다면, 1927년 2월 범죄 포고령에 따라 수정된 1926년 형법전(58조의 근거), 군사 범죄 포고령(1927년 7월), 1934년 6월과 12월의 포고령이었다. 이것들은 국가 범죄의 개념을 확대했고, 형벌을 강화했으며, 즉결심판으로 피고인을 처리할 수 있게 해 줬다.

이렇게 극심한 억압의 뿌리는 새로운 사회집단[관료들]의 권력 강화와 대규모 자본축적에 있었다. 그 과정이 너무 급속하고 충격적이어서 혼란스럽기 짝이 없었다는 바로 그 사실 때문에 위에서 아

래를 더 강력하게 통제해야 했다. 그래서 반대파는 철저하게 고립·
분산시켜야 했고, 보통 사람들은 협박하거나 회유하거나 열광하도
록 부추겨서 또 다른 요새로 돌진하게 만들어야 했다. 일부 평론가
들은 대중의 '열광'이라는 이 요소를 중요하게 여겼다. 그러나 이 점
을 제대로 이해하는 데는 군사적 비유가 도움이 될 것이다. 전투를
시작하는 병사들은 적 앞에서 도망치면 처벌받는다는 사실을 안다.
장교들은 사병들을 미친 듯이 채찍질해서 적진을 향해 '돌격'하도록
만들어야 한다는 것을 안다. 그러나 채찍질이 너무 심하면 안 된다
는 것도 안다. 더욱이, 스탈린 정권이 자신의 '이미지'를 조작하려고
치열하게 노력했음을 감안할 때, 대중이 정말로 열광했다는 증거를
찾아보기는 힘들다. 나데즈다 만델시탐은 스탈린을 풍자하는 시를
썼다는 이유로 [강제수용소에서] 목숨을 잃게 된 오시프 만델시탐의
아내인데, 그녀가 위안을 찾은 것은 노동자들의 공공연한 반체제 활
동이 아니라(그것은 너무 위험한 일이었다) 그들이 직감적으로 표현
하는 소외였다. 나데즈다는 칼리닌에서 어떤 철강 노동자의 가족과
함께 지낼 때 그 노동자의 아내가 다음과 같이 말하는 것에서 회의
적 태도를 발견했다. "저들은 노동계급에 대해 온갖 말을 늘어놓으
면서 우리를 바보로 만들고 있어요. '저 위에 있는' 사람들이 [프롤레
타리아의 이름을 이용해] 자기들끼리 서로 싸우고 죽였지만, 진짜 노동
자들은 그것과 아무 관계도 없었고 양심의 가책을 느낄 일도 없었
지요." 나데즈다는 나중에 자고르스크 근처의 섬유 공장에서 일할
때 그곳 노동자들이 신적 존재인 스탈린을 '곰보'라고 불렀다고 기록
했다.[10]

그러나 이 위로부터 혁명에 억압과 공포정치가 필요한 또 다른 이유도 있었다. 스탈린의 권력을 강화하기 위해 그의 이데올로그들은 과거에 관한 거짓말을 늘어놔야 했을 뿐 아니라, 그 과거에 대한 기억 자체도 파괴해야 했다. [스탈린의 반혁명이] 성공하려면 사상의 죽음과 그 사상을 상징하는 사람들의 죽음도 필요했다. 멘셰비키 출신으로서 [10월] 혁명에 반대했고 1917년에 레닌의 체포 영장에 서명했던 안드레이 비신스키는 이제 스탈린의 법률 '전문가'가 돼서 이런 [위로부터] 변혁을 다음과 같이 찬양했다. "과거의 마지막 찌꺼기와 쓰레기가 깨끗이 치워진 길 위에서 우리 인민은 경애하는 스승이자 지도자인 위대한 스탈린을 따라 공산주의를 향해 쉼 없이 전진할 것이다." 이 위로부터 혁명으로 말미암아 [1917년 10월] 혁명을 이끈 볼셰비키 선임 당원들이 대규모로 파멸했고 스탈린 정권에 도전한 좌파가 극심한 탄압을 받았다는 사실은, 공포정치가 1917년의 직접적 산물이라고 보는 사람들에게는 엄청나게 곤혹스러운 문제다. 심지어 1970년대에도 어떤 반체제 인사는 "공산주의의 이상을 실현하기 위해 목숨을 바쳐야 한다고 생각했다"는 이유로 정신병원에 갇혔다(병원 진단서의 기록이다).[11] 정권이 발전할수록 보수적 종교 경향, 반유대주의 경향, 그 밖의 반동적 경향들은 포섭하고 재생산할 수 있었지만, 좌파의 도전만큼은 결코 용납할 수 없었다. 얄궂게도 서방의 일부 사람들이 스탈린에게 매력을 느낀 이유는 그의 폭력이 '코뮌 국가'의 폭력과 완전히 다른 취지에서 비롯했다는 바로 그 사실 때문이었다. 영국의 비어트리스 웨브는 1931년 3월까지도 "러시아 공산주의의 광적인 잔혹성"을 비난했지만, 곧 어조를 바꿨다. 왜냐하면 자신이 오랫동안 꿈꿔 왔던 '새로운 문명', 즉 엄격히 통제되고 국가적으로 효율적인 문명을 스탈린이 건설하고 있다고 생각했기 때문이다. [영국 총리] 로이드조지도 마찬가지였다. 진정한 볼셰비즘에 맞서 싸웠던 그는 "[카메네프가 — 헤인스] 총살당해서 아주 기쁘다"고 말했다.[12]

　[스탈린주의에 맞서는] 대안에 대한 이런 공격은 (1929년 외국으로 추방된) 트로츠키를 공격하는 것인 양 가장해서 이뤄졌다. 그래서 1930년대에 가장 중대한 범죄는 '반혁명적 트로츠키주의 활동'이었다. 이때쯤 소련 내에서 트로츠키의 실제 영향력은 미미했고, 소련에서 벌어지는 일들을 이해하려는 그의 날카로운 분석도 가끔 비틀거렸다. 그러나 트로츠키가 대표한 것은 뭔가 다른 기억, 그 자신이나 이른바 '트로츠키주의'보다 훨씬 더 중대한 어떤 것이었다. 바로 이 때문에 트로츠키라는 '상징'은 파괴돼야만 했다. 스탈린은 아마 1931년 초부터 트로츠키가 죽기를 원한 것 같다. 그러다가 마침내 트로츠키를 죽이는 데 성공한 것은 1940년 8월이었다. 스탈린은 다음과 같이 말했다고 한다. "우리는 제4인터내셔널[트로츠키가 대안적 사회주의 운동을 정치적으로 조직하려고 만든 단체 — 헤인스]에 타격을 가해야 한다. 어떻게? 그것의 머리를 날려야 한다." 조직으로서 제4인터내셔널은 스탈린이 걱정할 만큼 대단한 것은 아니었지만, 그 지도자는 여전히 스탈린이 혁명적 사상을 강탈했다는 사실을 폭로할 수 있었다. 그래서 머나먼 멕시코에서 마침내 암살자가 등산용 얼음도끼로 트로츠키를 살해했다.[13]

　그러나 공포정치를 설명해 주는 셋째 요소도 있다. 비록 정권의 지도자들은 사회 변화 과정을 통제하려고 애쓰고 있었지만, 그들 또한 그 변화에서 벗어날 수 없었다. 그들은 자신들이 통제하고 있다고 믿은 그 변화 때문에 끊임없이 흔들리고 혼란에 빠졌다. 또, 경제와 마찬가지로 자신들도 흔히 예상하지 못한 방식으로 행동하고 예상하지 못한 방향으로 나아갈 수밖에 없었다. "칠흑 같은 어둠 속에서" 스탈린은 (부하린이 죽은 뒤 그의 부인이 말한 대로) "사형집행인의 기술을 교묘하고 능숙하게" 사용하고 있었다. 오늘날 우리는 문서 보관소의 광범한 증거 자료를 바탕으로 스탈린의 개인적 구실과 억압의 규모를 분명히 알 수 있다. 그러나 이것은 당시 통찰력 있는 사람들이 감지하고 있던 바를 확인시켜 줄 뿐이다. 예컨대, [10월] 혁명에서 주도적 구실을 했던 표도르 라스콜니코프는 숙청이 한창일 때 파리에서 소련으로 귀국하기를 거부했고 1939년 8월 스탈린에게 보낸 공개서한에서 신랄한 비판을 퍼부었다. "당신의 범죄 목록은 끝이 없다. 당신에게 희생당한 사람들의 명단도 끝이 없다. 그들은 헤아릴 수 없이 많다. 조만간 소련 인민은 당신을 사회주의와 혁명의 배신자로 법정 피고석에 세울 것이다. [당신은] 파괴자의 우두머리, 인민의 진정한 적, 기근과 사법 조작의 주모자다."[14]

더 광범한 지도부의 편집증, 즉 자신들이 항상 통제하고 있는 것은 아니라는 느낌에는 사회적·정치적 뿌리가 있었다. 그러나 시간이 흐르면서 스탈린은 정적들을 제거하는 일을 즐기게 된 듯하다. 그는 폭군 이반(이반 4세)의 실수는 자기 밑에 있는 지배 귀족 가문들을 단호하게 제거하지 않은 것이라고 말했다. 그 함의는 분명했다. 오시프 만델시탐은 자기 죽음의 원인이 된 풍자시에서 시인의 통찰력으로 다음과 같이 말했다. "그[스탈린]에게는 모든 살인이 매우 즐거운 일이다."[15] 스탈린은 자기 측근들이 겪은 고통도 즐겼다. 그들은 억압 체제가 다른 사람들을 겨냥하는 것을 지지했지만, 그들 자신도 억압의 표적이 됐다. 예컨대, 칼리닌의 아내는 1938년에 체포됐고, 몰로토프의 아내는 1940년에 체포됐다. 라자리 카가노비치의 형제 한 명은 강제수용소로 보내졌고 다른 한 명은 자살했다. 오랫동안 스탈린의 개인 비서를 지낸 알렉산드르 포스크레비셰프도 아내가 체포됐을 때 다른 사람들과 마찬가지로 속수무책이었다. 더 광범한 사람들이 느낀 잔인함은 다음과 같은 블랙코미디에서 드러난다. 스탈린 부부가 부엌에 앉아 있는데, 아내가 말한다. "여보, 문 닫아요. 애가 감기 들겠어요." 그러자 스탈린이 말한다. "그냥 열어 둬. 그래야 빨리 죽겠지."

스탈린 정권이 그런 사회 변화 과정에서 벗어날 수 없었다는 사실은 왜 항상 정권이 원하는 방향으로 공포정치를 끌고 나갈 수 없었는지를 설명하는 데도 도움이 된다. 정권이 스스로 주도한 공포정치의 불합리성에서 벗어나지 못했다는 사실은 1937년 동부 시베리아 지역에서 온 호소문에 반영돼 있는데, 그곳의 어떤 관리가 즈다노프에게 다음과 같은 내용의 편지를 써 보낸 것이다. "당과 소비에트의 지도부가 완전히 적들의 수중에 있었습니다. 지역 소비에트 부서들의 지도자도 모두 체포됐습니다. … 그래서 당이나 소비에트 기구에서 일할 관리가 아무도 남아 있지 않습니다. 귀하에게 긴급히 요청합니다. 레닌그라드에서 더 많은 간부를 보내 저희를 도와주십시오."[16] 강제 노동의 문제들도 공포정치가 만들어 낸 어려움을 잘 보여 준다. 강제수용소가 확대되자 일부 사람들은 단순한 경제적 이유 때문이라고 생각했다. 즉, 스탈린 정권이 노예노동을 원했다는 것이다. 그러나 강제 노동은 억압의 원인이 아니라 부산물이라고 봐야 한다. 그 부산물은 결코 '효율적으로' 이용될 수 없었다. 강제 노동 부대는 1931~1933년에 백해와 발트해를 연결하는 운하를 건설했고, 그 시련을 견디고 살아남은 6만 명은 (적어도 공식적으로는) 형기가 단축됐다. 다른 강제 노동 부대들은 철도와 도로를 놨고, 건설 현장에서 일했으며, 보르쿠타[탄광 도시]에서 석탄을 캤고, 시베리아의 북동쪽 끝에 있는 거대한 콜리마 지역에서 금을 채굴했다. 콜리마는 가장 악명 높은 강제수용소였다. 옛 재소자 한 명은 "소련에서 콜리마 강제 노동 수용소로 보낸다는 것은 곧 독일에서 '가스실로 보내는 것'과 마찬가지였다"고 말했다.[17] 이 말은 과장이지만, 그곳의 현실은 엄청나게 끔찍해서 1930년대와 1940년대에 재소자의 4분의 1에서 3분의 1이 죽었다. 콜리마 지역으로 가는 죄수들은 배로 마가단에 도착한 다음 거기서 내륙으로 수송됐다.

죄수들은 내륙의 광산으로 가지 않으려고 죽기 살기로 발버둥 쳤다. 할 수 있는 일은 무슨 짓이든 다 했다. 그들은 트럭에 탈 때까지 기다려야 했는데, 죄수 한 명이 화장실에 다녀오겠다고 한 것이 생각난다. 그는 나무로 된 화장실로 달려가더니 똥통으로 뛰어들었다. 왜? 그러면 트럭에 태우지 않을 테니까. 호스로 물을 뿌려 그를 씻기는 동안 트럭이 떠나 버렸다. 그는 명단에서 삭제돼 거기 남을 수 있었다. 그러면 한 달이나 1년, 적어도 다음번 수송 때까지는 시간을 벌었다. 그토록

사람들은 [콜리마 지역의] 황야와 광산을 두려워했다.[18]

그러나 굴라크의 노동생산성은 자유노동의 절반밖에 안 됐다. 거의 굶어 죽을 지경인 재소자들의 노동은 값이 쌌지만 감독 비용이 많이 들었고, 그들이 사회의 정상적 경제에서 일할 수 있는 기회가 사라진 것도 큰 손실이었다. 굴라크의 노동은 기껏해야 자유노동자들이 기피하는 조건에서나 효과가 있었다고 말할 수 있을 것이다. 그러나 일부 건설 현장과 일부 지역에서는 이 점이 중요했지만, 굴라크가 제공한 생산량은 그 절정기에도 전체의 2퍼센트에 불과한 듯하다. 굴라크가 얼마나 비생산적이었는지는 그곳에 수용된 과학자들이 이른바 샤라스키(근본적으로 강제 노동 수용소 내의 연구·개발 실험실)에[*] [따로] 배치돼 일한 것을 보면 알 수 있다.

공포정치의 표적

앞서 봤듯이, 스탈린의 공포정치 초기에 수많은 농민이 쿨라크로 몰려 땅에서 쫓겨났고, 지식인과 정치적으로 능동적인 노동자를 포함해 많은 반대파가 체포돼 강제수용소나 정치수 격리소에 갇혔다. 1930년에 체포된 안테 칠리가는 이런 수용소에서 러시아 혁명의 거인들을 발견했는데, 그는 1926년 러시아에 처음 왔을 때 이런 곳이 존재할 것이라고는 상상도 못했다.[19] (당 안에서든 밖에서든) 아찔

---

[*] 샤라스키는 샤라시카라고도 한다.

할 만큼 빠른 전진 속도에 문제를 제기할 수 있는 사람들도(전문가들을 포함해) 억압당했다. 제1차 5개년계획, 집산화, 1933~1934년의 기근 같은 혼란에서 어느 정도 회복되자 억압이 완화될 수 있을 듯했다. 공산당 레닌그라드 시 조직의 우두머리이자 스탈린의 충성스러운 심복이던 세르게이 키로프가 잠시(십중팔구 그의 적극적 관여 없이) 잠재적으로 더 온건한 '스탈린 없는 스탈린 체제'의 상징으로 떠올랐다. 1934년 12월 1일 키로프가 암살됐다. 그의 암살을 스탈린이 배후에서 조종했는지는 여전히 논란거리다. 확실한 것은 스탈린이 키로프의 죽음을 자신에게 유리하게 이용했다는 사실이다. 새로운 체제의 충성스러운 아들을 살해한 '적'은 당연히 분쇄돼야 했다. 보안경찰이 다시 설치기 시작했고, 이 때문에 손가락질 받는 것이 두려워 갑절로 잔인해진 그들은 고문을 사용해 수많은 사람의 자백을 받아 냈다. 남아 있는 볼셰비키 선임 당원들을 파멸시키기 위해 여론 조작용 재판이 잇따라 벌어졌다. 1936년 8월 지노비예프와 카메네프를 비롯한 16명이 파괴자이자 파시스트라는 혐의로 재판을 받았다. 그 뒤 1937년 1~2월에는 퍄타코프와 라데크를 비롯한 17명이 여론 조작용 재판을 받았다. 1937년 5~6월에는 군대의 수뇌부 다수가 처형됐다. 이 때문에 군대의 사기가 떨어지고 지휘 체계가 붕괴하고 전쟁 준비가 어그러져서 1941년의 패배로 가는 길이 닦였다. 희생자 중에는 미하일 투하쳅스키 원수도 있었는데, 터무니없게도 스탈린은 투하쳅스키가 또 다른 반대파의 핵심이 될 수 있다고 두려워했다. 당시 약 3만 5000명의 장교들이 투옥되거나 총살당했는데, 그중에는 해군 장성 8명 전원, 최고군사평의회 구성원의 대다수, 국방 부副인민위원 11명 전원도 포함됐다. 마지막으로, 1938년 3월에 세 번째이자 어떤 면에서는 가장 큰 규모의 여론 조작용 재판이 벌어졌다. 피고인 중에는 [레닌이] "당 전체가 매우 좋아하는 인물"이라고 말했던 부하린도 있었고, 리코프와 크레스틴스키, 심지어 1934년 7월부터 1936년 9월까지 게페우의 우두머리였던 겐리흐 야고다도 있었다. 그들은 모두 처형됐다.

사람들을 파멸시킬 수 있는 보안경찰의 능력은 엄청났다. 부하린은 유언장에서 다음과 같이 말했다.

> 중세의 방법들을 사용하는 것처럼 보이지만 어마어마한 권력을 쥐고 있는 극악무도한 기구가 조직적 비방을 날조하고, 대담하고 자신감 있게 행동한다. … 이 '경이로운' 기관들은 중앙위원회의 그 누구라도, 어떤 당원이라도 가루로 만들어 버릴 수 있고 배신자·테러리스트·파괴자·간첩으로 몰아갈 수 있다. 만약 스탈린이 자신을 의심한다면, 즉시 증거가 튀어나올 것이다.[20]

광범한 대중은 그렇게 두려움에 떨지 않았을 것이라고 의심하는 사람들도 있다. 그러나 공포심은 널리 퍼져 있었다. 시인 안나 아흐마토바는 명시 〈진혼곡〉에서 다음과 같이 읊었다. "죄 없는 러시아는 / 피로 물든 군홧발에 짓밟히고 / 죄수 호송차의 바퀴 아래 짓눌려 / 온몸을 비틀었다 / 오직 죽은 자만이 평화를 얻고 기쁨의 미소를 지었다."[21]

일단 그 극악무도한 기구 안에서는 보안경찰이 무제한의 권력을 휘둘렀다. [보안경찰의] 수사관 한 명은 다음과 같이 말했다. "저는 코시오르와 추바르가 인민의 적이라고 들었습니다. 그래서 수사관으로서 저는 그들이 스스로 [인민의] 적이라고 자백하도록 만들어야 했습니다."²² 1920년대에도 게페우는 위협과 압력을 사용했지만, 그래도 체계적 폭력을 사용하지는 않은 듯하다. 1930년대에는 체계적 폭력이 흔한 일이 됐고, 의도적·계획적으로 사용됐다. 그것은 구타 같은 조잡한 가학 행위부터 잠 안 재우기 같은 정교한 가학 행위까지 다양했다. 그러나 무너지고 굴욕당한 사람들도 있었지만, 여전히 굴복하기를 거부하며 엄청난 용기를 보여 준 사람들도 있었다.

그러나 여론 조작용 재판의 피해자 외에도 총살당한 피해자 수십만 명이 있었고, 체포·투옥된 수백만 명도 있었다. 1938년 말쯤에는 보안경찰의 고삐를 늦추려는 시도가 있었다. 아마 어느 정도는 매우 지쳐서, 또 어느 정도는 공포정치의 무차별적 성격 때문에 그랬을 것이다. 1938년 4월 공포정치의 화신으로 여겨지던 보안경찰 총수 니콜라이 예조프가 체포되고 라브렌티 베리야로 교체됐다. 예조프가 사용하던 방법들이 이제 그 자신에게 사용됐고, 1940년 2월 그는 불법 탄압, 간첩 행위, 스탈린 암살 기도 혐의로 유죄판결을 받고 총살당했다. 그러나 이것은 부분적 완화였을 뿐이고, 제2차세계대전 기간 내내 공포정치는 계속 높은 수준으로 유지됐다. 그러다가 전쟁이 끝나고 정권이 통제를 강화함에 따라 1945~1953년에 공포정치는 다시 맹위를 떨쳤고 수용소도 최대 규모에 이르렀다. [국제적] 고립, 전쟁으로 인한 외국인 혐오, 격화하는 냉전의 피해망상 분위기 속에서 1930년대의 경험이 되풀이됐다. 전쟁터에서 돌아온 사병과 장교 수십만 명이 수용소에 갇혔다. 1946년 8월 안나 아흐마토바와 풍자 작가 미하일 조셴코를 비난하는 결정으로 문화계의 문이 폐쇄되기 시작한 것은 스탈린의 심복 안드레이 즈다노프가 주도한 일이었다. 과학 분야에서는 사이비 생물학자인 트로핌 D 리셴코가 "소련 과학과 소련 인민의 진보를 가로막는 적들"을 박해할 청신호가 켜졌다. 리셴코에게 저항하는 생물학자들은 "애국심 없는 파리 사육자" 따위로 몰려 강제수용소로 보내지거나 주변부로 밀려났다. 역사는 늘 '대러시아 민족'의 진보적 구실을 통해 발전해 온 것이 됐다. 유대인들은 점차 '세계주의자'라는 의심을 받게 됐다. 1949~1950년에는 니콜라이 보즈네센스키(국가계획위원회 의장)를 비롯한 레닌그라드 출신 주요 인사들이 체포돼 총살당한 이른바 '레닌그라드 사건'이 일어났다. 그 뒤 1952~1953년에는 크렘린의 의사들이 스탈린을 독살하려는 음모를 꾸몄다는 혐의로 체포됐다. 1953년에 스탈린이 죽지 않았다면 훨씬 더 극심한 억압이 뒤따랐을 것이다.

(▶ 현실 돋보기: 사람들의 죽음과 사상의 죽음, 264쪽)

피해자는 얼마나 많았는가?

강제수용소 재소자들은 자신들의 수가 얼마나 되고 자신들이 어

---

* 1948~1953년 스탈린은 유대인이 소련 국가에 충성을 다하지 않는 "근본 없는 세계주의자(cosmopolitan)"라고 비난하며 대규모 숙청을 벌였다.

떤 상황에 처해 있는지를 이해하려고 분투했다. 1941~1942년에 스탈린의 감옥과 강제수용소에서 2년을 보낸 폴란드 사회주의자 구스타프 헤를링은 다음과 같이 썼다. "모든 감방에는 수용소를 과학적으로 조사하는 통계 전문가가 적어도 한 명씩 갇혀 있었다. 그들은 서로 연결되지 않는 관찰들을 모아서 … 주위의 현실을 종합적으로 그려 보고자 애썼다." 그러나 재소자들은 억압의 규모를 분명히 알 수 없었고, 그들의 설명을 그대로 받아들인 사람들은 흔히 수용소의 규모를 잘못 판단하게 됐다. 문서 보관소가 더 많이 공개된 오늘날에는 억압의 실상을 더 잘 이해할 수 있다. 기록들은 완벽하지는 않지만 그래도 보존됐다. 헤를링의 동료 재소자 한 명은 다음과 같이 말했다. "분명히 소련 체제 전체의 가장 큰 악몽 하나는 모든 법적 절차를 통해 체제의 피해자들을 제거하는 데 광적으로 집착한다는 것이다." 물론 모든 기록을 다 믿을 수 있는 것은 아니었다. 특히 혐의 자체가 그랬다. 보안경찰에게 중요한 것은 진실이 아니라 "피의자와 타협해서 그가 다양한 허구적 범죄들 중에서 가장 적당한 것을 골라 스스로 유죄판결을 받도록 만드는 것"이었다.[23] 그러나 기본적 수치 관련 기록들은 거의 믿을 수 있는 듯하고, 대체로 서로 일치하고 인구 변동의 증거와도 잘 맞는다.

가장 심한 처벌은 사형이었다. 스탈린 시대를 1929년부터 1953년까지로 잡는다면, 우리가 꽤 정확히 알 수 있는 사실은 정권이 규정한 명백한 정치범죄 혐의로 처형당한 사람이 79만 명이고 대부분 1937~1938년에 집중돼 있다는 것이다. 물론 '비정치적 범죄'로 처형당한 사람들도 있었고, 1940년에 처형당한 폴란드 장교들처럼 다른

'정치적' 처형도 있었다.* 이렇게 보면, 국가가 직접 처형한 사람의 최대치는 100만 명이 약간 안 되는 듯하다. 유죄판결을 받았지만 '최고형'에 처해지지 않은 사람들은 다섯 가지 처벌을 받을 수 있었다. 가장 낮은 처벌은, 감금되지는 않지만 임금이 깎이고 사실상 보호관찰 상태에 놓이는 교정 노동 형이었다. 앞서 4장에서 봤듯이, 수많은 노동자들이 노동규율 위반 '죄'로 교정 노동 형에 처해졌다. 감금형의 주요 형태는 네 가지였다. 교도소, 3년 이상의 교정 노동 수용소, 1~3년의 교정 노동 격리소, 공식적으로는 감금된 것이 아니지만 특정 지역을 벗어날 수 없는 특별 유배가 그것이었다. 이것들이 함께 굴라크를 구성했다(비록 공식적으로는 수용소와 격리소만이 굴라크에 포함됐지만 말이다). 표 5.2는 굴라크 재소자의 수를 시기별로 보여 준다.

이 수치를 보면 보안경찰의 활동을 잘 알 수 있다. 1928~1933년에 보안경찰이 형을 선고한 사람이 80만 명을 넘었고, 체포한 사람은 그보다 더 많았을 것이다. 교도소가 꽉 차는 바람에 당국은 1934년에 억압을 완화해야 했다. 그래서 6만 8000명만이 체포됐다. 그 뒤 공포정치가 전면적으로 분출해서 1935~1940년에는 170만 명이 체포됐는데, 그중에 80퍼센트는 1937~1938년에 체포된 사람들이다. 이 5년 동안 선고가 약 200만 번 내려졌는데, 이렇게 수

---

* 1940년 4~5월 소련 내무인민위원회가 카틴 숲을 비롯한 여러 장소에서 폴란드 장교들을 대량 학살했다. 학살의 이유는 폴란드의 군사적 잠재력을 파괴해 독립국가로서 힘을 갖지 못하도록 하기 위해서라고 알려져 있다.

표 5.2. 스탈린 체제의 굴라크 규모 변화(단위: 1000명)[24]

	1933년	1937년	1939년	1941년	1944년	1953년	1958년
교도소	800	545	351	488	자료 없음	276	자료 없음
수용소	334	821	1,317	1,502	664	1,728	948
격리소	240	375	355	420	516	741	
특별 유배지	1,142	917	939	930	자료 없음	2,754	49
합계	2,516	2,658	2,962	3,348	자료 없음	5,499	자료 없음
인구(단위: 100만 명)	162.9	162.5	168.5	195.4	자료 없음	188.7	208.8
인구 대비 비율(단위: 퍼센트)	1.54	1.63	1.76	1.71	자료 없음	2.9	자료 없음

가 늘어난 이유는 1935~1936년의 재소자들에게 형이 다시 선고
됐기 때문이다. 제2차세계대전 기간에는 체포된 사람이 69만 명으
로 줄어들었고, 그중 52만 5000명에게 형이 선고됐다. 이후 정권은
1946~1953년에 다시 통제를 강화했다.

　그러나 위 표의 수치들은 특정 시점의 순간사진 같은 것이다. 강
제수용소들은 "끊임없이 변동하고 있었다"고 솔제니친은 말했다. 형
기를 마치고 풀려난 사람들이 해마다 20퍼센트 남짓 됐다. 수용소
에서 탈출한 사람들도 있었고, 죽은 사람들도 있었다. 그러므로 수
용소를 거쳐 간 사람들의 수는 적어도 1953년 수치의 갑절, 어쩌면
3배까지 됐을 것이다. 그 숫자는 제2차세계대전 기간에 예외적으로
줄어들었다. 체포가 줄어든 탓도 있었고, 사망률이 치솟은 탓도 있
었지만, 약 100만 명의 남성이 석방돼서 적군赤軍에 입대하고 50만

명의 여성과 남녀 노약자에게 조기 출소가 허용된 탓도 있었다. 그러나 표를 보면 알 수 있듯이, 1946년 이후 굴라크는 최대 규모로 팽창했다.

얼마나 많은 사람이 일반 범죄자였고 얼마나 많은 사람이 정치수였는가? 이 물음에 대한 형식적 대답은 [소련 국가에 대항하는 반혁명 활동에 종사한 사람을 처벌하는] 형법 58조나 이와 관련된 정치적 조항 위반으로 유죄판결을 받은 사람의 수를 보면 알 수 있다. 이렇게 보면, 굴라크 재소자 가운데 '정치수'는 분명히 소수에 불과하다. 예컨대, 1950~1951년에는 정치수가 4분의 1이었다. 그러나 이것은 합리적 설명이 아니다. 모든 종류의 범죄에는 사회적 뿌리가 있기 마련이다. 바로 그 때문에 시대가 다르고 사회가 다르면 범죄도 달라지는 것이다. 마찬가지로, 범죄행위의 정의나 치안 유지 활동, 법률과 처벌 등 범죄를 다루는 방식에도 정치적 뿌리가 있다. 범죄의 정의가 확대되고 처벌 위주로 바뀐 사례 하나는 앞서 3장에서 말했듯이 국유재산을 훔친 사람에게 사형이나 중노동 10년 형을 선고할 수 있게 된 것이다. 또 다른 사례는 1935년 4월 7일의 결정, 즉 [소년 법원을 폐지하고] 12세 이상의 청소년을 형사 법원으로 넘겨서 형법 조항에 따라 처벌한다는 결정이다. 이 때문에 많은 청소년이 교도소에 갇혔고, 거기서 "평생 유일하게 할 줄 아는 일 두 가지, 즉 도둑질과 자학을 열심히 배웠다."[25] 심화하는 소외와 착취, 그리고 정권이 주장하는 바와 실제 결과 사이의 격차, 이 모든 것 때문에 범죄가 만연할 상황이 조성됐다. 더욱이, 정권의 정당성이 없다면 정권이 가하는 처벌도 마찬가지일 것이다. 그렇다고 해서 스탈린 치하의 범죄를 낭만적으로 묘사해도 좋다는 말은 아니다. 사람들은 어쩌면 절망에 빠져서, 어쩌면 탐욕 때문에, 어쩌면 잔인해서, 또 어쩌면 이 모든 것 때문에 가능하다면 모든 기회를 단단히 붙잡았고, 흔히 자기 못지않게 불운한 다른 사람들을 희생시켜서라도 그렇게 하려고 했다. 그러나 아무리 그렇다 해도 그들은 체제의 산물이었다. 그리고 이 체제는 다른 국가들보다 우월하다고 스스로 주장했다. 그러므로 이 문제를 판단하는 기준 하나는 소련의 재소자 수를 동시대의 다른 나라들과 비교해 보는 것이다. 마찬가지로, 신경제정책 시기와 이후의 시기를 비교해 볼 수도 있다. 그 결과는 거의 같다. 소련 정도의 인구가 있는 사회에서는 기껏해야 20만 명가량이 투옥돼 있어야 했다. 이런 기준에 비춰 보면, 소련의 재소자는 대부분 정치수였다고 할 수 있다.

저항

강제수용소에서 저항이 사라진 것은 아니었지만, 매우 힘들었다. 굴라크는 사람들을 쇠약하게 만들고 모멸감을 느끼게 만들었다. 그곳은 "모욕당하고 굴욕감을 느끼고 처형당한 사람들의 세계"였다.[26] 수많은 사람이 쓰러지고 죽어 나간 곳에서 살아남았다는 사실만으로도 많은 사람들에게는 충분히 승리였다. 생존 투쟁은 굶주림과 질병에 대항하는 육체적 투쟁을 포함했다. 영양실조는 보통이었고, 굶주린 재소자들은 질병과 감염에 취약했다. 1936~1950년에 수용소의 평균 사망률은 1000명당 약 61명이었다. 이것은 장년기 민간인 집단의 사망률보다 몇 배나 높은 수치였다. 1950년에 가까워져서야 상황은 개선됐고, 1952년 사망률은 1000명당 6명으로 낮아졌다. 가끔 가는 목욕탕에서 수의를 벗고 이를 잡을 때 사람들이 얼마나 수척해졌는지가 분명히 드러났다. 그곳에는 "고환이 축 늘어지고, 배와 가슴이 쑥 들어가고, 아물지 않은 상처투성이 다리가 비쩍 마른 엉덩이에 성냥개비마냥 붙어 있는 흐릿한 형체들"이 있었다. 구스타프 헤를링은 "굶주림은 끔찍했다"고 회상했다.

몸은 마치 더 적은 연료로 더 빨리 돌아가는 과열된 기계 같고, 쇠약해진 팔다리는 찢어진 동력 전달 벨트를 닮아 간다. 불확실하지만 독립적인 균형을 위태롭게 유지하던 인간 존엄성이 굶주림의 육체적 영향으로 말미암아 한없이 무너져 내린다. … 만약 신이 존재한다면, 다른 사람들을 굶주림으로 파멸시키는 자들에게 무자비한 벌을 내릴 것이다.[27]

제2차세계대전 기간에 상황은 재앙적으로 나빠졌다. 1942~1943년에 강제수용소의 사망률은 1000명당 170명 이상으로 치솟았다. 전쟁 기간 내내 약 80만 명이 굶주림과 질병, 탈진으로 목숨을 잃었다(그중에 수천 명은 1941년 [나치 독일의 소련 침공으로 인한] 극심한 공포 상황에서 처형당했다). 헤를링은 진짜로 끔찍했던 이 굶주림의 초창기를 경험했다. 살아남기 위해 그는 화물열차에서 밀가루 자루를 내릴 때 바닥에 떨어진 밀가루와 먼지를 쓸어 담았다. 그런 다음 이것을 얇은 반죽으로 만들어 여성 재소자의 축 처진 가슴에 붙여서 교도관 몰래 빼돌렸다. 그렇게 해서라도 변변찮은 재소자들의 식사를 조금이나마 보충했다.

육체적 투쟁과 나란히 정신적 투쟁도 있었다. 도저히 이해할 수 없는 상황에서 모멸감과 갑갑함, 과로에 시달리다 보면 절망에 빠지기 너무 쉬웠다. 이런 상황을 영웅처럼 극복할 수 있는 사람은 거의 없었다. 일부 희생자들은 다른 사람을 희생양 삼아서 살았다. 남을 고발하는 밀고자가 전쟁 전에는 50명 중 1명꼴이었다고 한다. 전쟁 기간에 그 비율은 12명 중 1명이었던 듯하다. 다른 사람을 괴롭히거나 심지어 희생양으로 만드는 경우도 있었다. 헤를링은 "소련의 강제 노동 수용소에서 살아 보지 않은 사람은 소련의 반유대주의가 어느 정도였는지를 알 수 없다"고 말했다.[28] 그는 성적 착취도 있었다고 말한다. 즉, 남성이나 여성 전용 수용소(굴라크에는 압도적으로 남성이 많았다)에서는 동성애가 공공연했으며, 남성 구역과 여성 구역이 가까운 수용소에서는 이성 간의 성관계가 있었다는 것이다. 육체적 쇠약 때문에 성욕은 줄었지만, 강간도 있었고 동물의 교미처럼 막간을 틈타 잽싸게 해치우는 성행위도 있었다. "여자들은 성매매 여성 취급을, 사랑은 변소 취급을 받았다." 일부 재소자들은 선량한 교도관이나 다른 재소자와 성관계를 해서 한동안 보호받을 수 있었다. 임신은 잠시 수용소를 벗어나는 수단이 될 수 있었다. 심지어 일부 여성들은 남성이 배설한 정액으로 스스로 임신했다는 이야기도 있었다.[29]

끊임없는 노동 체제에서 벗어날 수 있는 또 다른 방법은 자해였다(손가락이나 발가락 절단, 심지어 발이나 팔 전체를 스스로 절단했다). 1940년 내무인민위원회NKVD는 이런 자해를 막으려고 작업

중에 일어난 사고가 진짜임을 증명하지 못하면 생산 방해 행위, 즉 사보타주로 취급하기 시작했다. 그러나 질병은 꾀병일 수도 있었지만 진짜로 만들어 낸 것일 수도 있었다(상처를 감염시키거나, 혈액을 오염시키거나, 먼지를 들이마셔서 폐를 손상시키거나 했다).

탈출은 어땠는가? 1934~1938년에 30만 명이 강제수용소를 탈출한 것으로 기록돼 있다. 탈출했다가 다시 붙잡힌 사람이 19만 명이므로 약 40퍼센트가 성공한 셈이지만, 이것은 대단한 일이었다. 그중에 한 명이 안테 칠리가였는데, 그의 탈출기를 읽어 보면 매우 인상적이다.[30] 그러나 곧바로 수용소 통제가 심해졌다. 1939~1940년에는 탈출한 사람이 겨우 2만 4000명뿐이었고, 그중에 80퍼센트는 다시 붙잡혀 왔다. 전쟁 기간에는 탈출한 사람이 3만 2000명으로 여전히 적었고(1939~1940년보다는 상대적으로 많았다), 1945~1953년에는 절대적으로든 상대적으로든 훨씬 더 적어서 겨우 2만 2000명만이 탈출했다(비록 다시 붙잡힌 사람의 비율이 50퍼센트를 약간 웃도는 수준이었지만 말이다).[31]

재소자 수가 늘어나면서 수용소와 격리소의 상황은 더 열악해졌고 억압도 더 심해졌지만, 이때도 약간의 반란은 있었다. 가장 중요한 사례는 북극권에 있는 보르쿠타 교정 노동 수용소 단지에서 일어난 반란이었다. 보르쿠타 수용소는 레닌그라드로 공급되는 석탄을 캐던 곳이었는데, 제1차 5개년계획이 시작됐을 때 스탈린에게 투항하기를 거부한 트로츠키주의자들이 그곳에서 1936년 10월부터 1937년 봄까지 132일 동안 계속된 영웅적 단식투쟁을 주도했다. 그들은 불굴의 의지로 양보를 얻어 내서 상황을 개선시켰지만, 그 성과는 오래가지 않았다. 1937~1938년에 탄압의 소용돌이 속에서 이 트로츠키주의자들은 서너 명씩 툰드라로 끌려 나가 보안경찰에게 총살당했다(수용소에 남아 있는 사람들은 동지들의 모습을 볼 수 없었지만 총소리는 들을 수 있었다).[32]

그러나 많은 반란 이야기는 거짓말까지는 아니더라도 매우 과장된 것이었고, '트로츠키주의자들'의 소행이라는 이야기도 마찬가지였다. 예컨대, 1941~1944년에 수용소 내 지하조직 약 600개가 적발돼 조직 결성 혐의로 1만 1000명이 총살당했다. 그러나 당시는 "아주 가벼운 규정 위반이라도 '작당 모의'의 낌새가 조금이라도 있으면 중죄로 다뤄지는" 때였다고 헤를링은 썼다. 극심한 굶주림 때문에 사람들은 더 필사적인 상태가 됐다. 그것은 마치 "미개인들이 전쟁을 벌이기 전에 추는 춤 같았다. 즉, 적대 관계의 두 집단[교도관들과 재소자들 — 헤인스]이 불기둥을 사이에 두고 서로 노려보다가 점점 더 분노를 터뜨리면서 몇 시간씩 북소리에 맞춰 몸을 흔들며 춤을 추는 것 같았다."[33] 진정한 반란도 몇 건 일어났다. 예컨대, 1942년 1월 보르쿠타에서 100여 명의 재소자가 무기를 들고 저항했다. 거의 100명이 살해된 뒤에야 질서가 회복됐고, 이후 50명이 더 처형당했다.[34] 그러나 대규모 반란들은 [스탈린 사후] 1953~1954년에야 일어나서 거대한 수용소 체제를 끝장내는 데 일조하게 된다.

대규모 반란들

1953년 3월 5일 스탈린이 죽었다. 수많은 소련인이 스탈린을 신과 같은 인물로 생각하며 자랐다. 스탈린의 권력을 확인시켜 주는 소름 끼치는 사건이 곧 일어났다. 그의 죽음을 애도하는 군중이 모스크바 한복판으로 몰려들었는데, 당시 얼마나 많은 사람이 깔려 죽었는지는 지금도 모른다. 나중에 소련의 한 시인은 다음과 같이 썼다. "짓밟힌 동료 시민 수백 명의 영혼이 장례식 화환이 됐다."[35]

(▶ 현실 돋보기: 스탈린 숭배, 267쪽)

소련에서 스탈린이 죽었을 때 기쁨을 거리낌 없이 표현할 수 있었던 곳이 바로 강제수용소였다. 거대한 보르쿠타 수용소 단지의 확성기에서 스탈린의 죽음을 알리는 소리가 흘러나오자 재소자들이 무릎을 털썩 꿇고 기쁨의 눈물을 흘렸다. 노릴스크에서는 자유노동자들(그들의 다수는 전에 재소자였다)의 노래 소리를 듣고 재소자들이 무슨 일이냐고 물었다. 그러자 다음과 같은 대답이 돌아왔다. "모두 노래를 불러야 해. 독재자가 죽었으니까!" 그 소식이 노릴스크의 여러 수용소로 확산되자 재소자들은 모자를 허공에 던지며 환호했다. 한 재소자는 "모두들 열광했다"고 썼다. 그들은 숨겨 둔 술병을 꺼내 와서 축하주를 마셨다. 머지않아 반란이 뒤따랐다.

1945년 [종전] 이후 새로운 집단들이 강제수용소 체제로 끌려들어 왔다. 복잡한 사연이 없는 재소자는 거의 없었다. 일부는 단지 나치에게 포로로 잡혔다는 이유만으로 간첩 혐의를 뒤집어쓰고 수감됐다. 진짜 나치 부역자였던 사람들도 있었고, 반체제 인사가 된 블라소프 장군과 함께 러시아 해방군이 된 사람들도 있었다. 또, 적군赤軍이 서쪽으로 진군하면서 소련 제국에 통합된 국경 지방 출신들도 있었다. 그래서 강제수용소의 러시아인 재소자 비율이 1941년

63퍼센트에서 1951년 52퍼센트로 낮아졌다. 이데올로기적으로 이 새로운 집단의 다수는 수용소에 들어왔을 때 헌신적 민족주의자였다. 처음에는 아니었을지라도 자신이 왜 이런 곤경에 처하게 됐는지 이유를 찾다 보면 결국 민족주의자가 됐다.

1947~1948년에 보르쿠타 수용소 단지에서 반란이 일어났다. 무장한 재소자들이 몇몇 수용소를 장악하고 나서 보르쿠타 시내를 향해 행진하기 시작했다. 그러나 군대와 보안경찰 비행기들이 툰드라에서 그들을 학살했다. 그 반란은 머지않아 전설이 됐다고 솔제니친은 말한다. 그러나 반란 지도자들은 군사적으로 승리할 수 있다는 비현실적 생각을 하고 있었던 것이 분명해 보인다. 아마 그들은 당시 냉전이 발전하고 있었으므로 서방 군대와 연결되면 희망이 있다고 생각했을 것이다.

그러나 문제는 더 규모가 큰 행동의 토대가 될 단결을 모색하는 것이었다. 안드레아 그라치오시[이탈리아 역사학자]는 1953년의 반란들을 재구성한 귀중한 글에서, 강제 노동으로 말미암아 재소자들이 어느 정도는 노동자가 됐고 서로 단결하게 됐다고 주장한다.[36] 1948년 이후 물질적 조건이 약간 개선된 것이 이 과정에 도움이 됐다. 점차 수용소 내부 관계의 성격도 바뀌기 시작했다. 일부 수용소에서는 교도관과 일반수의 협력이 무너졌다. 이제 현장 관리자와 밀고자가 [살해돼 시신이] 심하게 훼손되거나 심지어 사지가 절단된 채 콘크리트 반죽 안에서" 발견되는 일이 가끔 일어났다. 벌목 수용소에서 내보낸 통나무에는 '스탈린 정권은 언제 몰락하나?' 따위의 글귀가 새겨져 있었다. 안 그래도 낮은 [노동]생산성이 더 떨어졌다.

재소자들은 독자적 정치의식과 강령을 발전시키기 시작했다. 당국의 대응은 교도관과 밀고자의 수를 늘리는 것이었다. 재소자들을 다른 수용소로 보내기도 했지만, 이것은 조직을 확산시키는 데 기여했을 뿐이다. 일반수와 정치수를 분리한 것도 마찬가지였다. 대체로 민족적 기반을 가진 비밀 조직들이 상호 불신을 극복하기 시작했고, 1951~1952년에는 소규모 항의와 저항들이 나타나기 시작했다. 그러던 차에 스탈린이 죽었다.

야코프 숄머는 [1933년부터] 독일 공산당원이었고 이미 게슈타포에 체포된 적이 있었는데, [1949년] 동독에서 체포돼 소련의 강제수용소로 끌려왔다. 그는 재소자들이 "인간의 절망에 관한 기록 중에 거의 유례가 없을 만큼 간절히" 스탈린의 죽음을 기다리고 있었다고 썼다. 마침내 그 소식이 들려왔을 때, 재소자들이 안도감을 느낀 만큼 교도관들은 방향감각을 상실했다. 스탈린의 심복이었던 베리야가 거의 즉시 일반수 수십만 명을 석방하자 남아 있는 재소자들의 분노와 기대는 더욱 커졌다.

1953년 5월 [26일] 노릴스크 수용소에서 최초의 중요한 분출이 있었다. 신경이 곤두선 교도관들이 재소자들에게 총을 쏘자 자발적 파업이 여러 수용소로 확산됐다. 5월 말쯤에는 2만 명이 파업을 벌이고 있었다. 일시적 휴전이 이뤄졌지만, 6월에 당국이 휴전을 철회하는 것처럼 보이자 노릴스크의 많은 수용소에서 재소자들이 다시 파업에 들어갔다. 그들은 수용소 지붕 위로 올라가 노릴스크 시의 주민들에게 호소하는 신호를 보냈다. 한 수용소에서는 연을 날렸다. 주민들이 지지를 보내고 지나가던 기차의 기관사들이 연대의 표시를 했다는 소문에 파업 중인 재소자들은 더 용기가 났다. 수용소 당국은 선뜻 행동에 나서지 못하고 머뭇거렸다. 당국과 재소자들 모두 정부의 위임을 받은 위원회가 모스크바에서 도착하기를 기다리고 있었다.

보르쿠타에서 파업이 시작된 것은 7월 말이었다. 보르쿠타 수용소에는 10만 명의 재소자가 있었는데, 처음에 그들의 비밀 조직은 십중팔구 노릴스크보다 더 뛰어났을 것이다. 보르쿠타에서는 1953년 6월 동독에서 반스탈린 항의 시위가 분출했다는 소식이 재소자들의 사기를 북돋는 중요한 구실을 했고, 가장 급진적인 수용소들에서 반란의 도화선이 됐다. 통신의 제약 때문에 재소자들은 동향을 살피거나 화차에 새겨진 글귀를 읽으면서 무슨 일이 벌어지고 있는지를 추론해야 했다. 당국은 보르쿠타의 파업이 확산되는 것을 막으려고 재빨리 수용소 단지의 조건을 개선했지만, 7월 말쯤에는 1만 2000~1만 6000명의 재소자들이 파업을 벌이면서 역시 정부의 위임을 받은 위원회가 모스크바에서 도착하기를 기다리고 있었다.

파업을 이끈 것은 재소자들이 선출한 파업위원회였다. 파업위원회는 수용소의 민족적 구성을 반영했다. 당국은 파업 중인 재소자들을 분열시키려 했지만, 항상 성공하지는 못했다. 전에 당국에 협력한 사람들과 옛 나치 일부가 좋은 끄나풀이 됐다. 다른 사람들은 파업 참가자들 편으로 넘어왔다. 파업위원회는 밀고자들에 대한 사적 폭행을 막으려고 노력하는 한편, 밀고자들에게는 파업 선전물을 작성하도록 시켰다. 재소자들의 핵심 요구는 정치적 자유, 조건 개선,

소련 제국 각지의 민족문제였다. 연극과 음악 연주회가 열렸다. 파업 초기에 살해당한 사람들을 '자유의 순교자'로 기리는 장례식이 거행됐다.

파업에 들어간 수용소들 주위에 즉시 기관총이 배치됐다. 그러나 당국의 신경과민은 단호하게 행동할 능력이 없다는 것을 의미했다. 물자 보급을 차단할 만한 자신감이 있는 교도관은 어디에도 없었다. 당국과 재소자들 모두 실질적 권한을 가진 위원회가 모스크바에서 오기를 정말로 기다리고 있었다. 드디어 도착한 위원회의 전술은 양보를 해서 파업을 깨뜨린다는 것이었다. 얼마나 많은 수용소가 이런 양보를 받아들였는지는 분명하지 않지만, 노릴스크와 보르쿠타에서 일부 수용소들은 계속 저항했다. 마침내 7월 말~8월 초에 노릴스크에서 이 수용소들을 기습하라는 명령이 떨어졌다. 마지막으로 함락된 수용소는 3호 수용소였는데, 약 80명이 죽고 280명이 부상했다. 격렬한 싸움이 벌어졌음을 알 수 있다. 일부 파업 지도자들은 붙잡히느니 차라리 자살했다. 거의 같은 시기에 보르쿠타에서도 저항하던 마지막 수용소가 유혈 낭자하게 진압당하면서 몇 달 동안 계속된 소요가 끝났다.

수용소의 대규모 반란은 한 번 더 일어났다. 1954년 [5월 16일] 카자흐스탄의 켄기르 수용소에서 또 다른 대규모 반란이 일어나 40일 동안 계속됐다. 켄기르 반란에 참여한 사람들 중에는 알렉산드르 솔제니친도 있었는데, 그는 나중에 《수용소 군도》에서 그 반란을 묘사했다.[37]

그러나 당국이 재소자들을 진압하고 실제로 얻은 승리는 제한적이었다. 소련의 새 지도부는 충격을 받고 수용소의 조건을 개선하는 조치를 취했다. 파업 지도자들은 폭행은 당했지만 과거처럼 총살당하지는 않았다(이것은 분위기가 달라졌다는 분명한 조짐이었다). 이제 정치수들이 대규모로 석방되기 시작했다. 1954~1955년에 약 9만명이 풀려난 뒤 1956년 흐루쇼프의 스탈린 격하 정책과 함께 강제수용소에서 정치수가 모두 석방됐다. 솔제니친은 자유롭게 숨 쉴 수 있는 자유는 소중하다며 다음과 같이 말했다. "나에게는 어떤 음식과 술, 심지어 여인의 입맞춤조차도 꽃향기와 물기, 신선함을 잔뜩머금은 이 공기보다 달콤하지 않다."[38]

그러나 강제수용소에서 일어난 반란들은 더 광범한 의의가 있다. 왜냐하면 스탈린 치하 소련의 사회관계가 어떤 성격을 띠고 있었는지를 보여 주기 때문이다. 야코프 숄머는 수용소에서 만난 늙은 공산당원에게 지금 벌어지고 있는 일을 보면서 무슨 생각이 드는지 물었다. 대답은 간단했다. "지금까지 존재한 모든 사회의 역사는 계급투쟁의 역사일세."[39]

공포정치의 완화

스탈린의 죽음은 또 다른 의미에서 체제의 장애물을 제거했다. 현대 산업사회는 장기적으로 강압에만 의존할 수 없다. 군대와 경찰, 보안경찰이 항상 모든 곳에 있을 수는 없다. 경영자와 현장 관리자가 항상 노동자 등 뒤에서 감시할 수도 없다. 경제 발전을 위해서는 어느 정도 노동자들의 적극적 참여가 필요하고, 또 안정과 일상도 어느 정도 필요하다. 스탈린 치하 소련에는 이런 것들이 많이 부족했다. 특히 그의 생애 말년에 그랬다. 최상층부에서는 스탈린이 살아 있는 한 아무도 감히 이 변덕스러운 독재자에게 도전할 수 없었다. 흐루쇼프는 스탈린을 즐겁게 해 주려고 민속춤을* 춰야만 했는데, 나중에 "스탈린이 춤 이야기를 하면 현명한 사람은 춤을 추는 법이지" 하고 말했다.[40] 더 광범한 국가 관리들의 횡포에 도전하는 것도 현명한 일이 아니었다. 어느 것이 개인적 변덕이고 어느 것이 상부의 명령에 따른 것인지 누가 알겠는가?

또, 사회 전체에 부조리가 만연했다. 예컨대, 소련의 군사적 지위 강화에 필수적인 핵무기 개발용 원자력 연구의 절반 정도는 굴라크의 과학 연구실[샤라스키]에서 이뤄졌다.[41] 또, 노동인구 전체의 생활수준과 조건을 너무 심하게 또 오랫동안 쥐어짜다 보니 노동자들이 생존 투쟁 외에는 거의 관심이 없었다. 제2차세계대전 직후에 소련 주재 특파원을 지낸 에드워드 크랭크쇼[영국의 저술가]는 이 점을 직접 목격하고 다음과 같이 썼다.

전쟁 직후에 … 소련 전역의 생활수준이 매우 낮아서 오지에서는(오지가 아닌 일부 지역에서도) 흔히 자유 시민과 강제수용소 재소자를 구분할 수 없었다. … 재소자들이 줄 맞춰 와서 힘든 잡일을 하거나 무거운 통나무를 옮기거나 건물 터를 닦기 위해 언 땅을 파려고 애쓰고 있

---

* 고팍춤, 즉 허리를 꼿꼿이 세우고 음악에 맞춰 앉았다 일어났다를 반복하는 우크라이나 민속춤을 말한다.

었다. 그리고 바로 그 옆에는 겉모습이나 하는 일을 보면 재소자와 다른 점이 전혀 없는 자유노동자들이 있었다. 아무도 그런 것에 신경 쓰지 않았다. 어쨌든 그들은 모두 거의 굶어 죽기 직전이었다.[42]

스탈린이 죽자 새 지도부는 '해빙'을 시작하는 조치를 취했고, 이것은 1953~1964년의 스탈린 격하 과정으로 이어졌다. 이 소수의 지도자들은 과거와 단절해서 자신들을 보호할 필요가 있었다. 또, 보안경찰이 자신들을 배신하지 못하도록 확실히 해 둘 필요도 있었다. 그래서 보안경찰의 우두머리였고 처음에 해빙을 주도하는 듯했던 베리야가 해빙의 가장 중요한 피해자가 됐다.[*] 또, 어느 정도 안정을 바라는 상층의 욕구도 있었는데, 단지 지도부만이 아니라 그 밑에 있는 관료층도 숨 쉴 공간을 원하고 있었다. 그 밖에도, 대중과 연결되는 다리 같은 것이 필요하다는 인식도 있었다. 이것은 한편으로는 더 광범한 정치적 지지를 얻기 위해서였고, 더 협소하게는 비생산적 공포정치 체제를 대체할 적극적 유인책을 만들어 내기 위한 것이었다.

스탈린 격하 정책으로 소련 사회의 많은 면에서 그저 그런 개혁들이 있었지만, 그래도 눈에 띄는 것은 1956년 2월 소련공산당 20차 당대회에서 흐루쇼프가 한 '비밀 연설'이었다.[43] 더 조용하게 강제수용소의 재소자들이 석방되기 시작했고 많은 수용소가 폐쇄됐는데, 이 사실은 표 5.2를 봐도 알 수 있다. 또 다른 자유화 조치가

---

* 베리야는 스탈린 사후 체포돼 반역죄로 사형에 처해졌다.

1961년 22차 당대회에서 취해졌고, 스탈린의 시신이 레닌 영묘에서 제거됐다. 이런 상황에서 과거와 현재에 관한 더 광범한 토론이 가능해졌다. 심지어 통계도 다시 발표되기 시작했다(물론 가장 흥미로운 통계들은 공개되지 않았다). 그러나 가장 큰 충격을 준 것은 아마 강제수용소의 생활을 묘사한 솔제니친의 소설 《이반 데니소비치의 하루》가 1962년 문학잡지 《노비 미르》(신세계)에 실린 일일 것이다. 그러나 이런 일에는 한계가 있었고, 심지어 과거·현재·미래에 관한 문학적 탐구에도 한계가 있었다. 또, 자유화 운동이 모두 한 방향으로만 나아간 것도 아니었다. 1958~1961년에 형사법이 새로 편찬됐다. 새로운 형사소송법에 따르면, 범죄가 있어야만 기소할 수 있고 고문은 금지되며 독립적 법원과 검찰이 똑같이 법률을 적용해야 했다. 그러나 평범한 행동을 '정치적 행위'로 규정해서 범죄로 처벌하는 특정 조항들은 여전히 남아 있었다. 예컨대, 해외 도피(64조), 종교 활동(142조와 227조), 반소련 선동(70조), 매우 심각한 반국가 범죄(72조) 따위가 그랬다. 또, 새로운 요소들도 추가됐다. 1957년에는 [사회적] '기생충'을 처벌하는 법률이 통과됐고, 1961년에는 경제 범죄를 사형으로 처벌할 수 있게 됐으며, 열성 당원들은 소련 청년의 이미지에 맞지 않는 외모와 복장을 한 청년들을 비판하도록 장려됐다.

이런 한계와 모순은 단지 흐루쇼프의 변덕 때문이 아니었다. 소련 체제는 여전히 냉전의 거미줄에 걸려 있었고, 적은 서방뿐 아니라 동방에도 있었다. 그러므로 가용 자원 [확보]에 대한 지속적 압력과 스탈린 치하에서 건설된 주요 군산복합체를 경제적·정치적으로 유지할 필요 때문에 양보 여력이 제한됐다.

또, [소련 지배자들은] 목욕물 버리려다 아이까지 버릴 생각도 전혀 없었다. 소련 체제는 제대로 돌아가고 있는 것처럼 보였다. 경제는 진보하고 있었다. 군사적으로는 서방과 격차를 줄이고 있었다. 따라서 온건한 개혁이 필요한 듯했다. 소련 지배자들의 자신감은 공산당의 이데올로그인 수슬로프가 소설가 바실리 그로스만의 웅장하지만 비판적인 전쟁 소설 《삶과 운명》이 "200~300년 동안" 출판되지 못할 것이라고 말한 데서도 드러난다.[44]

이 밖에도 지도부와 더 광범한 지배계급 전체가 스탈린 체제의 산물이었으므로 비판이 더 급진적일수록 그들의 지위에 대한 더 심각한 도전이 됐다. 바로 이 때문에 흐루쇼프가 스탈린을 비난할 때 1934년 이후의 시기만을 문제 삼고 체제의 토대가 구축된 1928~1934년 위로부터 혁명 시기는 전혀 건드리지 않은 것이다. 물론 흐루쇼프는 모든 범죄의 책임을 스탈린 개인과 '개인숭배' 탓으로 돌려서 자신과 주위 사람들이 비난받는 일은 피하려 했다. 1956년 보리스 파스테르나크는 "개인숭배"가 이제는 "공허한 말의 숭배 … 얼굴 없는 속물들의 숭배"로 바뀌었고, 그 밑에는 "과거에 그랬듯이 지금도 여전히 악의 숭배, 획일성의 숭배가 존재한다"고 말했다. 그는 이 점을 생각보다 빨리 개인적으로 실감하게 됐는데, 그의 소설 《닥터 지바고》가 출판 금지를 당한 것이다. 블라디미르 세미차스트니(당시 KGB 우두머리)는 파스테르나크가 "자기 조국을 헐뜯는", 짐승만도 못한 짓을 했다고 말했다.[45]

더 근본적 개혁이 어려웠던 또 다른 이유는 체제 자체의 성격 때문이었다. 스탈린 치하에서 발전한 지배계급의 구조는 매우 관료적이었다. 관료들의 저항은 항상 관료적 변화를 좌절시킬 수 있었다. 더욱이 [개혁이] 얼마나 나아가야 하는지를 두고 상층부에 전술적 차이도 있었다. 이 때문에 1953년 [스탈린 사망] 직후 몇 년 동안 내부 투쟁이 벌어졌고, 흐루쇼프는 1957년 [6월] 중앙위원회 특별 총회에서 반대파의 공격을 물리친 뒤에야 승자가 될 수 있었다. 이런 행동은 권력의 분산이 이뤄졌다는 점도 보여 주지만, 여전히 권력이 매우 집중돼 있었다는 점도 보여 준다.

새롭게 권력을 장악한 상층부의 이 협소한 집단이 1964년에는 흐루쇼프의 방식을 매우 못마땅하게 여기고 마침내 그를 권좌에서 끌어내리게 된다. 1957년에 흐루쇼프는 고도로 중앙집권적인 경제를 분산시키려 했다. 한편으로는 체제를 더 유연하게 하려는 것이었고, 다른 한편으로는 잠재적 반대파의 권력 기반을 제거하려는 것이었다. 그는 또, 공산당 상층부의 일부 집단들을 숙청하려 했다. 예컨대, 1960~1961년에 지역 당 우두머리들이 대부분 무혈 숙청으로 제거됐다. 그러나 흐루쇼프는 이런 조치들을 제대로 이용하지 못했다. 조직 개편은 제한된 경제적 효과만을 냈을 뿐, 어떤 점에서는 상황을 훨씬 더 혼란스럽게 만들었다. 소련 국내에서든 외국에서든 흐루쇼프 자신의 태도와 처신은 흔히 변덕스러워 보였다. 상층부의 인사들이 원한 것은 진보와 안정 둘 다였다. 그들은 [흐루쇼프의] 이른바 '무모한 계획'은 필요 없다고 생각했다. 그래서 1964년에 흐루쇼프는 아예 계획이 없는 브레즈네프로 교체됐고, 브레즈네프는 1982년에 죽을 때까지 소련을 이끌게 됐다.

억압의 유지

브레즈네프의 집권과 함께 자유화 국면은 막을 내렸고, 어떤 점에서는 억압의 그물이 더 조여졌다. 그런 변화의 신호탄은 [1965년에] 작가 두 명(안드레이 시냡스키와 율리 다니엘)의 풍자 작품을 '반소련 선전물'로 규정해서 징역형을 선고한 것이었다. 그 뒤 1967년에는 형법에 190조 1항과 2항이 추가돼서, 각각 반소련 날조(출판물에 의한 비판)와 공공질서 위반(시위) 행위자를 투옥할 수 있게 됐다. 그러나 사람들이 두려워하던, 스탈린 체제의 부활은 결코 실현되지 않았다. 실제로는 스탈린을 칭찬해서도 안 되고 비난해서도 안 되며 아예 거론하지 말라는 것이 [정부의] 태도였다. 흐루쇼프는 없는 사람 취급을 받았고, 그래서 몰래 회고록을 쓸 수 있었다. 이제 정치와 사회는 확고한 경로를 통해 운영됐다. 나이 들어 자연사하는 것이 정계에서 물러나는 주된 방법이었다. 정치인 개인이 총애를 잃었을 때(그런 사람은 비교적 소수였다) 과거처럼 망신당하는 일은 드물었다. 그래서 보리스 옐친은 다음과 같이 말했다. "스탈린 시대에는 정치인들이 실각하면 총살당했다. 흐루쇼프는 그들에게 연금을 주고 명예퇴직시켰다. '정체의 시기'였던 브레즈네프 시대에는 그들을 먼 외국의 대사로 내보냈다."[46]

이런 안정성의 밑에서 자기만족이 생겨났다. 1972년 11월 브레즈네프는 공산당 사무국에 다음과 같이 말했다. "모든 것이 잘 돌아가고 있다. 모든 사람이 맡은 일을 열심히 하면서 대체로 성과를 내고 있다. 모든 과업이 때맞춰 올바르게 처리되고, 일상적 문제와 골치 아픈 문제가 모두 해결되고 있다."[47] 그러나 일이 잘 풀리는 동안에는 오직 기술 향상만이 필요한 것처럼 보였다. 체제를 지지하던 일부 자유주의자들, 예컨대 안드레이 사하로프, 로이 메드베데프, 초기의 알렉산드르 솔제니친 같은 사람들이 한 발 더 나아가서 체제 자체를 위해서도 지도부가 더 근본적 변화 노력을 계속해야 한다고 주장했을 때 그들은 주변부로 밀려났고, 그래서 더 강경한 반대파가 될 수밖에 없었다. 그러나 이때조차 그들이 받은 압력은 과거보다 훨씬 덜했다.

스탈린 격하의 첫 물결이 지나간 뒤 1959년 1월 흐루쇼프는 "오늘날 소련에는 정치수가 전혀 없다"고 주장했다.[48] 이 말은 결코 사실이 아니었다. 소련은 여전히 세계 최대 규모의 감옥·산업 복합체 중 하나가 있는 사회였다. 그러나 1950년대부터 1980년대 말까지는 이제 노골적으로 정치적 이유 때문에 투옥된 사람이 매우 적은 비중을 차지하게 됐다는 것은 사실이다. 1975년에 국제사면위원회(앰네스티인터내셔널)는 소련에 약 1만 명의 정치수가 있는 것으로 추산했다(전체 재소자의 약 1퍼센트). 그 수준은 1988~1989년에 대부분의 '정치수'가 석방될 때까지 계속 유지된 듯하다.[49]

정권이 억압을 완전히 포기할 수 없었다는 것은 그들이 취약하다는 표시였다. 일상생활의 많은 측면에 관한 가장 기본적인 정보조차 계속 은폐한 것과 당국에 도전한 사람들을 때때로 무자비하게 박해한 것도 마찬가지였다. 예컨대, 알렉산드르 솔제니친은 결국 1974년에 강제 추방됐다. 안드레이 사하로프는 국내에서 유배됐다. 다른 사람들은 중노동 형에 처해졌다. 아나톨리 마르첸코[반체제 작가] 같은 일부 사람들은 교도소에서 죽었다. 그러나 중요한 점은 억압의 수준이 과거보다 훨씬 더 완화됐다는 것이다. 물론 이제 당국은 대다수 사람들이 스스로 알아서 조심하는 것에 어느 정도 의존할 수 있었다(사람들의 그런 태도는 과거의 악몽에 대한 반쯤 억압된 기억에서 비롯하는 것이었다).

볼셰비키 선임 당원으로 체카의 고위 간부를 지냈지만 1938년에 투옥됐다가 총살당한 마르틴 라치스의 아들 알렉산드르 라치스는 자기 어머니에 관해 다음과 같이 말했다. "1960년대와 1970년대에도 … 어머니는 초인종 소리만 들리면 온몸을 부르르 떠셨다. 그래서 나는 어머니를 안정시키려고 아예 초인종 전원을 꺼 버렸다."[50]

냉전 상황에서 일부 사람들은 변화를 받아들이기를 주저했다. 이것은 지식인들이 미국 아니면 소련을 지지하는 쪽에 줄을 서고 자기편의 흠은 못 본 척하고 상대편을 비난하는 데 열을 올리게 된 심리의 일부였다. 그래서 서방에서는 '서방의 민주주의'는 소수의 특권이며 동방의 국가자본주의만큼이나 서방 자본주의도 야만적일 수 있다는 사실이 흐려지기 쉬웠다. 예컨대, 1984년 국제사면위원회 보고서를 보면 150여 개의 주권국가 중에서 적어도 117개 국가에 살해·고문·모욕을 당한 정치수들이 있었고, 이전 10년 동안 자국 정부의 손에 직접 또는 공모하에 살해당한 사람이 약 100만 명쯤 됐다. 가브리엘 가르시아 마르케스[콜롬비아 소설가]는 라틴아메리카에서 자국 정부의 억압을 피해 도망칠 수밖에 없었던 사람의 수가 노르웨이 인구보다 많았고, 전체 인구가 약 2500만 명인 중앙아메리카에서는 한창때의 스탈린 체제와 견줄 만큼 억압적인 친미 정권들에 살해당한 사람이 수십만 명을 헤아린다고 말했다.

여기서 이런 말을 하는 이유는 1953년 이후 소련 정권이 국내에서 가한 고통(이나 해외에서 저지른 짓)을 하찮게 여겨서가 아니라, 소련이 한창때의 스탈린 체제와 달라졌고 [억압의] 수준이 훨씬 낮아졌다는 점을 강조하기 위함이다. 물론 때로는 전혀 위험하지 않은 행동조차 지속적 억압에 시달렸다. 영국의 어떤 판사는 법이 선반 위에 앉은 나비를 죽이는 데 사용돼서는 안 된다고 말했다. 그러나 바로 이것이 심지어 가장 자유주의적인 일부 국가들에서도 일어나는 일이다. [소련의] 억압적 체제에서 죽은 '나비'들 중에는 1964년 '기생충'으로 몰려 체포[되고 1972년 소련에서 추방]된 조지프 브로드스키나 무심코 권력자들의 심기를 상하게 한 시를 썼다가 1983년 투옥된 이리나 라투신스카야 같은 시인들도 있었다.

이 마지막 수십 년간 억압의 주요 표적은 다섯 집단이었다. 가장 큰 것은 종교 집단으로, 복음주의 기독교도, 침례교도, 불교도, 무슬림, 여호와의 증인, 심지어 '참 정교회'조차 교회와 국가, 교회와 학교[의 분리]에 관한 법률에 저촉된다는 이유로 억압받았다. 둘째 집단은 다양한 소수민족 공화국의 민족주의 활동가들이었다. 셋째 집단은 소련을 떠나려 한 유대인들이었다. 비록 1970년부터 1989년까지 국제적 압력 덕분에* 수십만 명의 유대인이 허가를 받고 소련을 떠

---

* 1970년 소련에서 16명의 출국 금지 대상자가 비행기를 탈취해 소련을 탈출할 계획을 세웠다가 실패하고 체포돼 일부가 사형선고를 받았는데, 이 일로 국제적 비난이 일자 소련 당국은 이민 규제를 대폭 완화했다.

날 수 있었지만 말이다(그중 일부에게 유대인이라는 사실은 순전히 편리한 명목에 불과했다).[51] 넷째 집단은 인권 운동가들이었다. 그들은 국가 탄압의 실상을 상세히 기록한《현재 사건들의 연대기》를 당국의 허가 없이 발행하고,* 소련 정권이 헬싱키 협정[의 인권 존중 원칙]을 준수하는지를 감시하는 단체를 만들어서 특별한 표적이 됐다. 마지막으로, 정치적 입장이 더 체계적인 사람들이 있었다. 여기서 진정한 범법 행위는 정권이 공식적으로 하는 말을 곧이곧대로 믿고 소련의 현실과 사회주의의 이상을 비교하려 드는 것이었다(단지 개혁을 추구하기만 해도 죄가 됐다). 레프 코펠레프라는 반체제 작가는 1970년대에 다음과 같이 썼다. "마르크스주의적 방법을 사용해서 역사와 현재 상황을 연구하려 했다가는 … 가장 가혹한 탄압을 받게 된다."[52]

일단 정치수로 몰려 법적 절차가 시작되면 빠져나올 길이 없었다. "국제사면위원회의 경험으로 볼 때, 소련에서 정치적 피고인이 무죄 판결을 받은 적은 한 번도 없었다." 이것은 어느 정도는 KGB 최고 위층의 뜻에 따른 것이기도 했지만 하부의 자신감을 반영한 것이기도 했다. 너무 잔혹하다고 지방 당국이 비판받을 가능성은 거의 없었다. 모든 정치수가 법정에서 재판을 받은 것도 아니었다. 예컨대, 1969~1975년에 국제사면위원회는 소련에서 정치적·종교적 이유로 정신병원에 감금된 사례 120건을 확인했다. 그중에는 과학자 조레

---

* 《현재 사건들의 연대기》는 1968년 4월부터 1982년 6월까지 격월간지나 계간지로 발행됐다.

스 메드베데프, 좌파 장군 페트로 그리고렌코, 수학자 레오니트 플류시, 열악한 노동조건에 항의하고 자유로운 노동조합을 건설하려한 노동자 블라디미르 클레바노프도 있었다. 어떤 반체제 인사는 다음과 같은 말을 들어야 했다. "당신은 솔제니친처럼 유명한 사람이 아니다. 그는 견해 때문에 외국으로 추방됐다. 그러나 당신은 진술과 견해 때문에 정신병원에 수감될 것이다." 그들이 진단받은 질병 목록 중에는 "진실 추구에 대한 강박신경증"이나 1968년 [소련의] 체코슬로바키아 '개입'을 "침략 행위로 여긴다는 것" 따위가 있었다. 바로 이 이유로 1968년 정신병원에 갇힌 [문헌학자] 빅토르 파인베르크는 다음과 같은 말을 들었다. "당신의 질병은 반대 의견을 가졌다는 것이다. 당신의 견해를 포기하고 올바른 관점을 받아들이는 순간 당신은 석방될 것이다."[53]

정치수든 일반 형사범이든 수용소에 투옥된 사람들의 조건은 계속 열악했다. 재소자들은 네 가지 차등 처우 제도(보통·강화·엄격·특별)에 따라 조건·권리·음식이 제한됐다. 더 반항적인 재소자는 '시조shizo', 즉 징벌방에 격리될 수 있었다. 라투신스카야는 시조가 "추위와 굶주림으로 고문을 가하는 소련 수용소의 표준 방법"인데, 자신이 형기의 8퍼센트를 그곳에서 보냈다고 계산했다. 영양실조도 항상 문제였다. 유일하게 음식이 잘 나오는 경우는 재소자들의 단식투쟁 기간에 당국이 전술적으로 좋은 음식을 제공할 때뿐이었다. 그런 제도와 밀고자들에 대항해서 살아남으려는 투쟁도 끝까지 계속됐다. "결코 그들을 믿지 말고, 두려워하지 말고, 아무것도 부탁하지 말라"가 기본 규칙이었다. 정치수가 아닌 재소자들 사이에서는 꾀병·자해·뇌물이, 그리고 여성 재소자인 경우에는 임신이 모종의 처우 개선 수단으로 사용됐다(오늘날에도 여전히 사용된다). 교도 관의 환심을 사려고 애쓰는 사람들은 '염소'라고 불렸고, 교도관에 게 인사하지 않는 사람들은 '거부자'라고 불렸다. 그러나 이제 조직 적 반란은 매우 어려웠다. 그랬어도 라투신스카야와 동료 여성 정치 수들은 1984년 KGB 우두머리 출신의 소련 지도자 유리 안드로포 프가 죽었다는 소식을 듣고 매우 기뻐하며 서로 축하했다.[54] 그러나 안드로포프가 소련 지도자가 될 수 있었다는 사실은 KGB의 권력 이 반영된 것이었다기보다는 억압과 함께, 그리고 결국은 억압을 대 체하면서 새로운 통제 기구와 방법이 발전했다는 것을 보여 준다. 이 제 이런 통제 기구와 방법을 지배한 사회집단의 성격을 살펴보자.

사람들의 죽음과 사상의 죽음

레닌의 마지막(1923년) 정치국원들의 운명

V 레닌	1924년 자연사
L 카메네프	1936년 스탈린 정권에 살해당함
G 지노비예프	1936년 스탈린 정권에 살해당함
M 톰스키	1936년 체포될까 봐 두려워 자살함
N 부하린	1938년 스탈린 정권에 살해당함
A 리코프	1938년 스탈린 정권에 살해당함
L 트로츠키	1940년 스탈린 정권에 살해당함
J 스탈린	1953년 자연사
V 몰로토프	[1961년 공산당에서 제명돼] 1986년 불명예스럽게 사망

스탈린과 그의 후계자들은 자신들이 운영하는 새로운 사회의 진정한 성격을 공개적으로 토론하기를 두려워했다. 또, 자신들이 과거의 전통을 계승했다는 이른바 연속성 주장이 도전받는 것도 두려워했다. 이 주장에 이의를 제기할 수 있는 많은 볼셰비키 선임 당원들이 1930년대에 살해되거나 자살했다. 스탈린은 [1922년 설립된] 볼셰비키 선임 당원 협회를 [1935년] 해산시켰다.

혁명의 실제 역사와 혁명의 변질은 비밀에 부쳐야 했다. 문서 보관소에 있는 수많은 자료들은 스탈린이 "문서 보관소 쥐새끼들"이라고 부른 사람들[역사가들]에게 공개되지 않았다. 도서관에는 기존 출판물 중에서 독자들이 읽어서는 안 되는 것들을 모아 놓은 특별 창고가 있었다. 그중에서 가장 큰 창고는 모스크바의 레닌도서관에 있었는데, 거기에는 수십만 권의 책과 수백만 부의 잡지·신문이 있었다. 또, 서방의 좌파와 우파가 소련 지배자들에 관해 뭐라고 말하는지를 모두 알 수 있도록 서방의 저작을 몰래 번역한 자료들도 있었다. 그중에는 심지어 토니 클리프의 《소련 국가자본주의》를 번역한 것도 있었다. 내가 이 책에서 주장하는 일부 내용도 클리프의 이 책에서 영감을 얻은 것들이다. 1986년 당시 모스크바의 이 특별 창고에 접근할 수 있는 독자는 5000명(인구의 0.002퍼센트)도 안 됐다.

레닌을 다룬 저작의 출판은 엄격하게 제한됐고 최고 수준의 허가가 필요했다. 이것은 정권이 스스로 만들어 낸 연속성 신화를 뒷받침하는 데 도움이 됐다. 1991년 이후에는 흔히 이것이 거꾸로 뒤집어져서 '악'의 연속성이라는 신화를 만들어 냈다. 그러나 그런 주장은 설득력이 없다. 예컨대, 드미트리 볼코고노프는 "레닌이 [만악의] 근원"이라고 점점 더 소리 높여 주장했다. 그러나 이런 주장은 역시 그 자신이 인정한 바, 즉 소련 지도자들은 레닌에 관해 아는 것이 거의 없었다는 사실과 맞지 않는다. "공산당 지도자들로 말하자면 … 내가 아는 지도자들의 다수는 '당이 요구하는 최소한의 수준' 외에는 레닌의 글을 결코 읽지 않았다."[xiii] 그들이 마르크스와 그 밖의 사회주의 이론가들을 아는 수준도 마찬가지였다. 소련 국가는 레닌을 다룬 것이라면 심지어 헌책 판매도 통제하려 했다. 그래서 로버트 서비스는 다음과 같이 썼다. "원조 레닌주의 세계에서 레닌이 의심스러운 저자가 된 것은 정말 웃기는 일이었다." 실제로 그랬다. 그러나 서비스 같은 저자들은 이 모순을 결코 설명하지 못한다. 왜냐하면 그들은 레닌이 스탈린의 원조라는 견해와 그보다 더 광범한 연속성 주장들에 도전할 수 없기 때문이다.[xiv]

스탈린 숭배

'스탈린 숭배'는 공포정치와 함께 널리 퍼졌고 1945~1953년에 가장 심했다. 작가·시인·화가 등은 역겨운 아첨을 떨어야 했다. 1949년 12월 모스크바의 트레티야코프 미술관에서는 스탈린의 70회 생일을 축하하는 전시회가 열렸다. 그 전시회에서 가장 인기 있는 그림은 표도르 슈르핀의 "우리 조국의 아침"이었다(그것은 모범적인 '사회주의 리얼리즘' 판타지였다). 예술 잡지 《이스쿠스트보》(예술)는 그 그림을 다음과 같이 묘사했다.

"환하게 밝은 아침 일찍 멀리 고압 송전탑이 죽 늘어서 있는 광활한 집단농장에서 스탈린 동지가 흰색 인민복을 입고 팔에 비옷을 걸친 채 일하고 있다. 그의 고귀한 얼굴과 몸 전체가 봄철의 눈부신 햇살 아래 밝게 빛나고 있다. [카자흐스탄 출신의] 인민 시인 잠불 [자바예프]의 시구가 떠오른다. '오 스탈린, 봄날의 햇살이여!' 스탈린 동지는 새 새벽을 향해 의기양양하게 걸어간다. 그의 형상은 공산주의의 개선 행진이고, 용기의 상징이고, 소련 인민의 영광의 상징이고, 우리의 위대한 조국을 위해 새로운 영웅적 위업을 달성하라는 요구이다. 우리가 사랑하는 지도자, 현명하고 위풍당당하면서도 놀라울 만큼 겸손하고 진솔한 사람의 불멸의 특징이 그 형상 속에 들어 있다."

스탈린의 초상화가 모두 그렇게 '행복한' 운명은 아니었다. 1953년

파블로 피카소도 프랑스 공산당이 발행하는 잡지사의 부탁을 받고 스탈린을 기념하는 그림을 그렸다. 그러나 스탈린을 청년의 모습으로 가볍게 스케치한 그 그림은 스탈린을 제대로 묘사하지 못했다는 비난을 받았다. 공산당의 지식인 한 명이 피카소를 찾아왔다. 둘이 대화할 때 피카소는 예술가의 딜레마를 다음과 같이 설명했다.

"만약 제가 실제의 스탈린을 그렸다면 어땠을 것 같습니까? 즉, 얼굴에 주름이 있고 눈 밑은 움푹 꺼지고 피부에 사마귀가 있는 [스탈린을 말입니다] … 아마 크라나흐* 스타일의 초상화가 됐을 겁니다! 그랬다면 사람들이 '피카소가 스탈린을 보기 흉하게 만들었다! 스탈린을 늙은이로 만들었다!' 하고 아우성을 쳤을 겁니다. 저도 스탈린을 영웅의 누드화처럼 그리는 건 어떨까 하고 혼자 생각해 봤습니다. 예, 그랬어요. 그런데 스탈린의 누드화요? 그럼 그의 정력은 어쩌죠? 고전 조각상의 남자 성기를 보면 … 너무 작아요. 그러나 아시다시피 스탈린은 진짜 남자, 황소 같은 사나이였습니다. 그래서 그의 성기를 황소의 것처럼 그려서 작은 스탈린보다 그것이 더 부각된다면, 그러면 사람들은 또 아우성을 쳤을 겁니다. '스탈린을 색정광으로 만들었다! 사티로스처럼** 그려 났다!' 하고요. 당신이 진정한 [사회주의] 리얼리스트라면 줄자를 갖고 그것을 아주 정확히 재겠지요. 그런데 그건 더 나쁩니다. 왜냐하면 스탈린을 평범한 사람으로 만들어 버릴 테니까요. 그렇다면

---

* 루카스 크라나흐 북방 르네상스를 대표하는 독일의 화가로 마르틴 루터의 초상화 등을 그렸다.
** 사티로스 그리스 신화에서 호색가·애주가로 나오는 반인반수의 괴물이다.

당신이 자신을 희생할 각오로 당신의 것을 석고 모형으로 만든다면 어땠을까요? 그건 훨씬 더 나쁘겠네요. 무엇을 위해서 당신을 희생하는 겁니까? 스탈린? 아무튼 스탈린, 그는 항상 발기해 있어야 합니다. 그리스 조각상들처럼 말입니다. … 자, 사회주의 리얼리즘을 잘 아는 당신이 한번 대답해 보시죠. 어느 것이 사회주의 리얼리즘입니까? 발기한 스탈린? 아니면 발기하지 않은 스탈린?"[xv]

6장
—
지배계급

레닌 · 스탈린 영묘 위에 선 소련의 지도자들(1960년).

1928년 이후 위로부터 혁명으로 생겨난 체제의 다양한 측면 가운데 계급 문제보다 더 혼란을 자아낸 것은 없었다. 공식적 설명은 간단했다. 러시아는 계급사회였지만(신경제정책 시기에도 계급은 있었다), 국가가 주도한 자본축적과 함께 계급은 사라졌거나 적어도 서로 적대하는 계급들은 사라졌다는 것이다. 1936년 소련 헌법을 보면 사회적 조화라는 낭만적 이야기가 나온다. 새로운 러시아에는 적대적이지 않은 두 계급(노동자·농민)과 지식인이라는 하나의 계층이 있다는 것이다. 소련이 망할 때까지 이것이 공식적 주장이었다. 심지어 모종의 적대적 모순이 존재한다고 주장할 수 있게 됐을 때조차, 그것이 다른 나라에서도 발견되는 것과 비슷한 모순이라고 말하면 절대로 안 됐다. 그 말은 곧 소련이 마르크스주의적 의미에서 계급사회라는 것이었고, 그런 주장을 했다가는 당장 체포되고 투옥될 터였다.

외부에서 보면, [스탈린 체제의] 선전에 속지 않은 사람들은 항상 소련의 권력과 특권을 대강 볼 수 있었다(물론 그들도 공식적 설명을 너무 신뢰하는 경향이 있었다). 소련 내부의 불평등이 정말로 다른 나라들만큼이나 심각할 수 있었을까? [소련 출신의 미국 역사학자] 알렉산더 야노프는 그렇다고 생각했다. 그는 소련의 서열 '상위 1000명' 안에 드는 고위 관리의 전원주택을 방문한 적 있었다. 그 집의 어떤 방에 들어서자 옛 유럽 화가들의 걸작과 가장 뛰어난 18세기 골동품들이 사람을 압도했고, 다른 방에는 최첨단 전자 기기가 가득했으며, 거실의 바에는 최고급 프랑스 코냑이 죽 진열돼 있었고, 지하실은 중세풍으로 화려하게 장식돼 있었으며, 서재는 솔제니친의 금서 등도 소장한 훌륭한 도서관이었다. "그때 이후 나는 많은 곳에 가 봤지만, 부유한 미국인 동료의 집에 초대받았을 때도, 텍사스의 백만장자 귀부인이 주최한 축하연에 참석했을 때도, 정말 놀라운 그 전원주택 소유자와 비교하면 다른 사람들은(백만장자 귀부인도 포함해) 모두 '잃을 것이라고는 사슬뿐인 프롤레타리아'였다."[1]

그러나 근본적 혼란은 사실관계나 소련에 관한 것이 아니었다. 계급 자체에 관한 혼란이 문제였다. 자본주의 사회의 노동계급을 분석하거나 화이트칼라 노동자들의 구실을 논할 때, 또는 '언더클래스'가* 실제로 존재하는지를 두고 논쟁할 때는 엄청나게 주의를 기울이던 사람들이 지배계급에 관해서는 그런 안목을 보여 주지 않았다. 소련에 지배계급이 존재하는지를 두고 논쟁이 벌어지면, 계급 이론은 텔레비전의 19세기 자본주의 시대극과 비슷해지는 경향이 있

---

* 언더클래스(underclass) 고질적으로 고용이 되지 않아 복지에 의존해 사는 빈민층을 가리키는 말. 이 말은 좌파에서 우파까지 제각각 사용하지만 모두 노동계급 밑에 새로 등장한 또 다른 계급이 있다는 인식을 공유한다. 흔히 '최하층계급'이라고 번역되기도 하나 노동계급 아래에 있는 또 다른 계급이라는 의미를 살리고자 '언더클래스'라고 그대로 옮겼다.

다고 말해도 과언이 아니다. 그런 시대극에 나오는 자본가는 개인적으로 또는 대주주로서 자본을 사유재산으로 통제하는 남성이다. 이런 개인들은 자신의 부를 과시적으로 소비하고, 남은 재산을 자녀에게 상속한다. 그래서 시간이 흘러도 자본주의가 스스로 재생산될 수 있게 한다. 이런 시대극은 소련과 맞지 않았다. 소련은 국가가 통제하는 사회였다. 형식적으로 재산은 국가 자체가 소유했다. 중요한 사적 소유는 전혀 없었고, 대규모 주식 소유도 없었으며, 아버지가 아들에게 기업을 물려주는 직접적 상속 절차 따위도 없었다. 따라서 소련에는 지배계급이 존재할 수 없다고들 말했다. [그러나] 이런 조건이라면 서방에도 지배계급이 존재할 수 없었다는 것이 유일한 문제였다. 심지어 이런 시대극의 관점은 [1837년부터 1901년까지 재위한] 영국의 빅토리아 여왕 시대에 실제로 존재한 온갖 다양한 형태의 자본주의를 제대로 규명할 수도 없다. 그러므로 이런 식으로 계급을 보게 되면, 다양한 형태로 작용할 수 있는 계급의 심층적 논리나 계급 지배 방식을 놓치게 된다. 시간이 흐르면서 이런 형태들은 훨씬 더 다양해졌으므로 그런 계급 이미지는 이제는 어디에서도 맞지 않는다. 또, 그 모형이 맞지 않는 부문(예컨대, 국가 생산의 성장)도 자본주의인 이유는 그 모형이 맞는 부문의 지배를 받기 때문이라고 주장하는 것도 도움이 되지 않는다. 그 이유는 간단하다. 더 다양한 부문이 갈수록 지배적인 것이 되고 있기 때문이다.

여기서 결정적 구실을 한 것은 두 가지였다. 하나는 [전문] 경영자가 통제하는 기업이 증가했다는 것이다. 이런 기업에서는 형식적 소유와 [실질적] 통제가 분리됐다. 일부 대기업은 여전히 개인 소유자가 지배한다. 그러나 세계 자본주의의 핵심은 이제 경영자들이 통제한다. 심지어 이 경영자들이 여전히 주주들의 눈치를 볼 때조차 그들이 두려워하는 주주는 흔히 기관 투자자들(은행, 연금 기금, 보험회사 등)인데, 이런 기관 투자자 자체도 경영자가 통제한다.

이에 못지않게 중요한 것은 국가 산업의 성장이었다. 민영화에도 불구하고 국가 산업은 여전히 현대 자본주의의 필수적 일부다. 여기에도 협소한 법률적 의미의 사적 소유는 전혀 없고, 국가가 실질적 통제를 하고 있다. 법률적 상속 절차 따위는 없지만, 그렇다고 해서 계급 지배나 착취가 없는 것도 아니고 한 계급에서 다른 계급으로 권력의 소외가 없는 것도 아니다. 중요한 것은 경영자가 지배하는 기업에서든 국영기업에서든 한 부류의 사람들이 기업과 국가의 경쟁적 축적을 통제하고 관리하는 방식이다. 바로 이 경쟁이 체제의 성격과 체제 내 계급 관계를 결정한다. 자본의 재생산이 자본가들의 재생산을 결정하는 것이지 자본가들의 재생산이 자본의 재생산을 결정하는 것이 아니다. 실제로 서방에서도 국가의 힘이 소련과 비슷하게 강력해져서 '국민자본'의 이익을 지키기 위해 사적 부문을 억제하고 관리하는 경우가 있었다. 나치 독일에서 바로 그런 일이 벌어졌지만, 그것은 예나 지금이나 모든 전시경제의 특징이다. 제2차세계대전을 연구한 어떤 경제사학자는 다음과 같이 말했다. "그것[전시경제]이 결국 의미하는 바는 사회생활의 거의 모든 측면을 정부가 관리하게 됐다는 것이고 '민수품' 생산보다 '군수품' 생산이 철저하게 우선시됐다는 것이다." 미국에서는 생산량의 40퍼센트가 전쟁을 준비하는 데 쓰였고, 영국에서는 50퍼센트 이상이 그랬다. 미국에서는 제조업 고용의 약 59퍼센트가 군수생산을 담당했고, 영국에서는 66퍼센트가 그랬다.[2] 사정이 이렇게 되자 중앙[정부]의 크고 작은 인물들의 힘이 커졌다. 예컨대, 1940년 이후 영국에서는 [총리] 윈스턴 처칠을 두고 "절대왕정 시대 이래로 독재자와 가장 비슷한 사람이 영국에 등장했다"는 말이 나돌았다. 미국에서는 [제2차세계대전 때 물가관리국OPA을 이끌었던] J K 갤브레이스가 자신과 동료 경제학자들이 경제 전반의 가격을 통제했다고 말했다. 심지어 일부 성매매 업소가 군인들에게 청구할 수 있는 가격조차 군대가 결정했다.[3] 경제적 경쟁과 군사적 경쟁은 전 세계에 기본적으로 비슷한 형태들을 강요했다.

자본을 지배하는 자들은 그 힘을 이용해 소득을 자신의 소비에 전용한다. 또, 그 지배력을 이용해 자신과 가족의 미래를 안전하게 보호하려 한다. 그런 식으로 발전한 구조와 절차는 시간이 흐르면서 체제의 조절 방식의 일부가 된다. 그러나 중요한 것은 인과관계의 방향을 아는 것이다. 즉, 무엇이 핵심적이고 무엇이 부차적인지를 아는 것이 중요하다. 개인적 소비는 자본의 발전에서 부차적 추진력이다. 이와 반대로, 모든 것을 자본축적에 쏟아붓지 않는 자본가들을 경멸하는 프로테스탄트 윤리 형태의 '금욕적 부르주아지'라는 생각은 자본주의 초창기의 독창적 이데올로기 가운데 하나였다. 바로 그 때문에 마르크스가 "[자본가의 — 헤인스] 개인적 소비는 축적에 대해 저지르는 도둑질이다" 하고 말했던 것이다.[4]

마찬가지로, 자본주의가 기존 지배자들의 자녀뿐 아니라 최고의 기술자들도 끌어들일 수 있는 공간을 제공해야 한다는 생각 역시 오랫동안 체제의 일부였다. '직업은 출신이나 재산에 따른 차별 없이 재능 있는 사람들에게 열려 있어야 한다'는 생각이 과거 귀족 지배 체제의 유산에 대한 공격으로 발전한 것은 어쨌든 나폴레옹 시대의 프랑스에서였다. 이런 생각들을 바탕으로 1928년 이후 소련 지배계 급의 성격을 더 현실적으로 분석할 수 있다.

앞서 4장에서는 위로부터 혁명의 본질이 1920년대에 상층으로 떠오른 자들을 새로운 지배계급으로 변모시킨 것이라고 말했다. 그래서 새로운 생산관계가 확립됐기 때문이다. 이제 노동자와 농민은 가차 없는 축적 압력에 종속된 반면, 그 위에 군림한 자들은 이 축적 과정을 관리하는 국가자본가로 등장했다. 한편은 생산수단을 지배하고 다른 한편은 생산수단에 종속된 이 구조적 관계가 소련 지배계급 권력의 객관적 토대였다. 그러나 계급은 단지 생산수단에 대한 관계만이 아니다. 계급은 사람들 사이의 관계이기도 하고, 계급의 완전한 발전은 흔히 계급 간 상호작용 속에서만 표현된다.

소련의 계급 지배에 초점을 맞추는 것은 도움이 안 된다고 말하는 사람들이 가끔 있다. 왜냐하면 기층에서는 누구에게 권력이 있었는지가 모호하기 때문이라는 것이다.[5] 그러나 이런 상황은 소련만의 독특한 특징이 결코 아니었다. 가장 작은 사기업의 사례들을 제외하면 모든 기업의 '소유자'는 '경영자'나 '관리자'와 권력을 나눠 가져야 한다. 더욱이, 계급제도가 있는 많은 기관들(군대·교회·대학·병원 등)의 위계질서 사슬을 보면 권력과 통제의 등급이 존재한다는 인상을 받게 된다. 결국 이런 문제들은 매우 정교하게 선을 그어서 해결할 수 있는 것이 아니다. 계급들이 상호작용하고 양극화하면서 동태적으로 해결되는 문제인 것이다. 예컨대, 산업 투쟁이 어떻게 작업장의 상황을 바꿔 놓는지를 생각해 보라. 여기서는 한 [노동자] 집단이 선의를 거두거나 노무 제공을 중단하고 상층의 더 소규모 집단이 이에 동참하기를 거부하거나 동참하지 말라는 지시를 받으면서 계급이 체계적으로 나뉘기 시작한다. 마찬가지로, 국가적 수준의 혁명적 위기 때는 그 분단선이 더 날카로워진다. 기층 대중의 도전이 더 강렬할수록 더 많은 사람들이 이끌리겠지만, 그렇다고 해서 기관들과 사회가 분열된 구조적 방식이 달라지는 것은 아니다. 이미 1917년에 이런 요소들이 당시 발전하던 더 광범한 계급투쟁 과정에서 분명히 나타났다.

그러므로 1928년 이후 소련 지배계급의 윤곽을 추적할 때는 생산수단이 어떻게 통제됐는가(누가 진정한 나찰니키, 즉 우두머리였는가) 하는 이런 일반적 의미에서 출발해야 한다. 소련 문제를 다룬 저자들 사이에는 이 점에 관한 두 가지 잘못된 사고방식이 흔히 존재했다. 하나는 소득 수준이 가장 높은 '엘리트'에 초점을 맞추는 것이다. 만약 우리가 불평등의 규모에 관심이 있다면(이 문제는 나중에 살펴볼 것이다) 이 방법이 도움이 될 수 있다. 그러나 서방에서도 그렇듯이, 때로는 높은 소득 수준과 실질적 권력이 어긋날 수 있다. 고소득자 중에는 실질적 권력이 없는 사람들도 있고(축구 선수, 영화배우, 인기 가수 등을 생각해 보라), 실질적 권력이 있는 사람들이 고소득자가 아닐 수도 있다. 예컨대, 소련에서는 기업 임원들의 봉급이 다른 고위 집단들보다 더 적었다(물론 더 광범한 특권이라는 면에서는 그렇지 않았다).

또 하나 잘못된 사고방식은 노멘클라투라(권력층 명단)에 초점을 맞추는 것이다. 이것은 공산당의 승인을 받은 사람들만이 특정 요직에 선출될 수 있었던 방식을 가리킨다. 노멘클라투라에는 직위·적임자·임명권자 등이 명시돼 있었다. 그러므로 그 명단에 오른다는 것은 당의 신뢰를 받고 있다는 뜻이었다. 약 75만 개의 직위를 포괄하는 이 시스템에 포함된 사람이 지배계급 가운데 큰 부분이었을 것이다. 그러나 다른 사람들도 있었다. 예컨대, 일부 기업 관리자들은 항상 당의 노멘클라투라에 포함된 것은 아니었다.

당의 지배와 내부 세력균형

언젠가 마르크스는 자본가 계급을 "서로 싸우는 형제들"이라는 용어로 묘사했다. 그가 말한 의미는 자본가 계급이 형제처럼 가족의 이익이 위협받을 때, 즉 노동자들이나 종업원들이 자본가 계급의 재산을 빼앗겠다고 위협할 때는 서로 단결하지만 이윤을 차지하기 위한 경쟁 때문에 자기들끼리 분열하기도 한다는 것이었다. 자본주의의 경제적 구조와 나란히 발전하는 정치적 구조를 설명해 주는 중요한 요인이 바로 이런 모순이다.

경쟁을 관리하고, 이렇게 서로 싸우는 형제들을 공통의 이해관계로 단결시키려면 (공식적·비공식적) 조직이 필요하다. 기업인들은 클럽과 사교계에서 서로 어울리고, 경제 단체와 정당을 결성한다. 국가도 부분적으로는 [자본가 계급의] 잠재적 이해관계 충돌을 관리하고 조직하고 해결하기 위해 발전한다. 또, 국가는 교육과 의료 등을 제공하는 데도 기여하는데, 그런 것들은 자본주의가 계속 유지되는

데 꼭 필요하지만 사적 자본주의가 체제의 더 광범한 필요를 충족시킬 만큼 충분히 생산하기는 어려운 것들이다. 더 중요하게는, 자본주의가 서로 경쟁하는 국가들의 세계로 존재한다는 사실 때문에 국가 자체가 이른바 '야누스의 얼굴'을 하게 된다. 즉, 한쪽 얼굴은 일국 자본주의의 내부 이해관계를 감독하고, 다른 쪽 얼굴은 세계 수준에서 자국의 힘을 지키고 확대하려 한다는 것이다.

생산적 경제의 수준에서 나타나는 세력과 영향력의 양상은 다양한 자본 단위들의 관계를 반영한다. 대자본은 흔히 소자본을 지배한다. 금융·산업·서비스 부문의 회사들은 서로 영향력을 확대하고자 경쟁한다. 경제가 더 역동적이고 경쟁적일수록 세력균형은 더 유동적이다. 경제가 덜 경쟁적·역동적이고 더 제도화해 있을수록 세력균형은 더 고정적이다.

소련의 경제적 세력균형은 1930년대에 근본적인 경쟁적 축적 드라이브에 의해 고착됐다. 이 때문에 거의 모든 시기 동안 군산복합체가 우세한 조건이 형성됐다. 계속되는 외부의 압력은 이것을 더욱 강화했지만, 체제가 관료적이었다는 바로 그 이유 때문에 내부적으로도 그렇게 제도화했다. 내부에서 이 군산복합체에 도전하려는 시도(예컨대, 소비재를 생산하는 경공업을 강화하려는 시도)는 결코 성공하지 못했다. 이 [군산복합체] 부문에 기반을 둔 자들의 세력과 영향력은 [경제의] 급격한 재편을 철저히 봉쇄할 만큼 강력했다. 안드레이 사하로프는 다음과 같이 말했다. "1950년대 말 이후로 군산복합체와 그 지도자들의 집단적 힘이 점차 분명히 드러났는데, 그 강력하고 원칙 없는 지도자들은 자기 '일' 말고는 아무것도 안중에 없었다."[6] 그런 불만과 좌절감 때문에 사하로프는 더 공공연히 체제를 비판하는 길로 나아갔고, 1980년대에 자유주의적 반체제 운동의 선두에 서게 됐다.

그러나 소련 체제는 일당 국가, 무엇보다도 잔혹한 독재자가 지배하는 일당 국가로서 발전했다. 그 결과 하나는 억압 기관의 구실이 확대되고 강력해졌다는 것이다. 물론 이 때문에 스탈린 치하에서는 관료주의적 정치조차 위험했다(비록 그 요소들은 계속 유지됐지만 말이다). 이 점은 어떤 회고록을 보더라도 분명히 알 수 있다. 그래서 앞서 4장에서 봤듯이 최상층조차 두려움에 떨며 살아야 했던 것이다. 그러나 일단 스탈린이 사망하자 소련의 지도부는 더 질서 정연한 관계가 안정적으로 발전하도록 조치를 취했다. 그래서 관료화한 지배계급 내에서 관료주의적 정치가 더 확대될 수 있었다. 이렇게 관료화한 정치의 현장이 바로 공산당과 그 청년 조직인 콤소몰 [청년공산동맹]이었다. 공산당과 콤소몰은 공식적 정부 체계와 나란히 존재했다. 사실 소련 체제에서 진정한 집행력은 (최고 소비에트나 각료 평의회 같은) '의회 기구'가 아니라 공산당 정치국에 있었다. 둘째 결과는 공산당 외부의 '정치'가 공산당의 철저한 감독 아래 이뤄지도록 확실히 단속했다는 것이다. 1970년대 초에 반체제 인사 로이 메드베데프는 다음과 같이 말했다. "소련에서는 아무리 사소한 조직이라도, 심지어 애견인 클럽이나 선인장 재배 동호회조차도 공산당 산하 관련 기구의 감독을 받는다."[7]

그렇다고 해서 공산당이 상류층 사람들에게 중대한 영향을 미치는 대중조직 구실을 했다는 말은 아니다. 오히려 그들의 지배 도구

하나가 바로 공산당이었다. 통제는 항상 위에서 아래로 관철되는 상명하복 과정이었다. 1939년 [18차 당대회]과 1952년 [19차 당대회] 사이에는 당대회가 한 번도 열리지 않았다. 중앙위원회 회의도 드물었다. 흐루쇼프 치하에서 중앙위원회 활동이 잠시 반짝했지만, 브레즈네프 치하에서는 회의가 다시 뜸해졌고 1974년과 1979년에는 중앙위원회 회의가 짧게 열려 단 하나의 결의안만을 처리했다.[8] 사실 1930년대 이후의 소련공산당은 1917년과 실질적 연관이 전혀 없었을 뿐 아니라, 1920년대와 비교해 봐도 완전히 새로운 당이었다. 1939년이 되면 당원의 70퍼센트가 1929년 이후 가입한 사람들이었다. 더욱이, 고위층의 대다수를 차지한 것도 바로 이 신입 당원들이었다. 1941년 18차 당 협의회에 참석한 대의원의 78.4퍼센트는 나이가 40세 이하였다(그러므로 [1917년] 혁명 당시 18세 미만이었다). 겨우 8명(1.8퍼센트)만이 50세 이상이었고, 그러므로 1917년에 25세 이상이었다.[9]

스탈린은 공산당의 상명하복 성격을 군사적 용어로 표현했다. 그는 1937년 중앙위원회 총회에서 공산당에는 3000~4000명의 장군, 3만~4만 명의 장교, 10만~15만 명의 부사관이 있다고 말했다.[10] 당의 임무는 본질적으로 두 가지였다. 하나는 지배계급을 조직하는 일을 거들고 지도부의 결정, 그들의 우선순위와 정책이 확실히 실행되도록 하는 것이었다. 다른 하나는 사회 전체를 사회화하고 동원하고 감독하는 일을 거드는 것이었다. 이것은 분명히 거대한 청소년 부문 조직, 즉 피오네르[소년단]와* 콤소몰의 기능이었다. 그것들은 국

---

* 피오네르 개척자라는 뜻으로, 9~15세의 청소년이 가입하는 조직이었다.

가가 운영하는 보이·걸 스카우트 조직 구실을 했다. 실제로 콤소몰은 처음에 [서방의] 보이·걸 스카우트의 영향력에 대항하고자 만들어졌다. 콤소몰의 표어도 [보이·걸 스카우트와 마찬가지로] "준비"였다. 그러나 성인들에 대해서도 공산당은 이런 구실을 해야 했다. 1930년대 말쯤 '작업대에서 일하는' 노동자는 십중팔구 공산당원의 10퍼센트도 채 안 됐을 것이다(심지어 영국 보수당도 그보다는 높았다). 관리직 종사자가 당원의 50~70퍼센트를 차지한 것으로 추산된다. 비록 모든 경영자가 공산당원은 아니었지만, 공장 경영자는 거의 100퍼센트 당원이었다. 그러나 스탈린이 죽은 뒤에 관리직 종사자 위주의 당을 탈피하려는 노력의 일환으로 당의 기반이 확대됐다. 어떤 역사가는 이 과정을, 새로운 계급 형태가 발전하는 과정에서 초기의 혼란을 겪은 후에 확립된 부르주아 체제가 '합의'의 이미지를 바탕으로 어느 정도 문호를 개방해서 영향력을 확대하려고 시도한 것에 비유했다.[11]

상류층이 될 수 있는 기회?

소련의 공업화 드라이브는 '상류층이 될 기회'를 찾던 사람들에게 새로운 가능성을 열어 줬다. 새로운 기업에는 경영자가 필요했다. 병원·학교·대학·연구소도 마찬가지였다. 확장되는 일당 국가의 고위직에는 새로운 행정가층이 필요했다. 그 아래 중간층에는 화이트칼라 노동자, 전문가, 의사, 교사, 엔지니어, 건축가 등이 채워져야 했다. 이를 위해서는 극도로 낮은 전반적 교육 수준이 개선돼야 했다. 자본주의가 항상 변동한다는 사실 때문에 사람들이 상류층이 될 가능성이 어느 정도 생겨난다. 그러나 1930년대 소련에서 시작된 도약은 이 가능성을 엄청나게 확대했다. 예컨대, 1926~1937년에 노동자 수는 갑절로 늘어난 반면에 (더 소규모 집단인) 지식인의 규모는 3.8배 성장했고, 그중에서도 과학자 수는 5.9배, 엔지니어와 건축가 수는 7.9배 증가했다. 이런 직업 범주 속에 새로운 지배계급의 일부가 숨어 있었다. 그들은 크고 작은 기업과 집단농장의 경영자 중에서도 찾아볼 수 있었는데, 그런 경영자 수도 4.6배 증가했다.[12] 전쟁도 체제를 더 개방적으로 만든 한 요인이었다. 이미 상류층이 되는 데 성공한 자들의 다수는 결코 전방에서 싸우지 않았다. 그러나 전쟁이 워낙 유혈 낭자했기 때문에 신흥 지배계급의 일부는 수많은 노동자·농민과 함께 희생될 수밖에 없었다. 예컨대, 스탈린의 아들도 전쟁에서 죽었다. 1945년 이후 [일당 국가와 경제의] 확장 속도가 느려지기 시작했고, 더 안정적인 패턴이 나타나기 시작했다. 상류층 집단이 더 전형적 형태로, 즉 완전히 배타적이지는 않았지만 주로 내부에서 자체 재생산되기 시작한 것이다. 실제로 체제의 관료적 성격은 경제적 경직성뿐 아니라 사회적 경직성도 만들어 내는 데 일조했다. 그래서 새로운 지배계급은 특권을 누리고 나이가 들면서 변화에 저항할 수 있었고, 더 통찰력 있는 개혁파에게 실망과 좌절을 안겨 줬다.

흔히 공업화와 숙청의 영향이 합쳐져서 1930년대에 완전히 새로운 지배계급이 생겨났다고들 생각하지만, 이것은 사실이 아니다. 급격한 변화는, 이미 1928년 이전에 권력층이 된 자들과 나란히 새로운 사람들이 상류층이 될 가능성을 열어 줬다. 숙청의 영향도 생각했던 것보다 훨씬 더 선별적이었던 듯하다. 전문가들이 공업화에 반대하지 못하도록 억제한다는 당면 목표가 달성되자 스탈린은 충성스러운 전문가들의 자리를 보장해 주려 했다. 그래서 1931년 6월 "[이제 ― 헤인스] 거의 모든 구식 전문가와 엔지니어를 아직 색출되지 않은 범죄자나 파괴자 취급하는 것은 어리석고 멍청한 짓"이라고 말했다. 나중에는 가족과 관련해서도 똑같은 말을 했다. "아버지가 저지른 범죄에 아들은 책임이 없다." 물론 한 사람이 체포되면 그 가족들은 고통을 겪었지만, 그렇다고 해서 전체 상황을 오해해서는 안 된다. 우리가 가진 한정된 자료를 보면, 당시 밑바닥으로 떨어지는 데도 한계가 있었던 듯하다.[13] 새로운 지배계급에는 사회적으로 옛 부류와 새 부류가 융합돼 있었고, 그들은 새로운 체제에 대한 거의 진실한 믿음과 새 체제가 가져다줄 보상에 대한 욕망으로 단결해 있었다.

밑바닥에서 위로 올라가는 제도를 일컬어 소련에서는 비드비젠스트보[승진]라고 했다. 프락티키[실무자]로 알려진 일부 사람들은 직장에서 일을 잘해서 승진한 사람들이었다. 그러나 더 선진적인 정규교육과 고등교육이 필요했다. 1928년에는 당원의 1퍼센트만이 고등교육을 이수했고, 당원 가운데 엔지니어는 138명뿐이었다. 그러므로 문맹을 퇴치하고 기술 수준을 높이고 기계 기사와 트랙터·콤바인 운전기사 등을 훈련하는 캠페인과 나란히 고등교육과 [직업]훈련의 단기 집중 과정이 발전했다. 1928년부터 1941년까지 약 60만~70만 명이 고등교육기관을 졸업했는데, 그중에 다수가 엔지니어였다는 사실은 공업의 필요를 반영한 것이었다. [1939년 3월에 열린] 18차 당대회에서 스탈린은 50만 명 이상의 당원들이 1928년 이후 승진했다고 자랑했다. 그러나 체제에 충성하기만 하면 굳이 공산당에 가입하지 않아도 됐으므로 다른 많은 사람들도 출세의 사다리를 타고 올라갈 수 있었다.[14] 예컨대, 1935년 5월 스탈린은 "당원이 아닌 볼셰비키"의 중요성을 강조했다. 부하린의 견해는 더 냉소적이었다. 그는 스탈린을 등에 업고 출세한 자들을 일컬어 "어느 방향으로든 돌려 세울 수 있는 밀랍 덩어리 같은" 좀비들이라고 했다. 보리스 파스테르나크는 자신이 만난 문학계 관료들이 "자기 이익을 위해서라면 기꺼이 시체를 밟고 다닐" 아첨꾼이라고 생각했다.[15]

충성심과 능력, 고분고분한 태도를 가진 자들은 놀라운 출세의 본보기가 됐다. 일부 사람들은 그리스 신화의 이카루스처럼 태양을 향해 날아올랐다가 일찍 타 죽고 말았다. 예컨대, 그리고리 노소프는 33살에 쿠즈네츠크 철강 콤비나트의 수석 엔지니어가 됐고, 이어서 마그니토고르스크[의 철강 공장]에서 수석 엔지니어가 됐으며, 1940년부터 1951년 46세의 나이로 죽을 때까지 그 공장의 책임자를 지내며 존경과 칭송을 받았[지만 말년에 숙청되고 곧 사망했]다.[16] 다른 사람들은 살아남아서 거물이 됐다. 세 사람의 유명한 사례를 보자. 1930년에 알렉세이 코시긴(당시 26세), 레오니트 브레즈네프(24세), 드미트리 우스티노프(22세)는 모두 고등교육기관에서 공부할 학생으로 선발됐다. 수많은 다른 사람들과 마찬가지로 그들도 1930년대 중반에 학업을 마쳤는데, 당시는 대숙청의 수혜자가 되기에 딱 좋은 때였다. 1935년에 학업을 마친 코시긴은 섬유 공장 책임자가 됐고, 1939년 35세의 나이에 섬유산업 전체를 관장하는 인민위원이 됐다. 우스티노프는 군수공장 책임자가 됐고, 그 뒤 1941년에는 33세의 나이에 무기武器 인민위원이 됐다.* 이 시점에서는 레오니트 브레즈네프의 출세가 가장 늦었지만, 그래도 그는 전쟁 전에 이미 지방 [공산당]의 고위직에 임명됐다. 이들을 두고 어떤 관찰자는 "대숙청에서 이득을 본, 낯 두꺼운 자들"의 표본이라고 말했다.

그런 출세 기회는 소련 제국의 주변 지역에서도 생겨났다. 여기서도 야망이 있는 사람들은 체제에 충성하고 러시아어를 할 줄 안다면 상류층이 될 수 있었다. 스탈린 자신도 그루지야 출신이었다. 여성들도 출세할 수 있었다. 물론 이것은 1917년과 1920년대에 사람들이 생각하던 [여성]해방이 결코 아니었다. 사실 공산당의 여성부(제노텔)는 스탈린의 위로부터 혁명에 희생돼 1930년 초에 폐지됐다. 이후 수십 년 동안 더 광범한 페미니즘 의제는 사라졌고, 1979년에 한 무리의 여성들이 페미니즘 의제를 제기하려고 시도했다가 체포됐다. 그러나 한동안 소수민족들이 그랬듯이 여성들에게도 급속한 공업화로 더 광범한 사회적 [상향] 이동의 기회가 생겨났고, 그것은 때로는 서방보다도 앞서는 것이었다. 물론 소수민족이든 여성이든 여전히 상당한 불평등에 시달렸다. 예를 들어, 여성 [고용]은 대체로 경공업, 식품 가공업, 교육과 의료 분야에 집중돼 있었다. 여성은 보통 낮은 직급에서 일했고, 기술 수준도 낮았으며, 임금도 낮았다.

---

* 1939년 1월 방위산업 인민위원회가 항공업 인민위원회, 조선업 인민위원회, 무기 인민위원회, 군수품 인민위원회로 분할됐다.

1956년에 기업 임원의 1퍼센트만이 여성이었다. 1975년쯤 그 수치는 9퍼센트였다. 그러나 정치권의 최고위직은 여성에게 허용되지 않았다. 1986년 무렵 [공산당] 중앙위원회에서 여성은 겨우 3.5퍼센트였고, 정치국원이나 장관이 된 여성도 단 2명뿐이었다.

이런 변화로 1930년대 말에 전 세계에서 가장 젊은 지배계급이 생겨났다고 할 수 있을 것이다. 일단 스탈린이 사망하자 소련의 지배계급 사람들은 자신들의 지위가 안전하게 유지되기를 간절히 원했고 다시는 독재자의 변덕에 시달리고 싶지 않았다.

그러나 그들이 국가자본가의 일부였기 때문에 [지배]계급의 재생산은 단순한 상속보다는 더 광범한 공식·비공식 사회제도에 의지해야 했다. 이것은 결코 소련만의 독특한 상황은 아니었다. 어떤 사회에서도 특권적 교육은 계급 권력의 중요한 수단이다. 비공식적 제도들을 자신에게 유리하게 활용하는 능력도 마찬가지다. 이렇게 다양한 출세 방법들 중에서 어떤 것의 비중이 더 큰지가 나라마다 다를 뿐이다(이런 차이는 심지어 서방 국가들 사이에도 있다). 소련 사회의 상류층과 그 자녀들은 특권적 라이프스타일 덕분에 그들 밑에 있는 노동자와 농민은 꿈도 꾸기 힘든 기회를 얻을 수 있었다. 다른 나라들과 마찬가지로 소련에서도 밑바닥에 있는 사람들의 기회는 불평등하고 힘든 일상 때문에 제한됐다. 그러나 소련에서는 빈곤과 사소한 제약들 때문에 이 점이 더 두드러졌다. 농민이 농촌을 떠나려면 특별 통행증이 필요했고, 누구든지 대도시와 수도로 이사하려면 거주 허가증이 필요했는데, 일부 사람들은 이런 것들을 남들보다 더 쉽게 구할 수 있었다. 그러나 사회집단으로서 지배계급이 특권을 세습하는 핵심 방법은 바로 교육제도였다.

자본주의에서 교육제도는 [지배계급] 내부자들의 자녀에게 유리한 기회를 제공하는 한편 잠재적으로 재능 있는 외부자들을 발굴하고 육성할 수 있게 해 준다. 1928년 이후 소련의 교육제도는 평등의 미사여구 아래서 전자의 요소가 강력하게, 어쩌면 대다수 서방 사회보다 더 강력하게 작용하도록 틀이 짜였다. 그래서 1965년에 어떤 관찰자는 "노동자의 아들은 능력과 의지가 있어야만 고등교육을 받겠지만, 새로운 [지배]계급의 아들은 항상 고등교육을 받는다"는 것이 소련의 불문율이라고 말했다.[17]

교육과정의 실험은 1930년대 초에 완전히 중단됐다. 그러나 새로운 지배계급의 자리들을 채울 필요 때문에 처음에는 고등교육을 받는 사람들이 크게 늘어났다. 그렇지만 1930년대 중반이 되면 고등교육 기회가 신흥 [지배]계급의 윤곽을 반영하기 시작했다. 스탈린이 "당원이 아닌 볼셰비키"의 중요성을 인정했으니 당원이라는 자격도 더는 핵심이 아니었다. 표 6.1은 공식적으로 학생 집단의 사회적 구성이 어떻게 변했는지를 보여 준다. 1930년대 말에는 사회의 보수적 양상이 분명히 드러났다. 사실 너무 분명해져서, 1938년 이후에는 학생 집단의 사회적 구성에 관한 정보가 아예 공개되지 않았다. 그 뒤 1940년 10월 2일에는 고등학교와 대학교의 무상교육을 폐지하는 법령이 통과됐다. 이 조치 때문에 하층 가구 학생들이 받은 타격은 장학금 지급으로 약간 완화됐지만, 그 조치의 분명한 목적은 상류층 사람들이 (공식·비공식) 교육 기회를 돈을 주고 살 수 있게 하려는 것이었다.

표 6.1. 1930년대 학생 집단의 사회적 구성 변화(단위: 퍼센트)[18]

	1928년	1932년	1935년	1938년
노동자	25.4	58.0	45.0	33.9
농민	23.9	14.1	16.2	21.6
기타 피고용인	50.7	27.9	38.8	44.5

더욱이, 다른 나라와 마찬가지로 소련의 교육제도에서도 학업을 중도에 그만두는 학생의 비율이 사회 구조적으로 정해져 있었다. 그래서 졸업생의 사회적 구성은 상류층에 훨씬 더 편중돼 있었다.

늙고 경직된 지배계급

스탈린이 죽은 뒤에 가장 터무니없는 불평등의 사례들은 철폐됐다. 예컨대, 수업료는 1956년에 폐지됐다. 그러나 근본적 구조들은 여전히 굳건했고, 상류층 사람들은 모든 변화에 저항했다. 심지어 1960년대 초에도 그들은 여전히 비교적 젊은 [지배계급] 축에 들었다. 실제로 어떤 평론가는 그들이 "십중팔구 … 세계에서 그런 무제한의 권력을 지닌 가장 젊은 집단"이라고 썼다.[19] 그러나 시간이 흐르면서 그들은 자기 자리에 앉아서 나이를 먹었고, 바로 그 높은 자리에서 내려올 조짐은 거의 없었다. 니콜라이 파톨리체프라는 [해외무역부] 장관은 27년 동안 똑같은 자리에 있었다. 니콜라이 바이바코프는 20년 동안 국가계획위원회의 우두머리였다. 1980년대 초에 정치국원의 절반은 1930년대 세대 중에서 살아남은 사람들이었다. 예컨대, 코시긴은 두 번이나 뇌중풍으로 쓰러졌는데 정치국은 그때마다 코시긴의 사퇴서를 반려했다. 그래서 그는 죽을 때까지 자리를 지켰다.[20] 안드로포프가 죽은 뒤 체르넨코가 소련 지도자가 됐을 때, 다음과 같은 새로운 농담이 퍼졌다. "1984년 2월 71세의 콘스탄틴 체르넨코가 오랫동안 병을 앓고 있으면서 의식을 회복하지도 못한 상태에서 소련의 지도자가 됐다."

'간부들의 안정'이 브레즈네프 정권의 정책이었다. 중앙위원회를 떠나는 사람은 그 어느 때보다 적었다. 브레즈네프 스스로 점차 일상적 문제들을 멀리하면서 정부가 처리하도록 넘겨줬다. 공산당의 사무국과 정치국 회의는 각각 화요일과 목요일에 1시간씩 열렸다. 그러면 브레즈네프는 주말 내내 자비도보에 있는 으리으리한 다차[시골별장]에서 사냥에 몰두했다. 사정이 이렇다 보니 체제는 갈수록 무기력해졌고, 브레즈네프 자신의 가족을 포함해 중앙 지도부와 그 주위에서 부패가 심해졌다. 안드로포프는 부패를 줄이려고 시도했지만, 그 자신도 이 집단의 일부였다. 그를 비롯한 정치국원 전체의 고통을 덜어 주기 위해 레닌의 영묘에 비밀 에스컬레이터가 만들어졌다. 그들이 관절염에 걸린 다리와 노쇠한 몸을 이끌고 공식 행사 때 영묘 위로 더 쉽게 올라갈 수 있도록 하기 위해서였다.[21]

심화하는 경직성의 요소들은 상층부 아래에서도 찾아볼 수 있었다. 예컨대, 1980년에 필리포프라는 소련 사회학자는 냉혹하게 다음과 같이 말할 수 있었다. "직업교육, 전문 기술 교육, 고등교육체계는 기존 사회구조의 연장일 뿐이다. 각 교육의 방향은 상응하는 계급, 사회집단, 사회계층과 결부돼 있다."[22] 이 모든 것의 함의는 시간이 흐르면서 사회적 경직성의 양상과 사회적 이동성의 속도가 서방의 더 발전한 사회들과 비슷해졌다는 것이다. 실제로는 소련 상황이 더 나빴을 수 있다. 널리 알려져 있듯이 그런 비교가 어렵기는 하지만, 1970년대 말쯤 프랑스 사회학자 바질 케르블레는 노동계급 출신의 노동자가 승진해서 고위 경영자가 될 확률은 소련보다 프랑스가 15퍼센트 더 높고, 일본은 3배, 미국은 5배 더 높다고 말했다.[23]

상류층의 소득과 특권

그러나 이들은 자신의 특권을 이용해 호화 생활을 하는 지배계급이었는가? 이 6장의 서두에 나오는 알렉산더 야노프의 묘사를 보면 분명히 그런 것처럼 보이지만, 소련의 풍요와 그 성격의 일반적 형태에 대해서는 여전히 의문이 남는다. 이 점을 이해하려면 부와 소득을 구분해야 한다. 부는 자산이 비축된 것(토지, 기업체나 기업의 주식, 은행 예금 등)이다. 소득은 일을 하거나 자산을 이용해 벌어들인 것(임금, 봉급, 지대나 임대료, 이윤 등)이다. 소련 경제는 국가가 통제했으므로 부의 사적 소유는 없었지만, 앞서 봤듯이 서방에서도 이 점이 항상 핵심적이지는 않았다. 이런 조직과 기업을 실질적으로 통제하면 소득이 보장된다. 이 덕분에 경영자는 생산 통제뿐 아니라 분배의 측면에서도 다른 사람들과 별개의 계급이 될 수 있는 것이다. 바로 이것이 소련에서 국가적 규모로 벌어진 일이고, 그래서 계급 간 소득 격차나 소비의 격차가 다른 나라들과 매우 비슷했던 것이다. 이것이 놀라운 말처럼 들릴 수 있는 이유는 역사적으로 많은 관찰자들이 개인과 집단의 차이라는 근본적 차이를 보지 못했기 때문이다. 서방의 가장 부유한 억만장자와 가장 가난한 노동자 사이의 소득 격차가 십중팔구 소련의 비슷한 소득 격차보다 더 컸을 것이다. 그러나 계급 분석에서 중요한 것은 계급 간 불평등의 체계적 양상이지 개인 간의 극단적 차이가 아니다. 이것을 측정하는 직접적 방법은 없지만, 예컨대 상위 1·5·10퍼센트의 소득과 하위 1·5·10퍼센트의 소득을 비교해 보면 대강 비슷한 결과를 얻을 수 있다. 그런 비교와 함께 현물소득을 적절히 감안하면, 다른 국가들과 마찬가지로 소련에서도 지배계급이 권력을 이용해 불평등의 양상을 주도했다는 사실이 드러난다.

스탈린은 위로부터 혁명을 시작하면서 곧바로 평등이라는 오래된 사상을 공격했다. 1931년 6월 그는 이른바 '평등주의의 남용'(우라브닐롭카)를 비난하면서, 임금 지급은 노동자들에게 [더 열심히 일할] 동기를 부여하고 그 보상을 제공하는 것이어야 하고 "우리가 이런 노선을 더 대담하게 채택할수록 좋다" 하고 주장했다.[24] 이런 생각이 실행에 옮겨지자 급여 등급이 확대돼 소득 격차가 엄청나게 커졌다. 이를 뒷받침하는 불평등 표지들이 공식적으로 도입됐다. 예컨대, 군대에서는 [1917년 혁명으로 폐지된] 계급이 1935년에 다시 도입됐고 1940년에는 더 확대됐다. 같은 해에 제정러시아 시대의 계급장, [장교를 나타내는] 금술 달린 견장 따위가 더 강력하게 부활했다. (알렉산드르 수보로프나 파벨 나히모프 같은 제정러시아 시대 영웅들의 이름을 딴) 장교 후보생 학교들이 세워졌다. 제복은 더 정교해졌고, 무공훈장도 계급에 따라 달리 정해졌다. 이것은 역사를 만드는 것은 윗사람들이고 아랫사람들의 의무는 '죽도록 일하는 것'이라는 견해를 반쯤 의식적으로 반영한 처사였다. 그래서 제2차세계대전 때 군대의 최고 지휘관은 '승리' 훈장을 받은 반면 부사관과 사병들은 '영광' 훈장을 받았다. 이 시기에 국가 관료들 사이에서도 서열과 지위에 대한 관심 때문에 점차 민간 제복이 다시 도입됐(고 그 제복은 1954년까지 사용됐)다. 이것을 정당화한 명분은 제복이 질서와 규율에 기여한다는 것이었고, 제정러시아 시대에 그랬듯이 관료들의 등급은 제복의 스타일·색상·품질로 구분됐다.[25]

그러나 더 직접적으로 소득은 과연 어땠는가? 소련에서 소득의 가장 중요한 부분은 화폐 형태로 얻는 것이었다. 여기에 더해 각종 특권과 부가 혜택이 있었고, 지위가 높을수록 얻는 것도 더 많았다. 시간이 흐르면서 화폐 임금과 봉급이 어떻게 변했는지를 보자. 1930년대에 극적으로 확대된 불평등은 1946년경 절정에 달했다. 이 시점에서는 소련의, 예컨대 상위 10퍼센트와 하위 10퍼센트의 격차가 다른 어떤 선진국보다 더 컸다고 생각할 근거가 충분했다. 가난에 시달리는 농촌 부문이 제외된 자료를 바탕으로 추산한 것이기에 더 그렇다. 이후 소련 정권은 불평등을 완화시켰다. 그 방법은 한편으로는 최하층의 끔찍하게 낮은 생활수준을 높이고 다른 한편으로는 상류층의 고소득을 약간 삭감하는 것이었다. 1960년대와 1970년대가 되면 임금과 봉급의 불평등이 소련과 서방의 '꽤 두드러진 유사성'을 보여 주는 수준으로 되돌아갔다. 소련의 불평등은 미국·스페인·이탈리아 같은 나라들보다는 덜 심했지만 일본과 스웨덴보다는 더 심했다. 예컨대, 어떤 조사 결과를 보면 소련에서 가장 가난한 가구 10퍼센트가 소득의 3.4퍼센트를 얻은 반면 상위 10퍼센트의 가구가 24.1퍼센트를 가져갔다(즉, 약 7배였다). 그러다가 1970년대 말 이후 상위와 하위의 격차가 벌어지면서 불평등은 다시 심화하는 것으로 나타난다. 또, 소련에서는 소득세가 중요한 구실을 하지 않았다는 사실도 기억해야 한다. 그것은 가벼운 누진세였을 뿐이고, 1970년대 중반에 국가 예산의 10퍼센트도 채 안 됐다.[26]

물론 소득 상위 10퍼센트는 매우 큰 집단이므로 그 안에서도 커다란 차이가 있었다. 첫째, 많은 상류층 사람들은 소득원이 하나가 아니었다(가족 구성원들의 소득이라는 문제를 제쳐 놓고 봐도 그랬다). 예컨대, 학문적 이유로든 비학문적 이유로든 학술원 회원이 되면 평균 월급의 2~3배나 되는 급여를 매달 추가로 받았다. 앞서 말했듯이, 실제 계급 구조와 맞지 않는 일부 초고소득자들도 있었다. 예컨대, 1936년에 14명의 작가들은 매달 인세로 1000루블을 받았고(당시 평균 월급의 43배가 넘는 거액이었다), 심지어 더 평등해진 1960년대와 1970년대에도 성공한 작가들은 엄청나게 부유했다. 그러나 이보다 더 중요한 사실은 사람들의 지위가 올라서 지배계급의 핵심에 더 가까워질수록 화폐 소득을 보충하는 권력의 부가 혜택도 더 많아졌다는 것이다. 뒤에 나오는 "현실 돋보기: '재산, 쾌락, 과대망상증의 판타지'"는* 권력의 정점인 정치국원 자리에 오르면 어떤 부를 누릴 수 있는지를 얼핏 보여 준다.

---

* 320쪽 참조.

부가 혜택은 소련에만 있는 독특한 것이 아니었지만, 소련에서 더 중요한 구실을 했다. 한편으로는 소득을 '숨기는' 방법이었기 때문이고(서방에서도 소득이 공식적으로 통제될 때는 똑같은 일이 벌어졌다), 다른 한편으로는 사람들이 체제에 충성하도록 만드는 방법이었기 때문이다. 1960년에 전체 소매 매출의 3분의 1은 일반 대중이 이용할 수 없는 특별 상점에서 이뤄졌다.[27] 부가 혜택은 기업 경영자 같은 사람들의 소득 증대에서 특별히 중요했다. 권력과 함께 특권도 작용했다. 기차역과 공항에는 고위층을 위한 특별 대합실이 있었다. 권력이 있으면 자동차(가끔은 운전기사도), 더 나은 집, 좋은 별장이 보장됐다. 특별 휴가, 해외여행 등의 기회도 생겼다. 이 모든 것은 공식적이었다. 그러나 상류층 사람들은 또, [집단농장과 국영농장이 아닌] 사적 농장에서 생산된 값비싼 농산물 시장이나 암시장도 더 쉽게 이용할 수 있었고, 부업을 뛰는 노동자들을 더 쉽게 부려 먹을 수도 있었으며, 무엇보다도 자신이 특별히 원하는 것이 있을 때 연줄이나 뇌물 따위의 이른바 블라트를 이용해 쉽게 얻을 수도 있었다. 진정한 블라트는 상류층에 집중돼 있었다. 예컨대, 어떤 설문 조사 결과를 보면 응답자의 55퍼센트는 식량과 의약품을 얻으려고 남에게 '부탁'을 했다고 한 반면에 소비재를 얻으려고 '부탁'했다는 사람은 40퍼센트, 휴가와 병원 치료 등에서 특권을 누리려고 '부탁'했다는 사람은 10퍼센트에 불과했다. 당연히, 점원이나 약사에게 부탁하는 것과 자동차를 얻거나 흑해 연안의 별장에서 휴가를 보내려고 부탁하는 것은 완전히 다르다.[28]

지배 이데올로기?

이런 계급 패턴은 매우 보수적인 이데올로기의 발전에도 반영됐다. 소련 정권은 공식적으로는 마르크스·엥겔스·레닌의 이름을 들먹이며 정책을 정당화했지만, 소련의 현실은 마르크스주의의 분석과 모순됐다. 그래서 일부 비판적 평론가들은 소련의 이데올로기가 순전히 실용적 이유로 결정된 정책을 정당화하는 데 이용됐을 뿐이라고 결론지었다. 소련 정권이 마르크스·엥겔스·레닌의 말과 글을 인용하는 데 집착했다는 것은 분명하다. 그러나 이데올로기를 완전히 무시하는 것은 잘못이다. 그것을 이해할 필요가 있다. 이데올로기는 두 수준에서, 즉 공식적 수준과 일상적 체험의 수준에서 작용한다. 여기서 공식적 수준이라는 것은 사상을 체계적으로 정리하고 명문화하는 방식을 의미한다. 일상적 체험의 수준이라는 것은 그런 사상이 일상적 행동 지침으로 변모하게 되는 방식을 의미한다.

보수적이고 특권적인 국가들이 완전히 다른 과거의 전통을 계승하고 있다며 연속성을 주장하는 것은 결코 특이한 일이 아니다. 거의 2000년 동안, 부유한 그리스도교 교회는 세속의 부를 경멸한 매우 가난한 목수의 사상을 끊임없이 들먹였다. 또, 프랑스의 역대 정부들은 1789년 혁명의 유산을 물려받았다고 주장하면서, '자유·평등·우애'라는 구호를 정부 건물에 새겨 넣었다. 마찬가지로 미국에서도 이른바 미국 혁명의 유산이 여전히 숭배의 대상으로 남아 있다. 그래서 심지어 가장 보수적인 사회단체 하나가 '미국 혁명의 딸들'이라는 명칭을 쓰고 있을 정도다. 물론 이 각각의 경우에 과거는 현재의 지침이 결코 아니다. 중요한 것은 과거가 현재의 지배적 사상을 안전하게 뒷받침하는 형태로 선별적으로 이용되고 조작된다는 사실이다. 심지어 소련에서는 아주 대충 훑어보기만 해도 똑같은 과정이 진행됐다는 사실을 쉽게 알 수 있다. 그 점은 출판물 통계에서도 분명히 드러난다. 예컨대, 1918년부터 1954년까지 소련에서 출판된 책 170억 권 가운데 7억 600만 권, 즉 4퍼센트 이상이 스탈린의 저작이었다. 이것은 레닌의 저작보다 2.5배 많고, 마르크스와 엥겔스의 저작보다는 거의 11배나 많았다. 여기에다 "사회주의 이론과 역사에 관한 스탈린의 견해를 반영하는 어마어마하게 많은 문헌"과 "스탈린과 가까운 사람들이 지은 터무니없이 많은 저작들"도 추가해야 한다.[29]

그 점은 과거를 근거로 현재를 비판할 만큼 과거를 아주 진지하게 생각한 사람들의 운명을 봐도 알 수 있다. 따라서 소련의 공식적 이데올로기를 분석하려면 체제 자체의 교과서들(스탈린의 저작 《레닌주의의 문제들》, 《소련공산당(볼셰비키)의 역사, 단기 과정》 등)과, 지도부가 그것들을 더 일반적 발표나 선언에서 어떻게 이해하고 해석했는지에서 출발해야 한다. 소련은 일당 국가였으므로 이 공식적 이데올로기를 가차 없이 강요했다. 사람들은 자신의 당성(파르티노스트), 이데올로기성(이데이노스트), 민중성(나로드노스트)을 공개적으로 입증해야만 했다.[30] 스탈린이 죽은 뒤에 이런 암호 같은 말들로 공식적 이데올로기를 수호하고 단속한 핵심적 인물은 미하일 수슬로프와 보리스 포노마료프 같은 자들이었다. 포노마료프는 소련공산당과 외국 공산당의 관계를 담당한 책임자였는데, 흐루쇼프는 그가 "가톨릭 신부처럼 전통을 고수하는 보수파"라고 말했다. 실제로 흐루쇼프는 포노마료프에게 '포노마르'라는 별명을 붙여 줬는데, 그 것은 러시아어로 (교회와 교회 묘지를 관리하는) 교회지기를 뜻하는 말이었다.

그러나 이데올로기가 일상적 사고의 일부가 되는 곳에서는 이데 올로기에 비공식적 요소도 있기 마련이고, 이런 '체험'적 요소는 다 시 공식적 수준에 영향을 미칠 수 있다. 어떤 사회 계급에서든 이 런 비공식적 이데올로기라는 의식(흔히 자신도 모르는 사이에 드러 나는 흔한 가치와 생각)은 그들의 행동을 이해하는 데서 결정적으 로 중요하다. 예컨대, 레오니트 브레즈네프의 회고록을 대신 집필한 작가는 다음과 같이 브레즈네프의 말을 기록했다(어쩌면 대필 작가 자신의 말일지도 모르겠다). "자신을 낳아 주고 먹여 주고 길러 주 신 어머니를 사랑하지 않는 인간, 그런 인간을 나는 개인적으로 신 뢰하지 않는다. 사람들이 모국이라고 말하는 데는 다 그럴 만한 이 유가 있다. 자기 어머니를 부정하고 잊어버릴 수 있는 사람은 자기 조국의 나쁜 아들이기도 할 것이다."[31] 여기서 브레즈네프는 (소련 지배계급의 다른 사람들과 공유한) 민족주의와 보수적 가족관을 부 지불식간에 드러내고 있다. 우리가 이것을 체험적 이데올로기로 보 는 이유는 이런 보수적 정서의 표현이 대필 작가에게 자연스럽게 느 껴졌기 때문이기도 하고, 소련의 독자들이 그런 정서에 감명을 받고 공감할 것이라는 기대 때문이기도 하다. 브레즈네프의 회고록이 그 런 효과를 노리고 대필됐다는 사실은, 체제가 당연시하는 가정들을 매우 잘 보여 준다.

여기서는 이런 연관을 해명할 때 지배계급의 실제 사상과 그것이 사회관계에 영향을 미치는 방식의 본질적 보수성을 보여 주는 데 집중할 것이다. 민족 개념이 여기서 핵심적 구실을 했다. 경쟁적 공업화는 민족 발전의 비전이었다. 민족주의가 공공연히 표출된 정도는 시대마다 달랐다. 전쟁 기간과 전후에 [반체제 작가] 코펠레프가 "광적인 외국인 혐오"라고 부른 것에서 민족주의는 절정에 달했다.[32] 그러나 민족이 중요하다는 기본적 생각은 변함없이 존재했다. 예컨대, 1934년에 몰로토프는 "조국을 지키는 것은 모든 소련 시민의 신성한 의무"라고 주장했다. 소설가 알렉세이 톨스토이 백작은 더 나아가서 대숙청의 절정기에 다음과 같이 말했다. "모국을 사랑하지 않는 시민은 죄다 트로츠키주의자, 파괴자, 간첩이다."[33]

공식적으로 중요한 것은 소련의 애국주의, 즉 제국의 애국주의였다. 이것이 대영제국의 애국주의와 비슷하다는 것은 분명하다. 그러나 소련의 애국주의는 암묵적으로 러시아와 러시아 민족성을 가장 중요하게 여겼다. 심지어 체제의 일부는 인종차별을 어느 정도 공공연히 지지하기까지 했다. 그래서 레프 코펠레프는 다음과 같은 사실에 충격을 받았다.

여기서 마르크스주의에 진지한 관심을 보이는 것 못지않게 위험한 일은 사미즈다트[불법 반체제 출판물 ─ 헤인스]를 퍼뜨리거나 시온주의자, 침례교도, 여호와의 증인, '참 정교회' 신도, 불교도의 대열에 가담하거나 (여전히 강제 추방 상태에 있는) 크림 타타르인들을 옹호하는 것이다. 반면에 '호홀'[우크라이나인들을 비하하는 말 ─ 헤인스]이나 '이드'[유대인을 비하하는 말] 따위의 노골적 욕설을 하는 사람은 기껏해야 너그러운 꾸지람을 듣거나 상징적·피상적 처벌을 받을 뿐이다.[34]

이렇게 상류층 사람들을 러시아 민족과 동일시하는 일은 잠재의식 수준에서도 벌어졌고, 그들(과 그 밖의 사람들)에게 보호막이 될 수 있었다. 스탈린의 딸은 아버지가 사람들에게 해를 입힌 것을 생각하면서 그런 전형적 모습을 보여 줬다. "[소련은 관성과 전통에 너무 많이 짓눌려 있다. 낡은 방식들이 너무 강력하다. 그러나] 소련에서 좋은 것은 전통적이고 변하지 않는 것이기도 하다. 좋은 것이 나쁜 것보다 훨씬 더 많다. 그리고 어쩌면 바로 이렇게 영원히 좋은 것이 소련에 힘을 주고 소련의 참모습을 보존하는 데 도움이 될 것이다."[35] 이렇게 신령스러운 민족 개념이 얼마나 흔했는지를 알아야만 1991년 이후 공산당의 일부가 어떻게 반쯤 파시스트적인 '적갈 동맹'으로* 통합될 수 있었는지를 이해할 수 있다.

이런 민족주의의 틀 안에서 지배계급이 발전시킨 자기 이미지의 핵심에는 19세기식 노동·가족·문화관觀이 있었다. 아무리 스탈린의 반혁명과 맞지 않았다 해도 혁명 초기의 급진주의가 그토록 멀리 후퇴했다는 사실은 지배계급 다수가 벼락부자 같은 자들이었다는 사실로 설명된다. 그들이 보기에는 (비록 이제는 '사회주의'라는 꼬리표가 붙었지만) 과거의 부르주아 형태와 똑같은 것들이야말로 정당한 것인 듯했다. 그래서 전위파(아방가르드)와 새로운 예술적 실

---

* 적색은 공산주의의 상징이고 갈색은 파시즘의 상징이다.

험은 비난받았다. 이제 음악·미술·문학은 희망과 행복감을 주는 것이어야 했다. 즉, 19세기의 미술과 문학에서 더 흔히 발견되는 것과 비슷한 낙관적 낭만주의를 표현해야 했다. 그런 예술 이론을 일컬어 '사회주의 리얼리즘'이라고 했지만, 그것은 사회주의적이지도 않았고 리얼리즘적이지도 않았다. 사회주의 리얼리즘의 목적은 대중에게 행복감과 희망을 주고, 대중(과 소련 지배자들)이 혜택을 누릴 수 있는 이상적 세계의 이미지를 제시하는 것이었다. 삶은 있는 그대로의 모습보다는 바람직한 모습으로 표현돼야 했다. 예컨대, 그림을 그릴 때 리얼리즘이 너무 리얼한 화가는 화를 입었다. 19세기에 프랑스 화가 장 프랑수아 밀레는 〈이삭 줍는 사람들〉이라는 그림에서 농촌의 노동을 뼈 빠지는 일로 묘사해서 파리 시민들에게 비난을 받았다. 소련에서는 1930년대에 솔로몬 니크리틴이 한 발 더 나아가 스탈린의 [인민] 법정 현실을 화폭에 담았다. 그러나 그 그림은 너무 냉혹한 묘사로 여겨졌다. 그래서 어떤 사람은 다음과 같이 말했다. "얼마나 끔찍한 악몽인가! 이 그림은 결코 용납돼서는 안 된다. 우리는 항의해야 한다. 그렇게 끔찍한 작품을 보고 나면, 우리는 삶이 아무리 흥겹고 유쾌하더라도 한 달을 사는 것조차 끔찍하다고 생각할 것이다."[36] 나중에 숄로호프는 문학이든 음악이든 미술이든 필요한 것은 "사람들이 새로운 세계를 건설할 수 있게 적극적으로 도와주는 예술, [이것이 — 헤인스] 바로 사회주의 리얼리즘의 예술이다" 하고 말했다.[37]

가족, 여성다움, 성적 순결의 이데올로기는 19세기 스타일에 가까운 보수적 이데올로기가 광범한 사회생활에서 어떻게 나타났는지를 분명히 보여 준다. 물론 19세기 중간계급[부르주아지] 가족의 현실은 그 이미지와 모순됐지만, 그렇다고 해서 그런 이미지가 단지 하층계급들을 통제하기 위해 발전한 이데올로기적 장치에 불과한 것은 아니었다. 이것은 지배 이데올로기의 기능 가운데 하나이지만, 푸코가 지적했듯이 '부르주아지의 이상'은 그들 자신을 규정하는 이데올로기 구실도 했다. 즉, 바로 이것이 우리 부르주아지라는 존재이고, 바로 이것이 우리가 사는 방식이며, 바로 이것이 우리가 우리인 이유이고, 바로 이것이 우리의 염원(결코 성취할 수 없을지라도)이라는 것이다.[38] 1930년대 소련에서 쏟아져 나온 보수적 사회정책들도 똑같은 기능을 했다. 이런 사상은 체제를 위해 기층의 삶을 안정시키는 데 이용됐지만, 그런 정책에 영향을 미친 이데올로기에는 분명히 자기 규정의 요소도 있었다.

1930년대 초의 정책·행동·태도를 보면 사회적 보수주의가 성장했음이 드러난다. 이를 강화하고 확립하기 위해 곧 새로운 법령이 시행됐다. 그 부담은 특히 여성에게 가중됐다. 체제는 여전히 노동자로서 여성이 필요했다. 그래서 나치가 '부엌·자녀·교회'를 강조한 반면, 소련 체제는 '부엌·자녀·공장'을 강조하거나 심지어 '부엌·자녀·군대'를 강조했다. 1936년에는 다음과 같이 주장하기도 했다. "모든 젊은 여성은 섬유 노동자, 용감한 공수부대원, 엔지니어로서뿐 아니라 미래의 어머니로서도 귀하게 여겨져야 한다. 자녀가 1명인 어머니는 미래의 자녀 8명의 어머니로 귀하게 여겨져야 한다."[39] 요점은 여성이 전통적 구실과 노동자의 구실을 모두 해야 했다는 것이다. 1943년부터 1950년대 초까지는 심지어 학교에서 남녀공학조차 폐지됐다. 그 이유는 "남학생을 좋은 아버지와 사나이다운 전사로 육성하고 … 여학생을 새 세대를 잘 돌보는 현명한 어머니로 길러 낼 제도"를 확립하기 위해서였다.[40]

낙태는 1936년 법령으로 금지됐고 1955년까지 계속 불법이었다. 근본적 목적은 인구 증가를 장려해서 새 세대 노동자와 병사를 공급하려는 것이었다. 그러나 낙태 금지를 정당화한 주장은 새로운 지배 이데올로기의 심각한 사회적 보수주의를 반영했다. 어떤 선전원은 다음과 같이 말했다. "이기적 이유에서 비롯한 대규모 낙태는 결코 허용될 수 없다. 소련 국가는 수많은 여성이 자신의 건강을 해치고 사회주의 사회의 새로운 세대의 성장을 지연시킨다는 사실을 용납할 수 없다."[41] 그래서 외국의 어떤 가톨릭 주교는 "하늘에 계신 하느님께서는 우리나라보다 소련을 보시고 더 기뻐하실 것"이라고 말했다. 이것이 너무 심한 말이라고 생각한다면, 1930년대 말쯤 스탈린 체제의 공식 이데올로기가 성적으로 너무 억압적이어서 소련의 한 심리학자가 다음과 같이 주장할 정도였다는 사실을 지적해야겠다. "성관계는 되도록 피임을 하지 말고 임신을 목적으로 하는 것이 바람직하다." 성관계에서 남녀는 양성 평등에 동의해야 하고 둘 다 쾌감을 얻어야 하지만 "어떤 피임 기구를 쓸지는 마음대로 해도 될 일이 아니다. 특히 질외 사정은 바람직하지 않다. 성행위는 완전한 정신적·육체적 만족을 얻는 것이어야 하지만, 쾌감이 지나치게 커져서는 안 된다. 오래 지속되는 성교는 어느 정도 위험을 초래할 수도 있기 때문이다." 그러나 성관계가 너무 적은 것은 결코 위험하지 않다[고 여겨졌다]. "이 문제와 관련해서는 일반인뿐 아니라 의료계에서도 잘못된 생각과 과학적 오해가 널리 퍼져 있다. 그래서 지나치게 걱정하는 부모는 흔히 자녀가 조금이라도 신경증 조짐을 보이면 바로 결혼시켜 버린다. [그러나 — 헤인스] … 성적 금욕 자체가 정신병은 물론이고 어떤 심각한 정신적 장애라도 초래할 수 있다고 믿을 이유는 전혀 없다."⁴² 1944년에 '모성 영예 훈장'이 제정됐다. 자녀를 9명 낳아 기른 어머니에게는 1급 훈장, 8명 낳아 기른 어머니에게는 2급 훈장 등이 수여됐고, 그와 동시에 10명 이상의 자녀를 낳아 기른 어머니에게는 '모성 영웅' 칭호가 수여됐다.

물론 결혼한 사이에서든 혼외 관계에서든 성행위는 계속됐다. 남성에게 권력이 있다면 여성을 차지할 수 있었(고 돈으로 살 수도 있었)다. 사하로프는 다음과 같이 말했다. "베리야의 부관인 블라디미르 데카노조프는 … 차를 타고 모스크바 거리를 돌아다니며 여성을 물색하기를 좋아했다. 그리고 경호원들과 운전기사가 함께 있는 자기 리무진 안에서 여성들을 강간했다. 베리야는 그만큼 상스럽지는 않았다. … 그는 집 근처를 산책하다가 … 맘에 드는 여성을 지목해서 경호원들에게 알려 줬다. 나중에 경호원들이 그 여성을 집으로 데려오면 베리야는 그녀에게 성행위를 강요했다."⁴³ 베리야의 피해자들 중에는 14세 소녀도 있었는데, 그녀는 결국 자살했다고 한다. 그러나 소련 지배자들의 이런 위선 때문에 공식적 이미지의 사회적 구실을 놓쳐서는 안 된다. 그런 이미지는 대부분 소련이 망할 때까지 살아남았다. 1950년대 이후 스탈린의 법률이 완화(돼 이혼과 낙태 등이 허용)됐지만, 실제 상황이 어땠든 간에 이런 공식적 이상은 그대로 남아 있었다.

젊은 시절에 마르크스주의의 영향을 받았던 사회학자 루이스 코저는 1930년대와 1940년대 초 소련 가족 정책의 변화를 연구한 논문을 썼는데, 예리하지만 학계에서 무시당한 그 논문에서 이런 사상의 보수적 기능을 다음과 같이 설명했다.

여기서 우리는 다음과 같은 놀라운 결론에 이르게 된다. 즉, 소련의 새로운 이데올로기가 요구하는 안정된 가족생활의 경제적 토대는 오직 상류층의 가족에서만 찾아볼 수 있다는 것이다. 고위 관료는 안정된 가족생활과 빅토리아 시대의 도덕이라는 사치를 누릴 수 있다. 그의 집은 충분히 크고, 부인은 풀타임으로 일할 필요가 없으며, 집안에는 고급 첨단 가전제품 등이 있고, 가사 도우미도 고용할 수 있다. 공식적 기준에 맞는 가족을 부양하는 것은 유한有閒계급 활동이다.[44]

1930년대 초에 이름만 가사 노동자로 바뀐 가내 하인들이 널리 사용됐다. 트로츠키는 소련을 운영한 지도자들이 "이미 오래전에 자기 구두 닦는 법을 잊어버렸다"고 비꼬았다. 그들의 후손이 자기 구두 닦는 법을 배웠을 리도 만무한 듯하다. 최근에 나오는 설명을 보면 "당과 군대의 엘리트, 예술가와 과학자의 집에 가정부와 요리사가 있다는 것은 널리 알려진 사실이었다."[45] 1930년대에 트로츠키는 프랑스 신문 〈르탕〉(시대)이 소련의 변모에 관해 다음과 같이 논평한 것을 인용했(지만 그 결론까지 그대로 인정하지는 않았)다.

이 외적 변모는 지금 소련 전체에서 진행되고 있는 심각한 변화의 징후들 가운데 하나다. 이제 확고하게 구축된 체제는 점차 안정되고 있다. 소련 가족과 사회 안에서 혁명적 습관과 관례는 이른바 자본주의 나라에 만연한 감정과 관례로 대체되고 있다. 소련이 부르주아화하고 있는 것이다.[46]

그러나 이렇게 표현된 [지배]계급의 사상·문화·행동은 시간이 흐르면서 훨씬 더 확고해졌다. 1977년에 어떤 외국 관찰자는 다음과 같이 썼다.

소련의 경영자는 고위 인사다. … [그는 흔히 소비에트 대의원, 노조 상임위원회 간부, 탁아소 운영위원회 의장, 보충 교육 세미나 간사 등의 직책을 맡고 있다.] 이런 명성 때문에 불가피하게 그의 사생활은 침해당하고, 여론은 그의 사생활에 관심을 쏟는다. 그의 생활수준과 특권(공무용 차량, 주택, 개인용 별장, 여행 시 편의 등)은 구체제 시절의 귀족과 마찬가지로 그를 다른 사람들과 구별해 준다. 그러나 그의 사생활은 소련 사회의 도덕적 기준에 부합해야 한다.[47]

보수적 가치들은 스탈린 체제가 '음란한 서방세계'를 비판하는 것에도 반영됐다. 또, 비신스키부터 안드로포프, 1991년 쿠데타 주모자들이 모두 성적 [자유에 대한] 두려움과 자발적 인간관계에 대한 두려움에 온몸을 부르르 떨면서 반체제 인사들을 비난한 것으로도 나타났다. 예컨대, [1960년에] 작가 보리스 파스테르나크가 죽었을 때 소련 정권은 그의 비서였던 올가 이빈스카야(소설 《닥터 지바고》에 나오는 라라의 모델)와 그녀의 딸에게도 보복했다. 그래서 이빈스카야는 사기죄로 8년 형을 선고받고 수감됐다. 소련작가동맹 의장을 지낸 알렉세이 수르코프는 이 조치를 정당화하며 "48세의 이 여성은 … 그 노인네의 마지막 정부情婦"였다고 헐뜯고 이빈스카야의 사생활을 비난했다. "그녀는 많은 나이에도 불구하고 다른 많은 남성들과도 계속 비슷한 관계를 즐겼다." 그런 비난 중에는 다른 작가들이 쓴 글의 원고료를 받으려고 잡지 《오고뇨크》(불빛)의 부편집자와 잤다거나 파스테르나크의 인세를 훔쳤다는 것도 있었다.[48]

이런 불륜 이야기가 사실인지 아닌지는 중요하지 않다(물론 모든 비난이 거짓일 가능성이 농후하다). 중요한 것은 대중이 성적인 문제들 때문에 충격을 받을 것이고 반체제 인사들의 퇴폐성이 드러났다고 생각할 것이라는 [정권의] 확신이다. 이것은 알렉산드라 콜론타이의 희망, 즉 혁명 때는 '날개 달린 에로스'가 날아오를 것이라는 희망과는 거리가 멀었고, 1920년대 초에 수치심 반대 시위 도중 옷을 모두 벗어 던져서 행인들을 놀라게 만든 급진파들과는 훨씬 더 멀었다.[49] 사실 스탈린 체제의 절정기에는 영국의 빅토리아 시대만큼이나 상황과 무관하게 신체를 드러내는 것이 수치스러운 일로 여겨졌다. 윌리엄 캠벨은 영국에서 스탈린 치하 소련으로 이민 가서 소련 최고 광대라는 영예를 얻었는데, 1952년에 자동차를 살 돈을 모으려고 작고 값비싼 프랑스 청동 누드 조각상을 팔려 했던 일을 다음과 같이 회상했다. "아무도 누드 조각상을 사려고 하지 않았다. 어떤 여자는 집에 그런 물건을 두는 것은 수치스러운 일이라고 잘라 말했다. [중고품 ─ 헤인스] 가게 관리자에게 질레트 면도날 한 통을 선물로 주고 나서야 비로소 그것을 가게 뒤편에 숨겨 두고 미술품 전문가에게만 보여 준다는 데 합의할 수 있었다. … [그러나] 3개월 뒤에도 그것은 여전히 팔리지 않았다."[50]

소유욕의 이데올로기

상류층 사람들이 특권을 공공연히 과시할 수 없었기 때문에 소련에는 진정한 지배계급이 존재할 수 없었다고 주장하는 사람들도 있다. 그러나 이 주장에는 몇 가지 오류가 있다. 노골적으로 과시하면 눈총을 받는 것은 소련에서만 있었던 일이 아니다. 소련에서는 노골적으로 과시하는 사람들이 없었다는 것도 결코 사실이 아니다. 실제로는 '부유층 젊은이들'이 거듭거듭 목격됐다. 그러나 더 중요한 점은 불평등이 체제의 작용과 연관이 있다면 불평등을 즐기는 태도는 정당한 것으로 여겨졌고 거부하는 태도는 위험한 급진주의로 여겨졌다는 사실이다. 지배계급 사람들은 불평등하게 생활할 권리와 의무가 있었다. 1930년대 이후 유행한 주장은 불공평한 보수는 불공평한 기여를 반영한다는 것이었다. 그래서 "저마다 능력에 따라 일하고 일한 만큼 받는다"가 구호였다. 이런 물질적 소유욕이 스타하노프 운동과 그 운동이 노동자들에게 심어 준 환상을 뒷받침했다. 스타하노프 운동에 열심히 참여해서 상을 받은 비노그라도바는 1935년 12월 어떤 집회에서 다음과 같이 자랑했다. "7월 이후 저는 280루블짜리 좋은 침대를 샀고(박수), 400루블짜리 겨울 코트를 샀고(박수), 180루블짜리 여름 옷과 180루블짜리 시계를 샀고(박수), 165루블짜리 가을 코트를 샀습니다(박수)."[51] 서방의 경영자들이 부를 창조하는 것은 자신의 노력이므로 자신이 보수를 많이 받는 것은 당연하다고 믿는 것과 꼭 마찬가지로, 소련의 경영자와 그 조수들도 자신이 하는 기여의 실천적·도덕적 가치에 따라 소득이 결정된다고 믿었다. 이것은 체제의 공식·비공식 관례의 일부가 됐다. 파벨 디벤코는 1917년에는 혁명가였지만 1937년쯤에는 스탈린에게 잘 보여서 살아남으려고 애쓰고 있었는데, 당시 군대의 정치위원회 의장이던 얀 가마르니크를 공격하면서 자신도 모르는 사이에 이런 가치의 전도를 드러내고 말았다. "저 가마르니크! 그는 마치 예수 그리스도처럼 순수한 척했다! 그의 집에는 남는 가구 하나 없었다. … 우리는 항상 이 귀족 출신들이 자기들끼리 뭉친다고 말했다. 우리가 위로 올라갈 수 있는 기회를 결코 허용하지 않으면서 말이다!"[52] [스탈린 체제라는] 이 새로운 세계에서 (특권을 즐기지 않는) 금욕주의는 진정한 혁명가의 상징이 아니라, 새로운 지배자들이 스스로 벌어들인 것을 즐길 권리를 방해하는 '귀족'의 상징이었던 것이다. 대체로 소비재보다는 생산재가 더 강조됐지만, 새로운 지배계급에게 재화를 공급하는 패턴이 재빨리 확립됐다. 이것은 계획과 생산량 수치들을 살펴보면 쉽게 알 수 있다. 새로 생산된 상품들은 고급제품이 아니더라도 지배자들의 집에 어울리는 것이었다. 이 점은 사람들의 사회적 차이를 나타내게 된 의복도 마찬가지였다. 지배자들은 더 좋은 냄새를 풍기기도 했다. 1927년부터 1936년까지 비누 생산은 겨우 2.5배 증가하는 것으로 계획된 반면, 화장품 생산은 4.7배, 향수 생산은 4.8배 증가로 계획됐다. 이런 생산물이 모든 사람을 위한 것이라는 주장도 자세히 들여다보면 거짓말임을 알 수 있다. 어떤 선전 기사에서는 "오드콜로뉴 같은 가장 값비싼 향수들, 유리병과 금속 튜브에 든 크림 화장품 등은 훨씬 더 많이 생산된 반면, 작은 깡통에 든 화장품의 생산량은 똑같은 수준이거나 어떤 경우에는 더 줄어들었다"고 나오는데, 이것 역시 자신도 모르는 사이에 비밀을 누설하고 있다.[53] 트로츠키도 다음과 같이 말했다. "리무진은 '[공산당] 활동가들'을 위한 것이고, 고급 향수는 '우리[지배계급] 여성들'을 위한 것이며, 마가린은 노동자들을 위한 것이고, '사치품' 상점은 상류층 사람들을 위한 것이며, 서민들은 맛있는 음식들을 상점 유리창으로 구경만 해야 하는 이 따위 사회주의는 대중에게 자본주의의 신장개업으로 보일 수밖에 없고, 이런 생각은 크게 틀리지 않는다."[54]

이렇게 소비할 권리가 체제의 일상적 이데올로기가 됐다는 것은 1940년대 말과 1950년대 초의 소련 대중문학을 연구한 베라 더넘이 아주 잘 보여 줬다. 이것이 새로운 상층계급과 중간계급의 오락을 위한 대중문학이었다는 바로 그 이유 때문에, 거기서 암시하는 가정과 염원(지배계급이 중시하는 구별의 표지들)이 그토록 의미심장한 것이다. 어떤 소설에 등장하는 청년 노동자는 노골적인 물질적 자극에 반응해야 한다는 생각을 거부한다. 그러자 노동조합 위원장이 그에게 다음과 같이 말한다. "그렇다면 우리가 자네에게 임금을 지급할 필요도 없겠네? 그렇지? … 왜 우리는 오늘날 자네에게 방 한 칸을 주려고 맨땅에 자면서 소총을 움켜쥐고 혁명을 해야 했을까? 그런데도 자네, 자네는 그 모든 것을 배척하고 있어! 참 대단한 신사 양반이구먼, 그래!" 앞서 인용한 디벤코의 말에서 드러나듯이, 소련 지배자들의 물질 만능 주의를 거부하는 것은 체제에 위협이 됐다. 지배자들의 태도는 같은 소설에 나오는 다른 등장인물의 다음과 같은 좌우명에 요약돼 있다. "돈을 많이 버는 것, 그것이 현실이다. 잘살면 일도 잘하고, 일을 잘하면 잘사는 법이다."[55]

소련의 노동자와 농민은 그렇게 운이 좋지 않았다. 그러나 지배계급의 사상을 대변하는 사람들은 물질 만능 주의 사상이 너무 깊이 몸에 배어 있다 보니 무의식적 유머에도 발끈하며 자신의 '노고'와 '권리'를 옹호했다. 예컨대, 1967년 소련작가동맹에서 논쟁이 벌어졌을 때 솔제니친이 파리·로마·베를린·런던 등지로 해외여행을 다니며 서방에 더 쉽게 접근할 수 있는 사람은 바로 관변 작가들이라고 주장하자 한 관변 작가는 극도로 화가 나서 다음과 같이 대꾸했다. "당신은 해외여행이 마치 유쾌한 산책이나 되는 것처럼 비꼬듯이 말하는군요. [그러나] 우리는 투쟁을 전개하러 외국에 나갑니다. 귀국할 때는 지치고 기진맥진한 상태지만, 그래도 우리의 임무를 완수했다는 기분으로 들어옵니다."[56]

이런 면에서 작가동맹의 기관지 《리테라투르나야 가제타》(문학 신문)가 심지어 체제를 위해 일하는 "기업인 찬가"를 실은 것은 결코 놀라운 일이 아니다.

전에 우리 삼촌은 소 한 마리와 말 두 마리를 소유했다는 이유로 쿨라크로 몰렸다. [그러나] 오늘날 텔레비전 없는 집이 어디 있는가? … 정직한 노동으로 돈을 버는 사람들이 절약해서 자동차나 카페트를 샀다고

해서 나쁠 것은 무엇인가? 오늘날 누가 과연 부유층인가? 그 예를 들어 보라.[57]

그 함의는 분명하다. 노동자가 정직한 노동으로 자동차를 살 수 있듯이(실제로는 당시 자동차 한 대 가격이 평범한 노동자의 4~5년치 봉급과 맞먹었다!) 기업인/경영자도 정직한 노동을 통해 더 좋은 집, 별장, 자동차, 휴가, 특권적 소비재, 해외여행 등을 누릴 수 있는 소득과 영향력을 얻었다는 것이다.

이런 사고방식은 1970년대부터 득세했고, 1990년대 초의 변화를 위한 길을 닦는 데 일조했다. 선택받은 소련인들은 더 광범하게 동유럽을 여행할 수 있었다. 1960년에는 10만 명의 소련 관광객이 동유럽을 방문했다. 1976년에는 130만 명이 그랬다. 그들은 동유럽의 상층계급들과 자신을 비교하며 흔히 소련 국가자본주의의 소비 수준과 자신들의 지위에 만족하며 돌아왔다.[58] 또, 그들은 외교관이나 언론인, 기업인 등으로 제3세계에도 더 많이 다녀왔다. 일부는 데탕트 덕분에 서방 선진국에 더 광범하게 진출할 수 있었다. 그곳은 발전 수준이 소련보다 더 높아서 군비 지출과 자본축적, 소비주의가 나란히 성장하고 있었던 반면에 소련은 더 금욕적이었다. 이 점을 깨달은 특권 집단 사람들은 결코 급진주의자가 아니었다. 나중에 살펴보겠지만, 그들의 소유욕은 체제에 대한 충성심과 완벽하게 양립할 수 있었다. 그들이 원한 것은 국내에서 자신들의 권력과 지위를 더 공공연히 이용하는 것이었다. 이것은 지배계급의 떠오르는 세대가 훨씬 더 열망하는 것이었다. 그들이 기업 경영자나 그 대행자가 되고, 당·KGB·콤소몰에서 기업 담당자가 돼 승진할수록 국내의 소비주의도 강해졌다. 소련 문학에서 그들을 풍자하는 등장인물들이 나타난 것은 1970년대 말과 1980년대였다. 서방에서 생산된 제품, 고가의 골동품, 심지어 잘 훈련된 사냥개 같은 고급 애완동물을 소유한 '소련의 속물들'을 경멸하는 풍조가 지식인들 사이에 널리 퍼졌다.[59] 그러나 얄궂게도 이런 지식인들 역시 그에 못지않은 소유욕이 있었다. 실제로 남들의 속물적 경향을 비웃으면서도 스스로 비슷한 행동 성향을 드러내기 시작한 사람들은 가장 배타적인 일부 모스크바 기관들에서 고위직이 되기 위해 훈련받고 있던 체제의 '부유층 젊은이'(졸로트나야 몰로도시)였다.

(▶ 현실 돋보기: 민족주의, 권력, 동서 경쟁, 318쪽)

지배할 권리

그러나 계급 관계의 구조는 '저들과 우리'라는 생각에서도 찾아볼 수 있다. 이런 생각은 단지 윗사람들에 대한 노동자들의 반응에서만 나타난 것이 아니라, 상명하복 관계의 구조에서도 나타났다.[60] 1945년 6월 스탈린은 전쟁에서 '톱니바퀴의 톱니'(빈티키) 구실을 하는 평범한 사람들을 위해 건배하며 다음과 같이 말해서 많은 사람들을 소름 끼치게 만들었다. "만약 어떤 톱니가 제 기능을 하지 못하면 그걸로 끝이다." 그리고 실제로 그랬을 것이다. 그러나 스탈린이 짐짓 생색을 내면서 "직책도 별로 없고 남들이 부러워하지도 않는 자리에서 묵묵히 일하는 사람들"을 칭찬하듯 말한 것에서 지배자와 피지배자의 간극이 분명히 드러난다.[61] 소련 체제에서는 꼭대기의 보스들이 중간 보스에게 명령을 내리면 중간 보스들은 행동대장들에게 그 명령을 하달했다. 나중에 보리스 옐친은 다음과 같이 말했다. "나는 그런 체제에서 자랐다. 모든 것이 관료적 '명령' 방식에 깊이 물들어 있었고, 나 역시 그렇게 행동했다. 내가 회의를 주재하든 직무를 수행하든 총회에서 보고하든 모든 것은 압력·위협·강압으로 표현됐다."[62] 일부는 이런 관계를 어느 정도 인간적이고 정중한 관계로 만들려고 노력했지만, 소련의 경영자나 관리자의 전반적 이미지는 "냉혹하고 화를 잘 내고 소리 지르기를 좋아하는, 대하기 어려운 사람"이었고,[63] 여기에 '욕을 잘한다'는 것도 추가해야 한다. 소련 문학에 자주 등장하는 인물이 바로 이런 유형이었지만, 그것은 흔히 소련의 보스들이 선호하는 이미지이기도 했다. 1970년대에 잡지 《리테라투르나야 가제타》는 소련의 경영자 스타일을 다룬 기사를 연재했다. 기사의 논조는 거의 똑같았지만, 다른 기사들보다 일반적 견해를 더 분명히 보여 주는 조사 결과가 하나 있었다. 어떤 리투아니아 학자가 기업의 최고 경영자와 긴밀하게 협력하는 '부副책임자', 수석 엔지니어, 그 밖의 사람들 119명을 대상으로 설문 조사를 했다. 그는 경영자를 자유방임형, 민주적 유형, 독재적 유형으로 나눴는데, 설문에 응답한 사람 가운데 13.5퍼센트는 자신의 경영자를 자유방임형이라고 답했고, 20.5퍼센트는 민주적 유형, 66퍼센트는 독재적 유형이라고 답했다. 이런 구분뿐 아니라 그 이면의 사고방식도 흥미로웠다. 독재자 유형은 함께 일하기 불편한 사람으로 생각됐지만 "활동적이고, 부지런하며, 대담하고, 분명히 주장하는 능력도 있다고 여겨졌다." 전통적 공장에서 볼 수 있는 독재의 매력을 이보다 더 분명히 표현할 수도 없을 것이다. 그들은 "독재자가 공장의 경영자로서는 받아들여질 수 있지만 교육·연구·공공 기관의 책임자가 돼서는 안 된다"고 결론지었는데,[64] 노동자들은 경영진의 확고한 통제를 받아야 하지만 '전문가들'은 존중받아야 한다는 점을 암묵적으로 인정한 무의식적 둔감함의 발로였다.

(▶ 현실 돋보기: '재산, 쾌락, 과대망상증의 판타지', 320쪽)

명령과 징계가 '쏟아졌다'(이것을 일컬어 '나카치카'라고 했다). 하급자에게는 무시하는 말투인 '티'(너)가 널리 쓰였고, 뭔가를 지시할 때는 '다바이'(~을 해라!) 하고 말했다.[65] 이런 명령을 따르면 그 대가로 윗사람이 일종의 온정적 태도로 아랫사람을 보호하고 보상을 제공할 수 있었다. 그리고 윗사람의 관점에서 보면 이것은 어느 정도 타당했다. 그가 노동자들의 추가 협력을 얻어 내지 못하면 기업이 난관에 부딪히는 상황이 만들어질 수 있었기 때문이다. 그러나 온정적 태도의 바탕에는 양쪽이 서로 지위의 차이를 암묵적으로 인정하고, 온정을 받는 쪽이 열등하다(즉, 윗사람의 재량에 의존한다)는 불평등한 관계에 대한 분명한 공감이 있었다. 또, 이런 '관대함'의 이면에서 윗사람은 결국 문제의 근원은 [자신의 요구에] 전혀 또는 충분히 반응하지 않는 노동자들이라고 생각하며 불안과 좌절감을 느꼈다. 사실 때로는 이런 계급의식이 너무 강력해서 숨이 막힐 정도였다. 이것을 보면 조지 오웰이 영국의 에드워드 7세 시대[1901~1910년]에 중간계급 사람들끼리 "하층계급한테는 냄새가 나요" 하고 조용히 수군거린 것을 묘사한 장면이 떠오른다. 심지어 페레스트로이카 국면에서 그런 계급의식이 더 공공연히 표출되기 전에도 눈이 있고 귀가 열린 사람들은 그 점을 분명히 깨달았고, 보수파뿐 아니라 자유주의 개혁파도 그런 의식을 드러냈다. 예컨대, [경제사회학자로서 페레스트로이카의 이론가였던] 타티아나 자슬랍스카야는 1980년대 초에 개혁 과정을 촉진하고자 작성한 보고서에서 '인간적 요인'을 언급하며 다음과 같은 계급관을 암묵적으로 드러냈다.

현재 소련에서 작동하는 경제 발전의 사회적 메커니즘은 만족스러운 결과를 보장하지 않는다. 그것이 만들어 낸 노동자의 사회적 유형은 발전한 사회주의 사회의 전략적 목표뿐 아니라 현대적 생산의 기술적 요구에도 부합하지 않는다. 많은 노동자들은 여러 차례의 5개년계획 기간에 그 인성이 형성됐는데, 그들의 광범한 특징은 낮은 노동 생산성·규율, 작업 수행 방식에 심드렁한 태도와 저급한 자질, 사회적 수동성, 자아실현 수단인 노동을 하찮게 여기는 관점, 강렬한 소비 지향성, 매우 낮은 수준의 도덕적 규율 따위다.[66]

민족주의, 권력, 동서 경쟁

1954년에 영국 보수당의 국회의원 F J 에롤이 소련을 방문했을 때 소련 당국은 그에게 모스크바 지하철을 보여 줬다. 안내원이 에롤에게 "농민 종족의 작품 치고는 나쁘지 않죠?" 하고 물었다. 엔지니어 출신인 에롤은 당연히 감명을 받았다.[xvi] 소련 지도자들이 원한 것이 바로 그것이었다. 그들은 무엇이든 가장 크고 가장 좋은 것은 자신들이 가져야 한다고 믿었다. 국력은 경제력과 군사력을 나타냈지만, 그것은 위신의 문제이기도 했다. 예컨대, 미국의 핵무기 독점은 소련 지배계급뿐 아니라 영국 지배계급에게도 도전이었다. 그래서 1946년 영국 노동당 정부의 외무부 장관 어니스트 베빈은 다음과 같이 말했다. "우리는 무슨 수를 써서라도 핵무기를 가져야 한다. … 그 위에 빌어먹을 영국 국기를 꽂아야 한다." 소련 지도자들도 똑같이 생각했지만, 그들은 이런 생각을 핵무기에만 적용하지 않았다. 그들은 자신들이 세계를 호령하는 세력으로 보이기를 원했다. 모든 분야에서 미국과 서유럽의 성취에 필적하는 것은 경제적·군사적 필요였을 뿐 아니라 상징적 필요이기도 했다.

예컨대, 소련 지도자들과 외교관들은 해외여행을 할 때 자신이 탄 비행기가 서방의 비행기보다 열악한 것처럼 보이면 수치스럽다고 생각했다. 그러나 흐루쇼프는 [1959년 미국 방문 당시] 아에로플로트[소련 국영

항공사]의 TU-114 비행기를 타고 논스톱으로 워싱턴까지 날아갔을 때 [비행기가 너무 높아서] 미국에는 이 비행기에 맞는 이동식 계단이 없는 것을 보고 아주 기뻐했다. 이제 수치심은 미국인들의 몫이었다. 흐루쇼프는 비행기 문에서 말 그대로 미국인들을 내려다볼 수 있었다.

그런 경쟁은 비군사적 분야로도 이어졌다. 예컨대, 1960년대에 소련 지도자들은 영국과 프랑스가 [세계 최초의 초음속 여객기인] 콩코드를 개발하고 있다면 소련도 그런 것을 가져야 한다고 결정했다(서방에서는 그것을 콩코드스키라고 불렀다). 그래서 가장 뛰어난 비행기 설계자들과 가장 좋은 자원들이 투입됐다. 두 비행기가 기술적으로 뛰어났을지는 몰라도 경제적으로는 재앙을 가져왔다. 국가보조금을 받은 그 비행기들은 동방과 서방 권력자들의 장난감이었다. 그러나 그것은 냉전 시대의 대칭적 민족주의 경쟁을 반영했고, 그 경쟁 때문에 양측은 서로 상대방에 필적하려고 애를 썼다.[xvii]

그 경쟁은 여가 활동 분야까지 확대됐다. 1948년 소련공산당 중앙위원회가 내린 결정은 스포츠 분야에서 국가의 목표가 "전국 방방곡곡으로 스포츠를 확산시키고, 운동 선수들의 기량 수준을 높이고, 이런 바탕 위에서 소련 선수들이 당면한 미래에 주요 스포츠 종목에서 세계 최고가 되도록 지원하는 것"이라고 선언했다.[xviii]

소련 국기는 붉은광장의 열병식에 등장한 미사일에 그려져 있거나 우주 비행사가 흔들거나 올림픽 경기에서 승리하도록 최상의 자원이 투입된 운동선수가 흔드는 등 어디서나 보여야 했다.

현실 돋보기 _____

'재산, 쾌락, 과대망상증의 판타지'

보리스 옐친은 자서전에서 소련 [공산당 중앙위원회] 정치국원들의 라이프스타일을 묘사했다.[xix] 그들은 다음과 같은 특권을 누렸다.

직장: 으리으리한 사무실에 많은 직원이 있었다. 경비가 삼엄한 중앙위원회 전용 식당에서 최고급 요리사들이 만든 음식을 먹었다.

모스크바의 저택: 도심의 선택된 지역에 있는 대형 아파트나 주택에서 살았다. 장성한 자녀와 친척도 함께 살 수 있을 만큼 넓은 집에는 가사 도우미도 있었다.

소비: KGB 제9국이 물자 조달을 책임졌다. 좀처럼 구하기 힘든 고급 제품들을 크렘린에서 배급받았다. 붉은광장에 있는 [모스크바에서 가장 좋은] 굼백화점의 특별 매장과 크렘린의 특별 잡화점을 비롯한 전용 상점들도 이용할 수 있었다. 품질과 안전이 보장되는 가정배달 서비스나 특별 공방, 드라이클리닝, 재단사의 맞춤복 서비스 등도 제공됐다. 부인과 가족에게도 공식 선물 카탈로그가 제공됐다.

모스크바의 오락 시설: 극장과 콘서트장, 레닌 언덕에* 있는 크렘린 전용 스포츠 시설들(야외·실내 수영장과 테니스 코트, 사우나 등)을 이용할 수 있었다.

_____

* 레닌 언덕은 1999년 이후 참새 언덕으로 이름이 바뀌었다.

주말 휴식처: 물가의 대형 별장에는 대리석 기둥이 줄지어 서 있고, 정원과 테니스 코트 등도 있었다. 수많은 방마다 텔레비전이 있었고, 10미터짜리 식탁이 있는 식당과 당구장도 있었다. "나는 욕실과 화장실이 몇 개인지 세다가 잊어버렸다." 금요일부터 일요일까지 영사 기사가 있는 개인 극장에서 영화를 볼 수 있었다. 요리사가 3명, 여자 종업원 3명, 가사 도우미와 정원 관리사도 있었다.

휴가: 여름 휴가와 2주간의 겨울 휴가가 보장됐다. (모스크바와 레닌그라드 사이에 있는) 발다이 언덕, 그루지야의 흑해 연안에 있는 피춘다와 가그라, 크림반도의 테오도시야* 같은 휴양지에 전용 별장이 있었다. "여름 별장은 연중 거주하는 주택만큼이나 호화롭다."

교통: [고급 승용차] 질\레을 타고 다녔고, 개인 용무로 이동할 때도 경찰이 호위하고 교통을 통제했다. 가족들도 운전기사가 모는 볼가 자동차를 이용했다. 개인 비행기로 IL62나 TU134를 사용했다. 심지어 여름에 해변에 갈 때도 공공 도로를 이용할 필요가 없었다.

의료: KGB 제4국이 의료를 책임졌다. 주치의에게 날마다 검진을 받았다. 모든 의약품은 수입됐고, 의사가 직접 보증했다. 크렘린 병원에서 치료를 받는 "거대한 특실은 … 도자기, 크리스털, 카펫, 샹들리에로 장식돼 있었고" "의약품과 의료 장비는 … 모두 수입품이었다." 5~10명으로 구성된 최고의 의사진에게 치료를 받았다.

경호원: 개인 경호원들이 있었을 뿐 아니라, 저택과 별장 등에도 경호원들이 있었다.

---

* 우크라이나어로는 페오도시야.

7장

—

노동계급

"게으른 노동자는 쳐부순다." 근면한 노동을 독려하는 포스터(1931년).

1936년에 개정된 소련 헌법은 "인간이 인간을 착취하는 시대는 이제 끝났다"고 선언했지만, 이후 수십 년 동안 소련의 노동자와 농민은 자신들이 창조한 부를 거의 누릴 수 없었다. 1991년 이전에 소련에서 가장 유명한 농담은 아마 다음과 같은 말이었을 것이다. "자본주의에서는 인간이 인간을 착취한다. 우리 사회주의에서는 반대로 인간을 인간이 착취한다." 그러나 그 말은 단지 농담이 아니었다. 서방과 꼭 마찬가지로 소련도 노동자들이 대를 이어 착취당하고 소외된 사회였다. 1980년대 말에 체제가 위기에 빠지자 미하일 고르바초프는 "인간이 전체 인민의 재산에서 소외되는 징후가 계속 증가하고 있다"고 인정할 수밖에 없었다. 비록 이 말은 앞서 6장에서 지적한 계급적 사고방식을 무심코 드러낸 것이긴 했지만, 실상은 "전체 인민의 재산"에서 인간이 소외된 것이 아니라 인간한테서 "전체 인민의 재산"이 소외된 것이었다.[1] 1991년 소련 체제의 종말이 찾아왔을 때 미래에 관한 온갖 혼란이 있었지만, 한 가지는 분명했다. 구체제를 방어하려는 열정이 사람들에게 전혀 없었다는 것이다. 그 이유

* 　흔히 '스탈린 헌법'이라고 한다.

를 알기 위해 우리는 먼저 노동자와 농민이 어떤 사람들이었는지 살펴볼 것이다. 그런 다음 착취와 소외의 양상이 그들의 변화하는 상황에 어떻게 반영됐는지를 분석할 것이다.

1930년대에 노동자들이 체제의 새로운 경쟁 논리에 어떻게 종속됐는지는 이미 개략적으로 설명했다. 그러나 위로부터 혁명은 스탈린이 1936년에 말한 "완전히 새로운 [노동 — 헤인스]계급"을 만들어 내는 데도 일조했다.[2] 급속한 경제성장을 위해서는 새로운 도시 공업 노동인구가 필요했다. 단기적으로 이런 공업 노동자들은 농촌에서 도시로 대거 이주한 사람들을 통해서만 형성될 수 있었다. 이런 변화의 속도는 전례를 찾아볼 수 없을 만큼 빨랐다. "비슷한 발전 단계에 있는 다른 어떤 경제도 소련의 노동력 유입 속도, 특히 1~3차 장기 계획 기간의 속도에 미치지 못한다."[3] 시간이 흐르면서 도시 공업 인구의 비율이 증가하자 노동계급의 성장은 점점 더 자연증가, 즉 기존 노동자들의 자녀에게 의존했다. 그러나 1980년대까지 노동자 수의 상당한 증가는 농촌에서 도시로 이주한 사람들에게 계속 의존했다.

이런 변화의 속도를 가늠하는 가장 분명한 척도는 앞서 4장에서 살펴본 도시화 수준의 증가다. 이런 성장의 세 가지 원인이 표 7.1에 나와 있다. 이 표를 보면 나중까지도 자연 증가의 구실이 제한적이었음을 분명히 알 수 있다. 농촌에서 도시로 이주가 가장 급속히 증가한 시기는 1926~1938년이었는데, 이때 도시 인구는 2630만 명에서 5610만 명으로 늘어났다. 농촌에서 도시로 이주가 급증한 데다가 1932~1933년 대기근의 충격까지 겹쳐서 농촌의 인구 규모는 1억

2070만 명에서 1억 1440만 명으로 감소했다. 대다수 이농자가 노동연령대였으므로 농촌의 노동연령대 인구 규모는 훨씬 더 감소해서 7200만 명에서 3500만 명으로 급감했고, 농촌에는 어린이와 노인, 여성이 불비례적으로 많이 남게 됐다. 그런 변화는 심지어 제2차세계대전 때도 계속되다가 1945년 이후 농촌의 인구는 다시 증가했다. 그 뒤 1960년대 말까지 농촌 인구의 절대적 규모는 대략 1억 800만 명 수준에서 안정됐는데, 이것은 농촌에서 도시로 이주한 비율과 농촌의 자연 증가율이 비슷했다는 것을 의미한다.[4] 이후 농촌 인구는 다시 감소해서 1990년에 9500만 명이 됐다.

표 7.1. 도시 인구 증가의 원인들(단위: 100만 명, 퍼센트)[5]

	도시 인구 증가	원인별 비율		
		이농	도시의 확대	자연 증가
1926~1939년	29.8	62	20	18
1939~1958년	39.2	62	18	20
1959~1970년	36.0	40	14	46

전시의 엄청난 대중 동원과 인명 손실은 1930년대에 형성되기 시작한 노동계급을 더한층 휘저어 놨다. 전쟁 직후에 다시 수많은 사람들이 도시 노동인구로 새로 편입됐는데, 그들의 조건은 여전히 최저 수준이었다. 예컨대, 1948년에 레닌그라드 노동자의 58.5퍼센트는 전쟁으로 파괴된 도시에서 더 나은 일자리를 찾아 직장을 그만 뒀다. 대체로 1950년까지 소련에서 5년 이상 같은 직장에서 계속 근

무한 노동자는 25.7퍼센트에 불과했다. 레닌그라드 같은 도시에서는 상황이 더 열악했다. 1948년에 레닌그라드 노동자 가운데 3년 이상 계속 근무한 사람은 37퍼센트뿐이었고(전국 평균은 43.5퍼센트였다), 1951년쯤 레닌그라드의 10년 근속 노동자는 겨우 11.4퍼센트에 불과했다.[6] 1950년대에 더 안정적인 성장 패턴이 발전하기 시작했고, 대를 이어 노동자가 되는 도시 노동계급도 더 늘어났다. 그래서 1939년에 33퍼센트였던 도시 인구 비율이 1970년 56퍼센트, 1989년 67퍼센트로 높아졌다. 그러나 표 7.1을 보면 알 수 있듯이, 도시 인구의 성장에서 자연 증가가 더 큰 부분을 차지하기까지는 전후 한 세대가 걸렸고, 심지어 그때조차 농촌 주민의 대규모 유입이 1970년대 내내 계속됐다.

그들은 왜 도시로 이주했는가? 답은 간단하다. 도시의 조건이 아무리 열악했더라도(실제로 매우 열악했다) 농촌의 조건이 더 열악했기 때문이다. 1930년대 초에 도시 이주를 제한하고 통제하려는 시도들이 있었다. 집산화 초기에는 심지어 도로에 검문소가 설치되기도 했고, 바로 이것이 1970년대까지 농민들에게 국내 통행증을 허가하지 않은 이유였다. 또, 이주의 방향을 공업 쪽으로 돌리기 위한 조직적 채용 시도도 있었다. 그러나 이주는 대부분 자발적이었다. 공업화 압력으로 노동[력] 수요가 빠르게 증대하고 있었으므로 농촌을 빠져나갈 수 있는 사람들에게는 기회가 생겼다. 예컨대, 1960년대 말에 군 복무 중인 농민 출신 청년 가운데 고향으로 돌아가려는 사람은 30퍼센트에 불과한 것으로 추산된다.[7] 1980년대에는 농촌 인구 가운데 노동연령대가 49퍼센트에 불과한 반면 도시에서는 그 비율이 60퍼센트였다.

그러나 새로운 노동계급은 단지 농민 출신들로 형성되지 않았다. 공업화는 1920년대에 남아돌던 실업자들도 흡수했다. 수공업은 대부분 파괴됐고, 장인들은 공장 노동자로 변모했다. 여성들, 압도적으로 도시 여성들이 노동인구로 유입됐고, 그들이 대공업에서 차지하는 비율이 1928년 28.7퍼센트에서 1939년 43.4퍼센트, 1980년에는 평화 시 최고치인 51.2퍼센트로 증가했다.[8] 이 새로운 노동계급의 일부는 오래된 공업 지역들에서 형성됐다. 그래서 모스크바·레닌그라드·돈바스가 성장했다. 1926년부터 1939년까지 25개 대도시의 인구는 880만 명에서 1810만 명으로 거의 갑절이 됐다. 그러나 도처에서 새로운 공장들이 건설되고 낡은 공장들은 재건됐다. 1935년 1월에 공업 자본의 4분의 3이 투자된 공장들은 1928년 이후 투자의 절반 이상이 이뤄진 곳들이었다. 새로운 공업의 등장은 또, 새로운 도시와 새로운 지역사회가 생겨난다는 것도 의미했다. 제정러시아 시대에는 주요 도시가 700개였는데 1980년대 소련에는 2000개나 됐고, 그중 일부에서는 새로운 이주민들이 여전히 우세한 사회집단이었다. 사람들은 새로운 지역들로 이주하기도 했다. 1926년부터 1939년까지 300만 명이 시베리아로 이주했고, 또 다른 170만 명은 중앙아시아로 이주했다. 이런 동부 이주는 계속됐고, 일부 지역에서는 1945년 이후 더 증가했다.

새로운 도시의 으뜸가는 상징은 마그니토고르스크였다. 미국인 엔지니어 존 스콧은 1933년의 마그니토고르스크를 다음과 같이 묘사했다.

25만 명의 영혼들(공산당원, 쿨라크, 외국인, 타타르인, 유죄 선고를 받은 파괴 행위자, 순박한 러시아 농민)이 우랄 강가의 황량한 스텝 지대 한복판에서 유럽 최대의 철강 콤비나트를 건설하고 있다. … 사람들은 동상에 걸리고 굶주리고 고통을 겪었지만, 건설 작업은 개인들의 사정을 무시한 채 진행됐다. 그런 엄청난 영웅적 행동은 역사적으로 거의 유례없는 것이었다.[9]

그러나 그런 영웅적 행동은 그렇게 드문 것이 아니었다. 역사를 통틀어 싸움의 직접적 결과였든 아니면 간접적으로 생산을 위해 분투하는 과정에서였든 간에 이집트의 파라오 시대 이래로 지배자들이 피지배자들에게 끊임없이 요구한 것이 바로 그런 영웅적 행동이었다.

농민인가 노동자인가?

도시화 속도가 엄청났는데도, 1961년에야 비로소 도시와 농촌 사이의 균형이 도시 쪽으로 기울었다. 심지어 1990년에도 약 19퍼센트의 노동인구는 농업에 직접 의존하고 있었다(더 광범한 농공 단지에 의존하는 사람은 말할 필요도 없이 더 많았다). 그렇다면 농촌에 남아 있는 사람들은 누구였는가? 흔히 이들을 일컬어 농민이라고 했고, 1926년에 그들은 실제로 농민이었다. 그러나 집산화로 시작된 변화는 그중 다수를 매우 가난한 노동자에 더 가깝게 만들어 버렸다. 시간이 흐르면서 농촌에 대규모 비농업 노동자 집단이 형성됐다. 그들은 건설과 운수, 또는 다양한 화이트칼라 직종에 종사했다. 농업 안에서도 일자리가 더 전문화했다. 실제로 1950년대 이후 집단농장 노동자(콜호스니키)의 수가 농촌 인구 전체보다 더 빠르게 감소하다가 1989년 인구조사 때는 남아 있는 사람이 약 1100만 명에 불과했다.[10] 그러나 바로 이들이 농촌 인구의 핵심이었고, 가장 열악한 조건에 시달렸다.

1937년 무렵 인구의 40퍼센트는 24만 2500개의 집단농장에서 살았고, 각 집단농장에는 평균적으로 78가구, 316명이 있었다. 그들은 흔히 (1930년대에 법적으로 허용된) 작은 사유지에서 나오는 생산물에도 의존해 살아갔다. 따라서 그런 사유지는 결코 폐지될 수 없었다. "수많은 사람들이 형편없는 오두막에 살면서, 작은 땅뙈기에서 나오는 것을 먹고 소를 키웠다(그들은 거기에 감자·양배추·오이·사탕무·순무·양파 따위를 키웠다)."[11] 다른 사람들은 국영농장이나 '기계·트랙터 보급소MTS'와 연결돼 있었는데, MTS는 콜호스(집단농장)에 농기계나 트랙터를 빌려주고 사용료를 받는 곳이었다. 이런 농촌 주민에게 최악의 시기는 1932~1933년의 대기근이었지만, 소수의 모범 콜호스를 제외하면 이후에도 오랫동안 그들의 상황은 계속 비참했다. 어떤 작가는 어린 시절을 다음과 같이 회상했다.

우리는 톱밥이나 클로버 잎을 넣어 만든 빵을 먹었다. 감자 가루로 만든 빵을 먹는 날은 그날이 바로 축제일이었다. 그러나 어린 시절에 가장 넌더리 나는 일은 마당에 있는 변소에 가는 것이었다. 왜냐하면 소화되지 않은 톱밥이나 풀잎에 항문이 찢어져 피가 났기 때문이다. 물론 해마다 똑같은 것은 아니었고 어떤 때는 사정이 더 나았지만, 1932년부터(그해의 기근이 뚜렷이 기억난다) 우리는 배불리 먹은 적이 거의 없었다. 풍작이든 흉작이든 별로 차이가 없었다. 국가를 먹여 살려야 했다. 그러다가 결국 국가를 먹여 살리던 사람들조차 사방으로 도망쳐 버렸다.

또 다른 사람은 다음과 같이 물었다. "콜호스니크에게 남은 대안은 무엇이었는가? 답은 분명했다. 콜호스를 떠나거나 아니면 도둑질하는 것이었다. 그들은 바로 그렇게 했고, 결과는 능력에 따라 달랐다."[12] 그러나 만약에 도둑질을 한다면, 심지어 들판에서 쓰레기 더미를 뒤지더라도 조심하지 않으면 안 됐다. 어떤 농민 여성은 다음과 같이 말했다.

우리는 봄철 내내 들판에서 열심히 일했다. … 그러나 급여를 받는 날이 되면, 하루치 품삯을 100~150그램의 곡물로 계산해서 15~20푸드[24~32킬로그램 — 헤인스]의 곡물을 급여로 받았다. [세금을 빼고 나면] 집에 가져갈 게 아무것도 없었다! 내가 콜호스에서 훔친 것이 일해서 번 것보다 더 많았다. 우리는 열심히 일했지만 남는 것은 없었다. 그래서 들판에서 곡물이든 뭐든 가져가야 했다. 어떻게든 먹고살려면 그 길밖에 없었다. [콜호스의] 위원장은 스바이[우리 친척 — 헤인스]여서, 우리더러 너무 많이 가져가지 말라는 경고만 했다. 그는 "어이, 얘들아. 내가 너희들을 위해 해명하는 일이 없도록 스스로 조심하는 게 좋을 거다" 하고 말하곤 했다. 그러나 말만 그렇게 했지 눈감아 줬다.[13]

전쟁 기간에도 상황은 여전히 열악했고, 1945년 종전 직후에는 더 열악해졌다. 그 이유 하나는 새로운 지역에서 집단농장 체제가 수립되거나 [독일군] 점령 지역에서 그것이 더 강화됐기 때문이다. 그러나 1946년의 흉작으로 상황은 더 열악해졌다. 1946~1947년에 "일부 지역에서는 사람들이 못 먹어서 부어 있고 심지어 빵이 없어서 굶어 죽고 있을 때" 몰로토프는 곡물을 외국으로 수출하고 있었고, 흐루쇼프조차 1956년에 이 사실을 비난했다.[14]

상황이 개선돼야 한다는 점이 분명해졌다. 그 논리는 나중에 농촌 작가 표도르 아브라모프가 쓴 소설에 나오는 공산당 간사의 다음과 같은 말에서 분명히 드러난다. "콜호스 책임자로서 내가 할 수 있는 일은 채찍을 휘두르는 것뿐이다. 나는 사람들에게 줄 수 있는 것이 아무것도 없다. 그러나 말을 움직이려면 귀리가 필요하다. 굶주린 인간이 노동자로서 무슨 소용이 있겠는가?"[15] 그래서 도시와 농촌의 엄청난 격차가 어느 정도 좁혀졌다. 후진성의 유산과 가혹한 조건을 극복하기 위해 노력하는 과정에서 농업에 많은 자원이 투입됐지만 진보는 더뎠다. 1959년 인구조사 결과를 보면, 농촌 인구의 70퍼센트는 100명 미만이 모여 사는 지역에 거주했는데 그중의 다수는 가장 기본적인 시설들도 없는 곳이었다. 따라서 농노 해방 100주년이 된 1961년에 농촌에서 이렇다 할 기념식도 없었던 것은 결코 놀라운 일이 아니다. 레프 코펠레프가 말했듯이 "국내 통행증도 없는 농민들에게 그 조상의 운명을 상기시킬 만큼 용감한 사람은 아무도 없었기" 때문이다.[16] 그 무렵 집단농장 노동자들의 소득은 다른 노동자 평균 소득의 70퍼센트까지 상승했고, 1970년에는 80퍼센

트, 1986년에는 92퍼센트까지 높아졌다.[17]

농촌의 소득이 계속 증대했지만, 1980년대 말까지도 콜호스니키는 도시 노동자들보다 임금이 여전히 낮았고 소득의 더 많은 부분을 식품 구입에 지출했는데도 육류 소비는 24퍼센트 더 적었다. 또, 우유는 18퍼센트, 설탕은 12퍼센트, 심지어 계란도 4퍼센트 더 적게 소비했다. 그들이 소비한 식품은 대부분 그들의 사유지에서 나오는 것들이었다. 사유지를 가질 수 있는 권리는 1935년에 공식적으로 인정됐다. 사유지 축소 시도도 있었지만, 역대 소련 정부는 사유지를 허용할 수밖에 없었다. 가치로 따지면 사유지 생산량이 터무니없이 많았는데, 이것은 약간 오해의 소지가 있다. 사유지라는 것이 실제로는 사적 시장에 판매할 채소 따위를 재배하는 텃밭이었기 때문이다. 그러나 사유지의 중요성은 1980년대 말에도 콜호스니키가 여전히 우유·감자·채소의 전부, 육류 소비의 74퍼센트를 사유지에서 얻었을 뿐 아니라 그렇게 소비하고 남은 것을 읍내의 합법적 콜호스 시장에 내다 팔았다는 사실에서도 드러난다.[18]

대체로 규칙은 분명했다. 즉, 농촌이 더 가난했고, 시설도 더 적고 그마저도 낙후했으며, 배치된 인력의 자격도 더 떨어졌다. 예컨대, 1980년대 말에 농촌 학생의 17퍼센트는 2부제 수업을 받아야 했고 (특히 중앙아시아와 카자흐스탄에서), 2퍼센트는 3부제 수업을 받아야 했다. 그러나 농촌 문제의 심각성을 더 분명히 보여 주는 것은 1988년에 농촌의 사망률이 도시보다 30퍼센트 더 높았다는 사실이다. 이 차이를 주민의 연령 구조로만 설명할 수 없다. [농촌의] 취약한 사회 기반 시설과 형편없는 주택 탓이 분명했다. 예를 들어, 호흡기 질환으로 인한 사망은 도시보다 농촌이 두 배 높았고, 결핵으로 인한 사망은 40퍼센트 더 높았으며, 장티푸스와 파라티푸스의 발병은 훨씬 더 낙후한 변두리에 결코 국한되지 않았다. 농촌 마을의 겨우 9퍼센트에만 수도가 보급돼 있었고, "중앙아시아와 캅카스 공화국들의 마을에는 실제로 하수 처리 시설이 없다"는 것을 알고 나면 이 모든 일이 결코 놀랍지 않다. 농촌 주민의 상당수는 병에 걸렸을 때 치료를 받기 힘들었고, 그나마 있는 의료 시설조차 심각하게 낙후했다.

> 군郡 병원의 절반 이상과 면面 병원의 70퍼센트 이상, 농촌의 독립적 종합병원과 진료소는 개조된 건물에 있고, 이런 건물의 대략 절반은 의료 목적에 적합하지 않다. 군 병원 건물의 거의 절반은 따뜻한 물이 안 나오고, 5분의 1은 하수도가 없고, 12퍼센트는 수돗물이 없다. 면 병원 10곳 중 8곳은 따뜻한 물이 안 나오고, 절반은 하수도가, 3분의 1은 수돗물이 없다.[19]

그렇지만 도농 간 격차는 어느 정도 좁혀졌다. 그러자 농촌 주민 대중과 도시 노동자들의 차이는 종류의 차이라기보다는 정도의 차이였다는 사실이 더 분명해졌다. 1966년에 소련의 농촌 전문가인 아루투냔은 다음과 같이 말했는데, 그는 아마 자신의 말이 도시와 농촌의 수평적 동질성만이 아니라 수직적 계급 차이도 암시한다는 사실을 의식하지 못했을 것이다. "이제 노동자와 농민의 사회적 차이는 각 계급 내부의 사회집단 간 차이보다 덜 중요하다. 후자의 차이는 노동의 종류를 구별 짓는 이런저런 특성과 관련 있다."[20]
(▶ 현실 돋보기: 서류 더미 체제, 366쪽)

노동계급의 형태

표 7.2. 고용 구조의 비율 변화(단위: 퍼센트)[21]

	1913년	1940년	1960년	1980년	1989년
농업과 임업	75	54	39	20	19
공업과 건설업	9	23	32	39	39
교통과 통신업	2	5	7	9	7
비생산적 부문과 경영	14	18	22	32	35

　표 7.2는 소련 경제가 공업화하면서 더 광범한 고용구조가 어떻게 변화했는지를 보여 준다. 농업은 상대적으로 쇠퇴하고 공업과 서비스업은 성장했음을 분명히 알 수 있다. 생산하고 또 생산하라는 압력은 서방의 전시경제와 비슷한 완전고용 경제를 만들어 냈다. 소련에 실업이 전혀 없었다는 것은 사실이 아니다. 이른바 마찰적 실업(노동자들이 직업을 바꾸는 동안 일시적으로 실업자가 되는 것)은 서방과 비슷한 수준이었지만 계산에 포함되지 않았다. 또, 일부 낙후한 지역과 농촌에는 상당한 실업자 집단과 불완전 고용 집단이 있었다. 그러나 대체로 높은 성장 압력 때문에 잉여 노동인구는 흡수됐다. 이런 맥락에서 노동자들은 [직장] 이동의 자유가 많았다. '나즈무트 우이디', 즉 '저들이 압력을 가하면 나는 그만둔다'가 노동자들

사이에서 유행하는 말이었다. 1960년대에 취업을 지원하기 위해 직업소개소를 설립하려는 시도들이 있었지만, 1976년에도 대다수 노동자들, 즉 68퍼센트는 그냥 '즉석에서' 경영자에게 고용됐다.[22]

표 7.3. 소련 노동인구의 주요 범주들(단위: 100만 명)[23]

	1940년	1960년	1970년	1980년	1989년
집단농장 농부	29	21.8	16.6	13.1	11.6
육체노동자	23.9	46.2	64.9	78.8	78.7
비육체노동자	10	15.8	25.3	33.7	36.7
합계	62.9	83.8	106.8	125.6	127.0

표 7.3은 노동자들을 세 주요 집단으로 나눈 것을 보여 준다. 이 수치들은 비교적 투박한 소련의 범주들에 근거한 것이다. 그러나 도시 공업 노동계급의 성장을 분명히 알 수 있고, 그와 함께 사무직 노동계급의 증가도 볼 수 있다. 1970년대와 1980년대 초가 되면 소련의 노동계급은 세계적으로 손꼽히는, 어쩌면 세계 최대 규모의 노동계급이 됐다.

1930년대부터 노동계급의 교육 수준이 급격히 높아졌다. 1980년대가 되면 노동자들의 다수는 도시에서 태어나 초등교육을 마친 사람들이었다(초등교육 자체도 그 전 수십 년 동안 확대됐다). 기술 수준이 높아졌고 직업훈련도 증가했다. 둘 다 노동의 종류에 따른 차이를 줄이는 데 도움이 됐다. 고등교육을 받은 사람의 수도 늘어났다. 1939년에는 고등교육을 마친 사람이 120만 명이었는데, 1989

년쯤에는 2000만 명이 넘었다. 그러나 교육과 기술 수준이 향상됐어도 흔히 육체노동과 폭력도 함께 지속됐고, 이것은 경제의 불균등발전을 반영하는 것이었다.

소련의 발전 양상은 다른 의미에서도 노동계급을 만들어 냈다. 바로 소련이 노동자를 대규모로 고용하는 대공장을 선호했다는 점이다. 이런 대공장 선호 경향이 얼마나 심했던지 1930년대에 '기간토마니아'라는* 말이 유행했을 정도다. 그러나 심지어 전후에도 이런 경향이 지속됐다는 것은 표 7.4를 보면 알 수 있다.

표 7.4. 소련과 미국의 노동자 규모별 공장 분포(단위: 퍼센트)[24]

	소련		미국	
	1960년경	1985년경	1960년경	1985년경
100명 이하	2.7	2	27.9	22
101~1000명	35.5	24	42.4	47
1000명 초과	61.8	74	29.7	31

앞서 봤듯이, 1917년 이전에 러시아 공장의 노동자 집중도는 높았고, 이것이 연대 구축에 도움이 됐다. 그러나 당시 노동자들은 차르 체제의 탄압 아래서조차 [스탈린 체제하에서보다는] 독립적 조직을 만

---

* 기간토마니아 그리스 신화에 나오는 거인족(기간테스)과 무언가에 대한 집착(마니아)이 합쳐진 말로, 스탈린이 거대한 공장이나 농장 건설에 광적으로 집착한 것을 비꼬는 말이었다.

들 기회가 더 많았다. 1928년 이후에는 더 큰 공장들이 마치 기업 도시나 공장 경영자의 봉건 영지처럼 운영됐다. 그래서 경영자들은 작업장 안의 노동자들에게만이 아니라 밖에서도 상당한 권위가 있었다.[25]

고되고 단조로운 노동

1930년대와 제2차세계대전 기간에 굴라크의 강제 노동과 나란히 행정적 노동 할당을 더 광범하게 적용하려는 시도들이 있었다. 그러나 이런 시도는 성공하지 못했다. 소련에는 모종의 노동시장이 항상 존재했다(물론 스탈린 시대에는 노동시장을 제약하는 수준이 상당히 높았다). 그러나 시장을 통한 것이든 중앙의 지령에 따른 것이든 노동의 전반적 할당을 좌우한 궁극적 요인은 경제 발전 전체의 근저에서 작용하는 바로 그 경쟁 압력이었다.[26] 임금 등급은 중앙집권적으로 결정됐고, 산업·숙련도·지역에 따라 차이가 있었다(그래서, 예컨대 북극에 가까운 지방의 노동자들은 추가 급여를 받았다). 그러나 직접적으로든 간접적으로든 임금 등급은 대체로 시장의 압력을 반영했다. 1931년에 처음 만들어진 그 등급은 나중에 [노동력] 부족의 압력을 받고 수정된 후 1956년까지 기본적으로 유지됐다. 앞서 6장에서 봤듯이, 당시는 차별이 확대되던 시기였다. 공업 간의 차이도 변화했는데, 1930년대에 경제의 균형추가 중공업 쪽으로 기울었기 때문이다. 그래서 탄광업이 14등급에서 1등급으로 올라섰으며, 철강업은 9등급에서 2등급으로, 석유업은 8등급에서 3등급으로 올랐다. 반면에, 경공업과 소비재 공업 노동자들의 등급은 낮아졌다.[27] 1950년대에 상황을 개선하라는 압력이 확산되자 1956년에 임금 개혁이 실시됐다. 그래서 일부 차별이 합리적으로 개선됐고, 임금 차이를 작업 기준에 더 밀접하게 연동시켰다. 결국 서방에서 볼 수 있는 것과 비슷하게 공업 간 차이가 전반적으로 축소됐다. 이렇게 수정된 모습은 대체로 특정한 종류의 노동에 대한 수요·공급의 균형 변화를 반영했다. 이제 소련 정권은 [노동자들이] 더 적극적으로 헌신하도록 장려해야 했다. 그래서 성과에 따라 임금을 받는 공업 노동자의 비율이 1956년 76퍼센트에서 1965년 58퍼센트로 감소하기도 했다.[28] [그러나] 1930년대에 만들어진 공업 간 차이의 광범한 패턴은 그대로 남아 있었다. 왜냐하면 그런 차이의 바탕에 있는 경제구조가 1991년까지 경제적 특징으로 변함없이 남아 있었기 때문이다. 이런 구조에는 상당한 정도의 여성 차별도 포함됐다. 공식적으로는 남녀 간 임금이 평등했지만, 여성들은 광범한 고용에도 불구하고 '여성적' 부문이나 하급 직종에 집중돼 있었고, 더 낮은 교육 수준, 경험 부족, 가정의 압력 때문에 승진할 수도 없었다. 그래서 여성의 평균 소득은 남성의 약 3분의 2에 불과했다.

더 흥미로운 문제는 임금수준을 전반적으로 쥐어짜는 것과 관련 있는데, 이런 쥐어짜기는 자본을 축적하고 군비를 증강하고 부를 지배계급의 소비로 전용하라는 끊임없는 압력이 만들어 낸 것이었다. 제1차 5개년계획 기간에 실질임금이 사실상 반 토막 났다. 그래서 나중에 실질임금이 오르기 시작했을 때조차 그것은 여전히 형편없이 낮은 수준이었다. 1940년에도 전반적 실질임금 수준은 여전히

1928년보다 낮았다. 이후 임금은 다시 떨어질 수밖에 없었고, 1950년에도 여전히 1928년 수준의 (계산 방법에 따라 차이는 있지만) 60~85퍼센트에 그쳤다. 1950년대 중반이 돼서야 비로소 1928년 수준을 겨우 넘어섰고, 그 뒤 비록 실질임금 수준이 상당히 높아지고 최저임금 제도도 도입됐지만 자원이 생산자 대중의 필요를 충족시키는 데 사용되지 않았기 때문에 전반적 실질임금은 여전히 억제됐다. 1956년에 최저임금 제도가 도입된 후 1965년, 1968년, 1975년에 최저임금이 인상됐다. 그러나 당시 최저임금이 공식 빈곤선보다 낮았는데도 약 10퍼센트의 노동자들은 이조차도 받지 못했다.[29]

적어도 1988~1989년까지 고용 조건은 단체교섭의 결과가 아니라 국가와 기업 경영자의 결정 사항이었다. 1945년 직후에는 단기적으로 노동 억압이 심해졌지만, 1950년부터는 완화됐고 1956년에는 기존의 노동 억압 법률이 대부분 폐지됐다. 그렇다고 해서 국가가 엄중한 감시를 그만뒀다는 말은 아니다. 예컨대, 1980년대 초 안드로포프 치하에서 경찰은 심지어 극장 매표소 앞에 늘어선 줄이나 영화 관람객들을 검문해서 근무시간에 농땡이 부리는 사람들을 색출하려 했다. 그러나 지속된 제약 가운데 가장 중요한 것은 노동자들이 자유롭게 조직할 수 없었다는 점이다. 노동조합은 여전히 국가 기관이었고 사회적 [복지] 혜택을 관리했으며, 때로는 노동자들이 개인적으로 피해를 호소하는 사건을 처리하기도 했다. 그러나 노동조합의 진짜 임무는 노동자 착취를 지원하는 것이었고, 그것은 다음과 같은 노조 규약에 구체적으로 표현돼 있었다. "노동조합의 주요 임무는 대중의 주도력과 참여를 고무하고 장려해서 경제력을 강화하고 계획을 초과 달성하고 비축 자원을 동원하고 노동자들의 물질적·문화적 수준을 높이는 것이다." 한때 소련 노동조합의 총 책임자는 옛 KGB의 우두머리였던 알렉산드르 셸레핀이었다.* 이에 대응해서 1978년에 소수의 노동자들이 자유노조연합을 설립하려고 시도했다. 그러나 이런 움직임은 즉시 진압됐고, 그 지도자 중 한 명인 블라디미르 클레바노프는 정신병원에 갇혔다(그는 이미 그 전 5년 동안 반체제 활동 때문에 교도소와 정신병원에 갇힌 적이 있었다).[30]

그러나 노동자들은 다른 의미에서 경영자에게 여전히 의존했다. 흔히 (실업자나 저소득자에게 지급하는 주거 보조비를 포함한) 각종 사회보장 급여는 근속 연수와 결부돼 있었으므로 해고는 노동자에게 심각한 위협이 될 수 있었다. 대도시 거주 허가증이 없는 사람들은 특히 취약했다. 모스크바 주변에는 이른바 리미트치크(거주권이 없어서 저임금을 받고 일하는 노동자) 집단이 살고 있었는데, 이들에 관해 옐친은 다음과 같이 말했다.

[리미트치크는 — 헤인스] 본질적으로 … 노예였다. 그들은 사실상 아무 권리도 없었다. 그들은 임시 노동 허가증으로 공장이나 기업에 농노처럼 매인 몸이었다. … 사용자는 자기 마음대로 그들을 부려 먹을 수 있었다. 예컨대, 불법적인 일을 시킨다거나 보건 안전 규정을 무시한 채 일을 시킬 수 있었다. 불쌍한 리미트치크가 결코 불평하지도 못할 것이

---

* 알렉산드르 셸레핀 1958~1961년에 KGB의 우두머리였고 1967~1975년에 소련 노동조합 중앙평의회 의장이었다.

고 당국의 어느 누구에게 편지를 보내 호소하지도 못할 것이라는 사실을 알고 있었기 때문이다.[31]

공장의 부가附加 급여도 경영자의 힘을 반영했다. 소련의 휴양지와 요양원은 다수가 아니라 소수의 전유물이었다. 한 평론가는 만약 어떤 철강 공장 노동자들에게 휴양지와 요양원 이용 기회가 평등하게 분배됐다면 그들이 6년에 한 번씩은 이용할 수 있었을 것이라고 말했다. 말할 필요도 없이 그런 일은 거의 없었다. 때로는 언론조차 노동자들의 불만을 보도했다. 1978년에 도네츠크의 어떤 노동자는 자신의 작업장에서 "해마다 똑같은 사람들이 휴양지에서 한동안 시간을 보내는 특권을 누린다"고 말했다.[32]

지금까지 말한 것에도 불구하고 일부 평론가들은 소련 노동자들의 피착취 정도가 윗사람들의 온정주의나 노동자들의 아래로부터 강력한 저항으로 말미암아 완화됐다고 주장했다. 그러나 소련 공장의 상황이 다른 나라들에서 볼 수 있는 것과 정도나 유형이 크게 달랐다는 증거는 전혀 없다. 예컨대, 온정주의는 자본주의 역사 내내 경영자들의 표준 관행이었고, 앞서 6장에서 말했듯이 근본적으로 불평등한 관계에 의존한다. 그러나 소련의 사회학자들이 공장을 조사·연구한 것을 보면, 소련 노동자들이 윗사람들을 매우 신뢰하고 신임했다고 할 수는 없다. 1970년대 초의 우랄 지방 공장을 연구한 어떤 자료를 보면, 겨우 34.2퍼센트의 노동자들만이 노조와 경영진이 체결한 단체협약이 자신들의 필요와 이해관계를 반영한 것이라고 생각했고, 공장 경영진이 단체협약을 이행하고 있다고 생각한 노동자는 25.5퍼센트에 불과했다. 모든 공장 경영진이 똑같이 나빴던 것은 아니다. 가장 좋은 공장인 스베르들롭스크 플라스틱 공장에서는 단체협약이 자신들의 이해관계를 반영한다고 생각하는 노동자가 45.8퍼센트였다. 그러나 여기서도 경영진이 약속을 지키고 있다고 생각한 노동자는 36.6퍼센트뿐이었다. 가장 나쁜 공장인 우랄 케이블 공장에서 이 수치는 각각 20.9퍼센트와 14.3퍼센트였다. 이 공장 노동자의 35.9퍼센트는 노동규율을 향상시키는 데 개인적으로 관심이 없다고 조사관들에게 말했다. 그리고 이 모든 것은 서방을 겨냥해 발표된 조사 결과에서 나온 것이다. 이런 조사에서는 노동자들의 만족 정도를 과장하라는 온갖 압력이 가해지기 마련인데 말이다.[33]

노동자들이 체제를 침체하게 만들어서 어느 정도 통제를 약화시키는 능력이 별나게 뛰어났다는 강력한 증거도 없다. 노동자들은 저항했고, 노동과정은 통제권을 두고 끊임없이 벌어진 투쟁을 동반했다(이 문제는 나중에 다시 살펴보겠다). 그러나 이런 저항이 서방에서보다 질적으로 더 큰 구실을 했다는 증거는 없다. 소련 공장을 상층에서 또는 외부에서 살펴본 많은 사람들은 확실히 이 측면을 강조했지만, 이것은 '노동자 비난하기' 문화의 일부였다. 예컨대, 타티아나 자슬랍스카야는 32퍼센트의 노동자들만이 일을 잘하려고 노력했으며 낙후한 산업들에서는 겨우 17퍼센트만이 그랬다고 말했다. 그러나 이른바 '인간적 요인'을 거꾸로 체제의 핵심적 모순으로 보는 것은 말이 안 된다. 그리고 이런 견해를 반박하는 상당히 설득력 있는 증거가 하나 있다. 만약 소련 노동자들이 서방 노동자들보다 작업장에서 훨씬 더 힘이 강력했다면, 왜 체제가 그토록 많은 노동자들을 죽이고 불구로 만드는 것을 그냥 내버려 뒀겠는가? 소련의 산업재해율과 산재 사망률은 오랫동안 비밀이었지만, 그 증거가 실제로 드러났을 때 그 양상은 거의 학살에 가까웠다. 한 가지 징후는 1960년대 중반에 산업 노동인구의 58퍼센트가 몹시 힘들거나 위험한 작업을 하는 노동자로 분류됐다는 것이다.[34] 1989년에 가장 위험한 작업은 농업(과 콜호스) 노동이어서 재해를 당한 사람이 21만 8000명, 사망자가 3900명, 평균적으로 노동자 10만 명당 85명이 재해를 당했다(일부 지역에서는 그 수가 10만 명당 142명이었다). 공업 부문의 재해율은 10만 명당 70명 이상이었고, 전체 사망자는 수천 명이 넘었다. 이것이 뜻하는 바는 그해 전체에만(아마 1980년보다 25퍼센트 더 나아졌고 이전 수십 년간보다는 훨씬 더 나아졌을 텐데도) 산업 재해가 최대 67만 명, 사망자가 수천 명에 이르렀다는 것이다. 해마다 직업병으로 수명이 단축된 노동자가 수천 명씩 있었지만, 그들이 기록되지 않았다는 것은 말할 것도 없다.[35]

소외되고 착취당하는 노동자들이 얼마나 많이 느슨한 노동법의 피해자가 됐는지, 또 (자신들이 운영하는 체제에 필요하다면 사람들을 극한으로 몰아붙이는) 경영진의 피해자가 됐는지를 가늠할 수 있게 해 주는 척도가 있다. 광산 노동자인 블라디미르 클레바노프의 사례가 이 점을 잘 보여 준다. 그는 현장 관리자로서 자기 팀원들을 위험한 작업환경에 투입하기를 거부했을 뿐 아니라, 경영자들이 노동시간과 임금에 관한 노동법 조항을 지키고 산재 사고들을 제대로 기록하고 노동자들에게 적절한 보상을 하도록 만들려고 했다가 당국과 충돌했다. 그가 쓸데없이 불평한 것은 아니라는 점은 아프가니스탄 전쟁 기간(1979~1989년)에 소련 광원 1만 명이 [일하다 가] 사망했는데 이 수치는 그 전쟁에서 죽은 군인의 수보다 약간 적은 수준이었다는 사실이 1989년에 밝혀진 것을 봐도 알 수 있다. 석탄 100만 톤당 광원 1명꼴로 목숨을 잃었는데, 1980년대에 채굴된 석탄이 해마다 약 7억~8억 톤씩이었다.[36] 이 점을 감안하면, 1989년에 파업을 벌이던 광원들의 요구 사항 하나가 규폐증과 탄분증을[*] 직업병으로 인정해 달라는 것이었다는 사실은 전혀 놀라운 일이 아니다. 대체로, 1980년대 말에 노동조건이 새롭게 조명되기 시작하면서 소련 "노동자들의 평균수명이 다른 선진국의 노동계급 형제들보다 6년 더 짧다"는 사실이 드러났다고 어떤 평론가는 말했다.[37]

'노동자 국가'라는 신화

그러나 소련 노동계급은 작업장 밖에서도 힘든 시기를 오랫동안 겪었다. 소련 정권은 훌륭한 사회적 급여가 다른 결함들을 상쇄해 준다고 선전했다. 그러나 훌륭한 사회적 급여라는 것은 대부분 신화였다. 주택을 예로 들어 보자. 주택은 사회 기반 시설 투자가 필요하지만, 우리가 알다시피 1930년대에는 모든 것이 공업 투자로 쏠렸다. 도시들이 폭발적으로 성장했지만, 1920년대에는 자본 투자의

---

* 규폐증은 암석과 모래의 성분인 유리규산이나 이산화규소를 오랫동안 들이마셔서 생기는 폐병이고, 탄분증은 석탄 먼지를 계속 들이마셔서 폐에 석탄 가루가 쌓이는 진폐증의 일종이다.

17퍼센트가 주택으로 들어간 것과 달리 제1차 5개년계획 때는 겨우 9.1퍼센트, 제2차 때는 11퍼센트, 제3차 때는 8.1퍼센트만이 투입됐다. 그에 따른 주택 위기는 이후 전시의 파괴로 훨씬 더 악화했다. 공식적 위생 기준에 따르면 1인당 주거 면적은 9제곱미터였지만, 아래 표 7.5가 보여 주듯이 평균 주거 면적은 이 기준에 훨씬 못 미쳤고 1960년대에 와서야 비로소 이를 넘어서기 시작했다는 사실을 명심해야 한다.

표 7.5. 도시 주민 1인당 평균 주거 면적(단위: 제곱미터)[38]

1913년	6.3	1960년	8.8
1928년	8.2	1970년	11.1
1940년	6.5	1980년	13.1
1950년	7.0	1989년	15.3

그러나 이런 평균 통계만 보면, 꽤 나중까지도 커다란 격차가 있었고 많은 노동계급 가정의 상황이 흔히 끔찍했다는 사실을 제대로 알기 어렵다. 노동자들이 거주하는 주택의 종류는 다양했다. 가장 원시적인 주택은 전쟁 때, 그리고 1930년대 많은 건설 현장에서 사용됐던 제믈랸카(움막 땅굴집)였다. 또, 독신 노동자들과 몇몇 부부를 위한 대형 기숙사들도 있었다. 새로 조성된 지역들에서는 노동자 가족이 흔히 [군대 막사 같은] 바라크에 살았다. 바라크의 길고 낮은 건물 외벽에는 비막이 판자를 댔고 복도와 방은 얇은 칸막이로 나뉘어 있었다. 여기에 10~20가구가, 심지어 겨울에는 동물까지 함께

살았다. 보리스 옐친은 어렸을 때인 1930년대에 방 안에서 염소와 함께 자서 가족이 따뜻하게 지낼 수 있었다고 회상했다. 일부 지역의 바라크가 얼마나 오래 존재했고 또 대규모였는지는 대공업이 발전한 지역인 스베르들롭스크 주 같은 곳을 보면 알 수 있다. 1980년대 초에 스베르들롭스크 주의 공산당 우두머리였던 옐친은 바라크를 없애려고 1년 동안 다른 모든 주택 건설을 중단하고 200만 제곱미터의 신규 주택 부지를 선정해서 바라크 거주 가구들에게 새 집을 마련해 줘야 했다.[39] 더 오래된 도시들에는 콤무날카라는 아파트식 다가구 공동주택도 있었다. 콤무날카 역시 칸막이나 심지어 커튼으로 방이 나뉘어 있었고, 부엌과 화장실은 공동으로 사용했다. 마지막으로, 사생활이 어느 정도 보장되는 대규모 주택단지들이 있었다. 어떤 소설가는 이를 두고 "유리와 콘크리트로 만든 특색 없는 상자들이 무질서하게 늘어서 있는 것" 같다고 묘사했다.[40] 이런 주택단지는 흐루쇼프 치하에서 전속력으로 건설되기 시작했는데, 그동안 누적된 주택문제에 대처하기 위해 지어졌으므로 품질 따위는 신경 쓰지 않았다. 위의 표 7.5에서 1인당 주거 면적이 개선되기 시작한 것도 바로 이런 주택단지의 건설 덕분이었다. 그러나 서방에서 그랬듯이 소련에서도 주택단지들이 가져다준 자유는 제한적이었다. 여전히 양과 질이 모두 문제였다. 1980년대 말 공개 시찰에 나선 고르바초프가 깨달은 것이 바로 그 점이었다. 예컨대, 1988년 9월 크라스노야르스크에서 어떤 사람이 고르바초프에게 다음과 같이 말했다. "미하일 세르게예비치 [고르바초프], 여기 있는 이 새 집들을 좀 보십시오. 이런 집에서는 도저히 살 수가 없습니다. 지은 지 한 달도 안 됐는데, 바닥에는 금이 쩍쩍 가 있고 문은 닫히지도 않아요. 끔찍해요. 사방에서 물이 새서, 비가 오면 온 집 안이 물바다가 됩니다. 그게 다가 아닙니다."[41] 건축물 기준에 맞지 않는 부실 공사는 더 비극적인 결과도 초래할 수 있었다. 예컨대, 1988년 12월 아르메니아에서 지진이 일어나 2만 5000명이 죽었는데, 그중에 다수는 건축 공사 표준 설명서대로 짓지 않은 건물에 사는 사람들이었다.

도시의 더 광범한 사회 기반 시설(상하수도, 가스관, 교통 체계 등)을 공급하는 것도 돈이 많이 드는 일이었다. 모스크바와 레닌그라드는 전시용展示用 도시로 발전했다. 모스크바 지하철을 타 본 사람은 누구나 감탄한다(물론 지하철 건설 과정에서 사망한 많은 노동자들의 무덤을 보고 감탄하지는 않을 것이다). 그러나 모스크바와 레닌그라드의 교외 지역은 사정이 달랐고, 다른 곳들은 훨씬 더 그랬다. 1941년에는 크고 작은 도시 460곳에만 상수도가 있었고, 140곳에만 하수도가 있었으며, 겨우 6곳에만 가스관이 있었다. 1941년에 청년 에드워드 크랭크쇼가 아르한겔스크[러시아 북서부의 항구도시]에 도착했을 때 맨 처음 느낀 것은 정화되지 않은 하수에서 나는 악취였다.[42] 심지어 대도시들에서도 물을 강과 연못에서 펌프로 퍼올렸고, 하수는 정화조에 모았다. 그러다가 1950년대 이후의 발전 과정에서 상하수도가 보급됐는데, 그때조차 실적은 여전히 불균등했다. 도시의 사회 기반 시설에 돈을 쏟아부었지만, 도시들이 계획보다 더 빠르게 성장하는 바람에 수용 능력이 부족하고 재원이 모자라기 일쑤였다. 소련 정권이 사람들에게 훌륭한 예술과 문화를 대규모로 제공하는 일에 열심이었다는 생각도 의심해 봐야 한다. 예컨대, 옐친이 공산당 모스크바 시 위원회의 제1서기가 됐을 때[1985년] 그는 시민 1인당 극장 좌석 수가 실제로는 1917년보다 더 적다는 사실을 깨달았다.[43]

뒤처진 소비

[노동자] 가족의 일상적 소비 패턴도 체제의 우선순위를 반영했다. 1930년대에 소비 수준이 실질임금보다 느리게 떨어진 이유는 더 많은 여성이 어쩔 수 없이 노동자가 되면서 많은 가정이 맞벌이를 했기 때문이다. 맞벌이는 계속해서 대다수 노동계급 가족의 필수 요건이었다. 여기에 중요한 사회적 모순이 있었다. 소련 노동자들에게는 가족이 필요했다. 어머니뿐 아니라 할머니, 즉 바부시카의 도움도 필요했다. 왜냐하면 탁아소와 유치원 같은 곳을 이용할 수 있는 아이는 소수에 불과했기 때문이다. 그러나 주택과 전반적 조건 때문에 결혼 생활은 엄청난 압력을 받을 수밖에 없었다. 그 결과 하나는 출산율이 급락했다는 것이다. 특히 도시에서 그랬다. 피임 수단 부족으로, 이런 감소는 대부분 낙태를(합법적 낙태든 '뒷골목' 낙태든) 통해 이뤄졌다. [1936년에] 낙태가 금지되자 '뒷골목' 낙태만 이용할 수 있게 됐다. 낙태 금지는 부분적으로는 당국이 출산율 급락에 깜짝 놀라 허둥지둥 내린 조치였다. [스탈린 사후] 낙태 금지를 철회한 것은 국가 통제에 한계가 있음을 인정한 조치였다. 그러나 소련 정권의 지도자들은 느린 인구 성장 때문에 병사와 노동자가 부족해질까 봐 계속 걱정했다. 1955년 1월 흐루쇼프는 "우리나라 인구 2억 명에

1억 명쯤 더 보태지더라도 충분하지 않을 것"이라고 말했다. 그러나 그런 일은 결코 일어나지 않을 것이라는 점이 분명해지자 "사회학자들과 고위 정치인들이 거의 공황 상태에 빠졌다"는 것이 공개 논의 과정에서 분명히 드러났다.[44]

노동자들의 소비가 최악이었던 때는 (전시를 제외하면) 1930년대 초였다. 1929년에 빵 배급제가 도입됐고, 1940년이 되면 4000만 명이 중앙의 빵 배급에, 또 다른 1000만 명이 지방의 빵 배급에 의존하고 있었다. 그러나 1932~1933년에 배급제는 더 광범한 재화들로 확대됐다.[45] 심지어 모스크바에서도 공장에 [식용으로] 토끼를 키우라는 명령이 떨어졌다는 것은 당시 사정이 얼마나 심각했는지를 보여 주는 징후였다. 빅토르 셸레핀는 "경찰·빈곤·거짓말에 포위당한" 노동자들의 상황을 다음과 같이 생생하게 묘사했다.

[당시 소련 시민의 생활을 알려면] 빵 배급 카드를 얻어서 도장을 받고 검사 받고 재등록하느라 정신이 없는 노동자를 상상해 봐야 한다(정권은 다양한 핑계를 대며 노동자들의 절반에게는 빵 배급 카드를 발급해 주지 않았다). 또, 가정주부가 텅 빈 상점을 여기저기 뛰어다니다가 이튿날 아침 소금에 절인 생선 쟁탈전에 끼어들기 위해 초저녁부터 생선 가게 앞에 줄을 서서 778번 극빈자 등록을 하는 것을 상상해 봐야 한다. 노동자는 저녁에 집에 와서 식탁에 앉아 전날 밤에 체포된 사람들 이야기를 하고, 신문에서 짜 맞춘 듯 사형제를 옹호하는 주장들을 읽고, 여분의 셔츠를 어디서 구할 수 있을지 몰라 애태우고, 아들이 옛 소상인의 딸과 결혼했다는 이유로 국내 통행증을 발급받지 못해 대도시에

서 쫓겨날까 봐 두려워하고, 달러를 구해 토르그신[외화 상점 — 헤인스]에서 몇몇 값비싼 의약품을 사기 위해 무슨 위험한 작당 모의를 할 것인지 고민한다.[46]

표 7.6. 주민 1인당 연간 식품 소비량(단위: 킬로그램)[47]

	1913년	1950년	1965년	1975년	1989년
육류와 가금류	29	26	41	57	67
생선	7	7	13	17	17
우유와 유제품	154	172	251	316	363
계란	48	60	124	216	268
감자	114	241	142	120	98
곡류 가공품	200	172	156	141	129
채소	40	51	72	89	95
과일	11	11	28	39	41

노동자들의 식품 소비 실태를 조사한 자료를 보면, 대다수 노동자들은 고기·채소·유제품을 덜 먹었고 감자로 식단을 채웠다. 1950년대 말이 돼서야 식단이 꾸준히 향상돼 1920년대 말(이나 1914년)의 수준을 넘어설 수 있었다. 이후 임금 수준이 오르면서 식품 소비 수준도 높아졌다. 기본적인 전국적 자료의 일부가 나와 있는 위 표를 보면, 식품 소비 수준이 향상됐음을 분명히 알 수 있다(물론 다양한 [사회]집단의 소비를 구분하려면 더 자세한 계급 분석이 필요하다).

1940년에 노동자들은 소득의 54퍼센트를 식품 구입에 썼지만

1970년대에는 그 비율이 약 33퍼센트로 감소했다. 그래서 다른 소비재에 대한 지출이 (절대적으로든 상대적으로든) 늘어날 수 있었다. 그러나 많은 노동자들이 가내 생산에 어느 정도 의존했다는 사실도 명심해야 한다. 재봉틀이 흔히 사용됐고, 갈수록 늘어나는 주말 농장에서 많은 먹거리가 생산됐다. 평범한 소련인의 다수는 그런 주말 농장에서 채소 같은 필수 식품을 재배했을 뿐 아니라, 허리띠를 졸라 가며 모은 돈으로 작은 여름 별장이라도 짓기 위해 많은 시간과 노력을 쏟았다. 소련의 많은 지역에서 주말 농장과 별장이 대거 생겨났다. 권력자들의 시골 별장은 으리으리한 대저택이었다. 그러나 대다수 소련 사람들에게는 별장이라고 해 봐야 나무로 지은 오두막과 귀중한 식품을 재배하는 텃밭이 있는 게 고작이었다. 예컨대, 1970년대에 인구가 400만 명이던 레닌그라드에는 그런 별장이 85만 개가 있었는데, 해마다 가을이 되면 여기서 다양한 식품이 꽤 많이 생산됐다.[48]

또, 공급 체계가 변덕스러운 것도 문제였다. 그 변덕은 악명 높았고, 평범한 사람들의 삶을 계속 괴롭혔다. 사람들은 늘 아보스카(망태기)를 주머니에 넣고 다녔다. 혹시 길을 가다가 살 만한 물건이 눈에 띄면 바로 줄을 서서 기다릴 준비가 돼 있어야 했기 때문이다.[49] 심지어 공급이 가장 양호한 도시였던 모스크바에서도 생필품이 부족할 때가 있었는데, 이런 상황을 더 악화시킨 것은 암시장으로 빼돌려지는 물자가 15퍼센트나 됐다는 사실이다(고위층을 위해 공식적으로 빼놓은 물자를 제외하고도 그랬다).[50]

1979년에 브레즈네프는 "경공업에서 생산되는 의약품, 비누, 세제,

칫솔과 치약, 바늘과 실, 기저귀 등의 재화들"을 구입할 기회가 "차단되는 사태"에 관해 말했다.[51] 그는 여기에다 많은 지역에서 고질적으로 나타나는 화장지 부족과 불충분한 생리대 생산 문제를 덧붙일 수도 있었을 것이다. 여기서 잠시 이 목록을 살펴볼 만하다. 이 목록이 소련에서 부족한 재화들을 모두 열거한 것은 아니지만, 이런 품목들이 부족하다는 것 자체가 기본적으로 인간에 대한 모욕이다. 소련 정부와 체제가 화장지나 생리대 같은 아주 기본적인 물품에 대한 사람들의 필요도 충족시키지 못한 것을 보면, 인민의 이름으로 통치한다고 자처하는 그 정부와 체제가 실제로는 얼마나 인민을 하찮게 여기고 있었는지를 여실히 알 수 있다.

이 모든 것이 사람들의 삶에 어떤 영향을 미쳤는지를 가늠하는 방법 하나는 생활 조건과 (사망률, 기대 수명, 신생아의 몸무게, 심지어 어른의 키 같은) 건강지표 사이의 관계를 살펴보는 것이다(이런 건강 지표들은 모두 한 사회체제의 성공과 실패를 보여 주기 때문이다). 스탈린 시대에는 얼마 안 되는 것이라도 서로 나누게 해서 물자 부족이 건강에 미치는 영향을 상쇄하려 했다. 식량 배급제는 그 한 사례였고, 청결 캠페인과 의료 배급제도 그런 사례였다. 그러나 이런 것들로는 단기적으로 기근, 중기적으로 영양 부족이 신생아의 저체중 따위에 미치는 영향을 감출 수 없었다. 산모의 건강 상태를 나타내곤 하는 민감한 지표인 신생아 몸무게는 1930년대와 1940년대에 크게 감소했다. 그러나 장기적으로는 공업화가 결국 가져다준 혜택과 공공 의료의 향상이 결합돼서 기대 수명이 1926~1927년 44세에서 1938~1940년 48세, 1955~1960년 67세로 늘어났다. 이것은 과거의 공업화 사례와 비교하면 인상적인 것처럼 보이지만, 20세기 후반에 제3세계 나라들이 성취한 것에 비하면 딱히 인상적이지는 않다. 더욱이, 소련 체제를 판단하는 실제 기준은 그들이 스스로 주장한 바가 무엇이었는지여야 한다. 여기서 그들이 그토록 오랫동안 증거를 숨겨야만 했다는 사실 자체가 많은 것을 설명해 준다. 더욱이, 주민 대중의 상황이 어려웠다는 것은 1960년 이후 기대 수명이 아주 조금만 늘어났다는 사실을 봐도 분명히 알 수 있다. 문제가 얼마나 심각했는지는 글라스노스트 시대에 드러났다. 예컨대, 1988년에 보건부 장관은 상대적 의료비 지출이라는 면에서 소련은 세계 60~70위권이라고 밝혔다. 유아 사망률은 50위였는데, 이것은 모리셔스나 바베이도스 같은 나라들보다도 낮은 순위였다. 기대 수명도 32위에 그쳤다.[52]

저항과 투쟁

그렇다면 왜 소련 노동자들은 더 저항하지 않았을까? 서로 관련된 두 가지 이유가 있었다. 하나는 도시와 공업의 급속한 변화에 따른 노동계급의 끊임없는 사회적 혼란이다. 둘째는 탄압의 영향이다. 레닌은 노동계급이 공장이라는 냄비 안에서 부글부글 끓은 뒤에야 비로소 계급의식이라는 더 강력한 의식을 발전시킬 수 있다고 말한 적 있다. 어떤 면에서 그 말은 단지 농촌에서 도시로 온 사람들이 새로운 도시와 공업의 충격에 적응하려면 시간이 필요하다는 뜻일 수도 있다. 그러나 레닌은 여기서 노동자들의 학습 과정에 대해서도 말하고 있다. 즉, 새로운 노동자들이 기존 조직과 투쟁 수단을 활용하고 그 도움으로 불만을 어떻게 표출할지를 결정한다는 것이다. 아무리 상황이 좋더라도 지속적 조직과 행동 능력을 습득하려면 시간이 걸리기 마련이다. 공업화 이전의 전통과 이후의 전통을 결합하고, 조직의 건설과 유지를 위해 투쟁하는 것은 모든 나라 노동[운동] 역사의 일부다. 그것이 없다면 [노동자들의] 불만은 흔히 막전幕電* 같은 것이 돼, 직접적인 조직적 유산을 남기지 못하게 된다.

소련에서는 1928년 이후 노동자들이 처한 상황 때문에 노동운동이 발전하기 매우 힘들었다. 사회 변화를 보자. 노동계급 내의 사회적 혼란은 이미 강조했다. 나중에도 일부 도시의 발전 속도는 놀라울 정도였다. 예컨대, 톨리야티에서는 새로운 자동차 공장의 발달로 1970년부터 1974년까지 도시 인구가 25만 명에서 40만 명으로 급증했다. 같은 기간에 카마 자동차 공장이 있는 나베레즈니예첼니 시의 인구도 4만 8000명에서 16만 명으로 급증했다.

그렇다고 해서 소련 노동자들이 무기력한 대중이었다는 의미는 아니다. 다만, 조직적 저항과 독립적 활동이 불가능했다는 뜻이다. 이것은 둘째 요인의 결과였다. 즉, 과거의 탄압 역사가 있었고 (앞서 5장에서 봤듯이) 그 탄압의 유산이 1980년대 말에야 겨우 청산됐기 때문이다. 그 이전 전통의 진정한 [혁명적] 성격에 대한 이해는 1930년대에 완전히 파괴됐다. 과거의 위대한 투쟁들은 역사책에 왜

---

* 막전(Sheet lightning) 번갯불은 구름에 가려져서 보이지 않고 빛의 반사만 보여서 구름 전체가 밝아지는 현상.

곡된 교훈으로만 남아 있었다. 개인들이 간직하고 있던 더 비공식적 계급 기억은 강제수용소에서 죽었다. 살아남은 재소자들이 1950년 대에 석방됐을 때는 그들의 경험을 소통할 수 있는 공간이 전혀 없었다. 강제수용소에서 풀려난 어떤 사람은 그 점을 다음과 같이 표현했다.

재소자였을 때 우리는 무엇이든 이야기했다. 그런데 막상 자유로워지자 우리는 다시 입에 자물쇠를 채웠다. 전에는 강제수용소가 폐쇄되면 우리는 자유로워질 것이고 모든 사람에게 우리의 경험과 고통을 모두 이야기할 거라고 생각했다. 그러나 현실 세계로 나왔을 때는 말을 할 수 없었다. 우리는 다시 두려워졌다. 두려움의 족쇄를 차게 된 것이다.[53]

물론 정권은 이데올로기를 통제한 덕분에 소련이 '사회주의' 사회라는 공식 주장을 사람들에게 주입할 수 있었고, 일부 사람들을 속여서 체제에 반대하기보다는 협력하도록 만들 수 있었다.

실라 피츠패트릭은 스탈린 시대 소련 노동자들의 분위기를 다음과 같이 묘사했다. "약간 회의적 태도가 일반적이었다. 심지어 정권의 진지한 선언조차 완전히 진지하게 받아들이지는 않았다. … '우리'와 '저들'을 대조하는 것이 1930년대 소련 서발턴의* 기본적 사고

---

* 서발턴(subaltern) 원래 영국에서 소위·중위 같은 하급 장교를 일컫는 말인데, 그람시는 파시스트 정권의 감옥에서 검열을 피하려고 노동계급이라는 말 대신 이 단어를 썼다. 포스트식민주의 이론에서는 사회적·정치적·지리적으로 식민지나 본국의 헤게모니 권력 구조 밖에 있는 하층민이나 종속 집단을 뜻한다.

방식이었다." "서발턴의 사고방식"이라는 말은 이 역사가가 부정하는 계급적 관점에서 독자들이 생각하는 것을 막으려고 일부러 그렇게 표현한 것이다. 그러나 피츠패트릭 등이 소련 당국을 면밀히 조사해서 제시한 증거를 보면, 사람들이 계급 분열을 의식하고 있었음을 분명히 알 수 있다. 어떤 소련 여성은 스탈린의 공식적 선전 문구를 그대로 따라 하며 "삶은 더 나아지고 더 즐거워졌어요" 하고 말하고 나서 다음과 같이 덧붙였다. "윗사람들에게는 모든 것이 그렇죠." 그녀가 누구에게 분노하고 있었는지는 분명하다. 다른 사람들의 생각은 좀 더 혼란스러웠다. 그래서 일부 노동자들은 유대인이나 다른 민족 집단들, 심지어 트로츠키주의자들을 비난하기도 했다.[54] 오늘날 우리는 공업화 드라이브에 대한 최초의 저항이 분쇄된 뒤에도 가끔 파업이 벌어졌다는 사실을 알고 있다. 예컨대, 1941년 나치 독일의 군대가 진격해 왔을 때 이바노보보즈네센스크의 노동자들이 파업을 벌였는데, 그 파업을 촉발한 것은 실질임금 삭감과, 노동자들은 남겨 두고 윗사람들과 공장 설비만 옮겨 갈 것이라는 두려움이었다. 일부 개인들과 소규모 집단들은 흔히 정권의 주장과 현실의 차이를 보며 정치적 의사를 표시하기도 했다. 1935년 당시 고등교육에 종사하고 있던 어떤 소규모 노동자 집단은 스타하노프 운동에 반대하며 항의했다. 또, 물리학자 레프 란다우는 1938년에 "신문 지면 말고는 어디서도 사회주의를 찾아볼 수 없는데, 신문은 죄다 거짓말만 늘어놓고 있다"고 주장한 선전 인쇄물 때문에 투옥됐다.[55] 이런 '붉은 반체제 주장'은 대개 외부 세계에서 거의 주목하지 않았지만, 그 실낱같은 흐름은 결코 완전히 소멸되지 않았다.

그러나 노동자들의 일상적 저항은 보통 더 초보적인 수준에서 표현되다가 스탈린 사후 억압이 완화된 뒤에야 더 활발해졌다. 심지어 그때조차 노동자들은 조심스럽게 행동해야 했다. 많은 노동자들은 형편없는 조건과 소외감, 착취에 대응해서 직장을 관두거나 공장을 옮겼다. 제1차 5개년계획 때의 이직률은 엄청나게 높았다. 그러나 이후 수십 년 동안 이직률이 안정됐을 때조차 이직률은 노동자들이 느끼는 광범한 소외감을 계속 반영했다.[56] 물론 직장을 바꾸는 것은 단기적 해결책이었을 뿐이다. 옮겨 간 직장의 조건이 딱히 더 낫지 않을 수도 있었기 때문이다. 일부 노동자들은 더 오래가는 해결책을 술에서 찾았다. 어떤 반체제 인사는 술을 일컬어 "최고의 상품"이라고 했다. 소련 사람들의 술 소비율은 높았고, 폭음 양상은 그때나 지금이나 "슬픔을 달래고" 위안을 찾으려는 것과 분명히 관련이 있었다. 이 문제에서도 당국은 눈살을 찌푸렸지만 용인할 수밖에 없었다. 당국은 노동자들의 결근과 작업장 물품을 빼돌리는 좀도둑질에 대해서도 불평했지만 그냥 못 본 척했다.

그러나 노동자들의 대응 방식 중에는 당국과 공공연히 충돌하지는 않으면서도 [노동자들의] 협력과 단결이 어느 정도 필요한 형태들도 있었다. 가장 광범한 것은 작업 기준을 두고 끊임없이 벌어진 투쟁이었다. 모든 작업장에는 "오늘 실적과 내일 [작업] 기준"이 적힌 포스터가 붙어 있었다. 그러나 노동자들이 왜 실적을 올리려고 하겠는가? 어떤 노동자는 다음과 같이 말했다. "지금 저들은 노동자의 피땀을 더 많이 쥐어짜면서도 임금은 더 적게 준다." 노동자들의 대응은 작업 기준을 낮추려고 노력하는 것이었고, 생산과정을 직접 담당하는 사람들이 바로 노동자였으므로 작업 기준을 높이려는 경영진의 능력에는 한계가 있을 수밖에 없었다. 노동자들의 이런 전술은 서방에서도 낯익은 것이었다. 특히 성과급 문제에서 그랬다. 앞서 봤듯이, 1930년대에 작업 기준을 초과한 스타하노프 노동자들은 때때로 공격당하고 심지어 살해당하기도 했다. 나중에도 너무 열심히 일하는 노동자들은 따돌림당할 수 있었다. 다른 노동자가 '노동규율이 느슨하다'거나 '생산량을 부풀린다'고 '밀고하는' 사람은 인기가 없었다.

그렇다고 해서 경영자들이 압력을 가하지 못하거나 자의적으로 작업 기준을 높이지 못한 것은 아니었다. 시간이 흐르면서 일부 노동자들은 이에 대해 생산 지연 전술이나 준법투쟁, 즉 공장에 나오기는 하지만 일은 거의 또는 전혀 하지 않는 '이탈리아식 파업'으로 대응했다. 모스크바의 철근 콘크리트 공장에서는 노동자들이 옛 작업 기준 복원을 요구했으나 아무 반응이 없자 이틀 동안

작업장에 앉아서 아무 일도 하지 않았다. 현장 관리자가 노동자들에게 제발 일 좀 하라고 애원도 하고 법적 조치를 취하겠다고 협박도 했지만, 노동자들은 공장 책임자 면담을 요구했다. 노동자들의 파업에 겁을 먹은 공장 책임자는 작업장에 들어가기를 두려워했다. 어느 순간 파업 노동자 한 명이 지역 공산당 위원회에 전화를 걸어서 파업 소식을 알렸다. 그러자 지역 공산당 간사가 즉시 공장으로 달려와서 작업 기준을 낮추겠다고 약속했고, 그렇게 해서 투쟁은 끝났다.

그러나 투쟁이 거리로 확산돼서 공공연한 파업이나 시위로 발전할 때가 당국에는 더 위험했고, 1950년대에 억압이 느슨해지자 작지만 효과적인 공개 투쟁 양상이 나타나기 시작했다. 이런 투쟁들은 때로는 명백한 산업 투쟁이었지만, 때로는 주변 지역들에서 작업장의 불만과 사회적 불만, 소수민족의 불만이 복잡하게 뒤얽힌 투쟁으로 나타나기도 했다.

흐루쇼프 시대에 소련 내에서 중요한 투쟁들이 벌어졌다. [1962년 6월 2일] 노보체르카스크에서 일어난 학살 사건은 그 소문이 소련 전역으로 확산되면서 대중의 기억 속에 각인됐다. 그보다 몇 주 전에 노보체르카스크 시에서는 전국적 식량 가격 상승과 [작업 기준을 높여서 생산량을 증대하려는] 지역의 노동문제가 맞물려서 투쟁이 분출했다. 파업에 들어간 노동자들과 가족, 학생들, 심지어 초등학생들도 함께 시위를 벌였다. 그러자 군대가 시위대에게 발포해서 24명이 죽고 69명이 중상을 입었으며 수많은 경상자가 생겼다.[57] 1970년대에 노보체르카스크에서 1600킬로미터쯤 떨어진 도시에서 이주해 온 어떤 노동자는 직장 동료들이 저항해 봐야 아무 소용없다고 말하는 것을 들었다고 전했다. "만약 도시 전체가 저항한다고 해도 저들은 1962년에 노보체르카스크에서 그랬듯이 기관총으로 우리를 다 쏴 죽여 버릴 거야."[58] 그러나 소련 지도자들도 그 사건에 충격을 받았다. 그들이 이후 수십 년 동안 식량 가격을 억제하려고 애쓴 이유 가운데 하나는 바로 그 사건에 대한 기억과 그런 사태가 되풀이되지 않도록 하겠다는 생각 때문이었다. 그러나 노보체르카스크는 공공연한 저항의 유일한 사례가 아니었다. 1956년에 그루지야의 트빌리시를 몇 시간 동안 시위대가 장악했다. 같은 해에 리투아니아에서도 대규모 시위들이 벌어졌다. 1959년에 카자흐스탄의 테미르타우에서는 건설 노동자 수천 명이 폭동을 일으켰다. 또, 1960년에는 시베리아의 쿠즈바스 지역에 있는 탄광 도시 케메로보에서 식량 부족에 항의하는 시위들이 벌어졌다. 1961년에는 무롬에서 폭동이 일어나 경찰서가 습격당했고, 노보체르카스크 학살 사건 후 1962~1963년에는 다른 도시들에서도 투쟁이 벌어졌다는 기록이 있다.

오늘날 우리는 노보체르카스크 학살 사건에 관해 많은 것을 알고 있다. 소련 체제가 붕괴했을 때 많은 증언과 문서 증거를 입수할 수 있었기 때문이다. 그러나 더 작은 사건들에 관해서는 아는 바가 별로 없다. 왜냐하면 전반적 증거가 여전히 중앙과 지역의 문서 보관소에서 [기밀로] 분류돼 있기 때문이다. 그러나 서방에 알려진 정보로 미뤄 보면, 흐루쇼프가 몰락한 뒤에는 비교적 공공연한 투쟁은 감소한 듯하다. 그것은 부분적으로는 조건이 개선된 것과 관련이 있을 수 있다. 물론 이때조차 민족문제가 투쟁을 자극하는 또 다른 요인이 될 수 있었다. 1965년에 아르메니아의 수도 예레반에서 소요 사태가 보고됐다. 1967년에는 카자흐스탄의 공업 도시인 침켄트에서 대규모 폭동이 보고됐고, 같은 해에 우크라이나의 도시 프륨루크에서 폭동이 일어났고, 하리코프에서도 대규모 파업이 벌어졌다. 1968년에는 우즈베키스탄으로 추방당한 크림타타르인들이 레닌 생일에 시위를 벌였고, 극동 지방의 블라디보스토크 근처 호롤에서도 식량 폭동이 일어났다.

1969년 이후 파업 소식들이 더 널리 퍼졌고, 민족주의적 폭동과 시위도 계속 벌어진 듯하다.[59] 이런 운동이 어떤 부침을 겪었는지는 여전히 불분명하다. 대다수 투쟁은 지역 수준에서 지역의 요구들을 내걸고 벌어진 것 같다. 그러나 다른 한편으로 정권은 그런 투쟁들이 일어나는 것을 막지 못했고, 어떤 경우에는 투쟁이 인근 도시들로 확산되는 것도 막지 못했다.

이런 투쟁의 증거들을 분석한 자료를 보면, 대다수 투쟁이 모스크바와 레닌그라드에서 멀리 떨어진 곳에서 일어났다는 사실을 알 수 있다. 그 이유는 두 지역의 사정이 더 나았고, 당국이 그곳에서는 투쟁이 벌어지는 것을 결코 허용할 수 없었기 때문이다. 그러나 투쟁이 주변부 지역이나 소수민족의 불만이 강한 지역에 국한되지 않았다는 것은 확실하다. 심지어 우크라이나 같은 곳에서도 많은 투쟁의 자극제는 순수한 산업 쟁점이었던 듯하다. 중심부 근처에서 투쟁이 벌어진 극적인 사례는 자동차 신도시인 톨리야티에서 1979년에 일어난 버스 운전기사 파업이었다. 그들은 1980년에도 파업을 벌였고, 그 여파로 피아트의 기술 지원을 받아 라다라는 신차를 생산하던 주요 자동차 공장에서도 파업이 벌어졌다. 같은 시기에 고리키 시[지금의 니즈니노브고로드]의 승용차와 트럭 공장 노동자들도 파업을 벌였다.

우리가 보기에는 투쟁의 직접적 원인으로 네 가지가 두드러진다. 식량 공급에 대한 걱정, 자의적 작업 기준 상향, 주택문제, 경찰의 만행이 그것이다. 마지막 원인을 보면, 노동자들이 당국과 대결할 태세가 돼 있을 때는 파업이 벌어졌다는 사실을 알 수 있다. 예컨대, 1979년 1월 레닌그라드에서 일어난 파업은 노동자 한 명이 경찰에 체포돼 맞아 죽은 사건 때문이었다. 심지어 파업이 끝난 뒤에도 노동자들은 동료의 장례식에 집단적으로 참가했다. 이런 사례들이 어느 정도나 더 심각한 불만의 불꽃이나 징후였는지는 조사해 봐야 알 수 있다. 그러나 그 양상은 일종의 '돌발적 화재' 효과, 즉 투쟁이 일단 거리로 확산되면 갑자기 불이 확 붙듯이 번질 수 있었다는 것을 보여 준다.

이런 돌발적 화재에 대한 당국의 대응은 '화재 진압 작전', 즉 투쟁의 확산 가능성을 근절하는 것이었다. 그 정책은 상황을 통제할 수 있는 한 일단은 양보를 하고 나서 '말썽꾼들'(공식적으로는 '난동꾼들'), 즉 투쟁을 선동했다고 생각되는 사람들을 제거하는 것이었다. 여기서 당국의 힘은 매우 실질적이었다. 앞서 이야기한 '이탈리아식 파업'에 '자발적으로' 참여한 노동자들은 조만간 직장을 떠나야 했다. 그러면 아마 그들의 하락테리스티카(신원 증명서)에는 '노동규율'에 관한 [부정적] 논평이 기재됐을 것이다. 더 공공연한 투쟁을 이끈 지도자들은 해고되고 그 지역에서 쫓겨났다. 그들은 심지어 투옥되거나 클레바노프를 비롯한 일부 반체제 인사들처럼 정신병원에 갇혔다. 노동자들의 지상낙원에서 노동조건과 임금 문제로 항의할 사람이 미치광이 말고 누가 있겠는가?

그러나 궁극적으로 불만을 억누를 수 있는 능력은 정권이 통제를 유지하고 어느 정도 양보할 수 있는지 없는지에 달려 있었다. 1980~1981년 폴란드에서 불만이 폭발해 노동자 절반 이상이 반체제 조직인 솔리다르노시치[연대노조]에 가입한 것은 '화재 진압 작전'으로는 더 광범한 불만을 억누를 수 없을 것이라는 경고였다. 그렇지만 [소련] 노동자들은 1980년대 말이 돼서야 더 대규모로 움직이기 시작했다. 그들이 벌인 가장 중요한 투쟁은 1989년 광원 대파업이었다.

그 파업은 1989년 7월 소련 석탄 생산량의 5분의 1을 차지하는 시베리아 서부 쿠즈바스 탄전에서 시작돼, 역시 소련 석탄의 3분의 1을 생산하는 돈바스 지역으로 확산됐다. 당시 100만 명 남짓이던 소련 광원 가운데 약 40만 명이 혁명 이후 최초의 진정한 노동계급 대중행동에 참여했다. 다음 8장에서 보게 되겠지만, 이 파업은 페레스트로이카에서 중요한 단계였을 뿐 아니라, 구질서 아래서 차곡차곡 쌓인 분노가 절정에 달한 것이었고 구체제 아래서 노동자들의 진정한 지위가 어땠는지를 밝히 보여 줬다.

석탄은 핵심 산업이었고, 탄광 노동자들은 아마 노동계급의 최상층에 속했을 것이다. 그러나 광산업은 투자 부족, 지질 조건 악화, 둔감한 지역·중앙 당국 때문에 침체돼 있었다. 광원들은 위험한 조건에서 낡은 장비로 일을 했고, 흔히 수작업에 의존했다. 다른 어떤 것보다 그들의 상황을 잘 보여 주는 수치가 하나 있다. 광원들에게 할당된 비누는 한 달에 겨우 200그램이었는데, 이 할당량은 1920년대 이후 변함이 없었다. 광원의 임금은 소련 기준으로 보면 높은 수준이었다. 그러나 광원들은 여전히 가난했고, 휴가는 부족했으며, 이른 나이에 은퇴하는데도 연금은 낮았다. 노동조건 외의 상황이 더 나은 것도 아니었다. 물자 부족은 만성적이었고, 주택은 형편없었다. 집이 상당히 비좁아서 광원의 23퍼센트는 1인당 4제곱미터도 안 되는 공간에 살았고 절반은 4~9제곱미터의 공간에 살았다. 대기오염도 심각했다. 카자흐스탄의 [광업 도시] 카라간다에서는 1인당 4톤의 오염 물질이 방출되는 것으로 추산됐다. [광원] 파업의 중심지 중 한 곳이던 케메로보에서는 기형아 출산율이 엄청나게 높았고 신생아의 50퍼센트는 인공호흡기가 필요했다. 오염된 대기는 윗사람들에게도 영향을 미쳤지만, 그것을 빼면 그들은 좋은 집과 시골 별장, 탄광 직원들이 관리하는 정원 등 광원들과 완전히 다른 삶을 살았다.

그러나 광원들은 그런 열악한 조건 가운데 어떤 것에도 항의할 권리가 없었다. 그들이 파업을 벌였을 때 도네츠크 지역 노조 위원장은 "그런 행동을 허용하는 법률이 아직 없으므로 오늘까지도 엄연한 불법 행위"라고 파업을 비난했다. 광원들은 '노동자 국가'에 저항하는 행동을 통해서만, 또 공식 노조 같은 '노동자 조직'들을 거부하는 행동을 통해서만 자존감과 존엄성, 자신감을 약간이라도 얻을 수 있었다. 바로 그런 자존감과 자신감이 있어야만 노동자들은 당시 존재한 체제와 나중에 들어서게 된 체제를 모두 거부하고 진정한 대안을 발전시킬 수 있었을 것이다. 쿠즈바스에서 [파업을 벌이던] 어떤 광원은 다음과 같이 말했다. "기분이 좋다. 우리는 난생 처음 이런 일을 해 봤다." [그러나] 모스크바의 고르바초프는 생각이 달랐다. 그는 [광원] 파업이 "페레스트로이카 4년 동안 우리나라에 닥친 최악의 시련"이라고 말했다. 그렇지만 고르바초프는 틀렸다. 언뜻 모습을 드러낸, 아래로부터 변화를 추구하는 대안은 다시 사라졌고, 그다음 10년은 대중에게 훨씬 더 혹독한 시련이었음이 드러나게 된다.[60]

서류 더미 체제

　소련 사람들이 얼마나 심한 통제를 받았는지는 그들이 예나 지금
이나 지녀야 하는 서류들을 보면 알 수 있다. 적절한 증빙서류가 없는
사람들은 열등한 국민이었다. 바로 이 때문에 농민들의 지위가 오랫동
안 매우 낮았던 것이다. 서류는 개인의 신분이나 지위를 기록한 것이
었지만, 국가가 개인을 지배하는 힘을 나타내는 것이기도 했다. 1991
년 이전에는 특권층이나 매우 운 좋은 사람들만이 서방으로 해외여행
이 가능한 여권을 받을 수 있었다. 그러나 소련 국내에서는 모든 성인
이 출생 증명서, 결혼 증명서, 운전면허증, 연금 수급증 외에도 다양한
서류에 매여 살았다. 모든 소련 사람이 결국 국내 통행증을 갖게 됐
고, 지금도 여전히 갖고 있다. 국내 통행증에는 이름, 출신 민족, 생년
월일, 결혼 여부, 배우자 이름, 자녀 이름 등이 기재돼 있다. 제2차세계
대전 때 독일군이 점령한 지역에서 나치가 유대인을 쉽게 찾아낼 수
있었던 이유 하나는 바로 이 국내 통행증이 있었기 때문이다. 국내 통
행증은 지금도 신분증 구실을 한다. 우체국에서 소포를 찾아올 때나
상시 거주지를 경찰에 등록할 때 등 다양한 용도로 쓰인다. 21세기 초
[인 지금은] 심지어 기차표나 비행기표를 살 때도 필요한데, 암표 방지
를 위해 구매자의 이름이 적힌 승차권이 발부된다.

　국내 통행증에는 거주지를 증명하는 도장이 찍힌다(그것을 일컬어 프로피스카[기입] 또는 레기스트라챠[기록]라고 했다). 예컨대, 모스크바 같은 일부 지역에 거주할 권리는 항상 제한됐다. 거주지를 증명하는 도장이 없으면 다른 권리들도 제한됐고, 경찰이 다른 곳으로 이주시켜 버릴 수 있었다.

근로 수첩(트루도바야 크니시카)은 또 다른 중요한 서류였다. 그것은 노동자가 처음 취업할 때 발급돼서 직장이 바뀔 때마다 따라다녔다. 이 수첩을 보면 근무 기간(연금을 좌우하는 요소 중 하나)을 알 수 있었다. 상여금이나 노동 훈장을 받은 것도 근로 수첩에 기록됐다. 노동규율 위반으로 징계를 받은 것도 기록돼서 노동자의 경력에 계속 따라다녔다. 또, 사용자는 [노동자에게] 신원 증명서(하락테리스티카)를 요구할 수도 있었다.

게다가, 남성은 18세가 되면 입영 통지서(프리피스노야 스비데텔스트보)를 받게 되고 군 복무를 마친 뒤에 만약 예비군이 되면 군인 증서(보옌나야 크니시카) 형태의 서류를 추가로 받게 된다.

각종 서류에는 항상 많은 정보가 기재된다. 그러나 구체제 시절에는 제5항이라는 특별 항목이 있었는데, 사람들은 여기에 출신 민족을 적어야 했다. 바로 이런 식으로 유대인 같은 특정 집단에 대한 차별이 가끔 이뤄졌던 것이다.

8장
—
전환

1956년 헝가리 혁명 중 끌어 내려져 파괴된 스탈린 동상.

앞 장章들에서는 1928년 이후의 소련을 착취와 억압 위에 건설된 계급사회, 자본주의적 축적의 광범한 논리가 지배하는 사회로 이해 해야 한다는 것을 보여 주려 했다. 소련 체제의 특성은 한편으로는 그 체제가 진정한 아래로부터 혁명이 변질되는 과정에서 출현했다 는 것에서, 다른 한편으로는 국가자본주의화 경향이 소련과 그 위성 국들에서 대규모 형태로 나타났다는 것에서 비롯했다. 이런 주장이 중요한 이유는 소련 체제의 과거를 이해하는 데 도움이 될 뿐 아니 라, [소련 붕괴 후 이른바] 전환의 문제들을 해결하는 방법도 제공하기 때문이다.

전환을 이해하는 데는 세 가지 중요한 문제가 따른다. 첫째는 소 련 체제의 성장뿐 아니라 쇠퇴의 원인도 설명하는 것이다. 예전의 설 명들은 소련의 극적인 성장을 잘 설명할 수 있었고, 나중의 설명들 은 쇠퇴를 잘 설명할 수 있었다. 그러나 성장과 쇠퇴를 모두 설명하 기는 어려웠다. 둘째 문제는 소련의 지배자들과 [소련 붕괴 이후] 러시 아 지배자들 사이의 두드러진 연속성을 설명하는 것이다. 앞서 1장 에서 이야기했듯이, 만약 전환이 정말 심층적 변화였다면 어떻게 구 질서가 그토록 성공적으로 위기를 극복하고 구체제의 통제력을 전환해 새로운 부의 축적으로 연결할 수 있었겠는가? 셋째 문제는 왜 전환이 그토록 혼란스러웠고 시장의 힘이 변화의 약속을 지키지 못했는지를 설명하는 것이다. 전환 초기에 사람들이 들은 약속은 잠시 위기가 있겠지만 곧 급격한 성장이 뒤따르리라는 것이었다. 실제로는 극심한 위기 속에서 대중은 물질적 궁핍과 나란히 새로운 정치적 자유를 경험했다. 그러나 러시아 지배자들의 삶이 나아졌다고 하더라도 그들은 여전히 서로 책략을 부리며 새로운 정치 질서를 어떻게 수립할지를 두고 날카롭게 분열했다.

이런 문제들을 설명하려면, 소련 국가자본주의를 더 느슨한 시장자본주의 형태로 바꾸라는 압력이 어떻게 생겨났는지를 살펴봐야 한다. 부하린이 사용한 은유를 빌려 말하자면, '국가의 주머니'를 주무르던 소련 지배계급은 '사적 주머니'를 주무르는 쪽으로 전환하려고 노력했다. 그 전환은 간단한 것이 아니었다. 1980년대 말의 페레스트로이카(구조조정)와 글라스노스트(개방) 시기에 소련에서는 정치적 논쟁이 시작되고 새로운 사회운동들이 생겨났다. 그러나 권력을 잡고 있던 자들의 다수는 변화의 방향이 분명해질 때까지는 적극적으로 나서지 않고 머뭇거렸다. 얄궂게도, 보리스 옐친을 제외하면 '변화' 후 러시아 정치에서 핵심적 구실을 하게 된 사람들은 대부분 1991년 이전에 벌어진 쟁투들에서는 두드러지지 않은 자들이었다. 오히려 그때 두각을 나타낸 사람들은 이제 '새로운' 러시아에서 하찮은 존재가 됐다. 시간이 흐른 뒤에 사정을 파악하기는 쉽기 때문에, 오늘날 우리는 당시 무슨 일이 벌어졌는지를 더 분명히 알 수 있다. 위로부터 '개혁' 과정은 아래로부터 압력이 증대하면서 통제를 벗어나게 됐다. 그러나 1991년 옛 소련이 무너졌을 때 보리스 옐친이 이끄는 새 정권의 정책을 결정한 것은 (외국인 조언자들과 협력하는) 기술 관료 집단이었다. 그들은 주로 구체제의 부유층 젊은 이들이었는데, 모스크바의 연구소나 기관들, 공산당 청년 조직(콤소몰), 구체제의 기업 관련 부문에서 일하는 자들이었다. 이들의 성장 배경은 앞서 6장 말미에서 살펴봤다. 이제 그 대표자들은 멋진 정장을 차려입고 영어를 유창하게 구사하면서, 전대미문의 영향력을 발휘할 기회를 발견했다. 그들은 다른 사람들이 반체제 주장을 했다가 투옥될 때 자신의 사회적 지위 덕분에 시장의 힘에 대해 편안히 공부할 수 있었는데, 이제 그 힘을 마법의 주문인 양 떠들어 댔다. 그들의 목적은 시장의 구실을 확대하는 것뿐 아니라, 이 과정에서 자신과 기존 지배계급 사람들이 확실한 수혜자가 되도록 만드는 것이었다. 더 유능한 사람들은 일부 신참들과 구체제 시절 (흔히 권력자들의 필요를 충족시킨) 지하경제를 주무른 기회주의자들의 새로운 구실에 활력을 얻어서 큰 성공을 거뒀다. '새로운' 체제는 그들의 권력을 다시 정당화해 줬다.

그러나 조직이 느슨해지면 중앙이 경쟁과 변화 과정을 감독하고 제어하기 힘들어진다는 문제가 있다. 바로 이것이 1990년대 초 소련에서 일어난 일이다. 소련의 권력 피라미드는 붕괴하지 않았다. 그것은 구조조정 과정이 통제를 벗어나면서 서로 경쟁하는 수십 개의 권력 피라미드로 분해됐다. 1990년대의 특징은 생산자원 통제는 지속된 반면 정치 구조와 조직들은 급격한 변화를 겪었다는 점이다. 군사적 비유를 들어서 말하자면, 1990년대의 러시아는 여전히 장교단이 통제권을 쥔 채 병사들에게 명령을 내리지만 전에는 통일된 방향을 제시하던 지휘 구조가 붕괴해 버린 군대와 비슷했다고 할 수 있다.

위기의 성격

소련 경제의 전성기는 1950~1960년대였고, 앞서 말했듯이 당시 이에 고무된 흐루쇼프는 미래에 관해 거창한 말들을 늘어놓을 수 있었다. 1960년대에 성장률이 둔화하기 시작했다. 이 때문에 개혁을 둘러싼 논쟁이 벌어졌고 시장 요소를 더 많이 도입하려는 시도들이 있었지만, 모두 부분적이고 제한적이었다. 계속되는 성장 둔화에 대응해서 더 근본적 변화를 추진하라는 강한 압력이 실제로 가해진 것은 1980년에 들어서였다. 이런 성장 둔화는 공식 수치에서도 분명히 드러난다. 공식 수치들을 보더라도 소련의 경제성장률은 1950년대에 10퍼센트였지만, 1960년대에는 7퍼센트, 1970년대에는 5퍼센트, 1981~1985년에는 4퍼센트 아래로 떨어졌다. 그러나 모두 알다시피 이런 공식 수치는 부풀려진 것이었다. 미국의 중앙정보국CIA 전문가들은 나름대로 계산한 추정치를 내놓았다. 그들이 제시한 수치는 보통 소련의 공식 성장률의 절반이었다(다만 1960년대에는 공식 성장률의 3분의 2를 약간 웃돌았다). 이렇게 낮춰 잡은 CIA 수치를 보더라도 1945년 이후 25년 동안 소련의 경제성장률은 인상적이었지만 그 뒤에는 별로였다. 1970년대 이후와 1980년대 초에 공식 성장률 자체가 반 토막 났고, 그 수치들은 훨씬 안 좋아 보인다. 게다가, 연구자들이 독자적으로 계산한 자료를 보면 소련의 공식 수치든 CIA 수치든 당시의 성장률 계산에서 왜곡이 심해졌다. 이 점을 감안하면 소련 경제는 1970년대 말 이후 거의 정체 상태였던 듯하다.[1]

이런 '소련의 실패' 이유를 설명하는 사람들은 대부분 국내의 모순을 분석하는 데서 시작하지만, 이것은 잘못이다. 20세기 말 소련에서 일어난 일들은 세계 체제의 변화라는 맥락 속에서 벌어진 것이므로 국내적 요인과 국제적 요인의 상호작용이 중요하다. 1950년대와 1960년대는 동방과 서방 모두 황금기였다. 1970년대와 1980년대는 전반적으로 경기가 둔화하는 시기였다. 사실 앞서 4장 말미에서 이야기했듯이 처음에 소련 지도자들은 자신들이 직면한 문제보다 서방의 문제가 더 크다고 생각했다. 1980년대 초에 들어서야 그들은 소련이 얼마나 어려운 상황에 처해 있는지를 느끼게 됐다. 그와 함께 소련의 지배층은 상당히 사기가 저하했다. 1985년에 고르바초프는 새로운 서기장으로 선출됐을 때 "이대로는 더 갈 수 없다"고 말했다고 한다. 그러나 소련의 위기 심화 밑바탕에 있는 압력은 서방을 위협하는 압력과 비슷한 것이었다.

자본주의 체제의 활력은 일반적 이윤율에 달려 있다. 일반적 이윤율은 단기적으로는 시장 자본주의의 호황·불황 순환 속에서 변동한다. 이 요소들은 소련 국가자본주의에서도 나타났지만 중앙 통제 체제를 통해 조정됐고, 그 덕분에 이른바 '계획된 순환' 형태의 성장 패턴이 만들어졌다. 그러나 이윤율은 장기적으로도 변동한다. 1930년대에 이윤율이 떨어지자 세계경제 침체에 대한 두려움이 확산됐다. 이에 대한 대응이 대규모 국가 개입이었는데, 그 극단적 사례가 스탈린 치하 소련이었다. 1945년 이후 이윤율은 다시 상승했다. 그 이유는 여전히 논쟁거리이지만, 냉전의 일부로서 일반적 현상이 된 군비 지출의 성격과 중요한 연관이 있는 듯하다. 그렇지만 군비 지출의 구실을 연구한 사람들이 주장했듯이, 군비 지출이 이윤율 저하 압력을 상쇄하는 데는 한계가 있었다. 1970년대에 이윤율 저하 압력의 효과가 다시 나타나기 시작했다.[2] 그 결과로 세계경제의 성장이 둔화했다. 자본주의를 구조조정하고 더 수익성 높은 부문들로 투자를 옮기라는 압력이 가해졌다. 그러려면 유연성이 더 커져야 했다. 많은 나라에서 시장 원리의 작용을 확대하는 경제정책들이 도입됐고, 자유 시장 이데올로기가 그것을 뒷받침했다. 그러나 시장 자유주의의 신화와 반대로, 그 결과는 독점기업이나 국가의 힘 약화가 아니었다. 실제로 일어난 일은 훨씬 더 미묘했다. 그러나 1930년대처럼 '자급자족' 경향의 고립주의로 후퇴하지는 않았고 오히려 세계적 상호 침투가 확대됐다.

소련 경제는 여전히 세계 수준의 군사적·경제적 경쟁과 지나치게 관료적인 내부 구조의 함정에서 빠져나오지 못하고 있었다. 이 때문에 구조조정을 추진하기도 힘들었고, 세계경제에 더 깊숙이 통합됐을 때 얻을 수 있는 이점을 활용하기도 어려웠다. 사실 어떤 면에서는 성장 둔화보다 소련 경제의 빈약한 대외적 성과가 소련 지도자들에게는 훨씬 더 우울한 일이었다. 소련 경제는 현대화에서는 어느 정도 진전이 있었을지 몰라도 여전히 석유와 원료 수출에 의존하고 있었다. 소련의 자체 무역 블록인 코메콘[동유럽 경제상호원조회의]의 이점에도 불구하고 소련의 수출에서 기계류가 차지한 비중은 1970년

22퍼센트에서 1985년 14퍼센트로 떨어졌다.[3] 이로 인한 혼란이 체제의 모든 부분에 영향을 미쳤다. 1988년에 KGB 부위원장 블라디미르 크류츠코프는 다음과 같이 말했다.

오늘날 세계는 온통 모순투성이다. 한편으로는, 정치적·경제적 힘의 양극화 과정이 계속되면서 미국·서유럽·일본에서 자본주의의 주요 중심지들이 발전하고 있다. 다른 한편으로는, 상호 교류와 의존이 이해관계의 혼란으로 이어지면서 전례 없는 다양성을 낳고 있는데, 여기서는 경계 짓기와 상호작용이 갈마들고 상호 보완한다.

그래서 "진부한 말과 고리타분한 생각"은 이제 정책의 지침으로서 거의 쓸모가 없다는 것이 크류츠코프의 주장이었다.[4]

소련의 위기가 뿌리는 다른 나라들과 비슷했을지라도 특수한 요소들도 있었다는 것은 사실이다. 하나는 소련이 농업사회에서 산업사회로 전환하는 과정에서 얻은 이점이 사라졌다는 것이다. 그런 이점 덕분에 자원을 더 생산적 분야로 이전해서 더 쉽게 성장할 수 있었는데 말이다. 둘째 요소는 군비경쟁의 끊임없는 압력이었는데, 앞서 봤듯 이 압력은 미국보다는 소련에 더 무거운 부담이었다. 1985년에 [외무부 장관과 최고 소비에트 상임간부회 의장을 지낸] 안드레이 그로미코는 다음과 같이 말했다. "우리의 방위 체제를 필요한 수준으로 유지하는 일은 우리 모두에게 최고로 신성한 의무다."[5] 그 부수적 결과로 농업과 주택 같은 분야의 오랜 문제들이 해결되지 않았을 뿐 아니라, 새로운 성장 부문들에 투입할 자원도 부족해졌다.

셋째 요소는 중앙의 지령에서 비롯한 문제들인데, 30년 동안 개혁을 주창한 경제학자 아벨 아간베기얀은 이를 두고 "제한적이고 기형적인 국내시장"이라고 불렀다(이 문제는 앞서 4장에서 살펴봤다).[6] 이런 어려움들은 소련 국내외에서 엄청난 논쟁을 불러일으켰고, 흔한 견해는 이것들이 소련 체제 특유의 문제들이라는 것이었다. 그러나 진정한 사회 통제 시스템이 전혀 없고 경쟁에 단련되지 않은 곳이라면 어디서나 소련과 같은 문제들이 생겨나기 마련이다. 그런 문제들이 서방의 경제학 교과서에서는 다뤄지지 않더라도 경영학 교과서에서 다뤄진다는 것은 분명하다. 그런 문제들은 소련 경제의 모든 분야에서 나타났지만, 그 정도는 다양했다. 군수생산 자체와 관련해서 어떤 소련 저술가는 다음과 같이 말했다. "우리는 항상 우리나라에서 생산된 군수품을 외국 제품과 비교해야 한다. 민간에서 생산된 기계류에 대해서는 그러지 않고 있으니 애석한 일이다!"[7] 사실 일부 분야에서는 그러고 있었지만, 어쨌든 그가 주장한 일반적 요점은 타당했다. 국제 경쟁에서 더 많이 단절돼 있을수록 문제는 더 심각했다. 상황을 더 악화시킨 것은 전반적 공급 부족과 왜곡된 가격체계였다. 이 때문에 경영자들은 실제 수요를 충족시키는 것보다는 가격체계로 장난치는 데 더 열의를 보였다.

소련 지배자들의 정신을 집중시킨 또 다른 요소가 있었다. 그것은 바로 변화하는 냉전의 압력과 소련 자체의 세력권 내에서 발생한 골치 아픈 문제들이었다. 앞서 봤듯이, 1979년에 소련이 아프가니스탄에 개입하기로 결정한 이유 하나는 [아프가니스탄과 접경지인] 남부 지방이 불안정해질까 봐 두려웠기 때문이다. 그 뒤 1980년 폴란드에서 연대노조 운동이 분출하자 동유럽의 소련 세력권이 불안정해질 수 있다는 또 다른 문제가 불거졌다. 두 사건 모두 이른바 '제2차 냉전'의 전개를 배경으로 해서 일어났다. 서방, 특히 미국의 정책 입안자들은 세계경제 둔화에 뒤이은 [동방과 서방의] 긴장 고조에 대응해서 군비 지출을 늘리며 세계적 판돈을 키웠다. 이것의 논리와 그 모순을 자세히 설명하는 것은 지금의 주제에서 너무 벗어난다. 그러나 소련 지도부에게는 이런 군사적·경제적 도전이 정신을 집중하는 데 도움이 됐다. 그들이 두려워한 것은 소련도 미국과 똑같은 방식으로 대응해야 한다는 것이었다. 미국의 방위비 지출이 급증했다. 1983년 9월 [소련공산당 서기장] 안드로포프는 다음과 같이 말했다. "현 미국 정부의 정책이 더 나은 쪽으로 발전할 가능성에 대해 환상을 품은 사람이 있었을지 모르지만, 최근의 사건들은 그런 환상에 종지부를 찍었다." 1985년 [미국 대통령] 로널드 레이건이 이른바 '스타워즈 계획', 즉 전략방위구상을 지지하며 다음과 같이 말했을 때 소련 지도자들은 몹시 신경이 쓰였을 것이다. "우리는 첨단 무기 체계를 개발하고 싶다. 즉, 소련이 우리의 전략방위구상에 대항할 방어 체계를 구축하려 한다면 [소련 경제를] 파산시킬 수 있을 만큼 강력한 무기를 개발하고 싶다."[8] 미국의 일부 보수주의자들은 실제로 그런 일이 일어났다고 주장했다. 그러나 앞으로 보게 되겠지만, 소련이 결국 해체돼 버린 사건을 설명할 때 훨씬 더 중요한 요인은 개혁 과정 자체의 모순들이었다.

(▶ 현실 돋보기: 군비경쟁과 동서 경쟁, 424쪽)

위로부터 변화인가 아래로부터 변화인가?

처음에는 급진적 변화의 전망이 밝지 않은 듯했다. [1982년 11월] 브레즈네프가 죽은 뒤 [68세의] 유리 안드로포프가 소련 지도자가 됐다. 안드로포프와 그 주위의 미하일 고르바초프 같은 사람들은 영리한 지도부가 규율을 강화하고 부패를 척결하면 갖가지 문제를 해결할 수 있으리라고 생각했다. 안드로포프는 겨우 15개월 만에 죽었고 [73세의] 콘스탄틴 체르넨코가 새 지도자가 됐다. 그는 나이 많은 보수파를 달래기 위한 선물 같은 존재였다. 고르바초프* 같은 젊은 지도자들은 체르넨코가 오래 살지 못할 것을 알고 그를 지지했다. 실제로 그들의 시대는 생각보다 빨리 왔다. 1985년 3월 체르넨코가 죽었을 때 고르바초프는 더 나이 많은 경쟁자들을 쉽게 물리칠 수 있었다. 안드레이 그로미코는 고르바초프가 "멋진 이빨로 사납게 물어 뜯는 사람"이라며 그를 추천했다. 그 말은 고르바초프가 이전 지도부는 결코 보여 줄 수 없었던 스타일과 수완으로 공개적 행동을 하면서도 체제를 더 엄격하게 조이는 지도자가 될 것이라는 의미였다.

바로 이것이 1985~1986년에 일어난 일이었다. 고르바초프는 서방의 보수적인 지도자들이 예상하지 못한 행동을 해서 그들을 곤혹스럽게 만들기 시작했다. 그들의 혼란을 가중시킨 것은 고르바초프가 국내에서도 자신의 이점을 활용했다는 사실이다. 그래서 1987년 10월

---

* 당시 54세였다.

CIA 국장은 다음과 같이 말했다. "우리가 직면한 어려운 문제는 만약 지금 벌어지고 있는 일이 진짜라면 과연 우리는 고르바초프가 성공하기를 바라야 하는가 하는 것이다."[9] 소련 국내에서 고르바초프는 페레스트로이카, 즉 체제의 구조조정과 우스코레니예, 즉 [구조조정의] 가속화를 주장했다. 글라스노스트, 즉 [정치적] '개방'은 사소한 문제였고, 데모크라티자치야[민주화]는 중요하지 않았다. 사실 고르바초프가 처음 취한 규율 강화 조치 하나는 술 소비를 억제한 것이었다. 그래서 일부 건강지표들은 향상됐지만 당국에 대한 적대감도 높아졌고 불법적 술 생산 때문에 전국에서 설탕 부족 사태가 벌어지기도 했다.[10] 따라서 급진적 변화를 추구하는 분명한 정책 따위는 없었고, 심지어 급진적 변화를 추구하는 정책이 막 발전하기 시작했을 때에도 체제는 계속 유지될 것이라는 생각이 여전히 널리 퍼져 있었다. 1988년 초에 당시 고르바초프의 보좌관이던 아간베기얀은 '페레스트로이카의 도전'을 설명하는 글에서 페레스트로이카는 20~30년 동안 지속될 장기적 과정이고 혁명 100주년인 2017년이 되면 소련의 생산성이 서방의 경쟁국들보다 더 높아지기를 바란다고 말했다.[11]

처음에는 체제를 대대적으로 개혁하려는 고르바초프 자신의 의욕이 변화 과정을 촉진하는 추진력이었다. 그러나 더 심각한 요인두 가지가 여기에 영향을 미쳤다. 하나는 중대한 실수들 때문에 구질서의 신뢰가 땅에 떨어졌다는 것이다. 1986년 4월 체르노빌 핵 발전소가 폭발해서 거대한 재난 지역이 생겼다. 그 폭발 사고가 인간과 환경에 미친 영향은 지금도 남아 있다. 또, 1987년 5월에는 서독 청년 한 명이 탄 경비행기가 소련 방공망을 뚫고 모스크바 붉은광장에 착륙해서 소련 군대의 능력과 명성에 큰 타격을 입혔다. 굴욕을 당한 소련군 장성들에게 고르바초프는 비행기 착륙 사실을 모스크바 교통경찰한테 듣고 알았느냐고 비꼬듯이 물었다.[12] 둘째 요인은 체제가 타성에 빠져 있음이 명백했고 심지어 온건한 개혁조차 과거에 그랬듯이 다시 질식사할 가능성이 있었다는 것이다.

그래서 우스코레니예가 아니라 페레스트로이카가 중심 개념이 됐다. 페레스트로이카를 달성하려면 글라스노스트를 통해 토론과 논쟁이 개방돼 새로운 사상들이 생겨나고 관료들의 방해 행위가 폭로돼야 했다. 고르바초프 주위에 포진한 세력이 이런 전환에 몰두한 이유는 미래를 위해 전진하는 데 초점을 맞춰야 한다고 생각했기 때문이다. 그러나 글라스노스트는 현재와 과거의 온갖 문제들을 끄집어냈다. 왜냐하면 솔제니친이 언젠가 지적했듯이 거짓말이 "국가를 떠받치는 기둥"이었기 때문이다. 그래서 [공산당 부서기장] 예고르리가초프를 중심으로 뭉친 보수파 정치인들은 경악했다. 그들의 반대가 확고해질수록 중도파 인사라는 고르바초프의 본색이 더 분명히 드러나기 시작했다.

고르바초프가 보수파 쪽으로 기울면서 이런 긴장의 첫 피해자가 나왔는데, 바로 보리스 옐친이었다. 옐친은 지방 공산당 지도자를 지내면서 체제의 많은 부분에 환멸을 느낀 포퓰리스트였다. 그는 모스크바 시당의 우두머리가 돼 부정 비리를 근절하는 책임을 맡았다. 고위층의 어느 누구보다 더 크게 변화의 필요성을 느끼고 있던 그는 반대파의 힘과 고르바초프의 머뭇거림을 알고 있었다. 옐친은 1987년 9월 [정치국원을 사퇴하겠다며] 고르바초프에게 보낸 편지에서 페레스트로이카는 "대중 선전용으로 부풀려진 말"에 불과하다고 지적했다. 그리고 옐친은 그해 10월에 정치국원을 사퇴했지만 비난과 집요한 괴롭힘에 시달렸다. 고르바초프는 옐친의 정계 복귀를 결코 허용하지 않을 것이라고 잘라 말했다. 그러나 대중이 품고 있던 불만의 초점이 되고 더 급진적 변화의 추진력 전달자 구실을 하게 된 사람은 바로 옐친이었다.

고르바초프의 어려움은 초기의 온건한 개혁 목표조차 달성되지 않았다는 것이었다. 따라서 그는 보수파에 대항하고자 체제를 더 개방하는 조치들을 고무할 수밖에 없었다. 그러자 억압 기관들 자체가 방향감각을 상실했다. 한편으로는 KGB가 그랬듯이 억압 기관들이 체제의 약점을 더 분명히 알고 있었기 때문이고, 다른 한편으로는 그들이 이제는 정권의 전폭적 지지를 받고 있다는 확신이 들지 않았기 때문이다. 1987년 2월 고르바초프는 다음과 같이 말했다. "문제는 민주주의냐 아니면 사회적 타성과 보수주의냐. 그 중간은 없다."[13] 여기서 그가 말한 민주주의는 기존 구조 내의 민주주의였다. 그러나 공식적 구조들은 변화의 수단이었을 뿐 아니라 변화의 장애물이기도 했다. 그 문제를 처리하려면 훨씬 더 커다란 민주화와 기층 대중의 운동이 필요했다. 이 시점에서 그동안 상층의 통제 아래 진행되던 과정이 대중의 토론과 행동이 분출하는 과정으로 바뀌기 시작했다. 그래서 세력균형 전체가 바뀌었다.

페레스트로이카가 글라스노스트로 바뀌고, 글라스노스트가 데모크라티자치야로 바뀌면서, 밑에서부터 흥분과 정치 참여의 물결이 나타나기 시작했다. 갑자기 삶과 정치가 흥미로워지기 시작했다. 잡지 구독자가 급증했고, 금서들이 출판됐으며, 금지된 영화를 보려는 사람들이 극장 앞에 길게 줄을 섰고, 이제 더는 위로부터 통제를 받지 않는 이른바 '비공식 조직들'이 결성되기 시작했다. "소련 체제에서 처음으로 [정치적 — 헤인스] 대중운동을 조사했다"는 자료를 보면, 1990년 초에 "2000~3000개의 이른바 비공식 단체와 협회에 200만~250만 명이 가입해 있었다"고 한다. 이 단체들은 크게 세 유형으로 나뉘었다. 첫째, 거의 140개에 달하는 민중전선들이* (특히 여러 공화국에) 있었다. 둘째, 극우 조직부터 '민주적 클럽과 협회', 유권자 클럽, 노동자 클럽, 독립적 노동자 운동과 조직까지 다양한 클럽과 협회가 있었다. 셋째, 이런저런 정당과 '정당의 맹아들'이 있었다.[14]

위로부터 변화와 아래로부터 변화는 매우 다르다. 이 흥미진진한 혼합을 목격한 많은 사람들은 실제로 무슨 일이 벌어지고 있는지를 제대로 이해하지 못했다. 가장 흔한 오해는 이것을 모종의 '사회주의가 부활하는 과정'으로 이해하는 것이었다. 소련 안에서는 다른 모든 사회주의 비전이 분쇄됐으므로 그런 견해가 널리 받아들여진 것은 이해할 만하다. 그러나 서방에서 급진적이라고 생각되던 많은 평론가들이 그런 견해를 받아들인 것은 이해하기 힘들다. 그중 일부는

---

* 1988~1992년에 소련의 공화국들에 존재한 민중전선은 스탈린주의의 민중전선과 달랐다. 보통은 지역 공산당 내의 자유주의 성향 지식인들이 이끄는 (대중)운동이었고, 국가 관료 기구 내의 보수파에 대항해서 페레스트로이카를 지지하는 것이 목적이었다.

고르바초프 시대의 논쟁에서 마르크스주의가 가장 중요한 구실을 했다면서, 심지어 그 혼란은 결국 새로운 '소련의 장밋빛 미래'로 이어질 것이라고 추측하기까지 했다.[15]

소련의 사회주의 구호들을 꿰뚫어 보지 못하거나 꿰뚫어 보더라도 소련을 모종의 변질된 사회주의로만 여긴 사람들의 주장은 여기서 파탄 났다. 만약 사회주의가 부활하고 있다면, 소련은 어느 길로 가고 있는가? 민주화와 글라스노스트는 사회주의를 향해 더 나아가는 것을 의미했다. 만약 사회주의가 중앙의 통제와 국가 소유를 의미한다면, 페레스트로이카와 시장은 사회주의 방향이 아니었다. 사회주의가 부활하고 있다고 믿고 싶은 의욕이 앞선 평론가들은 개혁파가 하는 말의 긍정적 측면을 강조했다. 또, 개혁파가 주장하는 개혁 조치의 본질을 제대로 인식하지 못했고, 고르바초프나 옐친 같은 개인들을 신뢰했다.

개혁파가 이해하는 경제문제는 시장 관계를 확대하고 [소련과] 세계경제의 연계를 강화하는 것이었다. 그러면 전통적 권력 중심들이 해체되고 부실기업들은 압력을 받을 것이라고 그들은 생각했다. 실업이 늘어나는 것은 불가피하다고 봤다. 아간베기얀 같은 일부 개혁파는 실업을 최소화할 수 있다고 말했다. 다른 사람들은 장기적 실업이 좋은 것이라고 주장했다. 자본의 필요가 노동의 필요보다 우선해야 했다. 왜냐하면 노동 자체가 문제의 일부였기 때문이다. 경제적 급진성을 자랑하는 사람들은 노동자들이야말로 체제의 볼모였고 소외와 착취의 피해자였다는 사실을 결코 이해하지 못했다. 어떤 노동자는 "우리에게 벽돌을 주면 여러분에게 좋은 집을 지어 주겠다" 하고 말했다. 그러나 일부 지식인의 특징인 거만하게 거들먹거리는 태도가 완전히 몸에 밴 니콜라이 시멜레프 같은 개혁파가 보기에 대다수 소련 노동자들 사이에는 "무관심, 냉담, 도둑질, 정직한 노동을 존중하지 않는 태도가 만연해 있었다. 소련 국민은 폭음과 게으름 때문에 거의 육체적 퇴화를 겪고 있는 조짐들이 나타났다."[16] 그러나 앞서 7장의 말미에서 봤듯이, 1989년 광원 파업 때 소련 노동자들의 모습은 완전히 달랐다. 작업 현장에서 선출된 위원회들이 탄갱에서 안전 조치들을 취했다. 파업에 들어간 광원들이 스스로 치안을 유지하면서, 술 소비와 범죄가 모두 줄어들었고 기본적인 시민의 자부심과 사회적 긍지가 다시 나타났다.

그러나 이렇게 아래로부터 변화를 추구하는 전망은 개혁의 요점이 아니었다. 작업장 민주화를 보자. 1987년 6월 새로 제정된 국영기업법 6조는 기업의 경영자를 선출한다는 것과 (노동자들이 선출하는) 노동 평의회를 신설한다는 것을 규정했다. 이것이야말로 확실히 1917년의 정신으로 돌아가려는 시도가 아니었을까? 아니었다. 소련의 개혁파는 그 한계를 잘 알고 있었다. 그것은 노동자 참여라는 환상을 제시한 것이었다. 그 의도는 노동자들이 체제를 지지하도록 고무하고 관료들이 어느 정도 대중의 감시를 받게 만들고 아마 가장 중요하게는 [고르바초프의] 사회정책 보좌관이던 타티아나 자슬랍스카야가 말했듯이 "급격한 구조조정 과정에서 발생하는 사회적 긴장을 상당히 줄이려는" 것이었다. 이런 구조조정의 본질이 노동자들의 '희생'을 요구하는 것이었기 때문에 "행동에 나서는 노동자들은 그 대가로 일자리를 잃고 고용과 연계된 사회적 [복지] 혜택도 모두 잃을 수 있었다."[17] 이렇게 보는 것이 옳다는 점은 기업의 '민주화'가 매우 제한적이었다는 사실에서 드러난다. [노동자들은] 위에서 지명된 [경영자] 후보들 중에서만 선택해야 했다. 또, 그 선택은 상부의 승인을 받아야 했고, 작업장 평의회는 오직 생산성 향상과 관련된 문제에서만 구속력 있는 결정을 내릴 수 있었다. 당연히, 1년 후에 실시된 설문조사에서 '자주 관리'가 실행되고 있다고 응답한 노동자들은 겨우 3퍼센트뿐이었다. 마찬가지로 1987년 여름에 우랄 지방의 공장 141곳에서 실시된 또 다른 조사에서도 노동자들의 75퍼센트는 페레스트로이카가 작업장에 어떤 영향을 미치고 있는지 모르겠다고 대답했다.[18]

그렇게 위로부터 통제되고 조작된 과정이 아니라 아래로부터 발전하고 1989년 광원 파업에서 절정에 달한, 통제되지 않은 운동을 건설하는 것이 1917년의 정신이었다. 그러나 이런 운동들에 대한 대응은 이른바 '자유주의적 사회주의'라는 페레스트로이카의 한계를 분명히 보여 줬다. 아래로부터 변화라는 생각을 대하는 고위층의 태도는 심각하게 모순됐다. 옐친을 중심으로 한 많은 급진파는 노동자 운동이 자신들을 지지하는 한 그 운동을 유용한 동맹으로 여겼지만 딱 거기까지였다. 다른 사람들은 그 정도까지 나아가지도 못했다. 그 이유를 알기는 어렵지 않다. 1989년 하반기에 일어난 광원들의 투쟁은 기존 경로 안에 가둬 두기 힘들었다. 가을에는 투쟁의 초점이 보르쿠타로 옮겨 갔다. 어떤 기자가 비교적 온건한 파업 지도자와 인터뷰를 했는데, 그들의 대화를 들어 보면 당시의 분노를 느낄 수 있다.

질문: 듣자 하니 파업 노동자들이 (현장 관리자, 공산당 간사, 탄갱 관리자, 집행위원회, 시 위원회, 주 위원회를) 가리지 않고 죄다 불신임 투표를 가결하는 일이 … 갈수록 확대되더니 마침내 보르가쇼르스카야 광산에서* 정부 퇴진 요구가 터져 나왔다고 들었습니다.

답변: 맞습니다. 당시 저 자신이 파업 노동자들의 다음 단계는 마거릿 대처 불신임 투표일 것이라고 말했습니다![19]

1989년 10월 고르바초프는 15개월 동안 파업을 금지하는 특별 법안을 발의했다. 그 법안은 통과되지 못했지만, 그래도 대다수 파업을 여전히 불법으로 규정해서 파업권을 무력화하는 파업 금지법을 얻어 내기는 했다. 그러나 실제로는 그 법률을 집행할 수 없었다. 고르바초프보다 좌파적인 것처럼 보였던 아나톨리 솝차크 같은 사람들이 이제는 완전히 새로운 [정치적] 색깔을 드러냈다. [솝차크는 다음과 같이 말했다.]

우리가 통과시킨 법률은 불법 파업에 대처하는 수단을 제공했다. 그것은 기업을 폐쇄하고 불법 파업 참가자를 모두 해고하는 것이었다. 레이건이 항공 관제사 파업을 어떻게 중단시켰는지를 명심하라. 만약 어떤 파업이 국민의 이익을 해친다면, 단호한 행동을 취해야 한다. 다만, 군대를 사용해서는 안 되고 법대로 처리해야 한다.[20]

---

* 보르가쇼르스카야 광산 보르쿠타 시에서 25킬로미터 떨어진 곳에 있는 지하 탄광이었다.

소련의 종말

1987~1991년의 정치사를 자세히 살펴보면 일련의 전진과 후퇴처럼 보인다. 그 과정에서 고르바초프는 인기와 핵심 조언자들을 모두 잃었다. 중앙정부는 갈수록 통제력을 상실했고, 보리스 옐친이 점점 더 급진적 변화의 초점으로 떠올랐다.

혼란을 가중시키는 데 일조한 몇 가지 요인이 있었다. 하나는 동유럽의 붕괴였다. 동유럽에서도 변화를 요구하는 압력이 점점 더 강력해졌다. 문제는 소련 지도부가 어떻게 대응할 것인지였다. 코메콘 진영 내에서는 어느 정도 경제적 느슨함이 분명히 존재했다. 루마니아는 심지어 어느 정도 독립적인 정치 노선을 추구할 수도 있었다. 그러나 다른 나라들이 할 수 있는 일은 여전히 소련의 안보 이익에 따라 한계가 정해져 있었다. 그런데 이제 고르바초프와 그의 보좌관들은 동유럽 각국의 주민들이 소련의 억압과 차별에 시달린다고 느낀다면 소련의 진정한 안보가 유지될 수 없을 것이라는 점을 고려하기 시작했다. 또, 소련은 동유럽 국가들에 대한 (상당한 무역 보조금을 포함한) 통제 비용도 감당할 수 없었다. 소련은 상대적으로 약한 초강대국이었으므로 오랫동안 제국을 유지하고 러시아가 더 광범한 구실을 하는 데 드는 비용은 상당한 자원 낭비였다. 그러므로 [동유럽의] '개혁파 공산주의자들'은 이제 심각한 도전 세력이 아닌 듯했다. 1989년 여름 폴란드와 헝가리에서 변화의 속도가 빨라지고 다른 나라들로 확산되고 있을 때, 소련의 고르바초프 지도부는 그것을 점잖게 지켜보고 있었다. 그들은 여러 나라에서 변화를 독려했다. 고르바초프의 보좌관 한 명은 이제 [브레즈네프 독트린이 아니라] '시나트라 독트린'이 적용되고 있다고 말했다. [프랭크 시나트라의] 유명한 노래 가사["마이 웨이"]처럼 동유럽 국가들이 '제 갈 길'을 갈 수 있다는 것이었다. 그들이 예상하지 못한 것은 옛 소련 진영에서 일어난 정치적·경제적 반동이었다. 그것은 새로운 지도자들이 서방과 연계를 구축해서 위기를 타개하려 하면서 벌어진 일이었다. 코메콘은 경제적으로 빠르게 해체됐고, 그 충격은 소련의 경제 위기를 더 악화시켰다.

소련 안에서도 여러 공화국의 도전이 있었다. 그런 도전은 갈수록 민족주의 색채를 띠었다. 앞서 봤듯이, 소련은 결코 자발적 연합으로 발전한 국가가 아니었다. 소련 안에서 항상 러시아가 주도적 구실을 했다. 스탈린 시대와 그 이후에 구축된 이미지는 러시아가 '소련 가족의 큰 형님'이라는 것이었다. 앞서 4장에서 말했듯이, 현실에서는 불균등 발전과 민족적 억압이 모두 존재했다. 문제가 얼마나 심각했는지는 개혁파 유리 아파나시예프가 1990년에 다음과 같이 말한 것을 보면 알 수 있다.

[소련은 — 헤인스] 하나의 공장이나 컨베이어 벨트처럼 건설됐다. 그 안에서 모든 지역[공화국]은 각각의 생산 부문이나 생산 단위 같은 구실을 한다. 예컨대, 카자흐스탄은 다른 모든 공화국에 원료를 공급하는 부속품으로 전락했다. 중앙아시아는 면화만 재배하는 지역이 됐다. 그 결과로 각 지역의 자연 상태가 끔찍하게 변형됐다. 그래서 토지는 못쓰게 되고 사람들은 고통받았다.[21]

그러나 동유럽과 달리 소련 내에서는 '시나트라 독트린'이 결코 적용되지 않았고 그 비슷한 말도 들리지 않았다. [소수민족 공화국의] 민족운동을 폭력적으로 탄압하려는 시도는 더 많은 적대감을 불러일으켰다. 때로는 고르바초프의 명령에 따라 군대가 투입되기도 했다. 1991년 1월 빌뉴스에서 군대가 시위대 10여 명을 살해했을 때 고르바초프는 [군대 투입 사실을] 몰랐다며 부인했지만 그의 말을 믿는 사람은 거의 없었다. 설사 그의 말이 사실이었다고 하더라도 그것은 고르바초프가 상황을 거의 통제하지 못한다는 사실을 보여 줬을 뿐이다.

혼란을 가중시킨 셋째 요인은 국내의 개혁 문제에서 비롯했다. 경제의 여러 부문에서 혼란이 커지기 시작했고, 그런 혼란을 바로잡으려면 얼마나 급진적인 정책이 필요한지를 두고 보수파와 개혁파의 갈등이 심해지고 있었다. 이 때문에 개혁파와 보수파의 사이가 더 벌어졌다. 그러나 개혁파 내부에도 차이가 있었다. 비록 당시에는 그 차이가 분명히 드러나지 않았지만 말이다.

영향력 다툼을 벌이던 일부 지식인들 사이에서는 시장에 대한 순진한 믿음이 커졌다. 1990년에 어떤 프랑스 기자는 "지구 상에서 마거릿 대처의 정책을 지지하는 경제학자들이 가장 많이 모여 있는 곳"이 바로 모스크바라고 썼다.[22] 일부는 시장의 교훈을 가슴에 새겨서 더 실천적 활동과 투기를 결합했다. 예컨대, 모스크바 콤소몰의 지도자들은 연줄과 특권적 지위를 이용해 컴퓨터를 수입[해서 판매]했다. 또, '새로운 러시아'를 위해 최초의 민간은행 하나를 설립하는 일도 거들었다. 그러나 더 광범한 운동에서는 이렇게 시장을 신봉하는 사상이 별로 매력이 없었다. 여기서 쟁점은 권력·특권·부패를 폭로하고 사회정의를 요구하는 것이었다. 이 광범한 운동에서 드러난 노동자 투쟁의 힘과 머뭇거리는 태도는 모두 앞서 인용한 광원 파업 지도자의 말이 잘 보여 준다.

질문: 다양한 사회집단이 계급 분단선을 따라 서로 대립하는 상황의 근원이 바로 이것 아닙니까?

답변: 절대로 그렇지 않습니다! 우리나라 상황에서 만약 노동자와 지식인 또는 노동자와 협동조합 활동가 또는 노동자와 과학자가 서로 대립한다면 그것은 범죄일 것입니다. … 제 말은 비록 노동자들이 가장 보호받는 사회집단은 아니지만 그들은 결정적 변화를 요구할 태세가 돼 있을 뿐 아니라, 자신들의 말을 실제 행동으로 보여 줄 태세도 돼 있다는 것입니다.[23]

따라서 당시 고르바초프 정부의 고위급 각료[부총리]였던 레오니트 아발킨이 동유럽에서 일어나고 있는 사건들에 관한 질문을 받고 다음과 같이 말한 것도 결코 놀라운 일이 아니다. "저는 동독보다 보르쿠타에서 벌어지고 있는 일이 더 걱정스럽습니다."[24]

개혁 운동의 전반적 힘은 점차 더 보수적인 세력들도 불안하게 만들었다. 1989~1991년에 고르바초프는 개혁파와 보수파 사이에서 오락가락했다. 1990년 말에 그가 보수파를 달래려고 가장 가까운 지지자들 일부를 내쳤을 때는 보수파 쪽으로 기우는 것처럼 보였다. 그해 12월 우물쭈물하며 시간을 벌던 그는 기자들에게 자신은 오른쪽으로 움직이고 있는 것이 아니라 "제자리걸음을 하고 있는 것"이라며 농담을 했다. 농담이었든 아니든 그 말은 고르바초프의 처지를 잘 표현하는 듯했다.

1991년 봄에 고르바초프는 다시 공화국들의 반대 압력에 밀리기 시작했다. 러시아 공화국에서는 옐친이 이 압력을 주도했다. 고르바초프의 동요는 사회 기층 운동의 모호한 태도를 어느 정도 반영하고 있었다. 1989년 광원 파업으로 정점을 찍은 뒤 대중운동은 약간 가라앉았다. 그러나 광원들은 여전히 분노하고 있었고, 1991년 봄에 다시 압력을 가하기 시작했다. 이 시점에 옐친은 [6월 12일 실시될 러시아 공화국 대통령 선거를 앞두고] 정치력을 과시하고자 비행기를 타고 쿠즈바스로 날아가서 광원들에게 파업을 하지 말라고 설득했다. 자신이 개혁을 주도해서 광원들의 물질적·정치적 상황을 개선해 줄 테니 믿어 달라고 했다. 그것은 대중운동을 더 안전한 경로로 돌리는, 전략적으로 중요한 순간이었다. 노동자들은 자주적으로 대중운동을 건설하지 않고 사실상 옐친이 자신들을 대리하도록 권한을 위임하고 있었다. 다시 한 번 [노동자들은] 다양한 정치적 표어와 정당에 대한 혼란, 누가 무엇을 대변하는지에 관한 불명확성, '사회주의'와 '노동조합운동'의 본질에 관해 수십 년 동안 들어 온 거짓말과 왜곡 때문에 정치적 대가를 치르고 있었다. 옐친이 소련 내 러시아 공화국 대통령으로 선출되자 그가 개혁을 가져다줄 것이라는 기대는 더 커졌다. 이제 옐친은 고르바초프를 반대하는 세력으로 보였고, 고르바초프는 소련의 핵심 지역들에 대한 통제력을 상실하며 영향력이 약해지고 있었다.

바로 이런 상황에서 상층의 보수파는 중앙의 명령을 강요할 수 있는 행동을 모의하기 시작했다. 1991년 8월 18~21일 '국가비상사태위원회'가 주도한 쿠데타가 일어났다. 휴가를 보내려고 크림반도에 가 있던 고르바초프는 가택 연금을 당했다. 쿠데타 주모자는 KGB 위원장 크류츠코프, 내무부 장관 보리스 푸고, 경제 관료 [출신의 총리] 발렌틴 파블로프, 군산복합체의 올레크 바클라노프 등이었다.

그 쿠데타는 처참하게 실패했다. 조직은 형편없었고, 이렇다 할 강령도 없었고, 지지도 거의 받지 못했다(약간 심드렁하게 지켜보는 사람들도 꽤 있었지만 말이다). 시간이 흐른 뒤에 사정을 파악하기는 쉽기 때문에, 오늘날 우리는 당시 옐친이 반대파를 조직해서 쿠데타를 물리치고 고르바초프와 러시아의 구원자 행세를 한 것이 그리 어렵지 않은 일이었음을 안다. 그래서 쿠데타가 불러일으킨 역풍은 고르바초프를 되살리기는커녕 오히려 그의 입지를 더 약화시켰다. 또, 쿠데타에 연루된 KGB와 내무부는 완전히 찌그러졌다. 공산당도 힘을 못쓰게 됐고, 소련 해체에 가속도가 붙었다.

쿠데타가 실패하면서 국가와 정부의 중심에 거대한 정치적 공백이 생겼다. 나중에 옐친은 다음과 같이 말했다. "소련의 모든 정부 기구는 기능이 정지됐고, 진정한 권력은 각 공화국들, 특히 러시아 공화국에 있다는 것이 분명해졌다."[25] 러시아 [공화국]에서는 옐친 자신이 기회를 틈타 상황을 통제하고 시장 지향적 개혁을 더 밀어붙였다. 다른 공화국들에서는 흔히 기존 지도부가 이제 [소련에서] 분리를 통해 (어쩌면 약간 새로운 형태의 연방을 구성해서 서로 연계하는 방식으로) 자신들의 지위를 더 강화하는 데 미래가 있다고 봤다. 우크라이나와 벨라루스 등지에서는 [대중의] 정당한 분노를 '러시아'에 대항하는 민족주의적 방향으로 돌리는 것이 내부 결함을 가리는 데 도움이 됐다. 이런 방식은 러시아의 기존 지도부가 다시 활력을 얻는 데 도움이 됐듯이 각 공화국의 기존 지도부를 강화하고 재활성화하는 데도 도움이 됐다. 따라서 쿠데타 주모자들과 고르바초프를 물리친 승리는 1991년 가을에 두 가지 움직임으로 귀결됐다. 러시아 안에서는 옐친이 충격 요법에 바탕을 둔 '개혁' 정책을 밀어붙일 수 있었다. 붕괴하고 있던 소련에서는 각 공화국 지도자들, 주로는 러시아·우크라이나·벨라루스의 지도자들이 협상을 통해 1991년 12월 소련을 해체하고 더 느슨한 독립국가연합CIS을 구성하는 협정을 체결할 수 있었다. 옐친은 이것을 '반제국주의' 정책으로 내세웠다. 과거에 모스크바가 한 구실, 그리고 얼마 전인 1989년 4월 트빌리시, 1991년 1월 바쿠와 빌뉴스에서 소련군이 시위대를 살해한 사건 등을 감안하면 이것은 분명히 공감이 가는 이야기였다. 그러나 옐친은 그것이 "해체되는 소련 내에서 구심력을 강화하는" 정책이라고도 생각했다. 더욱이 그는 러시아가 이제 "제국의 사명[원문 그대로다 — 헤인스]에서 벗어났으니, 자신의 중요성과 권위를 완전히 잃지 않기 위해, 그리고 개혁을 단행하기 위해 더 강력하고 더 강경한 정책, 심지어 어느 단계에서는 강압적인 정책도 실행할 수 있을 것"이라고 말했다.[26]

사리사욕과 혼란

1991년 가을 여전히 '러시아를 구했다'는 영예를 누리고 있던 옐친은 평범한 러시아인들에게 다음과 같이 말했다.

우리는 철저한 개혁을 전면적으로 시작해야 합니다. 러시아의 상황은 어렵지만, 희망이 없는 것은 아닙니다. … 유일한 기회는 앞으로 몇 달 동안 상황을 안정시키고 개선하는 것입니다. … 단번에 시장가격으로 전환하는 것은 힘들고 강압적이지만 꼭 필요한 정책입니다. 대략 반년 동안은 모든 사람의 사정이 더 나빠지겠지만, 그 뒤에는 가격이 떨어질 것이고 소비 시장에는 상품이 가득 찰 것입니다. 그래서 1992년 가을 쯤에는 경제가 안정되고 국민들의 생활이 향상될 것입니다.[27]

옐친은 세 집단의 동맹을 기반으로 삼고 있었는데, 지배계급 가운데 시장 지향적 부문(상인화한 노멘클라투라), 러시아의 근본주의적 시장 이론가들, 서방의 조언자들이 그들이었다. 옐친은 갈수록 광범한 개혁 운동의 대중적 기반에서 스스로 멀어졌다. 그가 말하는 '개혁'은 이제 위에서 아래로 하달되는 것이어야 했다. 사람들이 실제로 무엇을 원하고 어떤 희생을 치러야 하는지는 상관없었다. 나중에 옐친은 다음과 같이 말했다. "우리는 진정한 시장을 강제로 도입해야 했다. 마치 예카테리나 대제가 감자를 도입했듯이 말이다."[28]

사실 이후 몇 년은 러시아 대중에게 재앙이었다. 그러나 상류층에서는 1991년 이전에 체제를 운영하던 자들이 옐친의 새로운 체제에서도 갈수록 부유해졌고 서방 국가들, 특히 미국이 옐친의 '응원단장·공모자·대변인' 구실을 했다.[29] 옐친의 예상은 왜 그렇게 틀렸을까?

소련보다 더 큰 코메콘 블록이 해체되자 [소련의] 혼란이 가중됐듯이 소련이 붕괴하자 똑같은 일이 벌어졌다. 혼란은 필연적이었지만, 새 정부가 '시장에 열광한' 것이 혼란을 더 악화시켰다. 1991년 11월 옐친은 [부총리 겸 경제재정부 장관] 예고르 가이다르가 주도한 개혁 정책[이른바 충격 요법]을 지지했다. 그 정책의 주된 요소는 세 가지였다. 가격 자유화와 시장 관계[의 확대], 금융 안정, 민영화가 그것이었다. 18세기에 애덤 스미스와 동시대에 살았던 [영국의 농학자] 아서 영은 "소유의 마력은 모래도 황금으로 바꿔 버린다"고 말했는데, [20세기 말] 러시아에서도 민영화가 똑같은 마력을 발휘하게 하는 것이 바로 [그 개혁 정책의] 목적이었다.

그러나 실제로는 정반대 일이 벌어졌다. (사실상 독점이 존재하는 상황에서) 가격 자유화는 물가 폭등으로 이어졌다. 그래서 저금은 아무 쓸모도 없게 됐다. 기업들 간의 연계가 붕괴하기 시작하자 혼란이 심해졌다. 민영화는 [국유] 재산을 차지하는 것을 뜻했고, 이 때문에 체제는 더 큰 혼란에 빠졌다. 그와 동시에, 중앙에서 [지방으로 권력이 옮겨 가는] 정치적 전환도 있었다. 각 지방이 저마다 독자 노선을 추진하고 [중앙의] 국가 구조도 눈에 띄게 약해졌다. 1994년에 지방의 영향력 있는 지도자 한 명은 이런 상황에 관해 다음과 같이 말했다.

중앙[정부]은 과거와 마찬가지로 러시아인의 생활 과정 전체를 철저하게 통제하고 싶지만, 자신의 명령을 지방에 강력하게 전달할 구동 벨트가 더는 없다. 지방에서는 과거 공산주의 사회에 존재했던 낡은 구동장

치가 전혀 남아 있지 않다. 단절과 균열뿐이다. 중앙도 존재하고 지방
도 존재하지만, 둘 사이의 실질적 연계는 파괴됐다.[30]

경제에서는 생산이 붕괴했다. 1990년대 초에 국내총생산은
40~50퍼센트 감소했고, 공업 생산은 그보다 더 감소했다. 농업 생
산은 덜 감소했지만 농촌의 빈곤은 더 심각했고, 가축 수의 감소는
집산화 때를 생각나게 할 정도였다. 경제성장의 새로운 기반은 전혀
구축되지 않았다. 자본 투자 수준도 75퍼센트 하락했다. 러시아 경
제는 국제분업에서 갑자기 휘청거렸다. 소련은 군대를 지원하기 위
한 국가 주도 공업화 때문에 비슷한 경제 발전 수준의 나라보다 더
큰 공업 부문이 형성돼 있었다. 그것은 질적 향상이 없다면 존속할
수 없었기에 결국 대부분 무너졌다. 혼란은 사태를 더 악화시켰을
뿐이다. 수입품(흔히 식량과 소비재)을 계속 들여오기 위해 러시아
는 석유와 원료 수출에 훨씬 더 의존하게 됐다. 이것이 도대체 어떤
의미에서 '전환'이었는가? 심지어 유엔개발계획UNDP조차 '전환'은 "실
제로는 1930년대 대불황 같은 현실"을 완곡하게 표현한 것이라고 말
할 정도였다.[31]

구질서의 핵심에 구축된 군산복합체는 이미 국제 경쟁에서 패배
했다. 소비재 산업은 너무 오랫동안 우선순위에서 밀렸기 때문에 외
국산 제품을 당해낼 수 없었다. 러시아 경제가 자유경쟁에서 살아남
기를 기대하는 것은 경제적 자살 행위나 마찬가지였다. 그것은 마치
나이 든 권투 선수가 헤비급 챔피언 결정전에서 패배하자 이제 권투
는 그만두고 오히려 10종 경기에서는 미래가 아주 밝으니까 다음 주

에 열리는 첫 경기에 출전하라고 말하는 것과 같았다. 러시아 경제는 바로 그런 일, 어쩌면 그보다 훨씬 더 어려운 일을 해내라는 요구를 받고 있었다. 그로 인한 위기의 규모는 가늠하기조차 힘들었다. 많은 평범한 러시아인들은 자신들이 무엇 때문에 고통을 겪는지 몰랐고, 환멸이 널리 퍼졌다. 1990~1994년에 신문을 읽는 사람이 80퍼센트 감소했는데, 부분적으로는 신문 기사들이 너무 암울한 탓도 있었지만 신문 살 돈조차 없는 사람이 그만큼 많았기 때문이다.[32]

1991년 쿠데타가 실패한 뒤 공산당은 잠시 금지됐다. 금지가 풀렸을 때 공산당은 여전히 취약했지만 그래도 1991년 이전의 안정기를 추억하는 나이 든 사람들의 지지를 받는 상당한 정치 세력이었다. 그러나 공산당 지도자들에게 과거로 회귀할 계획이 있을 리는 만무했다. 다른 정당들도 만들어졌는데, 그들의 당원 수는 확실하지 않았고 흔히 자체 발표보다 훨씬 적었다. 옐친과 그의 지지자들은 의회를 지배할 수 있는 정당을 건설하지 못했다. 다른 정당들은 옐친의 정책을 거의 반대할 수밖에 없었다. 1993년 10월 [4일] 옐친은 [9월 23일 자신을 탄핵하고 부통령을 대통령으로 인정하며] 의회에 모여 저항하던 반대파를 진압하기 위해 탱크를 보내 의사당을 포격하고 저항을 분쇄했다. (그대로 믿기는 힘들지만) 정부 공식 발표로는 사망자가 약 187명, 부상자가 500명에 달했다. 옐친의 말이 자주 부메랑처럼 그에게 돌아오기 시작했다. 그는 전에 "러시아는 흔히 최대한 많은 탱크와 병력을 투입해 과잉 살인을 자행한다"고 비난했는데, 그 자신이 의회를 굴복시킬 때 바로 그런 짓을 저질렀고, 그 점은 머지않아 체첸에서 훨씬 더 분명히 드러나게 된다.

옐친은 1993년에 사실상 '민주적 쿠데타'를 감행한 덕분에 대통령 권한을 더 강화한 새 헌법을 제정할 수 있었다. 그 헌법은 1993년 12월 국민투표에서 승인됐는데, 그 투표는 조작된 것이 거의 확실하다. 그러나 이런 술수에도 불구하고 옐친은 체제를 안정시킬 수 없었다. 더 넓게 보면 옐친은 후퇴할 수밖에 없었고, 러시아 경제의 핵심 권력자들을 정부로 끌어들여 자신의 기반을 더 안정적으로 구축해야 했다. 이것은 일련의 타협을 수반했고, 그 결과 이제 옐친은 러시아 경제의 핵심 부문들을 이미 통제하고 있던 '올리가르히'[신흥 재벌들]와 정치권력을 나눠 가져야 했다.

이 새로운 관계를 상징하는 인물이 바로 1990년대 중반에 총리를 지낸 빅토르 체르노미르딘이었다(그는 거대 석유·천연가스 기업 가스프롬의 총수였다). 그런 유착 관계는 훨씬 더 많은 부패를 수반했다. 정치는 갈수록 추잡해졌다. 그래서 정치인의 평판을 훼손하기 위한 약점 자료(콤프로마트)[불륜 사진 따위]가 난무하면서 현실과 허구를 구분하기가 힘들어졌다. 그러나 그 누구보다도 "옐친 자신이 무제한적 권력에 따라다니는 모든 것들, 즉 아첨, 사치, 절대적 무책임 따위에 아주 빨리 타협했다"고 옐친의 경호실장 알렉산드르 코르자코프는 [1996년에] 해임되고 나서 말했다. 확실히 보리스 베레좁스키라는 신흥 재벌 총수는 옐친의 회고록 출판을 위해 300만 달러를 런던의 은행 계좌로 입금했다. 또, 내무부 장관과 차관의 부인들이 스위스에 다녀오면서 초과 수하물 가방 20개를 가져왔는데, 거기에 들어 있던 30만 달러어치 모피 의류, 각종 보석, 시계 등의 비용은 모두 러시아 기업인들이 치른 것이었다.

정부를 지지하는 정당을 만들려는 시도도 있었지만, 별로 성공하지 못했다. 재건된 공산당, 즉 러시아연방공산당CPRF이 여전히 가장 큰 정당 중 하나였지만, 지지자는 소수에 불과했다. 더 충격적인 일은 반쯤 파시스트적인 정당이고 변덕스러운 지도자 블라디미르 지리놉스키가 이끄는 자유민주당의 성장이었다. 물론 지리놉스키가 주요 쟁점들에서 (공산당과 마찬가지로) 옐친을 지지했다는 사실은 별로 주목을 끌지 못했다. 지리놉스키의 정당 외에도 소규모 극우 정당들이 있었다. 공산당 내에서도 중요한 우파 경향들이 등장해서, '적갈 동맹'에 관한 논의가 이어졌다. 우파와 극우파의 주요 지도자들은 모두 공산당 출신이었다. 그 토대를 놓은 것은 1990년대의 위기만이 아니었다. 이미 1920년대 말부터 소련공산당 내에서 민족주의 전통과 사고방식이 거의 비판받지 않고 성장한 것도 한몫했다.

옐친의 인기는 급락했다. 1996년 1월 여론조사 때 옐친 지지율은 겨우 6퍼센트였다. 그러나 그해 여름 대통령 선거[결선투표]에서 옐친은 공산당 후보를 물리치고 당선할 수 있었다. 옐친의 재선은 놀라운 일이었지만, 그 이유는 별로 놀랍지 않다. 러시아인들은 티격태격 다투는 정당들 중에서 딱히 대안을 찾을 수 없었다. 옐친은 국가와 대중매체도 [선거] 자원으로 활용할 수 있었다. 무엇보다도, 경제를 쥐락펴락하는 재계의 거물들, 이른바 '올리가르히'가 옐친을 자신들의 보호자로 여겼다. 그들은 공산당 정부가 들어서면 그동안 자신들이 이룩한 성과와 권력을 제한할까 봐 두려웠다. 그래서 모든 영향력을 발휘해서 옐친을 지지했다. 다른 이유도 있었다. 알렉산드르 코르자코프는 [처음에 옐친의 대선 패배 전망이 유력해지자 선거 연기를 주장하면서] "단지 일부 사람들이 투표함에 종이 쪼가리를 집어넣도록 하기 위해 온갖 위험을 무릅써야 하는가?" 하고 말했다. 정말이지 옐친의 재선 후에도 더 많은 부정선거와 상황 악화가 기다리고 있다면 왜 굳이 그래야 하는가?[33] 그러나 공산당은 역경에도 불구하고 선거에서 좋은 성적을 거뒀다.*

그러나 경제적 혼란은 계속됐다. 이제 정부의 금융·경제 정책 목표는 물가 상승을 억제하고 안정감을 조성하는 것이었다. 여기에는 편협한 사리사욕이 있었다. 왜냐하면 이것은 이미 진행 중이던 부의 이전을 보호하는 데 도움이 될 터였기 때문이다. 외국의 압력도 있었다. 이 정책을 지지하기 위해 원조, 차관, 대기성 차관이** 러시아로 흘러 들어왔다. 서방 정부들과 국제통화기금이나 세계은행 같은 기관들도 이것이 러시아를 구하는 길이라고 믿었다. 1995~1996년에 금융이 어느 정도 안정되기 시작했다. 그것은 금융 조작이라는 환상에 바탕을 둔 것이었다. 그러나 서방의 조언자들은 알고도 모르는 척했다. 그중 한 명인 영국 경제학자 리처드 레이어드는 《다가오는 러시아 호황》이라는 책의 공저자이기도 한데, 그 책에서 독자들에게 "냉전 종식 후의 세계에서 가장 큰 정치적·경제적 도전이 어떻게 대성공을 거두고 승리의 모범이 됐는지"를 소개했다. 유일한 문제는

---

* 1차 투표에서는 옐친이 35.8퍼센트, 공산당 후보 겐나디 쥬가노프가 32.5퍼센트를 득표했고, 결선투표에서는 옐친이 54.4퍼센트, 쥬가노프가 40.7퍼센트를 득표했다.

** 대기성 차관(standby credit) 국제통화기금이 외화 사정이 악화한 나라에 포괄적 신용장을 제공하고 그 범위 내에서 언제든지 자금 인출을 하게 하는 제도다.

여전히 러시아에 더 많은 실업이 필요하다는 것뿐이었다. 옐친의 경제 보좌관 한 명은 1998년 봄 영국 버밍엄에서 열린 주요 8개국G8 정상회담 때 다음과 같은 말을 들었다고 한다. "우리는 당신네[러시아] 정책을 매우 높이 평가하지만, 당신들이 이번에 대기업을 파산시킨다면 훨씬 더 높이 평가할 것입니다."[34] 그러나 실물경제의 상황은 여전히 처참했다. [자유 시장을 옹호하는 경제학자 출신으로 부총리를 지낸] 그리고리 야블린스키는 다음과 같이 말했다. "물가 상승률은 낮고 재정 적자도 얼마 안 되지만, 경제활동도 거의 없다."[35] 1990년대에 긍정적 발전이 있었다면, 그것은 원료, 특히 석유 판매와 금융 조작, 예외적이고 과시적인 모스크바 중심부의 발전이라는 협소한 기반에 의존한 것이었다. 그래서 러시아 경제는 세계 원료 가격과 금융시장의 변동에 취약해졌다. [1997년] 동아시아에서 [금융] 위기가 시작된 후 그 여파로 러시아 경제가 타격을 받기까지는 오랜 시간이 걸리지 않았다. 러시아에서 금융 경색이 시작된 것은 1998년 8월이었다. 금융공황 와중에 루블화 가치는 폭락했고 은행 시스템은 대부분 붕괴했다. 그래서 평범한 러시아인들은 더 가난해지고 생활수준은 다시 낮아졌다.

이 모든 것 때문에 러시아의 외교적 지위는 약해졌다. 과거에 고르바초프는 비교적 강력한 위치에서 예상 밖의 행동으로 서방을 곤혹스럽게 만들었다. 소련 진영이 붕괴하고 소련 자체도 해체되자 이런 강점은 사라졌다. 러시아는 여전히 녹슨 핵무기를 보유한 위협적 국가였다. 그러나 내부와 외부의 제국을 모두 잃어버린 러시아는 더는 미국에 도전할 만한 초강대국이 아니었다. 처음에는 이것이 중요한 문제가 아닌 듯했다. 지배계급의 많은 부분이 서방에 기대를 걸기 시작하면서, 곧 [서방의] 경제 원조가 있을 것이고 장기적으로 협상과 타협을 통해 러시아의 이해관계가 인정받을 것이라는 희망을 품었기 때문이다. 1991년 이후 옐친은 미국과 서방의 엄청난 지지를 받았다. 그러나 그들은 러시아가 종속적 지위를 받아들인다는 가정 아래 옐친을 지지했다. 1990년대 후반이 되자 이것의 부정적 영향이 어느 정도 러시아에서 분명해졌다. 그러자 [서방에 대한] 더 비판적 반응이 늘어나고 러시아의 '국익'에 대한 관심이 증대하는 쪽으로 방향이 바뀌었다. 나토가 확장돼서 옛 소련 진영의 일부 국가들도 포함하는 것에 대한 적대감도 있었다. 1972년 체결된 탄도탄요격미사일ABM 제한 협정이 약화할 수 있다는 우려도 있었다. 러시아에서는 1999년 [나토의] 세르비아 폭격도 적대적으로 바라봤다. 당시 [러시아] 총리였던 예브게니 프리마코프는 미국 방문을 위해 비행기를 타고 가다가 [세르비아 폭격 소식을 듣고] 곧바로 비행기를 돌려 귀국해 버렸다. 그러나 지위가 약해진 상황에서 확고한 독립성을 고수하는 것은 미묘한 게임이었다. 비록 그 게임은 블라디미르 푸틴이 총리와 대통령으로 재직하는 동안에도 계속되지만 말이다.

그러나 외교정책에는 또 다른 차원도 있었다. 그것은 '가까운 외국', 즉 1991년에 독립한 공화국들을 끌어당기려는 시도였다. 그 공화국들의 국내 상황도 러시아를 뒤흔든 혼란과 별로 다르지 않았다. 어쩌면 러시아보다 더 심각했을 것이다. 예외는 발트해 연안 국가들이었지만, 여기서도 흔히 알려진 것보다 혼란은 심각했다. 러시아의 [외교]정책, 특히 벨라루스와 남부 공화국들, 그리고 이보다 정도는 덜하지만 우크라이나에 대한 정책은 그 나라 정권들과 우호적으로 지내는 것, 아무리 불쾌하더라도 그 지도자들(러시아와의 연계 자체를 소중하게 여기는)을 지지하는 것이었다.

그러므로 기본권이 보장되는 민주적 러시아라는 꿈은 안에서든 밖에서든 결코 실현되지 않았다. 이제 러시아에서 공개적 조직 활동이 가능해진 것은 엄청난 진보였다. 그러나 뒤에서는 인권유린이 계속됐다. 인권유린에 관한 논의는 러시아 국내에서 너무 적었고 외국에서도 거의 없었다. 서방은 어제의 '적'이 '친구'가 됐으니 이제는 러시아의 인권유린 문제 따위에 관심을 보이지 않았다. 그러나 [1989년에 죽은] 안드레이 사하로프의 부인 옐레나 본네르는 1997년에 러시아의 인권 상황이 "브레즈네프 때보다 더 나쁘다"고 말했다. 범죄가 만연했다. 국가 자체가 반쯤은 범죄 집단화했다. 1994년에 대통령직속 인권위원회 보고서는 "러시아의 형사·사법 기관들은 여전히 빈번한 대규모 인권유린 현장이 되고 있다"고 지적했다.[36]

그러나 최악의 상황은 체첸에서 벌어졌다. 체첸에서는 민족주의 운동이 발전해서 1990년대에 독립 요구가 거세졌다. 체첸 주민의 일부는 독립을 추구하고 다른 일부는 러시아를 지지하자 혼란이 심해졌고, 러시아는 이런 상황을 이용하려 들었다. 범죄 행위가 급증했지만, 그 이면의 진정한 불만을 봐야 한다(체첸인들은 스탈린이 강제 추방한 소수민족 중 하나였다). 1994년 12월 11일 옐친은 러시아 군대에 체첸 반군을 진압하라고 명령했다. 체첸은 러시아의 '국내'이므로 구해 줘야 한다는 것이었다. 경제적 이유도 있었다. 즉, 매우 중요한 송유관이 체첸 땅을 통과하기 때문이었다. 러시아 군대는 '작은 전쟁에서 승리'하면 위신이 높아질 것이라고 생각했고, 옐친 일당은 십중팔구 그것이 옐친에게도 이득이라고 여겼을 것이다. 그러나 그들의 생각은 틀렸다. 체첸인들의 저항은 강력했다. 신경질적이고 흔히 잔혹한 러시아 군대가 자행한 파괴는 엄청났다. 아마 8만 명이나 되는 체첸인이 죽었을 것이다. 그러나 저항은 분쇄되지 않았고, 1996년 5월 휴전 협상이 시작돼 결국 제1차 체첸 전쟁은 [체첸의 승리로] 끝났다.[37]

옐친 자신이 [1993년에] 만든 헌법에 따르면 대통령을 3번 연임할 수 없었지만, [그의 두 번째 임기가 끝나는] 2000년이 가까워졌는데도 러시아는 여전히 위기에 빠져 있었다. 그러므로 문제는 어떻게 하면 증대하는 [부패] 혐의에서 옐친 자신과 가족을 보호할 것인지, 그리고 옐친이 재산 형성을 도와준 [올리가르히 같은] 더 광범한 상류층을 보호할 것인지였다. 1998년 금융시장 붕괴 이후 프리마코프 내각은 자본도피를 제한하고 국가를 이용해 경기를 부양하려 했다. 유가 상승 덕분에 경제가 어느 정도 회복됐지만, 경기가 워낙 바닥을 기고 있었으므로 실제로는 거의 차이가 없었다. 그러나 옐친의 관심사는 사회적 연속성과 생존이라는 더 큰 문제였다. 그래서 [1999년 5월] 프리마코프를 세르게이 스테파신으로 교체했고 [3개월 후] 스테파신을 블라디미르 푸틴으로 교체했다. [1975년부터 1991년까지] KGB에서 잔뼈가 굵은 푸틴은 [1998년 7월부터 1999년 8월까지] KGB의 후신인 연방보안국FSB의 우두머리를 지냈다. 이때까지만 하더라도 다가오는 대통령 선거에서 푸틴이 이길 수 있을지는 전혀 알 수 없었다. 다른 잠재적 대권 후보들, 예컨대 프리마코프나 모스크바 시장인 유리 루시코프 등이 지배 집단 내에서 서로 지지 기반을 구축하려고 애쓰고 있었다. 그러나 1999년 10월 모스크바에서 수백 명의 목숨을 앗아 간 끔찍한 폭탄 공격이 잇따랐고, 그것은 모두 '체첸 테러리스트들'의 소행으로 돌려졌다(일부 사람들은 그것이 [푸틴의 권력 강화에] 안성맞춤이었다며 [FSB가 연루됐다는] 의혹을 제기했다). 푸틴은 그 기회를 붙잡아서(아니면 만들어서?) 새로운 전쟁[제2차 체첸 전쟁]을 시작했고, 그 덕분에 얻은 인기를 제대로 이용해 대통령 선거에서 압승을 거뒀다(이제는 흔한 일이 돼 버린 부정선거도 한몫했다). 체첸인들은 운이 없었다. 1989년에 인구가 40만 명이던 체첸 수도 그로즈니는 이제 거의 잿더미가 돼 버렸다. 일부 농촌 지역들도 융단폭격에 시달렸고, 2000년 말까지 약 10만 명이 추가로 사망하고 30만 명의 난민이 발생했지만, 해결된 것은 아무것도 없었다.

권력의 전환

상층의 이런 움직임을 이해하려면, 혼란의 소용돌이 밑에서 옛 지배계급이 스스로 새 지배계급으로 변신하는 데 열을 올리고 있었다는 사실을 분명히 알아야 한다. 심지어 1989~1991년 전에도 지배계급은 더 젊고 덜 이데올로기적이고 더 기술 관료적인 사람들을 흡수해서 새로운 활력을 상당히 얻은 적 있었다. 사망과 은퇴로 [옛] 지배계급 사람들은 점점 더 많이 사라졌다. 또, 부패를 공격하고 신진 관료들을 의식적으로 전진 배치하려는 노력도 있었다. 페레스트로이카로 말미암아 지배계급 가운데 새롭고 더 유능한 기술 관료 집단이 전략적으로 중요한 자리를 차지해서 새로운 기회들을 이용할 수 있게 됐다. 고르바초프는 [1988년 6~7월에 열린] 19차 소련공산당 협의회에서 다음과 같이 말했다. "우리는 다양한 사회계층이 불균형적으로 대표되는 것을 두려워해서는 안 됩니다." 그는 노동자와 농민을 대표한다고 자처하는 꼭두각시들을 거부하고, 더 영향력 있는 부문들을 직접 대표하는 사람들이 선출되기를 바랐다.

당시 소련 지배계급이 다뤄야 했던 전술적 문제는, 특히 1989년 이후 동유럽에서 구체제의 권력자들이 신체제에서도 살아남을 수 있음이 드러난 상황에서 언제 행동에 나서고 얼마나 멀리 나아가야 하는지였다. 이미 1989~1990년에 여러 분야에서 사실상의 민영화가 시작되면서, 이른바 '노멘클라투라 자본주의'가 생겨났다. 이것은 일종의 소련식 경영자 매수,** 즉 공짜나 다름없는 헐값 인수였다. 콤소몰의 일부 사람들은 초창기에 이런 작업에 특별히 능숙하다는 것을 입증하면서, 닥치는 대로 [국유] 자산을 손에 넣었다. 어떤 기자는 그 조직[콤소몰]이 이제는 "새로운 문화의 하버드 경영 대학원"이라고 말했다. '새로운 러시아를 위한 기업인 협회' 회장은 전에 콤소몰 중앙위원회의 경제학 간사 출신이었다. 콤소몰 자본주의는 더 새로운 부문들에서 더 중요하다는 것이 드러났다. 경제의 전통적 핵심 부문

---

* 19차 당 협의회는 최고 소비에트를 대체할 새로운 입법 기구로 인민대표대회를 창설하기로 결정했다.

** 경영자 매수 기업이 내부의 사업부나 계열사를 매각할 때 그 사업부나 계열사 내의 경영진이 중심이 돼 인수하는 것을 말한다.

들에서는 변화가 느렸고, 실제로 변화가 찾아왔을 때는 이미 직접 책임을 맡고 있던 자들이 더 많은 기회를 붙잡았다. 여기서 권력 전환의 가장 극적인 사례는 가스프롬과 그 밖의 원료·가공 회사들이었다.

다른 사람들도 그런 변화에 동조했다. 공산당 중앙위원회 간부였고 안드로포프와 체르넨코의 [경제] 보좌관을 지낸 아르카디 볼스키가 '러시아 산업 경영자와 기업인 연합' 회장이 돼 산업의 이해관계를 대변하는 핵심 인물로 떠올랐다. 1991년 쿠데타 주모자들이 어느 정도는 기존 행정 구조를 고수하고 싶었던 이유는 대다수가 그 행정 구조에서 한 자리씩 차지하고 있었기 때문이다. 그러나 쿠데타가 실패했을 때도 그들의 다수는 너무 늦지 않게 자리를 옮길 수 있었다. 예컨대, 모스크바 시당의 우두머리이던 유리 프로코피예프는 [쿠데타가 실패했을 때] "내가 자살할 수 있게 권총을 주시오" 하고 말했지만 이내 생각을 바꿔서 자기 지위를 이용해 성공한 기업인이 됐다.[38]

1990년대의 민영화는 이 과정에서 한 단계 더 나아간 것이었다. 1995년의 민영화는 세계 역사상 가장 부패한 사례까지는 아니었을지라도 그런 사례 중 하나였다. 기업들은 사실상 고위 경영자와 행정 관료들, 그리고 [전환] 초창기에 급성장한 금융 재벌들의 수중으로 넘어갔다. [1992~1994년에 부총리를 지내며] 민영화를 주도한 아나톨리 추바이스는 아무런 거리낌이 없었다. "그들은 훔치고, 훔치고, 또 훔친다. 닥치는 대로 모든 것을 훔치는 그들을 아무도 막을 수 없다. 그러나 그들이 훔친 것을 자기 재산으로 만들도록 놔두자. 그러면 소유자가 돼서 그 재산을 잘 관리할 것이다."[39] 추바이스에게 조언을 한 서방의 주요 인사들도 마찬가지였는데, 그중 일부는 나중에 내부자 거래 혐의로 기소되기도 했다. 사실 이 민영화로 말미암아 경제를 운영하는 자들의 힘은 더 강해졌다. '올리가르히'(사실상 거대 지주회사의 총수들)의 입지는 더 굳어졌다. 민영화는 경제활동의 모든 영역을 반쯤 범죄화하는 쪽으로 한 단계 더 나아간 것이었다.

옐친이 "원기 왕성한 공장장"이라고 부른 자들이 지역·지방·중앙의 정치에서 더 큰 구실을 하기 시작했다. 옐친은 이것이 상황을 안정시키는 요인이라고 봤다. 그는 진정한 문제의 핵심, 즉 '공산주의' 몰락 이전과 이후의 차이, 국영기업과 사기업의 차이를 뛰어넘어 생산 현장의 권력은 계속 유지되고 있다는 점을 분명히 지적했다.

러시아에서 공장장은 누구인가? 무엇보다도 그는 당신에게 일자리를 주고 가족을 부양할 수 있게 해 주는 사람이고, 당신을 해고할 수도 있고 승진시킬 수도 있는 사람이다. 그가 주식회사 형태로 민영화한 국유 공장을 경영하는지 아니면 여전히 국가의 보조금을 받는 공장을 경영하는지는 중요하지 않다. 공장의 실제 책임자는 당신의 운명을 좌우하는 사람이라는 사실이 중요하다.[40]

옛 지배계급 가운데 얼마나 많은 사람들이 그렇게 이동할 수 있었을까? 자연적 감원을 고려하면, 대다수가 그랬다는 것이 답인 듯하다. 가장 많은 사람들을 조사한 자료 하나를 보면, 공산당 노멘클라투라의 80퍼센트가 새로운 러시아에서 최고위급이나 그 바로 아래 자리로 이동했다. 지역을 더 자세히 연구한 자료나 산업과 공장의 우두머리들을 연구한 자료를 보더라도 추세는 똑같다는 사실을 알 수 있다. 권력의 사회적 구조가 정치적 혼란의 소용돌이 밑에서 재생산된 것이다. 사실 변화의 물결에 올라탄 고위층 정치인은 의외로 많았다.

어림잡아 말하면 1990년대 러시아 인구의 10퍼센트는 승자, 40퍼센트는 분명한 패자, 나머지 50퍼센트는 이도 저도 아니었다고들 한다.[41] 승자들의 상대적 부와 소득은 두드러지게 증가했다. 수치들이 반드시 정확한 것은 아니지만, 그래도 모든 수치가 똑같은 추세를 보여 준다. 1992년에 상위 10퍼센트와 하위 10퍼센트의 소득 격차는 8대 1이었다. 1990년대 말에 그 차이는 더 벌어져서 심지어 14대 1이 됐다는 계산도 있다. 유엔개발계획의 묘사도 비슷하다. "오늘날 러시아는 불평등이 가장 심각한 나라다. 가장 부유한 20퍼센트의 소득이 가장 가난한 20퍼센트의 소득보다 11배나 많다."[42]

(▶ 현실 돋보기: 카멜레온 같은 자본가들, 427쪽)

지배계급 전체의 부가 그 개인들의 주머니로 빼돌려지면서, 일부 지배자들은 엄청난 부자가 됐고 세계 최고 부자 대열에 끼기 시작했다. 이 부는 대부분 모스크바에 있었다. 모스크바의 클럽과 레스토랑에서는 벼락부자들을 볼 수 있었다. 러시아의 휴대전화 절반이 모스크바에 있었다. 이 부의 일부는 모스크바 도심의 재건된 지역에서도 볼 수 있었는데, 모스크바 시장 루시코프는 (남부 지방에서 온 흑인 이주민들을 포함해) 별로 반갑지 않은 '불행한 사람들'을 그 도심 지역에서 주기적으로 쫓아내려고 했다. 그러나 다른 도시와 마찬가지로 모스크바도 교외에서는 많은 주민들이 썩고 무너져 내리는 건물에서 빈궁하게 살고 있었다. 비록 소수만이 부자가 됐지만, 러시아 인구 자체가 많다 보니 이 새로운 러시아인들은 상당한 시장을 형성해서 서방 평론가들의 환상을 부추겼다. 메르세데스 벤츠 승용차가 대량으로 수입됐다. 달러를 손에 넣을 수 있는 러시아인들은 해외여행을 다녔고, 서방 각국의 수도에서는 그 러시아인들이 비디오카메라와 (이제 러시아어로 출판되기 시작한) 여행 안내 책자를 들고 돌아다니는 모습을 볼 수 있었다. 그들은 서방의 지배계급 사람들과 나란히 최고급 백화점에서 쇼핑을 했다. 그들의 자녀는 해외 유학을 갔다. 2000년 무렵 그런 해외 유학생이 1만 명은 된다고 했다. 일부는 영국의 명문 사립학교로 유학을 가기 시작했고, 그중에는 옐친의 손자도 있었다.[43] 키프로스나 스페인 같은 곳에 별장을 사기도 했다. 서방의 은행들도 그들에게 협조했다. 러시아 상황이 너무 불안정했으므로 그렇게 안전한 곳에 돈을 맡겨 두는 것이 나았다. 국내에는 허약한 루블화 경제와 나란히 달러화 경제가 있었다. 그러나 국내로 들어온 달러는 다시 서방 은행으로 빠져나갔다. 수출 대금을 서방 국가의 통화로 결제하면 그 돈은 곧장 서방 은행으로 들어간 것이다. 이런 '자본도피'가 [외국 자본의] 국내 투자보다 몇 배나 많았다. 자본도피의 일부는 합법적이었고 다른 일부는 불법적이었다. 자본도피를 실행하는 러시아인들이나 거기서 이득을 보는 서방 은행들은 합법적이든 불법적이든 상관하지 않았다.

그러나 국가의 수도가 완전히 방치되지는 않았다. 생산이 붕괴하고 사회 기반 시설도 붕괴하고 극빈층이 살아남기 위해 쓰레기장을 뒤지고 있을 때 옐친은 15억 달러를 들여서 [대통령 관저] 크렘린을 개조하기로 결정했다. 당연히 부패의 조짐들이 있었고, 옐친의 가족이 뇌물을 챙기고 그 돈을 외국으로 빼돌렸다는 비난이 제기됐다.

이런 변화의 본질은 계급 개념을 부정하는 사람들에게는 당혹스러운 문제였다. 이런 '혁명', 즉 바뀐 것도 거의 없고 소수 특권층이 교체되기는커녕 재생산되기만 하는 '혁명'은 이론적으로 심각한 골칫거리다. 다행히 러시아의 상류층 인사들은 무슨 일이 일어나는지를 열심히 관찰하는 일부 사람들보다 상황을 더 잘 이해했다. 옐친은 다음과 같이 말했다. "지금까지 30여 년 동안 나는 보스였다. 러시아에서 내가 속한 사회 계급 사람들을 일컫는 말이 바로 그것이다. 관료도 아니고, 관리도 아니고, 지도자도 아니고, 보스다. 나는 그 말이 싫다. 조직 폭력배 같은 느낌이 들기 때문이다. 그러나 어쩌겠나?"[44] 정말 어쩌겠나? 먼저 당신의 지위와 주위 사람들을 지키고 난 다음에 그것을 넘겨줘라. 푸틴이 [2000년 대통령 선거에서 승리해] 집권했을 때 옐친은 다음과 같이 말했다. "이제 올리가르히가 하는 구실이 더 커질 것이다. 올리가르히라는 말은 러시아에서 대자본가를 의미할 뿐이다. 그리고 대기업은 러시아에서 점점 더 큰 구실을 할 것이다."[45]

노동자들

1988~1989년에 대중운동이 등장했을 때, 흔히 좌파들은 이제 분노가 폭발해서 낡은 국가 체제와 새로운 시장 체제를 모두 거부하

는 진정한 사회주의 대중운동으로 나아갈 것이라고 예상했다. 앞서 봤듯이, 1989년에 그런 운동이 얼핏 나타났지만 지속되지 않았고, 러시아 민중은 진정으로 급진적인 변화의 가능성을 빼앗기고 말았다. 이 모든 것의 피해자는 도시와 농촌에 사는 수많은 평범한 러시아인이었다. "그들은 지상낙원을 기대했지만 오히려 물가 인상, 실업, 경제적 충격과 정치적 위기만 경험했다"는 옐친의 말은 이제 공허하게 들릴 정도다.[46] 역사는 동방과 서방의 정책 입안자들이 평범한 러시아인들의 운명을 다룰 때 보여 준 냉담한 태도를 좋게 평가하지 않을 것이다. 과거 세대의 노동자들이 관료적 국가자본주의 체제가 건설된 대가를 치렀다면, 그들의 손자·손녀와 증손자·증손녀들은 그 체제가 부분적으로 해체된 대가를 치르고 있었다. 경제적 붕괴와 마찬가지로 실질임금의 붕괴와 생활수준의 붕괴도 (전쟁과 '자연재해' 때를 제외하면) 세계경제 역사상 유례를 찾아볼 수 없는 것이었다.

1990년대 중반이 되자 평균적 실질임금은 거의 절반으로 떨어졌다. 많은 사람들이 노동인구 대열에서 이탈했고, 실업률은 10퍼센트를 웃돌았다.[47] 그러나 많은 러시아인들이 명목상으로는 기업의 회계장부에 남아 있었다. 혼란이 갈수록 심해지면서 임금 지급은 흔히 미뤄졌다. 때로는 몇 달씩 밀리기도 했다. 임금을 식량·텔레비전·비디오·가구 같은 현물로 받기도 했다. 인구의 약 3분의 1에서 2분의 1은 빈곤층으로 전락했다. 일부 집단에서는 빈곤층의 비율이 훨씬 더 높았을 것이다. 농촌의 상황은 흔히 열악했다. 많은 국영기업체 노동자들의 상황도 마찬가지였다. 가족이 있는 젊은 사람들도 고통을 겪었다. 살아남는 것 자체가 문제였다. 물가 인상으로 대다수 사람들의 저금은 날아가 버렸다. 1996년 자료를 보면, 상위 2퍼센트가 저금의 절반을, 상위 5퍼센트가 저금의 72퍼센트를, 상위 30퍼센트가 저금의 97퍼센트를 보유했다. 1998년에 금융시장이 붕괴하자 더 많은 저금이 날아가 버렸다. 팔 수 있는 것은 모두 팔았다. 주말농장이 있는 다차(별장)의 중요성이 줄어들기는커녕 오히려 더 커졌다. 가족 중에 조금이라도 일을 거들 수 있는 사람은 다 거들었다. 일부 사람들은 소규모 장사를 시작했다. 이것이 새로운 기업가 정신의 토대를 놓을 수 있을 것이라고 기대하는 사람들도 있었지만, 이런 기대가 터무니없다는 것은 서방에서 자동차 트렁크에 물건을 싣고 다니며 파는 것이 자본가 계급 활성화의 원천이라는 생각이 터무니없는 것과 마찬가지다. 러시아에서는 물건을 싣고 다니며 팔 수 있는 자동차를 가진 사람이 별로 없었으므로 훨씬 더 그랬을 것이다. 또, 1998년에 루블화가 평가절하되자 더 많은 집단이 어려움에 빠졌다. 국가가 제공하던 사회적 급여가 붕괴하자 많은 사람의 상황은 더 열악해졌다. '전환'의 첫 10년을 다룬 유엔개발계획 보고서는 다음과 같이 말했다.

사회적 서비스와 사회적 보호를 이용할 수 있는 권리와 관련된 인간 안보가 비극적으로 붕괴했다. 이제 좋은 교육, 건강한 생활, 충분한 영양 섭취를 누릴 수 있는 확실한 권리는 없다. 사망률이 높아지고, 치명적일 수도 있는 신종 전염병의 조짐이 보이면서 삶 자체가 갈수록 위험해졌다.

전환의 어두운 기록은 또 있다. 1990년부터 1995년까지 사망률이 1000명당 11명에서 15명으로 증가했다. 노동 연령대의 사망률은 50퍼센트 증가했다. 질병·자살·부상·스트레스 때문에, 또 술에서 위안을 찾는 습관 때문에 엄청나게 많은 사람들, 특히 남성들이 사망했다. 남성의 기대 수명은 몇 년 줄어서 1995년 무렵 58.6세까지 낮아졌다. '전환'이 본격화하자 인구 통계학자들이 '초과 사망률'이라고 부르는 것이 상승해서, 유엔 보고서를 보면 옛 소련 전체에서 믿기 힘들게도 600만 명이나 되는 남성 초과 사망자가 생겼다.[48] 그와 동시에 출산율은 급감했다. 미신을 믿는 사람들에게는 검은 고양이보다 임신한 여성을 만나는 것이 더 행운이라는 말이 서글픈 농담이 됐다. 따라서 전체 인구 손실은 훨씬 더 컸다. 새로 독립한 공화국들에서 이민자의 순유입이 있었는데도 러시아의 전체 인구는 감소했다. 스탈린 치하의 인구 손실과 비교하지 않을 수 없다. 그리고 그때와 마찬가지로 이번에도 새로운 동조자 무리가 러시아에 도착해서 상황을 칭송했다. 1930년대에는 조지 버나드 쇼가 소련에 도착했을 때 기근이 닥쳤다는 말을 믿지 않았기 때문에 음식을 버렸다는 말이 있었지만,* 오늘날 새로운 세대의 서방 조언자들은 시장의 처방이 제대로 작용하고 있다는 믿음 때문에 거지들을 넘어서 지나가고 길거리의 아이들을 무시했다. 때로는 거리에서 시체를 보고도

---

* 아일랜드의 극작가 조지 버나드 쇼는 1931년 소련을 방문했다. 소련에 기아가 만연하다는 이야기를 서구의 허위 선전에 불과하다고 여긴 쇼는 친구들이 챙겨 준 음식을 소련으로 오는 기차 안에서 모두 창밖으로 버렸다고 말해 소련 사람들을 당황하게 만들었다고 한다.

외면해야 했을 것이다. 많은 러시아인들이 그랬다는 것은 확실하다. 그러나 관찰력 있는 어떤 기자가 말했듯이 "대중의 무관심 뒤에는 항상 개인적 슬픔이 숨어 있다."[49]

그러나 아래로부터 변화 가능성에 관한 처음의 설명들이 지나치게 낙관적이었다면 이제는 지나치게 비관적이기 쉽다. 1928년 이후 소련 노동자들은 독립적 조직 건설이라는 사상과 완전히 단절됐다. 게다가 앞서 봤듯이, 스탈린 체제의 거짓말이 광범한 혼란의 씨앗을 뿌려 놨다. 이것을 극복하는 데는 시간이 걸리기 마련이다. 전환의 참상을 감안하면, 그 시간은 더 길어질 수밖에 없다. 이런 상황에서는 [미국의 러시아 역사학자] 스티븐 코언이 말했듯이 "러시아인들의 수동성에 관한 이야기들은 과장됐다"는 점을 인식하는 것이 중요하다.[50] 암울한 상황에서 실낱같은 희망을 찾아야 한다는 말이 아니다. 앞으로 보게 되겠지만, 문제들은 엄청나다. 그러나 너무 비관적이어서 자기 실현적 수동성이 되고 있는 '현실주의'를 피해야 하고, 엄청나게 불리한 상황에서도 투쟁들이 벌어졌다는 것을 인정해야 한다.

1990년대에 불어닥친 새로운 회오리바람을 감안하면, 일부 평범한 러시아인들이 1970년대와 1980년대 초의 안정된 생활을 매우 그리워하는 것은 이해할 만하다. 그러나 진지한 평론가들이 그러는 것은 이해하기 힘들다. 첫째, 구체제가 '노동자' 권력이었다는 주장[이 거짓임]을 노동자들이 본능적으로 꿰뚫어 봤다는 것은 그들이 구체제를 방어하기 위해 손가락 하나 까딱하지 않았다는 사실에서도 드러난다. 어느 정도는 노동자들의 저항이 구체제의 해체를 촉진했다는 것도 사실이다. 둘째, 앞서 살펴봤듯이 더 후진적인 일부 러시아 지배자들이 보기에도 구체제를 그대로 유지하는 것은 불가능했다. 비유를 들어 말하자면, 죽기 직전의 사람에게는 불치병의 초기 단계조차 매력적으로 느껴지겠지만 그때로 되돌아갈 수는 없는 것과 같다. 셋째, 바로 이렇게 구체제가 흔들리는 것을 보면서 소련 노동자들은 60년 만에 처음으로 독자적 행동에 나설 자신감을 얻었다. 그들은 이제 더는 탄압에 대한 두려움 없이 기본적 존엄성을 되찾겠다고 나서기 시작했다. 1989년의 광원 파업이 매우 중요한 이유가바로 그것이다. "얼굴에 석탄 가루가 잔뜩 묻은, 탄갱에서 쓰는 안전모와 작업복 차림을 한 광원 수천 명"이 열을 지어 행진하면서, 60년 만에 처음으로 소련 노동자들은 단지 의례적 행위로서가 아니라 스스로 대열을 이뤄 함께 행진하면서, 소박하게나마 존엄성을 경험할 수 있었던 것이다.[51] 이것은 넷째 요점을 시사한다. 즉, 전환의 문제점은 전환이 너무 멀리 나아갔다는 것이 아니라 충분히 멀리 나아가지 않았다는 것이라는 사실이다. 문제는 민주주의가 초래하는 '골칫거리들'이 아니라 진정한 민주주의, 기층 대중의 민주주의가 부족했다는 것이다. 문제는 구질서가 서방 지배자들의 방조 아래 계속 권력을 유지하고 (서투르게나마) 체제를 쥐어짜서 이득을 볼 수 있었다는 것이다. 따라서 앞으로 나아갈 수 있는 길은 모종의 '황금기'로 회귀하거나 어떤 '훌륭한' 지도자를 온정주의적으로 환영하는 것이 아니라, 현재 존재하는 공간을 활용해서 진정한 대안을 아래로부터 건설하는 것이다. 그러나 이것은 추상적으로는 어렵지 않지만 실천적으로는 엄청나게 어려운 일이다. 구질서가 남겨 놓은 이데올로기적 혼란 때문이기도 하고, 악화하는 위기의 파괴적 영향 때문이기도 하다.

아래로부터 저항을 발전시키기가 더 어려운 이유는 몇 가지 문제를 극복해야 하기 때문이다. 위기 자체의 충격이 사람들을 엄청나게 짓누르고 마비시킨다. 일부 작업장에서는 독립적 행동이 가혹한 탄압을 받는다. 소련의 어떤 평론가는 일부 지역에서 노동조합을 조직하기 힘든 것이 미국의 1914년 이전 상황과 비슷하다고 봤다. 즉, 노동조합을 못마땅하게 여기는 지방정부와 법관들과 경영자들이 한통속이 돼 노동자들을 해고하고, 노조를 조직하려고 끈질기게 시도하는 사람들에게 폭력을 휘두르고 협박을 가하던 상황 말이다.[52] 또, 조직적 혼란도 있었다. 구체제 아래서 노동조합은 국가가 운영하는 관료 기구였다. 1989년 이후 새로운 노조들이 빠르게 생겨났지만, 그들은 조직할 공간을 찾으려고 몸부림쳤고 많은 노조는 상명하복식 전환 과정의 함정에 빠져 버렸다. 따라서 새로운 노조든 아니면 개혁된 구식 노조든 더 안정적이고 [노동자들의 염원에] 민감하게 반응하는 조직이 나타나기까지는 시간이 걸렸고, 어디서나 문제들은 있었다. 이 때문에 노동자들은 어쩔 수 없이 더 비공식적인 지역 조직들에 의존하는 경우가 흔했다. 표 8.1은 러시아 산업 투쟁의 부침을 보여 준다.

이런 통계 수치를 보면 모든 파업이 수동적이고 사기가 낮았던 것은 아니라는 사실을 알 수 있다. 이 수치들에서는 1992~1993년의 혼란이 분명히 드러난다. 마찬가지로, 1994~1998년에 전환의 파괴적 영향과 미지급 임금 등에 항의하는 투쟁이 벌어졌다는 것도 알

표 8.1. 전환기의 파업: 1991~1999년 러시아의 파업 양상 [53]

	파업 건수	참가자 수 (단위: 1000명)	노동 손실 일수 (단위: 1000일)	평균 기간 (단위: 일)
1991년	1,755	238	2,314	9.7
1992년	6,273	358	1,893	5.3
1993년	264	120	237	2.0
1994년	514	155	755	4.9
1995년	8,856	489	1,367	2.8
1996년	8,278	664	4,009	6.0
1997년	17,007	887	6,001	6.8
1998년	11,162	531	2,881	5.4
1999년	7,285	238	1,827	7.7

수 있다. 그러나 이 수치들은 1998년 금융시장 붕괴의 충격도 보여준다. 이 통계 수치를 보면 많은 산업 투쟁이 흔히 소규모 게릴라전의 성격을 띠었음을 알 수 있다. 일부 투쟁은 노동자들이 체불임금 지급을 요구하며 단식투쟁을 벌인 것처럼 필사적이고 절박했다. 다른 투쟁들은 더 적극적이고 자신감이 있었다.

아마 가장 중요한 투쟁은 1998년 늦봄에 시작된 이른바 '철도 전쟁'이었을 것이다. 몇 달 동안 임금을 받지 못한 광원들이 파업에 돌입해서 철도를 봉쇄하고 화물과 여객의 운송을 중단시켰다. 파업은 쿠즈바스에서 시작돼 다른 지역들로 확산됐고 투쟁은 몇 주 동안 지속됐다. 이 '철도 전쟁'은 처음에는 광원들만 행동에 나서면서 소규모로 시작됐지만, 곧 (교사들과 그 밖의 화이트칼라 노동자들을 포함해) 러시아 전역에서 광범한 지지를 받았다. 이 투쟁은 "프랑스 혁명식으로 쇠스랑을 들고 닥치는 대로 때려 부수며 언더클래스[원문 그대로다 — 헤인스]의 분노를 노골적으로 터뜨린 것"이라고 설명한 사람도 있었지만, 일부 사람들에게는 그 이상이었다. 어떤 인상적인 포스터에는 다음과 같은 문구가 쓰여 있었다. "굶주린 광원은 체첸 전사보다 더 무섭다."[54] 여기서 우리는 항의 행동들로 말미암아 더 커다란 사회적 폭발의 가능성이 만들어지는 것을 본다. 이는 [영국의 사회주의자] 롭 퍼거슨이 말했듯, "산산이 부서진 희망이 격렬한 분노로" 표출된 것이다.[55] 모스크바에서 4개월 동안 천막 농성을 벌인 일부 광원들은 상당한 지지를 끌어 모으며 유명 인사들의 잇따른 방문을 받았다. 그들은 대다수 러시아인들이 긍정적 저항이라고 여기는 것에 지지를 표하고 싶었던 것이다.

그러나 크렘린의 시각은 사뭇 달랐다. 옐친은 회고록에서 다음과 같이 말했다.

아마 1998년 여름의 유명한 철도 전쟁을 기억하는 사람은 드물 것이다. 그러나 세르게이 키리옌코[당시 총리 — 헤인스]는 분명히 광원 파업 물결을 회상하면 나만큼 몸서리를 칠 것이다. 광원들의 연대는 아주 독특했다. 한 광산 지역이 항의 운동에 돌입하면 곧 다른 지역이 그 뒤를 따랐다. 며칠 만에 광원들의 투쟁이 거의 모든 러시아 광산 지역을 휩쓸었다. 그러나 그게 다가 아니었다. 광원들은 철도를 봉쇄하기 시작했다. 이것은 차원이 다른 항의 행동이었다.

옐친의 지지자들 가운데 일부는 광원들을 잡아 가두고 싶었지만, 국가는 그럴 능력이 없었다. 사실 바로 이때 옐친은 보안경찰 기구를 다시 활성화할 필요가 있다고 생각했고, 그래서 새로운 인물이 주목을 받기 시작했다.

나는 연방보안국FSB[KGB의 후신 — 헤인스] 국장 니콜라이 코발료프를 만났다. 그는 거의 공황 상태였다. 그와 대화하며 나는 이 상황이 그에게 완전히 낯선 것이고 그가 이 사태를 어떻게 처리해야 할지 모른다는 사실을 알게 됐다. 나도 공감했다. 엄밀히 말하면, 파업은 그의 기구 소관 사항이 아니었다. 그러나 국가 안보에 대한 위협은 실질적인 것이었다. 정치적 투쟁을 하는 것과 국가의 운송 동맥을 차단하는 것은 완전히 다른 문제였다.

옐친의 공감은 더 연장되지 않았다. 코발료프가 광원들 앞에서는 나약하고 기업과 은행의 부패를 조사하려 한다는 것이 분명해지자 옐친은 국가 안보를 위해 더 믿을 만한 사람을 물색하기 시작했다. "대안은 곧 분명해졌다. 바로 푸틴이었다." 광원들의 투쟁이 한창이던 1998년 7월 25일 푸틴이 연방보안국장으로 임명됐다. 옐친은 "우리는 1991년 이후 너무 많이 약해진 루반카의* 권위를 다시 세워야 했다"고 말했다. 그러나 그사이에도 정부가 할 수 있는 일은 광원들

---

* 모스크바의 루반카 광장에 과거 체카 시절부터 사용된 연방보안국 본부 건물이 있다.

의 분노를 달래는 것 말고는 거의 없었다. 부총리 한 명은 "이곳 저곳 탄광 지역을 정신없이 뛰어다니며, 무엇이든 타협할 만한 것이 있으면 거의 따져 보지도 않고 합의문에 서명했다." 그러나 정치적 전망이 여전히 혼란스러웠던 광원들은 자신들의 유리한 입지를 제대로 활용하지 못했다. 그러다가 여름에[8월 17일] 루블화가 폭락하[며 금융시장이 붕괴하]자 훨씬 더 많은 곤경과 어려움이 닥쳤다. 그러나 이 [광원들의] 도전은 여전히 러시아 지배자들에게 고통스러운 기억으로 남아 있었고, 지배자들이 항상 마음대로 지배할 수 있는 것은 아니라는 사실을 떠올리게 만드는 사건이었다. 2000년 여름에 옐친이 당시 총리 스테파신을 푸틴으로 교체했을 때, [2년 동안 총리를 네 번이나 갈아 치우는 것을] 걱정한 추바이스가 옐친을 찾아와서 국민들이 [총리 교체를] 받아들이지 않을 것이라고 경고하며 옐친에게 다음과 같이 말했다. "철도 전쟁을 기억하십니까? 그런 일을 두 번 다시 겪고 싶지는 않으실 텐데요."[56]

문제는 그때 노동자들이 자신들의 투쟁을 이데올로기적으로든 조직적으로든 일반화하지 못했다는 것이다. 이데올로기적으로는 스탈린 체제가 자행한 짓 때문에 노동자들의 일상적 활동과 사회주의적·혁명적 전통에 입각한 대안적 주장 사이의 연관이 완전히 끊어져 버렸다. 그와 동시에 조직적으로는 노동자들이 장기적으로 응집력 있는 조직을 유지하기가 엄청나게 힘들다는 것이 입증되고 있었다. 러시아에서 아래로부터 대안을 건설하는 일은 장기적이고 고통스러운 과정이 될 것이다. 그런 대안은 결국 자본주의와 시장에 대한 도전의 성공 여부에 달려 있을 것이다. 그것은 또, 사회주의와 스탈린주의는 똑같은 것이라는 주장을 분쇄할 수 있는 도전이기도 하다. 그것이 바로 이 책을 쓴 이유다.

군비경쟁과 동서 경쟁

제1차세계대전 전에 사회주의자들은 현대 자본주의의 군국주의 경향을 분석하기 시작했다. 일부 사회주의자들은 그것을 기괴한 일탈로 보고, 모든 나라에 무장해제하는 것이 이롭다고 호소했다. 반면에 다른 사회주의자들, 예를 들어 로자 룩셈부르크, 니콜라이 부하린, 블라디미르 레닌 등은 군국주의와 전쟁이 자본주의 체제에 내재적인 것이기 때문에 자본주의 안에서는 해결될 수 없는 문제라고 봤다. 국가와 자본이 국가자본주의 형태로 융합하면서 군사적 경쟁이 경제적 경쟁에 추가되고 때로는 그보다 더 중요해진다는 것이었다. 그래서 니콜라이 부하린은 다음과 같이 썼다. "세계 자본주의의 무질서는 … 국가기구들의 충돌과 자본주의 전쟁으로 표현된다. 전쟁은 특정한 발전 단계에 이른 경쟁 방식 … 국가자본주의 트러스트들 사이의 경쟁 방식일 뿐이다."[xx]

그러나 이후 수십 년 동안 군국주의 경향이 심해져서 전쟁이 빈번하게 일어났고 평화 시의 군비 지출도 엄청났다. 1928년 이후 소련 경제가 군국주의화한 것도 이 과정의 일부였다. 그러나 많은 좌파는 '소련'의 군국주의는 여느 국가들과 달랐다거나 심지어 군대가 중립적 기구라고 주장하면서 문제를 얼버무리려 했다. 어느 국가가 그 기구를 사용하는지가 중요하다는 것이었다. 그래서 서방의 폭탄은 비난하면서도 '사회주의 국가의 폭탄'은 칭찬했다. 만약 소련이 [핵]미사일을 발사하면 외국의 사회주의자들은 방사능 피폭을 영광스럽게 생각하며 화염 속에서 죽어 가야 했을 것이다.

물론 모든 사회주의 국가는 자기방어를 해야 한다. 그러나 1918~1921년의 상황과 1928년 이후 (대규모 군대와 핵무기 비축에 집중하는) 체계적인 군사적 경쟁 사이에는 근본적 차이가 있었다. 초기 마르크스주의자들은 군사적 경쟁 과정이 자본주의 체제의 본질을 표현하고 영속시킨다고 주장했다. 자본주의 국가들은 군대와 무기의 양과 질을 잠재적 적들에 맞설 수 있을 만한 수준으로 끌어올릴 방법을 찾으려고 노력해야 했고, 국내에서도 그렇게 하도록 스스로 다그쳐야 했다.

1945년 이후 미국과 소련의 군비 지출 수준이 서로 밀접하게 관련돼 있었다는 것은 의심할 여지가 없다. 또, 미국의 수준을 따라잡으려고 소련이 군수생산에 훨씬 더 많은 노력을 쏟아부어야 했다는 것도 의심할 여지가 없다. 어떤 전문가는 다음과 같이 말했다. "군수산업은 소련에서 가장 강력하고 기술적으로 가장 뛰어난 산업이 됐다. 그 규모와 경제적 지배력 덕분에 필연적으로 정치적 영향력도 강력해졌다. 요컨대, 방위산업이 소련의 행정 체계, 정치·경제 질서의 핵심에 자리 잡게 된 것이다."[xxi]

고르바초프는 소련 상황을 재정 형편에 맞게 조정하려고 시도했다. 그러나 그것은 커다란 역효과를 낳았다. 경제의 군사적 핵심이 심각하게 와해됐다. 그러나 군국주의는 사라지지 않았다. 열강 간의 적대 관계도 마찬가지였다. '평화 배당금'에* 대한 희망은 사라졌고, 미국은 막대한 군비 지출을 정당화해 줄 새로운 적과 새로운 근거를 찾아 나섰다. 러시아도 그 뒤를 따랐고, 경제의 핵심에 군사 부문을 재건하려는 노력이 시작되면서 연속성의 또 다른 요소가 만들어졌다.

---

* 평화 배당금(peace dividend) 1990년대 초에 미국 대통령 부시 1세와 영국 총리 대처가 내건 정치적 구호로, 냉전 종식에 따라 국방비를 감축해서 복지나 교육, 경제 발전에 사용할 수 있게 되는 자금을 말한다.

카멜레온 같은 자본가들

러시아 경제에서 나찰니키, 즉 모든 종류의 우두머리들은 항상 어느 정도 자율성을 누렸다. 고르바초프가 1986~1987년에 더 많은 지방 분권화를 도입했을 때, 모든 계층의 '관료'들이 최대한 자기 몫을 챙기려 들었다. 어떤 평론가는 그들의 행동을 대규모 예금 인출 사태에 비유했다. 이것은 단지 국가의 붕괴가 아니었다. "기폭제 구실을 한 것은 … 국가 자체의 대리인들이었다. 일단 대규모 예금 인출 사태가 벌어지자 이 관리들은 단지 국가의 자원만 훔친 게 아니라, 국가 자체도 훔치고 있었다." 흔히 우둔한 관료처럼 보였던 자들이 약삭빠르게 옛것에서 새것으로 갈아타는 데 능숙한 철면피라는 것이 드러났다. 더 젊은 세대인 콤소몰의 청년 관리들이 특히 민첩했다. "그 결과 이 옛 콤소몰 간부들의 다수가 이제는 새로운 비즈니스 엘리트의 선두에 서 있다."

미하일 호도르콥스키의 이력이 가장 두드러진다. 그는 모스크바의 명문대인 멘델레예프대학교에서 지도적인 콤소몰 간부였다. 1987년에 일부 콤소몰 지도자들은 시장 기업 활동에 참여하도록 권장받았다. 호도르콥스키는 총애받는 '실험적 자본가'였다. 그는 기회를 단단히 붙잡았다. 돈을 받고 조언하거나 연구하던 일을 그만두고 컴퓨터 판매 사업을 하다가 메나테프 은행을 설립했고, 1996년에는 석유 회사 유코스를 인수했다. 오늘날 그는 세계 최고 부자 중 한 명이다.

그러나 이 이야기는 결코 가난뱅이에서 부자가 된 단순한 성공담이 아니었다. 호도르콥스키는 처음부터 좋은 위치에 있었다. 그는 연줄이 필요했다. 콤소몰이라는 명망도 있어야 했다. 자신과 거래하는 우두머리들의 신뢰도 필요했다. 당국의 지원도 필요했다. 공산당의 자금 일부가 그의 은행으로 흘러 들어갔고, 다시는 거기서 흘러나오지 않았다. 1991년에 그는 다음과 같이 자랑했다. "지금 시작하는 모든 벤처기업은 고위층 인사들의 후원을 받거나 그들과 튼튼한 연줄이 있어야만 성공할 수 있다."[xxii] 호도르콥스키가 간 길을 다른 사람들이 따라갔다. "많은 지역의 공산당 간부들은 콤소몰 간부들이 정치적 권력을 [경제적 권력으로] 바꿔 놓는 데 성공한 것을 보면서, 이와 비슷하게 당의 자산을 사적 부문으로 옮겨 놓기 시작했다."[xxiii]

9장
ㅡ
결론

1989년 광원 파업에 참가한 노동자들.

이 책을 시작하면서 소련 문제는 단지 역사적 관심사만은 아니라고 말했다. 전 세계에서 기존 체제에 불만을 품은 사람들이 시위를 벌일 때 외친 구호는 "다른 세계가 가능하다"였지만, 그들이 들은 대답은 다른 세계가 불가능하다는 것이었다. 소련에서 다른 세계를 건설하려는 실험이 있었지만 결국 실패했다는 것이다. 그래서 나는 이 책의 2장부터 그런 견해가 틀렸음을 보여 주려 했다. 1917년에 다른 세계로 가는 문이 실제로 열렸지만 곧 닫혀 버렸다. 이후 소련의 상황을 근본적으로 결정한 것은 20세기에 전 세계에서 작용했고 오늘날에도 여전히 지배적인 것과 똑같은 논리, 똑같은 원칙, 똑같은 동역학이었다. 소련이 생겨나기 오래 전인 19세기 말에 윌리엄 모리스는 《존 볼의 꿈》(존 볼은 1381년 잉글랜드 농민반란 지도자 중 한 명이다)이라는 소설에서 [사회] 변화의 딜레마에 관해 다음과 같이 썼다. "나는 이 모든 것을, 즉 어떻게 사람들이 전투를 벌이고 패배하는지, 또 패배에도 불구하고 쟁취하고자 했던 것이 실현되는지, 또 실현된 것이 원래 의도한 것이 아니었음이 드러날 때 다른 사람들이 다른 이름으로 원래 목표를 위해 싸워야 하는지를 곰곰이 생각했다." 그때 이후로 소련을 비판하는 많은 좌파들은 이 말이 소련 사회의 경험에 대한 격언으로서 타당하다고 생각했다. 그것은 이 책의 격언도 될 수 있다.

물론 우리의 주장은 변명에 불과하다고 말하는 사람들도 있을 것이다. 세상을 바꾸려는 시도는 항상 끝이 안 좋았고, '한 번 속지 두 번은 안 속는다'는 것이다. 이런 말에 대해서는 몇 가지 반론이 있다. 첫째로, 이 책에서는 역사적 분석을 통해 소련을 관료적 국가자본주의 형태로 설명하는 우리의 이론이 다른 이론들보다 소련에서 일어난 일을 더 잘 이해할 수 있게 해 준다는 점을 입증하려 했다. 다른 사람들도 비슷한 맥락에서 글을 썼다. 예컨대, 알렉스 캘리니코스는 1989년 이후의 전환 초기에 동유럽의 변화를 생산관계의 질적 변화가 아니라 정권의 변화라는 측면에서 분석했다.[1] 콜린 스파크스와 애나 레딩도 동방의 새로운 대중매체를 다룬 책에서 비슷한 주장을 하면서, 국가자본주의론을 이용해 시민사회와 정치적 전환에 관한 많은 잘못된 주장을 들춰냈다.[2] 우리는 분석의 여러 지점에서 다른 기여들을 더 자세히 언급하기도 했다. 그러므로 우리를 비판하는 사람들의 과제는 자신의 이론을 이용해서 우리가 여기서 살펴본 쟁점들을 잘 다뤄서 우리의 분석보다 더 나은 성과를 내는 것이다. 이 점에서는 최근 자료들이 [그들에게] 별로 희망적이지 않다고 조심스럽게 말하고 싶다. 러시아를 다룬 저술은 십중팔구 역사상 그 어느 때보다 지난 10년[1990년대] 동안 더 많이 쏟아져 나왔을 것이다. 도서관 서가에는 그런 책이 잔뜩 꽂혀 있고 잡지에는 상세한 연구 논문이 넘쳐 난다. 그러나 일관된 이론, 종합적 분석을 찾기는 힘들다. 이론이라고 하는 것들을 보면, 몇 가지 개념을 가져와서 대충 짜깁기한 경우가 너무 흔하다.

그러나 우리는 더 많은 것을 말할 필요가 있다. 1991년에 우리는 지배 이데올로기가 붕괴했다는 말을 들었다. 그러나 앞서 봤듯이, 실제로는 붕괴하지 않았다. 과거사만이 아니라, 전환 자체에 관해서도 지배 이데올로기는 붕괴하지 않았다. 그리고 권력자들은 그 말이 틀렸음을 알고 있었다. 그 말은 다른 것들을 감추는 데 사용된 관념에 더 가까웠다. 서방의 정책 입안자들과 조언자들은 소련이 '악의 제국'이라는 자신들의 선전을 결코 믿지 않았다. 오히려 소련을 용서하고 잊어버리고 싶은 마음이 간절했다. 전환을 너무 음모론적으로 보면서 러시아 지도자들을 단지 서방의 볼모쯤으로 여기는 것은 잘못이다. 동방이든 서방이든 지배자들은 모두 서로 다른 방식으로 서로 다른 시기에 상대방을 이용했다. 그러나 공모도 있었다. 양측 모두 서로 무슨 짓을 하고 있는지 알면서도 일부러 가담했다. 그들은 사회가 상명하복식으로 운영돼야 한다는 생각에서는 일치했다.

그들은 결코 성공하지 못한 것 같다. 사회주의를 비판하는 사람들은 항상 사회주의에 '소련'의 오명을 덮어씌우려 했다. 스탈린주의자들이든 스탈린주의를 비판하는 사회주의자들이든 모두 '소련으로 가라'는 비난을 들어야 했다. 그러나 1990년대에는 러시아가 시장의 힘으로 개조된 사회가 돼야 했다. 이제 입장이 뒤바뀌었다. '러시아로 가라'는 말은 시장이 우리의 모든 병폐를 치유해 줄 수 있다고 주장하는 마술사들을 비난하는 말이 됐다. 그것은 서방 정부들, 세계은행, 국제통화기금, 서방 조언자들을 비난하는 말이다. 그러나 평범한 러시아인들에게 '러시아로 가라'고 말할 수는 없다. 그들은 이미 거기에 살고 있다. 그들의 부모와 조부모가 스스로 통제할 수 없는 체제의 볼모였듯이 지금 그들도 체제의 볼모 신세다.

1991년 이전과 이후의 실패는 서로 밀접하게 관련된 국내적·국제적 뿌리가 있다(지금까지 이 책에서 그것이 어떻게 관련돼 있는지를 보여 주려 했다). 이것을 극복하려면 1917년에 그랬듯이 지금도 우리의 삶을 지배하고 있는 세계 자본주의 체제에 도전해야 한다. 그러나 그렇게 할 때 우리는 과거의 교훈을 알아야 한다. 여기서 러시아의 역사가 우리에게 들려 주는 교훈은 흔한 통념과 다르다. 사회주의의 역사뿐 아니라 더 일반적으로는 정치사상에도 뿌리 깊은 다의성多義性이* 있다. 이것은 다수를 위해 운영되는 사회와 소수를 위해 운영되는 사회의 차이가 아니다. 다수가 운영하는 사회와 소수가 운영하는 사회의 차이다. 모든 지배자들은 자신들이 우리를 위해 일한다고 주장한다. 그러나 우리가 스스로 통치할 길을 찾도록 놔둘 만큼 우리를 신뢰하지는 않는다. '정치'의 적용은 제한된다. 정치가 '경제'를 건드려서는 안 된다. 대규모 기관들이나 국가를 건드려서도 안 된다. 사실 지난 세기 동안 체제의 핵심은 오히려 갈수록 통제를 받지 않게 됐다. 투표권이 확대됐는데도 그랬다. 러시아의 역설은 평범한 러시아인들이 기본적 자유를 얻었지만 '시장 스탈린주의'라는 말이 딱 들어맞는 또 다른 상명하복식 변화의 피해자가 됐을 뿐이라는 것이다.

그러나 이런 기본적인 정치적 자유가 존재하고 옛 소련이 사라졌

---

* 다의성 한 단어나 문장이 두 가지 이상의 뜻을 지니는 특성이나 현상.

다는 사실은 중요하게 시사하는 바가 있다. 스탈린의 반혁명은 [노동계급의] 엄청난 패배였다. 그것은 20세기 사회주의의 역사를 결정지었다. 스탈린의 반혁명은 1930년대에 나치즘의 발흥과 결합돼서, 빅토르 세르주가 말한 '세기의 한밤중'을 만들어 냈다. 우리가 처한 새로운 상황의 변화한 가능성을 인식하려면, 1930년대에 스탈린주의(와 나치즘) 때문에 얼마나 끔찍한 상황이 조성됐는지를 기억할 필요가 있다. 트로츠키는 생애 말년인 1939년 4월에 C L R 제임스와 인터뷰하면서, [러시아] 혁명의 변질과 이후 스탈린·히틀러의 승리가 얼마나 파괴적 영향을 미쳤는지를 다음과 같이 설명했다. 당시가 얼마나 깜깜한 한밤중이었는지를 떠올리기 위해 약간 길지만 트로츠키의 말을 인용해 보겠다.

우리는 정치적으로 전진하지 못하고 있습니다. 맞아요, 그것은 사실입니다. 지난 15년 동안 노동자 운동이 대체로 쇠퇴한 것이 그렇게 표현되고 있습니다. 그것이 더 일반적인 원인입니다. 혁명적 운동 전체가 쇠퇴할 때, 패배가 잇따를 때, 파시즘이 전 세계로 확산되고 있을 때, 공식적 '마르크스주의'가 노동자들을 속이는 가장 강력한 조직일 때 기타 등등, 그럴 때는 불가피하게 혁명적 부류들이 전반적인 역사적 흐름을 거슬러서 활동해야 합니다. 비록 우리의 사상, 우리의 설명이 가장 올바르고 현명하다고 할지라도 말입니다. …
1927년 장제스가 중국 노동자들을 짓밟은 뒤에 모스크바에서 벌어졌던 논쟁이 생각납니다. 우리[좌익반대파]는 열흘 전에 이미 장제스의 행동을 예측했습니다. … 그래서 우리 동지들은 낙관적 견해를 피력했습니다. 왜냐하면 우리의 분석이 옳았다는 것을 모든 사람들이 인정할 것이고, 따라서 우리가 당내 투쟁에서 승리할 것이라고 확신했기 때문입니다. 저는 대중에게는 우리의 예측보다 중국 혁명이 질식사했다는 사실이 1000배나 더 중요하다고 대답했습니다. 우리의 예측은 그런 문제에 관심 있는 지식인 몇 명을 얻는 데는 도움이 되겠지만, 그것으로 대중을 얻을 수는 없기 때문입니다. 장제스의 군사적 승리는 필연적으로 [대중의] 사기 저하를 낳을 것이고, 이것은 혁명적 분파의 성장에 좋지 않은 일이었습니다.

1927년 이후 우리는 오랫동안 패배를 거듭했습니다. … 이 때문에 아시아와 유럽에서 대중의 절망적 분위기가 생겨났습니다. 대중은 우리가 10~15년 전에 말한 것과 비슷한 말을 공산당한테 듣고는 비관적인 태도를 취하게 됐습니다. 그것이 노동자들의 일반적 분위기입니다. 그것이 가장 일반적인 원인입니다. … 흐름은 우리에게 불리합니다. 그것은 분명합니다. …

지금 우리의 상황은 다른 어떤 시기, 다른 어떤 조직보다 비할 바 없이 어렵습니다. 왜냐하면 우리는 공산주의인터내셔널의 끔찍한 배신을 겪었는데, 공산주의인터내셔널 자체는 제2인터내셔널의 배신으로 말미암아 생겨났기 때문입니다. 제3인터내셔널의 변질은 너무 빨리, 너무 예상외로 진행됐습니다. 그래서 제3인터내셔널 건설 소식을 들었던 바로 그 세대가 지금 우리의 말[제4인터내셔널 건설 소식]을 들으면 "그런데 그 이야기는 이미 전에 들었잖아!" 하고 말할 것입니다. …

지금 우리는 작은 배를 타고 엄청난 물살을 [거슬러] 가고 있습니다. 배는 겨우 5~10척뿐인데, 그나마 한 척이 가라앉습니다. 그럼 우리는 조타수를 탓합니다. 그러나 그것이 원인은 아닙니다. 물살이 너무 센 것이 원인입니다. 그것이 가장 일반적인 원인입니다.[3]

유럽에서 파시스트 국가들은 1944~1945년에 붕괴했지만, 스탈린 치하에서 생겨난 국가자본주의는 그 뒤로도 40년간 존속했고 그 형태는 세계 전역으로 확산됐다. 그러나 지금 우리는 트로츠키가 묘사한 세계에서 많이 전진해 있다.

역사의 발전은 직선적이지 않다. 나치즘의 발흥과 달리 스탈린의 반혁명은 1917년의 위대한 승리 뒤에 벌어진 일이었고, 1917년의 승리는 여전히 대중운동의 힘을 보여 주는 증거로 남아 있다. 그러므로 우리는 부정적 교훈뿐 아니라 긍정적 교훈도 배워야 한다. 또, 스탈린의 반혁명은 결국 훨씬 더 큰 규모의 노동계급이 공공연히 반격할 수 있는 상황을 만들어 내기도 했다.

정치조직을 만들고, 노동조합을 설립하고, 반대 의견을 표명할 신문을 발행할 수 있는 권리를 되찾는 것은 모든 진정한 변화의 전제조건이다. 그런 권리가 없다면 대중운동을 건설할 수 없기 때문이다. 그 권리를 되찾은 것은 진정한 성과다. 이제 그런 권리가 존재한다는 것은 평범한 러시아인들이 비록 아무리 빈곤하더라도 전 세계의 광범한 운동들과 연계될 가능성이 있다는 것을 의미한다. 러시아인들 자신의 역사에서 그들과 우리가 모두 배워야 하는 교훈은 그런 운동들을 벌이지 말아야 한다는 것이 아니라, 사회의 재건은 아래로부터 이뤄져야 한다는 것이다. 이것은 단지 도덕적 명령이 아니라, 사회적·정치적 필요다. 진정한 인류 발전의 잠재력을 창출해 놓고도 우리에게는 그것을 허용하지 않는 이 체제(동방과 서방, 남반구와 북반구의 모든 체제)에서 우리 자신을 구출하고 싶다면 그래야 한다. 냉전의 종식은 결코 새로운 세계 질서를 가져다주지 않았고, 그 행복감은 곧 새로운 세계적 무질서에 자리를 내줬다. 이 세계적 무질서가 21세기 초의 돌이킬 수 없는 특징이 됐다. 부정선거로 선출된 러시아 대통령[푸틴]은 낡은 것과 새로운 것의 연속성의 산물이고, 마찬가지로 부정선거로 선출된* 미국 대통령[부시 2세]도 낡은 것과 새로운 것의 연속성의 산물인데, 이 두 사람이 악수를 할 때 우리에게는 여전히 쟁취할 세계가 있다. 동방과 서방이 똑같으므로 우리는 동방과 서방에서 함께 싸워야 한다.

---

* 2000년 미국 대통령 선거에서 부시 2세는 총 득표수에서 54만여 표 뒤졌지만 자신의 동생이 주지사로 있던 플로리다 주에서 광범한 부정선거가 자행된 데다 수작업 재검표를 연방 대법원이 불허한 덕분에 선거인단 투표에서 4표 차이로 승리할 수 있었다.

2021년 한국어판에 부쳐:
푸틴 치하의 러시아

※ 한국어판 출간을 기념해 저자인 마이크 헤인스가
2000~2020년 러시아 상황을 다룬 후기를 썼다.

악수하고 있는 러시아 대통령 푸틴과 미국 전 대통령 트럼프.

출처: http://kremlin.ru

이 책은 20여 년 전에 쓰였다. 1989년 동구권이 붕괴한 후 1991년에는 소련 자체가 붕괴했다. 소련이 해체되고 남은 나라 중 러시아가 가장 컸다. 해체에 뒤따른 혼란 속에서 2000년에 블라디미르 푸틴이 러시아 대통령이 됐다. 내가 쓰고 싶은 소련 역사는 트로츠키(결국 그는 1940년에 살해당했다)의 저작이나 토니 클리프의 《소련 국가자본주의》를* 단지 되풀이하지 않는 것이었다. 또, 나는 추상적 이론으로 독자들을 지루하게 만들고 싶지도 않았다. 이론은 우리의 설명을 도와주려고 존재한다. 나는 이 책에서 1917년 이후 러시아에서 무슨 일이 일어났는지를 보여 주고 싶었다. 러시아 혁명이 진정한 기층 대중의 반란이었지만 결국 어떻게 다른 것으로 변질됐는지를 논하고 싶었다. 변질의 결과는 바로 관료적 국가자본주의였고, 이 책의 내용은 대부분 관료적 국가자본주의로서 러시아의 역사다.

많은 좌파는 아직도 국가자본주의 이론이 빈약한 비유일 뿐이라고 말한다. 이 문제는 뒤에서 다시 살펴볼 것이다. 여기서는 그렇게 비웃는 사람들 중에서 소련이나 소련 비슷한 사회들을 마르크스주

---

* 국역: 《소련은 과연 사회주의였는가?》, 책갈피, 2011.

의적으로 설명하는 만만찮은 대안적 이론을 제시하는 사람은 거의 없다는 사실만 지적해 두겠다. 반면에, 국가자본주의 이론의 전통은 정치적 활동뿐 아니라 심층적 연구에서도 풍부한 성과를 낳았다. 이 책이 처음 출판된 후에 나온 영어 저작만 해도 (또 내가 쓴 글들 말고도) 다음과 같은 것들이 있다. 먼저, 케빈 머피는 러시아 혁명의 변질을 설명하는 중요한 책을 썼다. 개러스 데일은 국가자본주의 이론을 바탕으로 동독의 흥망을 분석했다. 블라디미르 운코브스키코리차는 유고슬라비아의 역사를 다룬 책을 쓸 때 국가자본주의 이론을 이용했다. 제인 하디는 폴란드를, 아담 파브리는 헝가리를 각각 다룬 책을 썼다.[1] 중국과 북한에 관한 여러 글을 모은 책도 곧 출판되기를 바란다. 이 저자들은 모두 그 나라들이 사회주의 사회였다는 생각을 부정한다. 우리는 모두 국가자본주의 이론을 바탕으로, 그런 사회들은 심지어 '국가 통제'가 가장 심했을 때조차 여전히 세계 자본주의의 일부였고 그 사회관계는 끊임없는 착취에 바탕을 두고 있었다고 주장한다.

"자본주의에서는 인간이 인간을 착취하지만 공산주의에서는 반대로 인간을 인간이 착취한다"는 옛 소련의 농담에서 1991년 이전에는 뒷부분이 핵심이었지만 1991년 이후에는 앞부분이 됐다. 양쪽 모두 사람들은 착취당한다. 그러므로 후기에서는 더 최근의 이야기를 해 보겠다. 내 목적은 '푸틴 시대'에 일어난 큰 변화들을 스케치하는 것이지만, 후기의 말미에서는 단지 옛 소련 진영이나 중국이나 북한뿐 아니라 더 광범한 세계 자본주의를 이해하는 데도 왜 국가자본주의 이론이 필수적인가 하는 문제로 돌아갈 것이다.

롤러코스터 같은 러시아 상황

이 책의 8장에서는 소련 붕괴의 결과를 살펴봤다. 소련 국가는 해체돼 15개국으로 쪼개졌다. 그들은 모두 비슷한 운명을 겪었지만, 우리의 관심사는 예나 지금이나 러시아다(영토 면에서 러시아는 여전히 세계에서 가장 큰 나라다). 소련 해체 후 러시아의 생산량은 급감했고, 실업률은 치솟았으며, 심지어 직업이 있는 많은 사람조차 소득이 사라졌고 물가 상승으로 저금이 날아가 버렸다. 기대 수명은 짧아졌고 사망률은 높아졌다.

러시아 지배자들은 강력한 국가 통제형 자본주의에서 시장 지향적 자본주의로 무난히 전환하기를 바랐지만 상황은 오히려 더 혼란스러워졌고, 할 수만 있다면 무엇이든 움켜쥐고 차지하려는 유혹만 커졌다. 그 와중에 질서가 자연 발생적으로 다시 생겨날 것으로 기대했지만, 그런 일은 결코 일어나지 않았다. 1998년 8월 빚도 못 갚게 되자 러시아의 지위는 제2차세계대전 이후 최악으로 떨어졌다.

이듬해 8월 보리스 옐친은 블라디미르 푸틴을 총리로 임명했다. 그해 마지막 날 옐친은 전격 사임을 발표해서 사람들을 놀라게 만들었고, 푸틴이 사실상 대통령이 됐다(푸틴의 초기 출세 과정은 앞서 8장에서 설명했다). 그러나 푸틴이 20년간이나 자리를 지키면서 자신의 권력을 강화하는 데 성공할 것이라고 예상한 사람은 아무도 없었다. 2000년 3월에 푸틴은 대통령 선거에서 승리했다. 2004년 3월 대선에서도 승리했다. 2008년 3월에는 대통령 3선 연임을 금지한 헌법 조항 때문에 대선에 출마할 수 없어서 자기 측근인 드미트리 메드베데프를 대통령으로 만들고 자신은 총리가 됐다. 2012년 3월 두 사람은 다시 자리를 바꿨고, (대통령 임기가 6년으로 늘어난 후) 2018년 3월에 푸틴은 다시 대통령이 됐다. 그 뒤 2020년 1월에는 [기존 대통령의 임기를 백지화하는 특별 조항이 담긴] 또 다른 개헌안이 발표됐고, 푸틴은 메드베데프를 비롯한 내각을 모두 해임했다. 푸틴이 대선에서 승리할 때마다 부정선거는 더욱 심해졌고 권력은 더욱 강화했다.

이번에는 [경제] 회복이 있었다(특히 2000년대에는 평균 실질소득이 해마다 10퍼센트씩 증가했다). 다양한 국내외 도전을 거치며 과거의 혼란에서 벗어나 어느 정도 질서가 생겨났다. 이제 러시아 지도자들은 러시아[의 정치체제]를 '주권 민주주의'라고 불렀다(이 용어는 2006년에 푸틴의 이데올로그가 만들어 냈다). 여기서 '민주주의'라는 말은 정부의 구성과 성격을 결정하는 진정한 [민주적] 경선이 존재하지 않는다 해도 '러시아 국민'의 '이익'이 상층의 결정에 반영돼 있다는 뜻이다. '주권'이라는 말은 세계에서 러시아의 독자적 지위를 다시 확립하려는 러시아 지도자들의 욕망을 뜻한다. 따라서 러시아가 어떻게 발전했는지를 이해하려면 먼저 러시아와 세계의 관계를 살펴봐야 한다.

러시아와 세계

1957년 프랑스 [의회]에서 유럽연합 창설을 두고 논쟁이 벌어졌을 때 외무부 장관이 다음과 같이 말했다.

우리는 여전히 세계 4대 열강이 있다고들 생각하지만, 아마 4대 열강이 아니라 양대 열강만 있을 겁니다. 바로 미국과 러시아입니다. 20세기 말에는 중국이 셋째 열강으로 등장할 것입니다. 그리고 넷째 열강이 등장할지 말지는 여러분에게 달려 있습니다. 그것은 바로 유럽입니다.[2]

당시 그가 미국과 '러시아'를 거론한 것은 옳았다. 그때 소련은 매우 빠르게 성장하고 있어서 [서방을] '따라잡고 앞지르는' 것이 현실적 가능성처럼 보였다. 또, 비록 그가 예상하지 못한 방식으로 마침내 이뤄지기는 했지만 중국이 부상할 것이라는 말도 옳았다. 오늘날 유럽도 거대한 경제적 세력이지만 다른 면에서는 '열강'에 미치지 못한다. 그러나 러시아의 장기적 미래에 관한 말은 틀렸다. 소련의 붕괴로 세계의 세력균형은 바뀌었고, 일부 사람들은 미국이 유일 초강대국으로 군림하는 단극 체제가 도래했다고 생각했다.

러시아 지도자들은 여전히 소련 붕괴의 결과를 붙들고 씨름하고 있다. 2005년 4월 푸틴은 [의회에서] 다음과 같이 말했다.

우리는 소련 붕괴가 20세기의 중대한 지정학적 재앙이었다는 사실을 인정해야 합니다. 러시아 국민에게 그것은 진정한 드라마가 됐습니다. 수많은 우리 동료 시민과 동료 애국자가 이제는 러시아 영토 밖에 있게 됐습니다. 더욱이, 러시아 자체도 해체라는 유행병에 감염됐습니다.[3]

여기서 푸틴이 두 가지를 동시에 말하고 있다는 것에 주목하자. 소련 붕괴로 세계 질서는 엄청나게 변했다. 그러나 [러시아] 국내 질서도 마찬가지였다. 소련이 붕괴했을 때 러시아 옆에는 이른바 '가까운 외국들'이 생겼다. 그 나라들에 사는 많은 사람은 전에는 자신이 러시아인이라고 생각했지만 이제는 다른 '나라'의 국민이 됐고, 그 나라 정부는 독자적 '국가' 정체성을 구축하는 데 집중하고 있었다. 오늘날 러시아 사회의 상층에 있는 자들은 여전히 이 두 가지 문제에 대처하느라 애쓰고 있다.

앞에서 봤듯이 소련 해체로 러시아는 영토·인구·자본을 잃어 힘이 약해졌다. 그러나 러시아 내에서 문제를 증폭시킨 것은 경제 위기였다. 1990년대에 러시아 경제는 40퍼센트나 수축했고, 국제 분업에서 훨씬 더 뒤처졌다. 석유·가스·원료 수출에 대한 의존은 이미 심각했는데 훨씬 더 심해졌다. 1990년대에 유가가 배럴당 10달러까지 떨어졌을 때 러시아 경제는 완전히 바닥을 기었다. 그때 러시아가 전 세계 생산량에서 차지하는 비율은 약 2퍼센트까지 떨어졌다. 푸틴 치하에서 러시아 경제가 어느 정도 회복된 이유는 2000년대에 유가가 약 150달러까지 치솟으면서 러시아의 에너지 수익이 증가했기 때문이다. 표 1은 러시아의 1인당 국내총생산GDP이 유럽연합 회원국 평균과 미국에 비해 어느 정도였는지를 보여 준다. 러시아 경제가 푸틴 집권 첫 10년간 상대적으로 회복됐음이 분명한 것만큼이나 이후 10년간은 상대적 약세였음도 분명하다. 1999년부터 2008년까지 러시아 GDP는 94퍼센트 성장했고 1인당 GDP는 갑절이 됐다. 러시아가 전 세계 생산량에서 차지하는 비율도 약 4퍼센트로 회복됐다. 그 뒤 유가가 다시 미끄러지기 시작했고, 특히 2014년 이후 유가 하락이 심했다. 그래서 서방의 경제제재가 문제를 더 악화시키지 않았더라도 이미 러시아의 경제 실적은 좋지 않았다. 전 세계 생산량에서 차지하는 비율도 다시 떨어졌다. 반면에 중국의 비율은 계속 오르고 있다.

표 1. 미국, 유럽연합 회원국과 비교한 러시아의 1인당 GDP(단위: 퍼센트)[4]

	2000년	2008년	2018년
유럽연합 회원국 평균	21.5	32.0	31.0
미국	14.5	22.5	21.3

소련이 붕괴했을 때 러시아 지배자들이 해결하고자 했던 문제는 여전히 풀리지 않았다. 혼란의 안개가 짙게 끼어 있었다. 일부 지배자들은 권력의 새로운 입지를 굳히려고 맹렬하게 노력하고 있었다. 다른 자들은 순진하게 가능성을 낙관하는 듯했다. 이런 순진한 태도의 한 측면은 세계 자본주의 경제에서 국가 간 적대감이 예나 지금이나 얼마나 심각한지를 이해하지 못했다는 것이다. 이 때문에 그들은 서방 자본주의, 특히 미국 자본주의가 실제보다 더 친절한 구실을 한다고 잘못 판단했다.

서방의 정책을 주도하는 자들은 새로운 러시아를 도와주겠다고 미사여구를 늘어놓으면서도 러시아의 약점을 이용하는 짓을 서슴지 않았다. 그 한 측면은 옛 동구권 국가들을 끌어들여서 나토와 유럽연합을 재빨리 확대한 것이다. 또 다른 측면은 소련 해체 후의 신생 국가들 가운데 최대한 많은 국가를 러시아의 영향에서 떼어 놓으려고 시도한 것이었다. 이제 와서 돌이켜보면, '서방'은 십중팔구 자기 과신 때문에 일을 망친 듯하다. 냉전 때처럼 마찰이 갈수록 분명해지자 러시아의 의심도 커져 갔다. 2000년에 푸틴은 다음과 같이 말했다.

200년 만에 처음으로 [러시아는 — 헤인스] 세계에서 2류 국가, 심지어 3류 국가로 전락할 위험에 처해 있다. 그런 일을 막으려면 우리의 정신적·육체적·도덕적 힘을 모두 쏟아부어야 한다. … 모든 것은 우리에게 달려 있다. 즉, 우리가 임박한 위협의 규모를 파악하고, 이 길고 힘든 과제를 위해 전심전력을 다할 수 있는지에 달려 있다.[5]

정치에서 가장 위험한 주장 하나는 '적의 적은 나의 친구'라는 것이다. 즉, 제국주의 국가들끼리 충돌할 때 모든 형태의 제국주의에 반대하기보다는 더 작은 제국주의 국가를 지지해야 한다는 주장이다. 이런 생각 때문에 일부 좌파는 아직도 [미국과 러시아 사이에] 긴장이 고조되면 러시아를 너무 우호적으로 바라본다. 그러나 미국의 권력자들이 자신들의 패권을 유지하고 독자적 이익을 추구하는 데 관심을 쏟는 것만큼이나 러시아 권력자들도 자신들의 권력을 강화하고 독자적 이익을 추구하는 데 열심이다. 그 결과로 국내에서든 국외에서든 다른 사람들이 그 대가를 치른다.

푸틴과 그 지지자들의 첫째 과제는 러시아의 군사력을 재건해서 다시 더 믿을 만한 군대로 만드는 것이었다. 러시아는 [미국의] 군사적 경쟁자로서는 크게 열세이지만, 그 약점에도 불구하고 여전히 세계 2위의 주요 군사 강국이다. 러시아의 군비 지출은 1990년대 말에 생산량의 약 2~2.5퍼센트 수준까지 떨어졌지만 이제는 3~4퍼센트까지 높아졌다(소련 시절보다는 낮지만 그래도 큰 군비 지출 규모다). 또, 옛 소련의 핵무기도 여전히 보유하고 있다(물론 규모는 줄었다). 미국의 외교 전문가인 토머스 그레이엄은 2019년 말《포린 어페어스》에 기고한 글에서 다음과 같이 썼다.

미국에 전략적·경제적으로 중요한 문제들에 가장 많은 영향을 미치는 나라는 중국을 제외하면 단연 러시아다. 또 30분 만에 미국을 파괴할 수 있는 나라도 러시아 말고는 없다.[6]

그 밖에도 푸틴 정권은 돈 안 드는 다양한 전략을 사용해 반격한다. 예컨대, 서방의 주장에 도전하는 선전 공세도 강화했는데, 이제 러시아의 선전 기구들은 [서방과] 러시아는 다르다는 핑계도 내던지고 '우리'는 '너희'가 하는 대로 하고 있을 뿐이라고 대놓고 주장하는 데 아주 능숙하다.

또, 서방의 기성 체제를 내부에서 약화시키려는 다양한 노력도 있었다. 이런 노력은 비밀리에 이뤄지고 서방에서는 적대의 대상이므로 십중팔구 부풀려져 있지만, 그래도 이를 무시하는 것은 순진하기 짝이 없는 태도일 것이다. 이런 작업을 할 때 러시아 지도부는 서방 제국주의 열강이 하는 것과 똑같은 게임을 하고 있을 뿐이다. 미국 제국주의는 여전히 전 세계에서 공식·비공식 간섭을 일삼는 최강대국이다. 러시아의 노력은 [미국보다] 훨씬 작지만, 누군가를 지지하는 것이 자국에 도움이 된다고 생각하면 그가 누구든 가리지 않고 거리낌 없이 지지하는 듯하다.

푸틴과 그 지지자들이 '가까운 외국들'에서 추구하는 목적은 옛 소련의 구성 부분들을 러시아 세력권으로 다시 통합하는 것이었다. 발트해 연안 국가들[에스토니아·라트비아·리투아니아]은 (이제 유럽연합과 나토 회원국이 돼) [러시아에서] 완전히 떨어져 나갔고, 이 때문에 여전히 갈등이 존재한다. 옛 소련의 다른 국가들은 상황이 더 복잡하다. 그 국가의 지도자들은 모두 권좌를 지키려 하고 어느 정도 민족적·경제적 독립을 유지하고 싶어 한다. 그러나 약소국이다 보니 일부 지도자들은 독립성 유지와 친러시아 지향이 (필수적이지는 않더라도) 양립할 수 있다고 생각한다. 다른 지도자들은 서방에 의지해서 (너무 강력한) 러시아를 견제하고 원조와 지원을 받을 수 있기를 바란다. 2014~2015년에 러시아·아르메니아·벨라루스·카자흐스탄·키르기스스탄은 유럽연합에 대항하는 경제 협력체로서 유라시아경제연합EAEU을 창설했다. 타지키스탄과 우즈베키스탄은 가입을 망설이고 있다.

옛 소련의 다른 국가 일부는 [러시아에] 긍정적 발언을 늘어놓으면서도 서방에 기대는 것을 선호했다. 조지아와 우크라이나의 친서방 경향이 가장 두드러졌는데, 특히 2000년대에 이른바 '색깔 혁명'으로 (비록 민주주의는 더 확대되지 않았지만) 친러시아적 지도부가 전복된 후 친서방 경향이 강해졌다. 그 결과 하나는 2008년 조지아에서 새로운 친서방 정권이 5일 만에 끝난 전쟁에서 [러시아 군대에] 굴욕적 패배를 당했다는 것이다[이 전쟁에서 패배하기 전에 조지아의 나라 이름은 그루지야였다].

옛 소련 국가들 가운데 [러시아를 제외하고] 가장 큰 국가인 우크라이나와의 충돌은 더 첨예했다. 러시아와 우크라이나 사이에 긴장이 고조되자 2014년에 러시아는 우크라이나의 러시아어 사용 지역인 크림반도를 병합해 버렸고, 우크라이나 동부에서는 친러시아 분리주의자들이 주도하는 무장봉기가 일어났다. 서방 열강은 우크라이나를 편들었다. 친러시아 무장 세력이 러시아제 미사일로 말레이시아 여객기를 격추하자 서방은 한발 더 나아가 재빨리 러시아에 경제제재를 가했다. 그래서 유가 하락으로 어려움을 겪던 러시아의 경제 상황은 더욱 나빠졌다. 이 경제제재는 갈등이 계속되면서 여러 차례 강화했고, 2020년까지도 여전히 유지되고 있다.

푸틴 지도부는 러시아와 직접 국경을 맞대고 있는 지역 밖에서도 반격을 시도했다. 러시아는 '극동' 지역에 더 기대를 걸기 시작했고, 이런 추세는 경제제재로 더 심해졌다. 또, 러시아는 시리아에도 개입했다. 시리아에서 러시아의 동맹인 독재자 바샤르 알아사드는 민중 봉기에 부딪혔고, 이라크시리아이슬람국가, 즉 아이시스ISIS 집단도 이 민중 봉기를 자신들에게 유리하게 이용하려고 했다. 표면상 아이시스의 적으로서 러시아는 병력·무기·비행기를 시리아에 보내 [아사드를 도와]줬다. 러시아의 지원과 공습(2015년에 시작돼 몇 년간 계속됐다)은 아이시스 집단을 격퇴하기 위한 것이라고 했지만, 러시아의 급진적 비판자들은 러시아의 행동이 세계 수준에서는 강대국 간의 알력과, 지역 수준에서는 아사드 지원과 더 관련 있다고 봤다. 그 결과는 러시아가 아사드 반대파에 대한 압박 강화를 거들어 줬다는 것이다. 그래서 아사드에 맞서 싸우는 세력은 21세기의 첫 20년 동안 어느 누구보다 더 끔찍한 상황에 직면했고 지금도 직면하고 있다.

러시아 국내 상황

러시아 국내에서 푸틴의 목표는 혼란을 극복해 질서를 다시 확립하고 경제를 안정시키고 현대화하는 것이었다. 정치적 질서를 창출한다는 것은 러시아에서는 '수직적 권력 구조'를 다시 확립한다는 의미였다. 이것은 국가의 다양한 부분들을 서로 연결하는 명령 체계였다. 상층이 원한 것은 1990년대에 생겨난 무질서 상태를 사실상 끝장내야 한다는 것이었다. 2004년에는 주지사 직선제가 폐지됐다.* 이 주지사들은 여전히 강력하고 지방에 기반이 있었지만, 이제는 중앙정부와 더 긴밀히 협력하지 않으면 제거되고 다른 유력자가 그를 대신하게 됐다. 예컨대, 루시코프는 약 18년간 집권하던 모스크바 시장 자리에서 쫓겨났다. 그동안 많은 대중매체가 올리가르히의 수중에 떨어졌지만, 정권은 대중매체도 빠르게 탈환해서 길들였다.

[정치적] 안정과 함께 더 심층적인 사회·경제 관계들도 강화했다. 상층에서는 강력한 국가자본주의가 1990년대 말에 올리가르히 자본주의처럼 보이는 것으로 전환했다가 2000년 이후 다시 더 직접·간접으로 통제되는 국가자본주의로 전환됐다. 형식상 사적[민간] 자본주의가 절정에 달한 것은 1997~1998년 무렵이었다. 당시 석유 산

---

* 2011년 대규모 민주화 시위 이후 2012년에 주지사 직선제가 부활했다.

업의 90퍼센트가 '민간' 올리가르히의 수중에 있다고 했다. 아마 금융업도 60퍼센트 이상이 극소수 올리가르히의 수중에 있었을 것이다. 그러나 푸틴은 높은 에너지 가격이라는 뜻밖의 행운을 이용해 올리가르히의 직접적 영향력에서 어느 정도 정치적 독립을 누릴 수 있었다(1990년대에 옐친은 결코 그럴 수 없었다). 예컨대, 가스와 석유가 연방정부 예산에서 차지하는 비율은 2012~2014년에 가장 높았을 때 50퍼센트를 웃돌았다.

푸틴이 집권한 첫 10년 동안 중앙정부의 통제는 빠르게 강화하기 시작했다. 푸틴과 협력할 태세가 돼 있는 사람들은 살아남아 번영을 누렸다. 일부는 1990년대부터 올리가르히였다. 예컨대, 블라디미르 포타닌, 올레크 데리파스카, 로만 아브라모비치 등이 그랬다. 다른 사람들은 2000년대 이후에야 무대에 등장한 신흥 올리가르히였다. 러시아의 억만장자들과 푸틴 정권의 관계는 적대적이지 않다. 그들이 서로 공정하게 행동하는 한은 그렇다. 사실 모스크바에는 전 세계의 어느 도시보다 더 많은 억만장자가 산다고 한다. 그러나 [푸틴 정권이] 신뢰할 수 없다고 생각한 소수의 올리가르히는 제거됐다. 예컨대, 보리스 베레좁스키는 러시아에서 도망쳐 [영국에서] 의문의 죽음을 맞았다. 블라디미르 구신스키도 석유와 미디어 제국을 잃고 러시아에서 도망쳐야 했다. 정치적으로 독립적이던 미하일 호도르콥스키는 2003년 10월 체포돼 석유 제국 유코스를 잃었고, 결국 교도소에 수감됐다. 이것은 [정권이] 신뢰할 수 있도록 처신해(야 하고 만일의 경우 도망쳐야 할 때를 대비해서 재산의 일부를 외국으로 빼돌려 놔)야 한다는 강력한 교훈을 남겼다.

특이한 사례들을 제외하면, 새로운 사적 자본이 아래로부터 발전했다는 실질적 증거는 거의 없다. 오히려 경제가 개방되고 경쟁력 없는 부문들이 파산하면서 경제구조는 더 협소해졌다. 비공식 경제는 여전히 중요하지만, 대자본을 거느린 자들의 대열에 합류할 만큼 성공한 사기업인을 많이 배출하지는 못하고 있다. 마찬가지로, 외국자본과 다국적기업들도 일부 사람들이 생각하는 것만큼 [러시아] 경제에 진입하지 않았(고 어떤 경우에는 진입 자체가 허용되지 않았)다. 러시아의 자본은 여전히 러시아 내부에서 주로 통제되고 있다. 때로는 '외국' 자본처럼 보이는 외관 뒤에 실제 소유 관계가 은폐돼서 이 사실이 잘 보이지 않지만 말이다.

오늘날의 러시아 경제를 들여다보면, 국가가 직접·간접으로 경제의 대부분을 다시 통제하고 있다는 사실을 알 수 있다. 러시아의 생산량에서 일반 정부 지출이 차지하는 비율도 예외가 아닌데, 통계자료에 따라 35~40퍼센트대다(중요한 사실은 비공식 부문을 제외하면 그 비율은 더 높아질 것이라는 점이다). 국가는 점점 더 많은 자본을 직접·간접으로 통제하고 있다. 그 규모는 (여기서 살펴볼 수는 없는) 기술적 이유들 때문에 측정하기가 쉽지 않다. 그러나 분명한 사실은 이렇게 국가의 수중에서 권력이 재창조되는 일이 2000년대에 일어났다는 것이다. 여기에는 대체로 네 가지 요소가 있었다.

첫째, [국가가] 석유와 가스(와 일부 천연자원) 독점기업들을 올리가르히의 수중에서 다시 빼앗았다는 것이다. 유코스·시브네프트·TNK-BP 같은 기업들은 급속하게 성장했다가 올리가르히 기업주와 함께 파산하고 말았다. 가스프롬 같은 국영 에너지 기업들은 이제 경제의 엄청나게 중요한 부문이 됐다. 둘째, 2007년에 로스테흐('첨단 기술 산업 제품의 개발·생산·수출을 지원하는 국영기업')가 설립됐다. 로스테흐를 구성하는 약 700개의 기업은 14개 지주회사 산하에 있는데, 그 지주회사 14개 중 11개는 방위산업체이고 나머지 3개는 민간 부문이다. 로스테흐는, 예컨대 르노와 합작 투자한 회사를 통해 라다 자동차 생산업체인 아브토바스의 지분 3분의 1을 소유하고 있다.[7]

셋째 요소는 2008~2009년의 경제 위기에 대응하는 과정에서 생겨났는데, 당시 여러 민간은행이 붕괴할 조짐이 보이자 국가가 개입해야 했고 그 결과 국가가 통제하는 은행 자산의 비율이 약 35퍼센트에서 60~65퍼센트까지 증가했다는 것이다. 넷째 요소는 전보다 더 희미해졌지만 여전히 중요한 점인데, 다른 핵심 사기업들도 실제로는 중앙정부나 많은 지방정부와 부정한 정경 유착 관계에 있다는 것이다.

2010년 이후 국가 개입의 형식적 수준은 변함없는 듯하지만, [경제] 발전에 전략적 방향을 부여하려는 열망은 더 강해졌다. 국책 사업에 관한 법령이 2012년에 통과됐고, 2018년에 확대·개정됐다. 그래서 국가는 잉여[가치] 창조와 분배, [자본]축적 패턴에 모두 중요한 영향을 미친다. 국가는 에너지·운송·금융·방위 산업과 기술 개발의 핵심에 있다. 국가의 한계가 어디까지이고 어디서부터 민간 영역이 시작되는지를 묻는 것은 근원적 생산관계 분석에서는 말할 것도 없고 법률적으로도, 심지어 통계학적으로도 거의 의미가 없다. 일찍이 부하린이 말했듯이, 자본은 민간의 주머니에도 국가의 주머니에

도 들어 있을 수 있고, 상황과 필요에 따라 민간과 국가 사이를 오간다.[8]

러시아의 사회·경제 관계는 항상 그랬듯이 소외와 착취에 계속 뿌리박고 있다. 이 사회·경제 관계는 오직 1917년 이후에만 잠시 도전받았다. 3~4장에서 주장했듯이, 1920년대에 러시아는 국가가 통제하는 형태의 자본주의로 후퇴했고 그 뒤 스탈린 치하에서 국가자본주의는 완전히 굳어졌다. 그때 이래로 형태들은 변화했다. 생활수준은 달라졌지만, 본질적 체제는 여전히 똑같았고 이 체제는 21세기까지 계속되고 있다. 러시아의 핵심 추진력은 여전히 평범한 러시아인들이 결코 통제할 수 없는 방식으로 가치를 생산하는 것이다.[9]

노동을 지배할 수 있으면 노동의 대가와 그 분배도 마음대로 할 수 있다. 러시아 지배계급은 생산된 잉여를 독차지할 수 있었다. 그 잉여의 일부는 러시아 국내에 재투자되고 일부는 외국으로 빼돌려지고 일부는 (흔히 과시적으로) 소비된다. 이런 변화를 꾸준히 추적해서 기록하는 것은 쉽지 않다. 앞서 봤듯이, 소련 시절 러시아 지배계급은 국가에 대한 지배력을 이용해 상당한 잉여를 독차지했다. 그 결과 불평등의 수준이 (소련보다 더 불평등한) 서방 경제들과 비슷해졌지만, 그 수준을 정확히 계산하기는 힘들다. 시간이 흐르면서 불평등이 얼마나 심해졌는지를 보여 주려 한 최근의 시도가 있었는데, 그것이 오히려 그 수준을 과소평가한다고 생각하는 사람들도 있다. 그렇지만 1989~1991년 이후 러시아의 불평등은 옛 동구권 나라들이나 중국보다 훨씬 더 증대했다.

그 한 측면은 소득과 수입의 불평등이다. 지금 그 불평등 수준은 미국과 비슷하고 서유럽보다 더 높은 듯하다. 시간이 흐르면서 소득 상위 10퍼센트는 소득의 실질 가치가 증가했다(1989년과 2016년 사이에 170퍼센트 증가했다). 소득 중위 40퍼센트의 경우는 겨우 15퍼센트 증가했다. 1990년대에 신흥 시장에서 주식 거래를 할 수 있었던 신'중간계급'은 처지가 나아졌지만 그들 중 많은 수가 1990년대 말의 금융시장 붕괴 때 손해를 봤다. 붕괴하는 국가 소득에 의존해 살다가 가난해진 공무원·의사·교사 등의 계층은 2000년대에 이득을 봤다. 푸틴 정권이 석유 수익을 이용해 국가 소득을 끌어올렸기 때문이다. 예컨대, 자동차 소유는 여전히 유럽 평균보다 적지만 2000년 이후로 갑절 넘게 증가했다. 지난 10년간 사정은 더 복잡해졌고 새로운 이득은 별로 없었다. 반면에, 하위 50퍼센트는 소비 패턴이 달랐을 수 있지만 소득의 [실질] 가치는 거의 변함없었고 심지어 감소한 경우도 있었다. 일자리가 없는 사람들은 국가의 부양 능력이 변동할 때마다 휘청거렸다. 세금과 국가 지출을 통한 재분배는 제한적이었다. 예컨대, 2001년에 푸틴은 13퍼센트의 정률 소득세를 도입했다.

부富라는 것은 사람이 소유하거나 통제하는 것이다. 부의 분배는 어느 정도 국가와 사유재산의 균형에 달려 있다. 지금은 사유재산이 1991년보다 훨씬 더 중요하지만, 국가 재산을 다루는 능력도 여전히 중요하다. 소득 상위 10퍼센트가 사유재산의 60퍼센트를, 상위 1퍼센트가 20~25퍼센트를 소유하고 있다고 한다. 그러나 외국에 있는 '러시아' 재산이 국민소득의 75퍼센트와 맞먹는다는 말도 있는 것을 감안하면, 불확실한 영역이 엄청나게 크다는 것을 알 수 있다(이 수치가 정확하다면, 키프로스·스위스·영국 등지에 금융자산을 갖고 있는 소수의 러시아인이 국내 인구 전체와 맞먹는 금융자산을 소유하고 있다). 밑바닥 사람들과 극명한 차이가 난다는 것은 확실하다. 여기서 인용한 자료에 따르면, 하위 50퍼센트가 소유한 재산은 전체의 5퍼센트도 채 안 된다고 한다.[10]

다른 불평등도 증대했다. 그 양상을 전국적으로 평가하는 것은 지역적 불평등 때문에 힘들다. 이 점은 세부적 자료에서 분명히 드러날 뿐 아니라, 모스크바와 상트페테르부르크를 비롯한 일부 지방 도시들은 번영하고 대다수 러시아 지방은 여전히 황폐한 지역이라는 것을 봐도 분명히 알 수 있다.

정치와 아래로부터 변화를 추구하는 전망

러시아의 공식 정치는 2000년 이후에 점점 더 엄격하게 통제됐다. 푸틴 정권은 의회에서 정부 정책을 지지하고 더 광범한 선거에서 승리하기 위해서 '집권당'(통합러시아당)을 창립했다. 청년 조직 나시['우리'라는 뜻] 같은 다른 친정부 단체들도 만들어졌다. 공식 야당은 실질적일 때도 있지만 흔히 정권의 꼭두각시에 불과하다. 그래서 선거 결과는 정권이 원하는 대로 나오고 정치체제는 순응적이다.

비공식 정치까지 더 넓게 보면 야당은 실제로 존재하지만 지속되기는 힘들다. 정권에 반대하는 유명 인사들은 갖가지 비열한 괴롭힘에 시달리고, 일부는 더 심각한 고초를 겪는다. 예컨대, 반부패 운동가 알렉세이 나발니는 다른 사람들과 마찬가지로 투옥됐다. 언론인 안나 폴릿콥스카야와 전 총리 보리스 넴초프는 각각 2006년과 2015년에 암살당했다. 그런 경우에 국가가 얼마나 직접 개입했는지는 분명하지 않지만 그 메시지는 분명했다.

정권은 뭔가 더 긍정적인 것도 제공해야 한다. 그중 하나가 푸틴 개인숭배다. 러시아 국회의장은 "오늘날 푸틴이 없다면 러시아도 없다"고 말했다.[11] 둘째는 러시아 정교회를 포함한 이른바 '전통적' 가치와 제도에 의존하는 것이다. 이것은 [정권의] 셋째 무기, 즉 민족주의로 이어진다. 이 책의 초판을 읽고 통찰력 있는 비평을 해 준 사람은 민족주의에 관한 이야기가 부족하다고 지적했다. 옳은 지적이라고 생각한다. 오늘날 푸틴 정권의 핵심에는 국가 민족주의가 자리 잡고 있다. 정권은 제정러시아와 스탈린 체제, 푸틴 체제의 요소들과 심지어 일부 신비주의적 요소들까지 모두 뒤섞어서 더 조직적이고 '전통적인 러시아'가 다시 세계적 세력이 되고 있다는 생각을 만들어 낸다.

그런 요소의 일부가 러시아 사회의 여러 계층과 연결돼 있다는 것은 의심할 여지가 없지만, 얼마나 깊이 연결돼 있는지는 여전히 분명하지 않다. 이 책이 보여 줬듯이, 평범한 러시아인들은 1917년에 자신들이 원했던 사회를 얻지 못했다. 1988~1991년에 그들이 정권을 끌어내리는 데 일조했을 때도 그들의 희망은 실현되지 않았다. 그들은 소외와 착취가 끝나고 평등과 사회정의가 실현됐다는 구체제의 거짓말이 폭로된 것을 환영했다. 그들은 진짜로 평등과 사회정의가 이뤄질 수 있는 세계를 기대했다(비록 일관되지는 않았지만 말이다). 그렇다면 왜 그들은 이 희망을 빼앗겼을 때 더 저항하지 않았고 지금도 저항하지 않는가?

이 책의 8장은 어떻게 러시아 대중이 1990년대에 재앙적 붕괴로 말미암아 폭탄을 맞은 듯한 충격에 시달렸는지를 살펴봤다. 1990년대 초에 방향감각을 상실한 와중에 혼란과 절망을 배경으로 저항이 잠깐 분출했지만, 대중이 누구를 믿고 어떻게 조직해야 할지를 알기는 어려웠다. 20년 동안 이 어려움이 완전히 사라지지는 않았다. 사회가 더 안정되기는 했지만, 많은 사람은 여전히 내향적이고 매일매일 가족과 친구에게 의지하고 심지어 온정적인 관리자와 기업주에게 기댄다. 일부 청년 활동가는 다른 종류의 사회주의적 미래라는 사상에 더 개방적이지만, 많은 사람은 여전히 혼란스러워한다. 구체제가 사회주의 사상을 이용해 자신의 진정한 본질을 은폐했기 때문이다.

지역 쟁점, 환경문제, 작업장 쟁점, 민주주의와 부패, 연금 같은 중대한 문제(러시아의 사회보장제도는 엄청나게 복잡하다)를 포함한 사회문제 등을 둘러싸고 저항은 계속됐다. 또, 사람들은 모여서 토론도 한다. 그러나 노동조합원으로서든 사회운동가로서든 처음부터 효과적으로 조직하는 것은 더 어렵다. 국가의 괴롭힘은 보통 사람들에게도 영향을 미친다. 그것이 항상 체계적이지는 않다. 때때로 그것은 잘못된 시간에 잘못된 장소에 있거나 또는 권력자의 눈에 밉보여서 벌어지기도 한다. 나발니, 폴릿콥스카야, 넴초프의 이야기는 그래도 외부에 알려졌지만, 유명하지 않은 '말썽꾼'이 체포되고 투옥된다면 외부에 알려지기가 쉽지 않다. 상트페테르부르크와 모스크바의 일부 활동가들이 바로 그런 일을 겪었다. 아마 지방에서는 사정이 더 나쁠 것이다. 지방에서는 경찰이 훨씬 더 자의적이고 유력자의 변덕에 휘둘리기도 쉽기 때문이다.

푸틴의 공식 지지율이 여전히 높다는 것은 확실하지만 전보다는 떨어졌다. 2000년대보다 지금은 [정치적] 책략을 부릴 만한 경제적 여유가 훨씬 더 제한적이다. 또, 개인화한 권력은 항상 취약하기 마련이다. 그렇지만 푸틴이 20년간 살아남을 것이라고 예상하지 못했으니 그가 더 오래 권력을 조종할 가능성이 없다고 치부하는 것도 어리석을 것이다.

오늘날 러시아 사회의 성격

오늘날의 러시아는 1990년대처럼 혼란스럽지도 않지만, 옛 스탈린 체제로 되돌아가지도 않았다. '권위주의적 부르주아 민주주의'는 흔한 것이고, 러시아도 그중 하나다. '자본'의 이익을 직접 대변하는 것과 정치적 지배 사이의 형식적 거리가 줄어든 것도 지금은 흔한 일이다. 러시아를 지배하는 것은 올리가르히와 도둑정치다.* 그러나 도둑정치와 올리가르히는 다른 나라들에서도 볼 수 있다(비록 그런 이름으로 부르지 않는 경우가 흔하지만 말이다). 아마 미국이 전형적 사례일 것이고, 영국도 마찬가지다. 부패도 어느 나라에나 있다. '깨끗한' 서방은 '더러운 러시아'의 부정 부패에 기가 막힌다고 하지만, 부당이득을 대환영하는 것은 서방도 마찬가지다.

---

* 도둑정치(kleptocracy) 정경 유착과 부정 축재가 특징인 부패한 정치를 말한다.

이런 쟁점들 외에 여전히 남는 핵심 문제는 국가가 비록 1991년 이전만큼은 아니지만 여전히 매우 중요한 전략적 행위자인 사회의 근본적 사회·경제 관계의 성격을 어떻게 규정할 것인지다. 국가가 계속 핵심적 구실을 해야 한다는 푸틴의 견해는 맨 처음부터 분명했다. 1999년 [12월]에 그는 다음과 같이 말했다. "러시아인들은 강력하고 단호한 국가를 없애 버려야 할 변칙으로 여기지 않는다. 오히려 질서의 원천이자 보증인, 모든 변화의 선도자이자 주요 동력이라고 생각한다."[12]

여기서 여러 평론가들이 떠올린 용어 하나가 '국가자본주의'다. 이 용어를 쓰는 사람들 가운데 일부는 국가 통제가 곧 사회주의라고 주장하며 1991년 이전의 소련을 '사회주의'로 규정하는 데 가장 열을 올리던 자들이었다. 그러나 지금의 러시아는 국가가 통제하는 형태의 자본주의인 듯하지만, 러시아만 그런 것은 아니다. 한때 소련 외부에서 소련의 개혁을 지지하는 핵심 인물이던 안데르스 오슬룬드는 오늘날의 러시아를 중국이나 브라질과 비슷한 국가자본주의 시장 사회로 본다.[13] 물론 그가 말하는 국가자본주의의 의미는 이 책에서 쓰인 용어와 다르고, 그를 비롯한 여러 사람들의 국가자본주의 개념이 일관된 것도 아니다. 그러나 그들의 논의가 비록 불충분하지만, 지금 그들은 적어도 어떤 사회가 자본주의인지 아닌지를 국가의 소유·통제 정도에 따라서 결정할 수는 없다는 사실을 인정하는 듯하다. 국가 자체가 자본가 세력의 구실을 할 수 있다.

이 점을 거듭 강조하고 싶은데, 러시아의 중요성은 자본주의 생산양식 전체에 내재한 경향들을 극단적 형태로 보여 준다는 데 있다.

모든 사회는 독특한 특징들이 있고, 이 책은 러시아 사회의 일부 특징을 다뤘지만, 러시아의 과거는 세계 체제로서 자본주의의 중요성도 보여 준다. 즉, 자본주의 세계 체제에서 국가와 자본은 다양한 방식으로, 그러나 체계적으로 융합될 수 있다. 그러므로 결론에서는 다시 돌아가서 이 문제를 더 자세히 살펴보자.

국가자본주의 [이론]의 중요성

우리가 알기에 국가자본주의라는 용어는 1892년에 빌헬름 리프크네히트가 처음 사용했다.[14] 그 용어의 발전은 각국 경제 내에서만이 아니라 국가 간 경제적 경쟁에서도 국가와 군국주의의 구실이 증대하는 것을 이해하려는 노력을 보여 준다. 그러나 1914년 [제1차세계대전 발발]과 니콜라이 부하린 같은 이론가들의 저작이 나오기 전까지는 일관된 '국가자본주의' 이론이라 할 만한 것이 없었다. 국가자본주의 이론은 1914년 이후와 나중에 1930년대부터 발전하기 시작했다.[15]

국가의 구실과 군사적 경쟁의 구실은 어디서나 증대했다. 그러므로 소련·중국·북한 등의 역사를 보면, 이 사회들의 특이한 점뿐 아니라 그 나라들의 국가 통제 체제는 다른 나라에 존재하는 것의 최고 형태에 불과하다는 사실도 알게 된다. 만약 우리가 소련·중국·북한 등을 따로 떼어 놓고 '비非자본주의'라는 특별한 딱지를 붙이려 한다면, 자본주의를 더 폭넓게 이해할 수 있는 우리의 능력을 약화시킬 것이다.

여기서 세 가지가 중요하다. 즉, 자본주의에서 국가의 일반적 구실, 경제적 경쟁이 항상 무력의 위협으로 뒷받침되는 방식, 그 결과인 군사적 경쟁의 구실이 바로 그것이다.

자본주의는 항상 서로 경쟁하는 국가들의 세계였다. 이 국가들은 국경 안에서 자본주의가 작동하는 방식을 결정하는 데 일조할 뿐 아니라, 국가 간 합의나 이견을 통해 자본주의의 세계적 작동 방식을 결정하는 데도 기여한다. 그러나 국가들 자체가 능동적 행위자이기도 하다. 이 점을 가장 분명히 보여 주는 것은 국가 지출 증가다. 1870년경 선진 자본주의 나라들의 일반 정부 지출 평균은 [GDP의] 10~11퍼센트였는데, 1913년에는 13퍼센트, 1937년에는 22~23퍼센트, 1990년에는 44퍼센트까지 올라갔다.[16]

역사를 장기적으로 보면, 유럽 각국의 정부가 제2차세계대전 이후보다 더 실질적 권력을 행사하고 시민들을 폭넓게 통제한 시기나 정부의 야망이 급속하게 확대된 시기는 결코 없었다는 것은 확실하다. 제2차세계대전 이후 정부의 법률, 고위 관리, 경찰, 정보원, 통계 전문가, 세금 징수 공무원, 사회복지사는 전에 할 수 있었거나 하도록 권장된 일보다 훨씬 더 광범한 활동을 하게 됐다.[17]

1980년대 이후 일반 정부 지출 비율은 변동했지만, 사람들이 흔히 생각하는 것과는 반대로 움직였다. 표 2를 보면, 일반 정부 지출이 지속적으로 감소한 것은 아니었음을 알 수 있다.

국가 지출 문제 외에도, 국가가 완전히 지배하거나 국유화한 기

표 2. 일부 국가들의 GDP 대비 일반 정부 지출 비율(단위: 퍼센트)[18]

	1973년	2000년	2008년	2012년	2015년
한국	자료 없음	자료 없음	28.6	30.8	30.4
미국	33.4	34.3	39.8	40.2	37.9
일본	자료 없음	자료 없음	36.7	40.6	39.4
영국	자료 없음	35.2	44.1	45.3	41.7
독일	자료 없음	44.9	43.8	44.9	44.0
이탈리아	자료 없음	46.5	47.7	50.4	50.2
프랑스	자료 없음	51.6	53.3	57.1	56.8

업과 완전한 사기업 사이의 형식적 구분이 현실을 이해하는 데 별로 도움이 안 되는 혼합형 자본주의가 증가했다는 문제도 있다. 이런 혼합형의 일부는 2008년의 경제 위기나 코로나19 위기 같은 [경제적·사회적] 위기의 결과로 성장한 것들이다. 다른 혼합형은 특히 '신흥 시장'에서 전략적으로 발전한 것들이다. 이언 브레머는 2009년에 다음과 같이 썼다. "오늘날 아랍에미리트·터키·중국·브라질·멕시코·러시아·인도의 국가 관리들이 (전략적 투자, 국가 소유, 규제에 관한) 경제적 결정을 내리면 전 세계 시장이 반응한다." 이제 기성체제의 주요 평론가들이 단지 러시아뿐 아니라 이런 나라들도 묘사하기 위해 '국가자본주의'라는 용어를 사용하는 것은 결코 놀라운 일이 아니다(물론 그들에게 국가자본주의에 관한 일관된 세계적 이론 따위는 없다).[19] 이와 관련된 네 가지 요소를 살펴보자.

첫째, 국부펀드가 있다. 국부펀드라는 용어 자체는 2005년에 생겨난 듯하지만 국부펀드가 처음 만들어진 것은 1953년이었다. 국부펀드의 정확한 정의는 없지만, 전통적 설명에 따르면 100여 개의 국부펀드가 있고 일부 국가에는 여러 개씩 있으며 노르웨이 국부펀드가 세계 최대 규모라고 한다. 국부펀드의 자산은 석유 같은 원료 판매나 공산품 무역 흑자에서 나온다. 그렇게 조성된 자금은 전 세계에서 (다양한 또는 전략적) 자산을 사들이는 데 쓰인다. 비록 전통적 기관 투자자들보다는 왜소해 보이지만, 국부펀드는 (세계적 헤지펀드나 비공개 기업 투자 펀드보다* 더 큰) 만만찮은 행위자들이다. 어떤 자료를 보면, 2000년대 말에 세계 투자의 10퍼센트 이상을 국부펀드가 책임졌다.[20]

둘째, 국유 기업들이 성장했다. 일부 국유 기업은 원료, 특히 석유 기업이다. 브레머는 오늘날 사적으로 소유된 다국적기업들은 세계 석유의 약 10퍼센트를 생산하고 석유 매장량의 겨우 3퍼센트만을 보유하고 있다고 말한다. 다른 국유 기업들은 "석유화학, 발전, 광산, 철강 생산, 항만 관리와 해상운송, 무기 제조, 중장비, 전기통신, 항공 등" 다양한 경제 분야에서 활동한다.[21]

셋째, 정경 유착의 올리가르히형 자본주의에서는 "사적 소유이지만 정부의 특혜를 받는 국가 대표 기업들"이 전폭적 지원을 받는다. 이것은 러시아에서 흔히 볼 수 있는 모습이다.[22]

마지막으로, 민영화[사유화]한 혼성 '아웃소싱' 기업들이 있다. 중

---

* 비공개 기업 투자 펀드(private equity fund) 흔히 사모펀드라고 부른다.

요한 사실은, 옛 소련 진영을 제외하면 영국에서 볼 수 있는 것과 같은 정도의 '민영화'는 전형적 사례가 아니라는 것이다. 일부 나라에서는 민영화가 이뤄지고 다른 나라들에서는 국가 통제나 국유화가 이뤄진 것을 균형 있게 봐야 한다. 민영화가 실제로 이뤄진 경우에도 그것을 완전히 민간 통제와 시장으로 전환한 것으로만 보는 시각은 너무 순진하다. 실제로는 그렇지 않았다. 더 흔한 사례는 사이비 민영화와 시장 활동이고, 여기서는 유명한 말처럼 "이윤은 사유화하고 손실은 사회화한다." 흔히 그렇듯 국가가 이런 기업들의 최종 보증인이자 급여 지급인 노릇을 한다면, 이것은 결코 전통적 의미의 사기업이 아니다. 이런 '사'기업은 수익을 얻고 국가가 그 위험을 부담하기 때문이다.

국가는 '지출'하고 사실상 '소유'할 뿐 아니라, '지휘·감독'도 한다. 국가의 이런 지휘·감독 형태는 다양하다. 세계의 구조적 문제들, 예컨대 세계화와 보호무역 사이에서 균형을 잡는 문제나 환경을 어떻게 다룰 것인가 하는 문제 등은 결국 국가가 결정한다. 국가는 기술적 경쟁을 밀어붙이는 데서도 능동적 구실을 한다. 기업가형 국가나 선진국의 은폐된 발전 국가의 구실에 관한 많은 논쟁은 본질적으로 국가 통제형 자본주의에 관한 논쟁이다.[23] 그리고 당연히 국가는 경제 위기의 장기적·단기적 결과를 다루는 데서 결정적 구실을 한다. 그 결과를 어떻게 다룰지에 관해서는 의견이 다를 수 있지만(긴축을 선택할 수도 확장을 선택할 수도 있다) 그것은 정책적 선택이다. 그런 선택을 설명하는 세력들의 내부 조합이 어떻든 간에 그런 선택은 21세기에도 여전히 국가가 중요하다는 사실을 보여 준다.

국가자본주의 이론에서 우리가 진지하게 생각해 봐야 하는 둘째 쟁점은 자본주의에서 무력이 하는 구실이다. 자본주의의 토대는 '자발적' 교환이고, 사람들이 생존을 위해 노동능력을 팔 수밖에 없게 만드는 암묵적 강제는 그 토대를 뒷받침하는 것일 뿐이라고 흔히 생각한다. 그러나 자본주의의 관계들은 항상 무력의 위협으로도 뒷받침된다. 이 점은 전쟁과 식민지 점령이 자본주의 세계경제를 창조하는 데서 한 구실을 보면 분명히 알 수 있다. 그러나 무력은 자본주의 열강 사이의 관계를 관리하는 최후의 수단이기도 했다. 세계 자본주의의 질서를 유지하는 일은 결국 최강대국들이 서로 긴장을 관리하고 합의하고 그들보다 약한 강국들을 설득하고 위협하고 제재하는 능력에 달려 있는데, 그 능력도 결국은 무력에 달려 있다. 이것이 의미하는 바는 자본주의와 군국주의에 관한 우리의 견해를 뒤집어야 한다는 것이다. 가장 군사화한 국가는 도전자의 위치에 있는 국가들이라고 흔히 생각한다. 그러나 자유주의 국가들이야말로 항상 전쟁 국가였다. 그들은 총생산량에서 군비 지출이 차지하는 비율은 더 작을지라도 군비 지출의 절대적 액수는 가장 많고 군대를 배치하는 규모도 가장 광범하다. 19세기에는 영국의 군사기지가 전 세계에 퍼져 있었듯이 20세기와 21세기에는 미국의 군사기지가 전 세계에서 미국의 직접적 이익과 미국이 원하는 세계경제 질서를 지키고 있다.[24]

무력의 구실은 국가 내의 노동계약 수준에서도 드러난다. 계약이라는 말은 중요하다. 노동관계는 법률로 뒷받침되고 법률은 무력을 사용하는 국가의 능력에 의지한다. 자본주의를 자유로운 교환으로만 이해하는 사람들은 여기서 가망 없는 혼란에 빠지고 만다. 강제 노동은 자본주의 역사의 중요한 일부다. 노예제는 영국 식민지에서 1833년까지도 합법이었다. 프랑스 혁명이 노예제를 영구 폐지하지 못한 결과 프랑스 식민지에서도 1848년까지 존속했다. 네덜란드 식민지에서는 1863년까지 합법이었고, 미국에서는 [1865년] 남북전쟁이 끝난 뒤에야 폐지됐고, 브라질에서는 1878년까지도 폐지되지 않았다. 물론 나중에 노예제는 많은 곳에서 반#강제 노동으로 바뀌었을 뿐이다. 오늘날에도 강제 노동은 자본주의의 중요한 일부다. 현대판 노예제로 고용된 사람은 수없이 많다. 즉, 계약 노동은* 여전히 널리 퍼져 있고, 미국에는 세계 최대 규모의 교도소 노동인구가 있다.

우리는 (옛 소련에서처럼) 경제적 관계의 노골적 강요가 암묵적 강제를 강화하고 때로는 능가하는 것을 자본주의의 다른 부분들과 비교해 봐야 한다. 그러지 않으면 우리의 자본주의 분석은 빈약해질 것이다.

여기서 우리는 국가자본주의 [이론]의 중요성을 분명히 보여 주는 셋째 쟁점으로 넘어가게 된다. 그것은 군대와 군사적 경쟁이 자본주의에서 하는 구실을 분석한다는 것이다. 군사적 경쟁은 국가의 구실과 무력의 구실을 결합한다. 군사적 경쟁에서 이기려면 육해공군을 상당한 규모로 건설하고 군수물자를 보급하고 군대를 배치해야 한다. 전쟁이 벌어지면 군사적 경쟁의 중요성은 훨씬 더 커지는데, 특히 20세기의 두 차례 세계대전 때 그랬다.

---

* 여기서 계약 노동은 이동의 자유가 제한되는 도급노동 따위를 말한다.

또, 자본주의 내에서 군사적 경쟁은 흔히 '시장' 논리에서 벗어난 것으로 취급되지만, 이런 생각은 심지어 평화 시에도 군대와 군대 수요의 규모가 중요하다는 사실, 그리고 자본주의의 발전에서 군대가 전략적으로 중요하다는 사실을 모두 과소평가하는 것이다. 군사적 기술은 항상 더 일반적 기술을 발전시키는 데서 중요한 구실을 했고, 이 중요성은 시간이 지나면서 더 커졌다.

그 밖에도 1945년 이후의 세계적 충돌을 냉전으로만 설명할 수 있다는 생각은 이제 이상해 보인다. 냉전 당시 양편은 확실히 서로 노려보면서 자기 세력권을 단속하려 했다. 그러나 외관상의 '공산주의 대 자본주의'라는 이데올로기 프리즘은 이 책이 완성됐을 때보다 지금 훨씬 더 연막처럼 보인다. 세계 자본주의 체제는 1917년 이전에 서로 분열해서 충돌했듯이 1991년 이후에도 계속 그랬다. 가장 우세한 열강인 미국의 사소한 군사행동은 너무 많아서 언급할 수 없을 정도이고, 더 중대한 군사행동이 벌어진 곳만 해도 이라크(두 차례), 옛 유고슬라비아, 아프가니스탄, 아이티, 리비아 등이 있다. 그리고 미국은 러시아뿐 아니라 중국과 그 밖의 몇몇 열강도 밀쳐 내려 한다.

오늘날 미국 외교정책의 원로인 헨리 키신저는 2015년에 '세계 질서'의 과거·현재·미래를 보는 자신의 견해를 요약한 바 있다. 그의 주장인즉 세계 질서는 자연 발생적으로 발전할 수 없었고 미국의 관리와 '목적의식적 지도'가 필요했다는 것이다.[25] 키신저는 군사행동의 지속적 가능성 없이도 미국이 세계 질서를 관리하고 지도할 수 있다는 환상 따위는 품지 않았다. 그래서 올바른 군사적 힘이 필요하다고 생각했다. 이와 함께 그가 바라는 것은 미국의 전략적 우위와 지도력이 [다른 국가들의] 협력을 얻어 내고 '전쟁의 참화'를 억제할수 있게 되는 것이었다. 그는 '전쟁의 참화'를 영원히 잠재울 수 있을것이라는 환상 따위는 품지 않았다. 400년 전에 세계 자본주의 체제가 나타나기 시작하고 있을 때 윌리엄 셰익스피어가 썼듯이 국가들과 정치인들은 "마르스[로마 신화에서 전쟁의 신 — 헤인스]의 위용을 갖출" 태세가 돼 있어야 했다. 그리고 (실제로 그랬듯이) 자신의 이익을 실현하기 위해 "굶주림, 칼과 불"을 거리낌 없이 사용할 태세도돼 있어야 했다. 자본주의가 존재하는 한 이것은 언제까지나 진실일것이다.

과거와 현재와 미래를 연결하기

유명한 독일 작가 괴테는 [《파우스트》에서] 다음과 같이 말했다. "이보게, 모든 이론은 회색이지만 생명의 나무는 영원히 푸르다네." 모든 사람이 그렇게 생각하지는 않는다. 일부 수학자들이 추상적 형식에 집중하듯이 일부 마르크스주의자들도 그런다. 그러나 다른 사람들, 내가 생각하기에 가장 뛰어난 마르크스주의자들은 예나 지금이나 생명의 나무는 푸르다는 사실을 알고 있(었)다. 이론은 세계와관계를 맺고, 우리가 세계를 변화시키는 법을(무엇을 위해 싸우고싸우지 말아야 하는지를) 이해하도록 도와주기 위해 존재한다.

자본주의를 너무 추상적으로 이해하면 우리는 회색의 세계에 갇혀서 꼼짝 못 하게 된다. 더 나쁜 것은 [자본주의의] 불가피한 형태 변화를 자본주의의 발전이 아니라 부정으로 보게 된다는 것이다. 그러나 문제는 결코 그렇게 단순하지 않다. 이 책은 자본주의의 복잡한 특징을 보여 주면서, 자본주의를 살아서 진화하는 역사적인 것으로 이해해야 하고, 따라서 우리는 여전히 전 세계의 모든 자본주의 형태를 극복해야 한다는 것을 보여 주려 했다.

후주

1장 들어가며

1 조지 부시 1세가 1990년 9월 25일 국제통화기금과 세계은행의 연례 총회에서 한 연설.

2 B Yeltsin, *The View From the Kremlin* (London: Harper Collins, 1994), p41.

3 United Nations Human Development Programme, *Human Development Report 1996* (Oxford: Oxford University Press, 1996), p13.

4 Letter in *Independent on Sunday*, 6 May 1990.

5 M Lewin, *The Gorbachev Phenomenon* (London: Radius, 1988), p3[국역: 《고르바초프 현상》, 인간사랑, 1990].

6 M Fainsod, *How Russia is Ruled* (Cambridge, Mass: Harvard University Press, 1954), p500[국역: 《소련 통치사: 소련은 어떻게 지배되어 왔는가?》, 육법사, 1975].

7 M Malia, *The Soviet Tragedy: A History of Socialism in Russia, 1917-1991* (New York: Free Press, 1994). 러시아 혁명에 관한 리처드 파이프스의 주장은 그의 책 *Three Whys of the Russian Revolution* (Toronto: Vintage Canada, 1995)에 요약돼 있다. 그의 더 광범한 논의는 R Pipes, *Communism: The Vanished Spectre* (Oxford: Oxford University Press, 1994) 참조.

8   D Volkogonov, *The Rise and Fall of the Soviet Empire* (London: Harper Collins, 1998), p521.

9   D Doder and L Branson, *Gorbachev: Heretic in the Kremlin* (London: Futura, 1990), p217[국역: 《크레믈린의 이단자 — 고르바쵸프》, 선문출판사, 1991].

10 *Financial Times*, 21 March 1991. G Smith (ed), *The Nationalities Question in the Soviet Union* (London: Longman, 1990), p12.

11 *Newsweek*, 7 May 1990, p4.

12 미국의 구실에 관해서는 S Cohen, *Failed Crusade: America and the Tragedy of Post-Communist Russia* (New York: WH Norton, 2000) 참조.

13 영국이 푸틴을 지지한 것에 관해서는 P Glatter, 'Don't Read My Lips, Especially on Human Rights', *Johnson's Russia List* no 4437, 4 August 2000, http://www.cdi.org/russia/johnson/4437.html##5 참조.

14 M Heller and A Nekrich, *Utopia in Power: The History of the Soviet Union from 1917 to the Present* (London: Hutchinson, 1986).

15 *Moskovsky komsomolyets*, 19 April 1995. 이 참고 문헌은 데이브 크라우치 덕분에 알게 됐다.

16 A Antonov-Ovseyenko, *The Time of Stalin: Portrait of a Tyranny* (New York: Harper, 1980), pxvii. 그렇다고 해서 안토노프오세옌코가 스탈린주의를 일관되게 설명한다는 말은 아니다. [그렇지만] 무엇보다도 그의 아버지는 1917년 [10월 혁명] 당시 동궁 습격을 이끌었다.

17 세지윅은 V Serge, *Year One of the Russian Revolution* (London: Allen Lane, 1972), p12[국역: 《러시아 혁명의 진실》, 책갈피, 2011]에 쓴 "편집자 머리말"[국역본에서는 "해설"]에서 그렇게 말했다.

18 V Serge, 'Reply to Ciliga', *New International*, February 1939, p54.

19 T Cliff, *Russia: A Marxist Analysis* (London: International Socialism, 1964)[국역: 《소련은 과연 사회주의였는가》, 책갈피, 2011]이 가장 완전한 판본이다.

20 B D Wolfe, *Three Who Made the Revolution* (Harmondsworth: Penguin, 1966), p32. 십중팔구 당시 세계 최대의 국가기구는 1914~1918년의 전시 독일에 있었을 것이다.

21 A Maddison, *The World Economy: A Millennial Perspective* (Paris: OECD, 2000), p135.

22 N Harris, *Competition and the Corporate Society: British Conservatives, the State and Industry 1945-1964* (London: Methuen, 1972), p144에서 인용.

23 N Bukharin, *Imperialism and World Economy* (London: Merlin Press, 1972) [국역: 《세계경제와 제국주의》, 책갈피, 2018] 참조. 부하린의 저작에 나오는 자본

주의 분석을 러시아 혁명의 변질에 이은 스탈린 체제의 발전과 연관 지어 살펴본 것으로는 M Haynes, *Nikolai Bukharin and the Transition from Capitalism to Socialism* (London: Croom Helm, 1985) 참조.

24 H Sherman, *Radical Political Economy* (New York: Basic Books, 1972), pp143-144.

25 *Izvestia*, 10 January 1996. 크리시타놉스카야의 연구에 대한 평가는 P Glatter, *Russian Regional Elites: Continuity and Change* (PhD, University of Wolverhampton, 2001) 참조.

26 특히 M Haynes and P Binns, 'New Theories of Eastern European Class Societies', *International Socialism* 7 (Winter 1980), pp18-50; M Haynes, 'Marxism and the Russian Question in the Wake of the Soviet Collapse' *Historical Materialism*, 10:4 pp317-362 참조.

2장 혁명

1 1918년 초까지 러시아에서는 서유럽의 그레고리력보다 13일 늦은 율리우스력을 사용했다. 이 책에서도 1917년과 1918년 초의 날짜는 율리우스력을 사용했다.

2 L Trotsky, *History of the Russian Revolution*, vol 1 (London: Sphere, 1967), p109[국역: 《러시아 혁명사》, 아고라, 2017].

3 P A Goluba (ed), *Velikaya Oktyabr'skaya Sotsialisticheskaya Revolutsiya* (Moscow: Sovetskaya entsiklopediya, 1987), p553.

4 T Hasegawa, *The February Revolution: Petrograd 1917* (Seattle and London: University Washington Press, 1981), p567. 이 자료에서 사망자의 72퍼센트, 부상자의 94퍼센트는 시위대였다.

5 제헌의회 선거 결과에 관해서는 O H Radkey, *Russia Goes to the Polls: The Election to the All-Russian Constituent Assembly, 1917* (Ithaca: Cornell University Press, 1989) 참조.

6 O Figes and B Kolonitskii, *Interpreting the Russian Revolution: The Language and Symbols of 1917* (New Haven and London: Yale University Press, 1997), pp173, 62-68, 58-59.

7 여기서 우리의 논의에 영향을 미친 프랑스 혁명에 관한 간략한 논의는 Robert Darnton, *The Kiss of Lamourette: Reflections on Cultural History* (London: Faber & Faber, 1990), pp3-20[국역: 《로버트 단턴의 문화사 읽기》, 길, 2008] 참

조. 프랑스 혁명과 러시아 혁명을 다루는 최근의 보수적 저술 추세에 관한 자세한 논의는 M Haynes, 'The Return of the Mob in the Writing on the French and Russian Revolutions', *Journal of Area Studies*, no 13 (Autumn 1998), pp56-81; M Haynes, 'Revision or Retreat? Social History and the Russian Revolution', in J Rees (ed), *Essays on Historical Materialism* (London: Bookmarks, 1998), pp57-80 참조.

8   J Keegan, *The First World War* (London: Pimlico, 1999), p4[국역: 《1차세계대전사》, 청어람미디어, 2016]. 처칠의 말은 A Marwick, *War and Social Change in the Twentieth Century* (London: Macmillan, 1974), pp2-3에서 인용했다.

9   M E Falkus, *The Industrialisation of Russia 1700-1914* (London: Macmillan, 1972), p72; A G Kenwood and A L Lougheed, *The Growth of the International Economy* (London: Allen & Unwin, 1971), p91[국역: 《국제경제사》, 형설출판사, 1990].

10 R Luxemburg, 'The Junius Pamphlet: The Crisis in German Social Democracy' (1915), in *Rosa Luxemburg Speaks* (New York: Pathfinder, 1970), p257.

11 L Trotsky, *My Life* (Harmondsworth: Penguin, 1975), p257[국역: 《나의 생애》, 범우사, 2001].

12 타넨베르크는 알렉산드르 솔제니친의 소설 *August 1914* (London: Bodley Head, 1972)의 주요 무대다.

13 연속혁명론의 발전에 관해서는 J Molyneux, *Leon Trotsky's Theory of Permanent Revolution* (New York: St Martins, 1981) 참조.

14 P Miliukov, *The Russian Revolution* (Gulf Breeze: Academic International Press, 1978-87) 참조.

15 O Figes and B Kolonitskii, 앞의 책, p163에서 인용.

16 농민의 말은 O Figes and B Kolonitskii, 앞의 책, p133에서 인용. 식당 종업원들의 급진성은 J Reed, *Ten Days that Shook the World* (Harmondsworth: Penguin, 1977), p39[국역: 《세계를 뒤흔든 열흘》, 책갈피, 2005]에 나온다.

17 대중의 폭력 문제는 최근에 많이 논의됐다. 이에 관한 논평은 M Haynes, 'The Debate on Popular Violence and the Popular Movement in the Russian Revolution', *Historical Materialism*, no 2 (Summer 1998), pp185-214 참조.

18 L Tolstoy, *What Then Must We Do?* (Oxford: Oxford University Press, 1925).

19 O Figes and B Kolonitskii, 앞의 책, p172에서 인용.

20 J Reed, 앞의 책, p40.

21 B Kolonitskii, 'The Press and the Revolution', in E Acton, V Cherniaev and W Rosenberg (eds), *Critical Companion to the Russian Revolution 1914-1921*

(London: Arnold, 1997), pp381-390 참조.

22 V Chernov, *The Great Russian Revolution* (New Haven: Yale University Press, 1936), p402.

23 S Smith, 'Factory Committees', in E Acton et al, 앞의 책, pp346-358; D P Koenker, 'The Trade Unions', in E Acton et al, 앞의 책, pp446-456; R A Wade, *Red Guards and Workers' Militias in the Russian Revolution* (Stanford: Stanford University Press, 1986) 참조.

24 N Golovine, *The Russian Army in the World War* (New Haven: Yale University Press, 1931), pp252-256, 272-274.

25 P Miliukov, 앞의 책.

26 T Cliff, *Lenin: All Power to the Soviets* (London: Pluto Press, 1974), p94[국역: 《레닌 평전 2》, 책갈피, 2009]에서 인용.

27 L Trotsky, *1905* (London: Allen Lane, 1972), p251.

28 P Miliukov, 앞의 책.

29 내가 그런 추적 작업을 해서 쓴 글은 'Was There a Parliamentary Alternative in Russia in 1917?', *International Socialism* 76 (Autumn 1997), pp3-66 참조. 이 글에서는 이 2장에 나오는 많은 주장을 더 자세히 다루고 있다.

30 M Farbman, *After Lenin: The New Phase in Russia* (London: Leonard Parsons, 1924), p21에서 인용.

31 L Trotsky, *History of the Russian Revolution*, vol 2 (London: Sphere, 1967), p51에서 인용.

32 V Chernov, 앞의 책, p402.

33 V I Lenin, 'State and Revolution', in *Collected Works*, 5th edition, vol 25 (Moscow: Progress, 1964), p473[국역: 《국가와 혁명》, 돌베개, 2015].

34 V Chernov, 앞의 책, p393

35 W G Rosenberg, 'The Russian Municipal Duma Elections of 1917: K Preliminary Computation of the Returns', *Soviet Studies*, vol xxi (1969), pp131-163.

36 J Reed, 앞의 책, p254.

37 M M Hegelson, *The Origins of the Party-State Monolith in Soviet Russia: Relations Between Soviets and Party Committees in the Central Provinces, October 1917-March 1921* (PhD, State University of New York, 1980), pp1-72 에서는 혁명의 확산을 지방의 급진주의라는 맥락 속에서 살펴보려는 귀중한 시도를 하고 있다.

38 I Getzler, *Martov* (Cambridge: Cambridge University Press, 1967).

39 N N Sukhanov, *The Russian Revolution 1917: A Personal Record* (Princeton:

Princeton University Press, 1984), pp631-632, 646.

40 S Cohen, *Bukharin and the Bolshevik Revolution* (London: Wildwood House, 1974), p67.

41 V Chernov, 앞의 책, p195.

42 V I Lenin, 'To the population', *Pravda*, 5 November 1917, translated in *Collected Works*, vol 26 (Moscow: Progress, 1972), pp297-299.

43 D Atkinson, *The End of the Old Russian Land Commune, 1905-1930* (Stanford: Stanford University Press, 1983), p209.

44 *Sbornik statisticheskikh svedenii po Souzi SSR 1913-1922* (Moscow Trudy Tsentralnogo Statisticheskogo Upravleniia, tom xviii, 1924), pp116-117에서 계산한 수치. 인구조사는 10퍼센트의 표본을 추출해서 조사한 것이다.

45 P Gatrell and M Harrison, 'The Russian and Soviet Economies in Two World Wars: A Comparative View', *Economic History Review*, vol 46, no 3 (August 1993), p445.

46 O Anweiller, *The Soviets: The Russian Workers, Peasant and Soldiers Councils, 1905-1921* (New York: Pantheon, 1971), p127[국역:《노동자 농민 병사 소비에트》, 지양사, 1986]에서 인용.

47 D Mandel, *The Petrograd Workers and the Soviet Seizure of Power: From the July Revolution 1917 to July 1918* (Basingstoke: Macmillan, 1984), p284; R Kaiser (ed), *The Workers' Revolution in Russia in 1917: The View From Below* (Cambridge: Cambridge University Press, 1987)는 1970년대와 1980년대에 아래로부터 혁명을 연구한 가장 귀중한 성과를 많이 요약하면서 이 문제를 더 이해하기 쉽게 도와준다.

48 S Smith, *Red Petrograd: Revolution in the Factories 1917-1918* (Cambridge: Cambridge University Press, 1983), p220에서 인용.

49 L Bryant, *Six Red Months in Russia* (London: Journeyman Press, 1982), p134.

50 W Bruce Lincoln, *Red Victory: A History of the Russian Civil War* (New York: Simon & Schuster, 1989), p344에서 인용.

51 브류소프가 1919년에 지은 시 〈나의 동료 지식인들에게〉는 J Lindsay (ed), *Modern Russian Poetry* (London: Vista Books, 1960)에 실려 있다. 블로크에 관해서는 S Hackel, *The Poet and the Revolution: Aleksandr Blok's 'The Twelve'* (Oxford: Clarendon, 1975), pp206-229 참조.

52 M M Hegelson, 앞의 책, p105에서 인용.

53 M Farbman, 앞의 책, p101에서 인용.

3장 혁명의 변질

1   E H Carr, *The Bolshevik Revolution 1917-1923*, vol 3 (Harmondsworth: Penguin), p128에서 인용.

2   서유럽의 혁명적 위기와 형태에 관한 연구는 D Gluckstein, *The Western Soviets: Workers' Councils Versus Parliament 1915-1920* (London: Bookmarks, 1984)[국역: 《서구의 소비에트》, 풀무질, 2008] 참조.

3   A J Ryder, *The German Revolution of 1918: A Study of German Socialism in War and Revolution* (Cambridge: Cambridge University Press, 1967), p155에서 인용.

4   C Harman, *Germany: The Lost Revolution* (London: Bookmarks, 1982)[국역: 《패배한 혁명》, 풀무질, 2007] 참조.

5   D Gluckstein, *The Nazis, Capitalism and the Working Class* (London: Bookmarks, 1999), p15에서 인용.

6   C Wrigley (ed), *Challenges of Labour: Central and Western Europe* (London: Routledge, 1993)은 이런 견해를 취하지만 도니 글럭스틴이 그 책에 대한 서평과 앞서 말한 글럭스틴 자신의 책에서 보여 주듯이 그 책은 오히려 그 반대되는 주장을 뒷받침하는 증거를 많이 제시한다. D Gluckstein, 'Revolution and the Challenge of Labour', *International Socialism* 61 (Winter 1993), pp109-122 참조.

7   P Frölich, *Rosa Luxemburg* (London: Pluto Press, 1972), pp244-245[국역: 《로자 룩셈부르크 생애와 사상》, 책갈피, 2000]에서 인용.

8   코민테른의 역사에 관한 간략한 논의는 D Hallas, *The Comintern* (London: Bookmarks, 1985)[국역: 《우리가 알아야 할 코민테른 역사》, 책갈피, 1994] 참조.

9   A J Ryder, 앞의 책, p169에서 인용. 에베르트의 말은 때로는 더 종교적 느낌으로, 즉 "저는 혁명을 죄악처럼 싫어합니다"라고 번역되기도 한다.

10   R M Watt, *The Kings Depart: The German Revolution and the Treaty of Versailles* (London: Weidenfeld & Nicolson, 1968), p378에서 인용.

11   C Seton Watson, *Italy from Liberalism to Fascism, 1870-1925* (London: Metheun, 1967), p524에서 인용.

12   A J Ryder, 앞의 책, p183에서 인용.

13   R Luxemburg, 'The Russian Revolution', in *Rosa Luxemburg Speaks* (New York: Pathfinder, 1980), p394[국역: 《러시아 혁명: 레닌주의냐 마르크스주의냐》, 두레, 1989].

14   E Mawdsley, *The Russian Civil War* (London: Unwin Hyman, 1987), p59에서 인용.

15 R Bruce Lockhart, *Ace of Spies* (London: Hodder, 1967), pp90-91.

16 전체 소총 생산량은 300만 정이었다. 따라서 3분의 2는 재고품이나 수리한 것이었다. D A Kovalenko, *Oboronnaia promyshlennosti sovetskoi Rossii v 1918~1920 gg* (Moscow: Nauka, 1970), p392.

17 농민운동과 관련된 일부 신화들에 대한 비판은 C Drach, 'The Myth of Nestor Makhno', *Economy and Society*, vol 14, no 4 (November 1983), pp524-536 참조.

18 W Bruce Lincoln, *Red Victory: A History of the Russian Civil War* (New York: Simon & Schuster, 1989), p246.

19 그 사진은 M Gilbert, *The Holocaust* (London: Board of Deputies of British Jews, 1978), p9에서 볼 수 있다.

20 D Volkogonov, *Trotsky: The Eternal Revolutionary* (London: Harper Collins, 1996), p175에서 인용.

21 예컨대, S Brown, 'Communists and the Red Cavalry: The Political Education of the Konarmiia in the Russian Civil war, 1918-1920', *Slavonic and East European Review*, vol 73, no 1 (January 1995), pp82-99 참조.

22 이것은 연평균 수치들이다. 조사해 보면 해마다 감소했음을 알 수 있다.

23 V P Stepanov, 'Na zashchite revolutsii', in *Rabochie Leningrada 1703-1975* (Leningrad: Nauka, 1975), p167에서 인용.

24 O Shkaratan, 'Izmeneniia v sotsialnom strukture fabrichno-zavodskikh rabochikh Leningrada 1917-1928 gg', *Istoriia SSSR* no 5 (1959), pp21-38.

25 E G Gimpelson, *Sovetskii rabochii klass 1918-1920 gg. Sotsialno-politicheskie izmeneniia* (Moscow: Nauka, 1974), pp77-78. 여기서 제기된 일부 문제들에 관한 더 자세한 논의는 M Haynes, 'Revision or Retreat? Social History and the Russian Revolution', in J Rees (ed), *Essays on Historical Materialism* (London: Bookmarks, 1998), pp57-80 참조.

26 L Lih, 'Bolshevik Razverstka and War Communism', *Slavic Review*, vol 48, no 4 (1986), pp678-679에서 인용. M M Hegelson, *The Origins of the Party-State Monolith in Soviet Russia: Relations Between Soviets and Party Committees in the Central Provinces, October 1917-March 1921* (PhD, State University of New York, 1980)은 1918년 봄부터 1921년까지 정치 구조가 [객관적] 상황 때문에 굴절된 것을 매우 자세히 분석하고 있다.

27 V Valentina (ed), *The Struggle for Power: Russia in 1923* (Amherst: Prometheus, 1996), p264.

28 이것은 대강의 수치들이다. 중요한 점은 이 수치들이 원인별로 다양한 인구 감소

유형을 보여 준다는 것이다. S G Wheatcroft and R W Davies, 'Population', in R W Davies (ed), *The Economic Transformation of the Soviet Union, 1913-1945* (Cambridge: Cambridge University Press, 1994); A Blum, *Naître, Vivre et Mourir en URSS 1917-1991* (Paris: Plon, 1994) 참조.

29 N I Bukharin, *Historical Materialism. A System of Sociology* (New York: International Publishers, 1925), pp310-311.

30 페트로그라드 자료는 A V Gogolevvskii, *Petrogradskii soviet v gody grazdanskoi voiny* (Leningrad: Nauka, 1982), pp191-192에서 가져온 것이다. 지방 자료는 M M Hegelson, 앞의 책, p452에서 가져왔다.

31 E Goldman, *My Disillusion with Russia* (London: C W Daniel, 1925), p47. 또, 골드만이 중병에 걸렸을 때 안젤리카 발라바노바가 자신의 연줄을 이용해 골드만을 도와줬다(p58).

32 내전 말기에 활동한 다양한 [혁명]재판소와 선고 건수 등을 분석한 것은 D Rodin, 'Revolutsionnye tribunaly v 1920-1922 gg', *Vestnik statistki*, vol 12, nos 1-3 참조.

33 M Haynes, 'The Debate on Popular Violence and the Popular Movement in the Russian Revolution', *Historical Materialism*, no 2 (Summer 1998), pp185-214에서는 당시의 폭력 수준에 대한 상이한 설명들을 더 자세히 살펴보고 있다.

34 당시 체카의 활동은 많은 주목을 받았다. 관련된 문서들을 바탕으로 '붉은 책' 두 권이 출판됐다. P Makintsian (ed), *Krasnaia kniga VCHK, tom 1* (Moscow: 1920); M I Latsis, *Krasnaia kniga VCHK, tom 2* (Moscow: 1922). 이 책들은 나중에 금서가 됐지만, 1989년에 다시 출판됐다(Moscow: Polizdat).

35 마주르는 1918년 여름에 수용소에 갇혀 있던 재소자 수를 7만 3915명으로 계산하면서 그중에 최대 4분의 1은 죽었을 것(이것은 [본문에서 제시한 흔한 추정치에 비하면] 훨씬 많은 숫자다)이라고 추정하며 다음과 같이 말했다. "아무리 낮춰 잡은 수치라도 핀란드의 인구 규모에 비춰 보면 충격적이었다." A G Mazour, *Finland Between East and West* (Westport: Greenwood, 1956), p55. 이 점에 주목해서 러시아의 사건들을 설명하는 사람은 거의 없다. 이 문제는 1918년 당시 볼셰비키에게 결정적으로 중요했는데 말이다. 예외적으로 E Mawdsley, 앞의 책, pp27-29에서는 이 문제를 다루고 있다.

36 Hegelson, 앞의 책, p101.

37 V Serge, *Memoirs of a Revolutionary 1901-1941* (London: Oxford University Press, 1967), p80[국역: 《한 혁명가의 회고록》, 오월의봄, 2014].

38 V Serge, *Revolution in Danger: Writings from Russia 1917-1921* (London: Bookmarks, 1997) 참조.

39 게페우는 1923~1934년에 통합국가정치보안부(OGPU)가 됐다가 1934년에 명칭 이 내무인민위원회(NKVD)로 바뀌었다. 그 뒤 몇 차례 더 조직 개편과 명칭 변경 을 겪었고 1954년에 국가보안위원회(KGB)가 됐다.

40 폴란드 진군을 해석하는 몇 가지 관점에 대해서는 D Gluckstein, *The Tragedy of Bukharin* (London: Pluto Press, 1994), pp52-56 참조.

41 P Avrich, *Kronstadt 1921* (Princeton: Princeton University Press, 1970).

42 V I Lenin, *Collected Works*, vol 32 (Moscow: Progress, 1965), p215.

43 R Stites, *Revolutionary Dreams: Utopian Vision and Experimental Life in the Russian Revolution* (Oxford: Oxford University Press, 1989), pp135-140.

44 B N Mironov and E V Stepanov, 'Stroiteli sotsializma', in *Rabochie Lenin-grada, kratkii istoricheskii ocherk* (Leningrad: Nauka, 1975), p188에서 인용.

45 S W Stoecker, *Forging Stalin's Army: Marshall Tukhachevsky and the Poli-tics of Military Innovation* (Boulder: Westview 1996), p11; R W Davies (ed), *From Tsarism to the New Economic Policy* (Ithaca: Cornell University Press, 1991), p8.

46 W Korey, 'Zinoviev's Critique of Stalin's Theory of Socialism in One Coun-try, December 1925-December 1926', *American Slavic Review* 참조.

47 F Engels, *Anti Dühring*, in K Marx and F Engels, *Collected Works*, vol 25 (London: Lawrence & Wishart, 1987), p154[국역: 《반듀링론》, 새길아카데미, 2012].

48 1920년대의 군비 지출 관련 자세한 통계는 'Armaments Supplement', *Econo-mist*, 19 October 1929 참조.

49 W Korey, 앞의 책, p257에서 인용.

50 같은 책에서 인용.

51 E Preobrazhensky, *The New Economics* (Oxford: Clarendon, 1965); M M Gorinov and S V Tsakunov, 'Life and Works of Evgenii Alekseevich Preo-brazhenskii', *Slavic Review*, vol 50, no 2 (Summer 1991), p288.

52 당시의 부하린에 관해서는 M Haynes, *Nikolai Bukharin and the Transition from Capitalism to Socialism* (Beckenham: Croom Helm, 1985) 참조.

53 E Preobrazhensky, 앞의 책, p xv에서 인용. 프레오브라젠스키는 1927년 공산당 에서 제명됐다가 1929년 당과 화해했고 1931년 다시 제명됐다가 복당했고 1934년 다시 제명되고 1936년 체포돼 자백을 거부하다가 결국 1937년 총살당했다.

54 V I Lenin, *Collected Works*, vol 33 (Moscow: Progress, 1965), p65.

55 M Lewin, *Lenin's Last Struggle* (London: Faber, 1969) 참조. 이 책은 옛 소련의 문서 보관소가 개방된 이후에도 여전히 매우 유용하다.

56 L Trotsky, 'First letter to the CC', in *The Challenge of the Left Opposition 1923-25* (New York: Pathfinder, 1975), p57.

57 M Farbman, *After Lenin: The New Phase in Russia* (London: Leonard Parsons, 1924), p49에서 인용.

58 J Hough and M Fainsod, *How the Soviet Union is Governed* (Cambridge: Cambridge University Press, 1979)에 나오는 수치들이다.

59 J Hough and M Fainsod, 앞의 책, p130에서 인용.

60 S Sternheimer, 'Administration for Development: The Emerging Bureaucratic Elite, 1920-1930', in W Pinter (ed), *Russian Officialdom: The Bureaucratisation of Russian Society from the Seventeenth to the Twentieth Century* (London: Macmillan, 1980), p333 참조.

61 G Hosking, *A History of the Soviet Union* (London: Fontana, 1985), p145[국역: 《소련사》, 홍성사, 1988].

62 D Dallin, *The Real Soviet Russia* (New Haven: Yale University Press, 1945), p73에서 인용.

63 'Obrashchenie Oppozitsii Bolshevikov-Lenintsev v TsK, TsKK VKP(b) i ko vsem chlenam VKP(b)', *Bulleten Oppozitsii*, no 17-18 (November-December 1930), p16 참조.

64 특히 《스메나 베흐》(목표의 변화)라는 잡지를 중심으로 활동한 지식인 집단이 그랬다. T Kraus, *Sovetskii termidor, dukhovnye predposylki Stalinskogo povorota 1917-1928* (Budapest, 1997) 참조.

65 A Bubnov, 'Statisticheskie svedeniia o VKP(b)' *Bolshaia Sovetskaia Entsikolopediia*, vol 18 (Moscow, 1930), pp532-544. 1922년 이후의 수치는 당원과 후보 당원을 합친 것이다.

66 A Bubnov, 앞의 책에 나오는 당원 경력 자료를 바탕으로 계산한 것.

67 초기 레닌 찬양 서적에 관한 논의는 M Karpovich, 'The Russian Revolution of 1917', *Journal of Modern History*, vol 2, no 2 (June 1931) 참조.

68 M Farbman, 앞의 책, p58. 소련의 유명한 농담 중에 결혼한 부부는 3인용 침대를 장만해야 한다는 것이 있었다. 레닌이 항상 그들과 함께 있기 때문에 그렇다는 것이었다.

69 M M Gorinov and S V Tsakunov, 앞의 책, p295에서 인용.

70 A Bubnov, 앞의 책, table 13, p537에 나오는 자료를 바탕으로 계산한 것.

71 이 자료는 노동계급 전체가 아니라 공업 부문 노동계급의 수를 나타낸다. 우리는 여전히 신경제정책 시기에 가장 광범한 의미의 노동자들이 어떤 경험을 했는지에 관해 잘 모른다.

72 소련의 평론가들, 특히 A 라신은 노동계급의 회복, 그리고 1917년과의 연관성을 열심히 강조했다. 그들의 결론을 지지하는 J D Barber, *The Composition of the Soviet Working Class, 1928-1941* (University of Birmingham, CRESS Discussion Paper, SIPS, no 16, nd)에 그들의 자료가 나온다. 그러나 그 책의 33쪽에 인용된 고용 기간(스타시) 관련 자료는 우리가 본문에서 주장한 것이 옳다는 것을 보여 준다.

73 R Taylor, 'Soviet Cinema: The Path to Stalin', *History Today*, vol 40, no 7 (July 1990), p44 참조.

74 'Labour Disputes in Soviet Russia', *International Labour Review*, (August 1926), pp262-268.

75 S Fitzpatrick, 'The Russian Revolution and Social Mobility: A Re-Examination of the Question of Socials for the Soviet Regime in the 1920s and 1993', *Politics and Society*, vol 13, no 2 (1984), pp119-141.

76 L Trotsky, 'Crisis in The Right-Centre Bloc', in *The Challenge of the Left Opposition 1928-29* (New York: Pathfinder Press, 1981), pp328-329.

77 J Barber. 'Working Class Culture and Politics Culture', in H Günther (ed), *The Culture of the Stalin Period* (Basingstoke: Macmillan, 1990), p10에서 인용.

78 스탈린의 부상을 간략히 설명하는 최상의 글은 여전히 R V Daniels, 'Stalin's Rise to Dictatorship 1917-1929', in A Dallin and A Westin (eds), *Politics in the Soviet Union* (New York: Harcourt Brace & World, 1966)이다.

79 J Hough and M Fainsod, 앞의 책; Daniels, 앞의 책.

80 D Volkogonov, 앞의 책, pp295, 301 참조.

81 M Reiman, *The Birth of Stalinism: The USSR on the Eve of the 'Second Revolution'* (London: IB Tauris, 1987) 참조.

82 K D Slepyan, 'The Limits of Mobilisation: Party, State and the 1927 Civil Defense Campaign', *Europe-Asia Studies*, vol 45, no 5 (1993), pp851-868.

83 J V Stalin, *Works*, vol 12 (Moscow: Foreign Languages Publishing House, 1952), pp52-53.

84 S Fitzpatrick, *Everyday Stalinism: Ordinary Life in Extraordinary Times — Soviet Russia in the 1930s* (Oxford: Oxford University Press, 1999), p187에서 인용.

4장 자본축적

1   J V Stalin, 'The Tasks of Business Managers' (1931), in *Problems of Lenin-ism* (Moscow: Foreign Languages Publishing House, 1947), pp355-356.

2   A Rothstein, *A History of the USSR* (Harmondsworth: Penguin, 1950), p196.

3   L A Gordon and E V Klopov, *Chto eto bylo? Razmyshleniia o predposyl-kakh i itogakh togo chto sluchilos s nami v 30-40e gody* (Moscow: Poliz-dat, 1989), p29.

4   M Rubinshtein, *Bolshevik*, no 21 (1937), p70. M Cooper, *Defence Production and the Soviet Economy 1929-1921* (CREES Discussion Paper, SIPS, no 3, University of Birmingham, 1976), p7에서 인용.

5   D Volkogonov, *Stalin: Triumph and Tragedy* (London: Weidenfeld, 1995), p389[국역: 《스탈린》, 세경사, 1993]. A Sella, 'KhalkhinGol: The Forgotten War', *Journal of Contemporary History*, vol 18, no 4 (October 1983), pp651-687도 참조.

6   1937년 11월 27일의 리트비노프 발언은 A Rothstein, 앞의 책, p256에서 인용. [보로실로프의 발언은] M Werner, *The Military Strength of the Great Powers* (London: Gollancz, 1939), p46 참조.

7   S W Stoecker, *Forging Stalin's Army: Marshall Tukhachevsky and the Politics of Military Innovation* (Boulder Colorado: Westview, 1998), p1934; R W Da-vies, 'Soviet Military Expenditure and the Armaments Industry, 1929-1933: A Reconsideration', *Europe-Asia Studies*, vol 45, no 4 (1993), pp577-608. J M Cooper, 앞의 책; S M Tupper, *The Red Army and Soviet Defence Industry* (PhD, University of Birmingham, 1982)도 참조.

8   M Harrison, 'Resource Mobilisation for World War II: The USA, UK, USSR and Germany 1938-1945', *Economic History Review*, vol 45, no 2 (May 1988), pp172, 174.

9   M Werner, 앞의 책, pp91, 163-164.

10 S G Wheatcroft, R W Davies and J M Cooper, 'Soviet Industrialisation Re-considered: Some Preliminary Conclusions About Development Between 1926 and 1941', *Economic History Review*, vol 39, no 2 (May 1986).

11 J V Stalin, 'A Year of Great Change (On the Occasion of the Twelfth Anni-versary of the October Revolution)', in J V Stalin, 앞의 책, p291.

12 *Narodnoe khoziaistvo SSSR*의 여기저기에 나오는 수치들. 부문 A는 대체로 생산수단을 생산하는 부문이고 부문 B는 소비재를 생산하는 부문이다. 사실 그 구분

은 그리 분명하지 않았고, 부문 B의 생산 일부는 부문 A에서 이뤄졌다. 그렇다고 해서 표에서 드러난 근본적 불균형이 달라지는 것은 아니다.

13 *Mirovoe khoziaistvo i mirovaia politika*, no 4 (1930), p128.

14 M Lewin, *The Gorbachev Phenomenon* (London: Radius, 1988), p22.

15 S Webb and B Webb, *Soviet Communism: A New Civilisation* (London: Longman, 1944), p1945. 이 책이 처음 출판됐을 때 웨브 부부는 소련이 새로운 문명인가에 대해 확신이 들지 않아서 제목에 물음표를 붙였다가 곧 삭제하기로 결정했다.

16 H Draper, *The Two Souls of Socialism* (Detroit: International Socialists, 1966)[국역: "현대의 고전: 사회주의의 두 가지 정신", 《사회주의의 진정한 의미를 찾아서》, 책갈피, 2019].

17 M Lewin, *Political Undercurrents in Soviet Economic Debates* (London: Pluto, 1974), pp117, 101과 M Lewin, *The Making of the Soviet System: Essays in the Social History of Interwar Russia* (London: Methuen, 1985)도 참조.

18 P Temin, 'Soviet and Nazi Planning in the 1930s', *Economic History Review*, vol 44, no 4 (November 1991), p575; E Zaleski, *Stalinist Planning for Economic Growth 1933-1952* (Basingstoke: Macmillan, 1980)에서 인용.

19 V Serge, *Russia Twenty Years After* (New Jersey: Humanities Press, 1996), pp39-40.

20 G Hosking, *A History of the Soviet Union* (London: Fontana, 1985), pp244-245.

21 *Narodnoe khoziaistvo SSSR*의 연도별 수치들. 이것은 1989년의 소련 국경을 기준으로 계산한 수치다. 1939년의 전체 인구 수치는 믿기 힘든 구석이 있지만 도시 인구는 그렇지 않다.

22 이런 비교 평가는 S G Wheatcroft et al, 앞의 책 참조.

23 K Marx, *Capital*, vol 1 (Moscow: Progress Publishers, 1986), p558.

24 A Ciliga, *The Russian Enigma* (London: Inklinks, 1979), p126.

25 G Hosking, 앞의 책, p163에서 인용.

26 S Cohen, *Bukharin and the Bolshevik Revolution: A Political Biography* (London: Wildwood House, 1974), p290에서 인용.

27 S Cohen, 앞의 책, p323.

28 J Barber, 'Working Class Culture and Politics Culture', in H Günther (ed), *The Culture of the Stalin Period* (Basingstoke: Macmillan, 1990), p10에서 인용.

29 J V Stalin, 'Political Report to the Sixteenth Congress' (27 June 1930), in *Le-*

ninism, vol 2 (London: Allen & Unwin, 1933), p334.

30 *History of the Communist Party of the Soviet Union, Bolsheviks, Short Course* (Moscow: Foreign Language Publishing House, 1938), p305.

31 A Maddison, *Economic Growth in Japan and the USSR* (London: Allen & Unwin, 1969), p105.

32 S Fitzpatrick, *Everyday Stalinism: Ordinary Life in Extraordinary Times — Soviet Russia in the 1930s* (Oxford: Oxford University Press, 1999), p42에서 인용.

33 R W Davies, *Soviet History in the Yeltsin Era* (Basingstoke: Macmillan, 1997), p191에서 인용. 이 1932년 파업 소식은 서방으로도 알려졌다. 그것은 또 V Serge, 앞의 책, pp15-16에 언급된 파업인 듯한데, 연도가 1931년으로 돼 있다.

34 J Scott, *Beyond the Urals* (London: Seeker & Warburg, 1942), pp223.

35 D Filtzer, 'Labour and the Contradictions of Soviet Planning Under Stalin: The Working class and the Regime During the First Years of Forced Industrialisation', *Critique*, no 20-21 (1987), p87에서 인용.

36 S Fitzpatrick, 앞의 책, p170.

37 R W Davies, 앞의 책, p166.

38 D Filtzer, *Soviet Workers and Stalinist Industrialisation* (London: Pluto Press, 1986), pp77-78에서 인용.

39 A Bergson, 'Income Inequality Under Soviet Socialism', *Journal of Economic Literature*, vol 22 (September 1984), p1082.

40 V Serge, 앞의 책, p18.

41 N S Maslova, *Proizvoditelnost truda i zarabotnaia plata v promyshlennosti SSSR, 1928-1932 gg* (Moscow: Nauka, 1983), p29. 노동자 1인당 연간 노동 일수의 감소는 주당 노동시간과 조화를 이루게 하려는 시도를 반영하지만, 그런 시도는 곧 폐기됐다.

42 A Nove, *An Economic History of the USSR* (Harmondsworth: Penguin, 1972), p207[국역: 《소련 경제사》, 창작과비평사, 1998]; S G Wheatcroft et al, 앞의 책.

43 *Izvestia*, A Rothstein, 앞의 책, p260에서 인용.

44 독소불가침조약이 지속되는 기간에 150만 톤의 곡물, 100만 톤의 목재, 86만 5000톤의 석유, 구리·니켈·망간석 등 주요 금속 자원이 히틀러에게 공급됐다. 독일인과 오스트리아인 공산당원 약 800명도 넘겨졌다. 후자의 조치는 비열한 짓이었지만, 얄궂게도 그들이 나치의 강제수용소에서 살아남을 확률은 스탈린의 강제수용소에서 살아남을 확률보다 더 높았을 것이다.

45 D Holloway, *The Soviet Union and the Arms Race* (London: Yale University Press, 1983), p14에서 인용.

46 같은 책에서 인용.

47 J Barber and M Harrison, *The Soviet Home Front 1941-1945: A Social and Economic History of the USSR in World War II* (London: Longman, 1991) 참조.

48 E Crankshaw, *Putting Up With the Russians, 1947-1984* (Basingstoke: Macmillan, 1984), pp163-164에서 인용. 여기에 흥미로운 점이 있는데 서방에서 나치가 현지 주민들에게 더 우호적 태도를 취한 곳에서는 더 광범한 부역이 있었다는 사실이다.

49 M Sholokhov, 'On the Don' (1941), in M Sholokhov, *One Man's Destiny* (London: Abacus, 1984), p159.

50 M Ellman and S Maksudov, 'Soviet Deaths in the Great Patriotic War: A Note', *Europe-Asia Studies*, vol 46, no 4 (1994), pp671-680. 소련의 사망자 수에 관해서는 여전히 불확실성이 남아 있고, 아마 여기서 인용한 수치보다 더 많을 수 있다.

51 O Ivinskaya, *A Captive of Time: My Years with Pasternak* (London: Collins Harvill, 1979), p80[국역: 《올가 이빈스카야》, 동흥문화사, 1992]에서 인용.

52 D Holloway, 앞의 책, p104에서 인용.

53 D Holloway, *Stalin and the Bomb: the Soviet Union and Atomic Energy, 1939-1956* (London: Yale University Press, 1994).

54 A Schlesinger Jr, 'Origins of the Cold War', *Foreign Affairs*, vol 46 (October 1967), pp22-52.

55 J Glover, *Humanity: A Moral History of the Twentieth Century* (London: Cape, 1999), p60에서 인용.

56 W Churchill, *The Second World War: Triumph and Tragedy* (London: Cassell & Co, 1954), pp226-227[발췌 국역: 《제2차 세계대전》, 까치, 2016].

57 동방 진영의 발전에 관한 논의는 M Haynes and R Husan, 'State and Market in the Eastern European Transition', *Journal of European Economic History*, vol 27, no 3 (Winter 1998), pp609-644 참조.

58 D Holloway, 앞의 책, p103에서 인용.

59 S Alexievich, *Zinky Boys: Soviet Voices from a Forgotten War* (London: Chatto & Windus, 1992), p110[국역: 《아연 소년들》, 문학동네, 2017].

60 J Neale, 'Afghanistan: The Horse Changes Riders', *Capital and Class*, no 35 (1988), pp34-48; J Neale, 'The Long Torment of Afghanistan', *International*

Socialism 93 (December 2001), pp31-58 참조.

61 C Andrew and O Gordievsky, *Instructions From The Centre: Top Secret Files on KGB Foreign Operations 1975-1985* (London: Hodder & Stoughton, 1991), pp122, 34. 또, 1976년 KGB 보고서 'On Certain National-Psychological Characteristics of the Chinese, and Their Evaluation in the Context of Intel-ligence Work'에 관해서는 같은 책, 261~276쪽도 참조.

62 K Khrushchev, *Khrushchev Remembers* (London: Deutsch, 1971), p471[국역: 《흐루시초프 비록》, 어문각, 1971].

63 L Polezhaev, *Vpered, na medlennykh tormozakh* … (Moscow: Novosti, 1994), p75.

64 G Ofer, 'Soviet Economic Growth: 1928-1985', *Journal of Economic Litera-ture*, vol 25 (December 1987), p1787.

65 같은 책, p1813; S Brucan, *Pluralism and Social Conflict: A Social Analysis of The Communist World* (New York: Praeger, 1990), pp66-67.

66 S Cohn, *Economic Development in The Soviet Union* (Lexington: Heath Lexington Books, 1970), p84.

67 R Munting, *The Economic Development of the USSR* (Beckenham: Croom Helm, 1982), p200.

68 G Ofer, 앞의 책, p1768.

69 흐루쇼프는 1961년 10월 17일 22차 당대회에서 다음과 같이 장밋빛 미래를 약속했다. "앞으로 10년 안에 모든 소련 인민은 소비재를 풍족하게 얻을 수 있을 것이고, 그다음 10년 동안에는 소비 수요가 모두 충족될 것입니다." A Ledevena, *Russia's Economy of Favours* (Cambridge: Cambridge University Press, 1998), p97에서 인용.

70 M Mandelbaum, *The Nuclear Question: The United States and Nuclear Weapons 1946-1976* (Cambridge: Cambridge University Press, 1979), pp61-62, 66.

71 M Sholokhov, 앞의 책, p264.

72 A Maddison, 앞의 책, ppxx, 69 참조.

73 C Harman, *Bureaucracy and Revolution in Eastern Europe* (London: Pluto Press, 1976), p254에서 인용.

74 C Andrew and O Gordievsky, 앞의 책, p191에서 인용.

5장 억압

1 A Thorpe, 'Stalinism and British Politics', *History*, vol 83, no 272 (October 1998), p620에서 인용.

2 E A Osokina, *Ierarkhiia potrebleniia o zhizni ludei v usloviiakh Staliniskogo snabzheniia, 1928-1935gg* (Moscow: MGOY, 1993), pp42-43에서 인용.

3 이것이 1930~1932년에 스탈린과 결별하려고 시도한 류틴, 시르초프, 로미나제의 운명이었다.

4 V Serge, *Russia Twenty Years After* (New Jersey: Humanities Press, 1996), p93.

5 R W Davies, *Soviet History in the Gorbachev Revolution* (Basingstoke: Macmillan, 1989), p38에서 인용.

6 이 수치는 V Iakobson, 'Naslenie mest zakluchenia v SSSR', *Statisticheskoe obozrenie*, no 5, 1929에 나오는 자료를 편집한 것이다. 1920년대에 재소자 수에 대해서는 비밀이 거의 없었다. 재소자의 범죄·성별·형량 등에 관한 세부 자료는 'Faktory repressii za 1928 god', *Administrativnyi vetsnik*, no 4 (1928), pp17-21 참조.

7 이 수치는 러시아 공화국(RSFSR)의 것이므로 여기에 다른 공화국들의 재소자 수를 더해야 한다. 솔로몬은 당시 다른 공화국들의 재소자 수가 7만 명쯤 됐을 것이라고 추산한다. P Solomon, 'Soviet Penal Policy, 1917-1934: A Reconsideration', *Slavic Review*, vol 31 (June 1980), pp195-217.

8 V Vilkova (ed), *The Struggle for Power: Russia in 1923* (Amherst: Prometheus Books, 1996), pp82-89.

9 V Iakobson, 앞의 책, p103.

10 N Mandelstam, *Hope Against Hope: A Memoir* (London: Collins & Harvill, 1971), pp336, 345[국역: 《회상》, 한길사, 2009].

11 Amnesty International, *Prisoners of Conscience in the USSR: Their Treatment and Conditions* (London: Amnesty International, 1975), p115.

12 A Thorpe, 앞의 책, pp619, 623에서 인용.

13 D Volkogonov, *Trotsky: The Eternal Revolutionary* (London: Harper Collins, 1996), p456에서 인용. 이언 버철은 1930년대에 트로츠키의 자신감을 북돋운 것이 1915년에 겨우 마차 4대에 다 탈 수 있었던 국제주의자들이 순식간에 국제적으로 중요한 세력이 됐다는 사실이었던 것과 마찬가지로 스탈린도 트로츠키주의자들이 비슷한 위업을 이룰까 봐 걱정했을 것이라고 나에게 지적했다.

14 O Ivinskaya, *A Captive of Time: My Years with Pasternak* (London: Collins

Harvill, 1979), p61; A Larina, *This I Cannot Forget: The Memoirs of Anna Larina, Nikolai Bukharin's Wife* (London: Pandora, 1993), p101; F Raskolnikov, *Kronstadt and Petrograd in 1917* (London: New Park, 1982), pp345-356. 라스콜니코프는 1939년 9월에 의문사했다.

15 R W Davies, 앞의 책, p20; Mandelstam, 앞의 책, p13.

16 J A Getty and O V Naumov, *The Road to Terror* (New Haven: Yak University Press, 1999), p456.

17 G Herling, *A World Apart* (Oxford: Oxford University Press, 1987).

18 *The Hand of Stalin: Kolyma* (October Films/PTV, 1990)에 나오는 옛 콜리마 재소자 인터뷰.

19 A Ciliga, *The Russian Enigma* (London: Inklinks 1979).

20 A Larina, 앞의 책, pp343-344.

21 A Akhmatova, *Selected Poems* (London: Collins-Harvill, 1989) 참조.

22 N Khrushchev, *The Secret Speech* (Nottingham: Spokesman, 1976), p47[국역: 《개인숭배와 그 결과들에 대하여》, 책세상, 2006].

23 G Herling, 앞의 책, pp9, 247, 124.

24 R W Davies, *Soviet History in the Yeltsin Era* (Basingstoke: Macmillan, 1997), pp166, 183; J Barber and M Harrison, *The Soviet Home Front 1941-1945: A Social and Economic History of the USSR in World War II* (London: Longman, 1991), p217. 전체 인구 수는 1989년 이후 공개된 문서 보관소 자료를 바탕으로 수정된 것이다.

25 G Herling, 앞의 책, p4.

26 A Larina, 앞의 책, p152.

27 G Herling, 앞의 책, pp138, 136.

28 반유대주의는 제정러시아 시절 만연했지만 혁명 때 쇠퇴했다. 그러다가 1930년대에 상황이 악화하고 희생양 만드는 분위기가 확산하자 맹렬히 되살아났다. 스탈린 정권의 일부는 반유대주의를 어느 정도 부추기기도 했다. 전반적으로 스탈린 정권은 반유대주의의 기세를 꺾으려는 노력을 거의 하지 않았다. 레닌의 누나는 반유대주의에 대항하는 운동의 일환으로 레닌의 외할아버지가 유대인이었다는 사실을 널리 알리고자 했으나 스탈린이 그러지 못하게 막았다.

29 그런 주장들이 제기된 것은 글라스노스트 시대였다. 그것이 수용소의 전설 같은 이야기였는지 아닌지는 분명하지 않다. 진실이었든 아니든 그것은 수용소의 궁극적 타락을 보여 주는 징후이고 인간적 따뜻함이 그런 타락을 이길 수 있는지는 흥미로운 문제다.

30 A Ciliga, 앞의 책. 이 책은 원래 따로 출판된 두 권을 하나로 합친 것이다.

31 J Arch Getty et al, 'Victims of the Soviet Penal System in the Pre-War Years: A First Approach on the Basis of the Archival Evidence', *American Historical Review*, vol 98, no 4 (October 1993), pp1017-1049. 이 장(章)에 나오는 많은 세부적 수치들은 이 논문에 나오는 자료를 분석해서 얻은 것들이다.

32 H Kostiuk, 'The Accursed Year From Lukianivka Prison to the Tragedy at Vorkuta (1935~1940)', *Critique*, no 27 (1995), pp159-180 참조. 'Memoirs of a Bolshevik-Leninist', in G Saunders (ed), *Samizdat: Voices of The Socialist Opposition* (New York: Monad, 1974), 특히 pp166-181도 참조.

33 G Herling, 앞의 책, p192.

34 J Arch Getty et al, 앞의 책, p1041; G Herling, 앞의 책, pp192, 160, 250.

35 당시 목격자의 간략한 설명은 A Nekrich, *Forsake Fear: Memoirs of an Historian* (London: Unwin & Hyman, 1990), p71 참조.

36 A Graziosi, 'The Great Strikes of 1953 in Soviet Labour Camps in the Accounts of Their Participants — A Review,' *Cahiers du Monde Russe*, vol 33, no 4 (October-December 1992), pp419-445.

37 'Forty Days of Kengir', in A Solzhenitsyn, *The Gulag Archipelago*, vol 3 (London: Fontana, 1978), pp285-331[국역: 《수용소군도》, 열린책들, 2020] .

38 A Solzhenitsyn, *Stories and Prose Poems* (Harmondsworth: Penguin, 1973), p193.

39 A Graziosi, 앞의 책에서 인용.

40 N Khrushchev, *Khrushchev Remembers* (London: Andre Deutsch, 1970), p301.

41 D Holloway, *Stalin and the Bomb: the Soviet Union and Atomic Energy, 1939-1956* (London: Yale University Press, 1994) 참조.

42 E Crankshaw, *Putting Up with the Russians, 1947-1984* (Basingstoke: Macmillan, 1984), pp190-191.

43 그 연설문은 소련에서 공개되지 않다가 30년 후 페레스트로이카 시대에 와서야 공개됐다. 그러나 1956년 6월 30일 중앙위원회가 채택한 결의문 "개인숭배와 그 결과들에 대하여"는 스탈린에 대한 부분적 비판을 정당화했다.

44 R W Davies, *Soviet History in the Gorbachev Revolution*, 앞의 책, p102에서 인용.

45 O Ivinskaya, 앞의 책, pp153, 256.

46 B Yeltsin, *Against the Grain* (London: Cape, 1990), p2[국역: 《고백》, 하늘땅, 1990].

47 D Volkogonov, *The Rise and Fall of the Soviet Empire* (London: Harper

Collins, 1998), p275에서 인용.

48 Amnesty International, 앞의 책, p17.

49 같은 책. 볼코고노프는 1958~1966년에 반국가 선동 혐의로 체포된 사람이 3488
명이었고 1967~1975년에는 1583명이었다는 수치를 인용한다. 1982년에 KGB는 1
만 5557명에게 적대 행위를 하지 말라고 경고했지만 체포한 사람은 433명뿐이라
고 보고했다. D Volkogonov, 앞의 책, pp314, 340.

50 R W Davies, 'Soviet History in the Gorbachev Revolution', in R Miliband et al
(eds), *Socialist Register 1988: Problems of Socialist Renewal East and West*
(London: Merlin, 1988), p71에서 인용.

51 서방에서 수집한 자료를 보면 1965~1969년에 8000명의 유대인이 소련을 떠났
다. 1970~1974년에는 10만 1500명, 1975~1979년에는 11만 2600명, 1980~1989년
에는 10만 7700명이 소련을 떠났다. 1975년 이전에는 대다수 유대인이 이스라엘
로 갔다. 1975~1979년에는 이스라엘로 간 유대인은 절반이 안 됐고, 1980년대에
는 3분의 1도 안 됐다. E F Sabatello, 'Migrants From the Former Soviet Union
to Israel in the 1990s', in H Fassman and R Munz (eds), *European Migration
in the Late Twentieth Century* (London: Elgar, 1994), pp261-262. 다른 자료
를 사용한 러시아 인구 통계학자 두 명은 1971~1990년에 소련을 떠난 사람 107만
5700명 가운데 52.7퍼센트가 유대인, 36퍼센트가 '게르만족'이었다고 말한다. 소
련 자료를 이용해 그렇게 계산한 것은 A Vishnevsky and Z Zayonchkovskaya,
'Emigration From the Former Soviet Union: The Fourth Wave'. 같은 책, p246
참조.

52 L Kopolev, 'A Lie is Conquered by Truth', in R Medvedev (ed), *Samizdat
Register 1: Views of the Socialist Opposition in the Soviet Union* (London:
Merlin, 1977), p227.

53 Amnesty International, 앞의 책, pp32, 113, 135.

54 I Ratushinskaya, *Grey is the Colour of Hope* (London: Spectre, 1989), pp96,
19, 21.

6장 지배계급

1 A Yanov, *Detente after Brezhnev: The Domestic Roots of Soviet Foreign
Policy* (Berkeley: Institute of International Studies, 1977).

2 A S Milward, *War, Economy and Society, 1939-1945* (Harmondsworth: Pen-

guin, 1987), pp42, 59, 67.

3 A Calder, *The People's War: Britain 1939-1945* (London: Panther, 1989), p103; J K Galbraith, *A Life in Our Times: Memoirs* (London: Deutsch, 1981), p164[국역:《우리 시대의 생》, 다락원, 1981].

4 K Marx, *Capital*, vol 1 (Moscow: Progress Publishers, 1986), p555.

5 이런 견해의 전형적 표현은 S Fitzpatrick, *Everyday Stalinism: Ordinary Life in Extraordinary Times — Soviet Russia in the 1930s* (Oxford: Oxford University Press, 1999) 참조.

6 A Sakharov, *Memoirs* (New York: Alfred A Knopf, 1990), p212[국역:《사하로프 회고록》, 하늘땅, 1992].

7 R Medvedev, *On Socialist Democracy* (Nottingham: Spokesman, 1977), pxviii.

8 E Mawdsley and S White, *The Soviet Elite from Lenin to Gorbachev: The Central Committee and its Members, 1917-1991* (Oxford: Oxford University Press, 2000), pp285-286.

9 B Moore Jr, 'The Communist Party of the Soviet Union: 1928-44', reprinted in A Inkeles and K Geiger, *Soviet Society: A Book of Readings* (London: Constable, 1961), p127.

10 D Volkogonov, *The Rise and Fall of the Soviet Empire* (London: Harper Collins, 1998), p104.

11 T H Rigby, 'Social Orientation of Recruitment and Distribution of Membership in the Communist Party of the Soviet Union', reprinted in A Inkeles and K Gieger, 앞의 책, p147.

12 1989년 이전의 통계에서 기업 경영자들은 실질적 권력이 거의 또는 전혀 없는 집단으로 널리 묘사됐다.

13 1950년대 초 미국에서 소련 망명객들을 상대로 조사한 결과에서 이런 결론이 나왔다. R A Feldmesser, 'The Persistence of Status Advantage in Soviet Russia', *American Journal of Sociology*, vol 59 (1953-1954), pp19-27 참조. 일부 공격은 여전히 벌어졌고 1933년에는 더 많은 외국인 노동자들이 재판에 회부됐지만, '전문가 사냥'은 대체로 사라졌다. 1933년에는 농장과 농업 부문 관리들이 '결함' 때문에 비밀재판을 받았다.

14 S Fitzpatrick, *Education and Social Mobility in the Soviet Union, 1921-1934* (Cambridge: Cambridge University Press, 1979) 참조.

15 M Haynes, *Nikolai Bukharin and the Transition from Capitalism to Socialism* (Beckenham: Croom Helm, 1985), p119; O Ivinskaya, *A Captive of Time: My*

Years with Pasternak (London: Collins Harvill, 1979), p97.

16 M Gardner Clark, 'The Soviet Steel Industry', *Journal of Economic History*, vol 12, no 4 (Fall 1952), p403.

17 M Tatu, 'Russia's New Class', *New Society*, 7 October 1968, p16.

18 O Anweiller, 'Education Policy and Social Structure in the Soviet Union', in B Meissner (ed), *Social Change in the Soviet Union* (London: University of Notre Dame, 1972), p182.

19 J Gunther, *Inside Russia Today* (Harmondsworth: Penguin, 1962), p115.

20 S Brucan, *Pluralism and Social Conflict: A Social Analysis of the Communist World* (New York: Praeger, 1990), p158.

21 B Yeltsin, *Against the Grain* (London: Cape, 1990), p115; D Volkogonov, 앞의 책, p370. 옐친의 자전적 설명들은 그가 무엇을 말하고 무엇을 말하지 않는지 알 수 있다는 점에서 가치 있다. 그는 각각에 대해 쓸 때 서로 다른 '도움'을 받았다.

22 S Brucan, 앞의 책, p58에서 인용. N A Aitov, 'The Dynamics of Social Mobility in the USSR', *Soviet Sociology*, vol 24, no 1-3 (Summer-Fall-Winter 1985-86), pp254-273도 참조.

23 B Kerblay, *Contemporary Soviet Society* (London: Methuen, 1983), p156[국역: 《오늘의 소련 사회》, 창작과비평사, 1988].

24 J Stalin, 'New Conditions — New Tasks in Economic Construction', in *Problems of Leninism* (Moscow: Foreign Languages Publishing House, 1947), p364.

25 S Fitzpatrick, 앞의 책, pp106-108.

26 A Bergson, 'Income Inequality Under Soviet Socialism', *Journal of Economic Literature*, vol 13 (September 1984), p1065. 상속세도 비교적 가벼워서 주택·저금·국채를 통한 개인적 유산이 상당했다.

27 B Kerblay, 'Social Inequality in the USSR', *Problems of Communism*, vol 21, no 1 (January-February 1982), p57

28 이 조사의 출처는 A V Ledeneva, *Russian's Economy of Favours: Blat, Networking and Informal Exchange* (Cambridge: CUP, 1998)이다. 이 책에 나오는 자료를 내가 분석한 것은 저자의 분석과 상당히 다르다. 곧 나올 *Russian History*에 실릴 내 서평 참조.

29 *Kommunist*, 1989. *Soviet Weekly*, 12 August 1989에 번역돼 실렸다.

30 1960년대에 나이절 해리스는 소련의 공식 이데올로기가 어떻게 서방의 보수적 사상의 많은 측면을 포함하고 있는지에 주목했다. N Harris, *Beliefs in Society* (Harmondsworth: Penguin, 1971) 참조.

31 L Brezhnev, *Memoirs* (Oxford: Pergamon, 1982), p13.

32 L Kopolev, 앞의 책, p235에서 인용.

33 *Izvestia*, 14 June 1937. O Ivinskaya, 앞의 책, p267에서 인용.

34 L Kopolev, 'A Lie is Conquered by Truth', in R Medvedev (ed), *Samizdat Register 1: Views of the Socialist Opposition in the Soviet Union* (London: Merlin, 1977), p228. R Ainsztein, 'The End of Marxist-Leninism', *New Statesman*, 15 December 1978, pp814-818에서는 지배계급의 일부가 반유대주의를 후원했다는 사실을 다양한 사례로 실증한다.

35 S Alliluyava, *Twenty Letters to a Friend* (Harmondsworth: Penguin, 1967), pp230-231[국역: 《나의 아버지 스탈린》, 일신서적출판, 1993].

36 D Elliott, 'The End of the Avant-Garde', in *Art and the Dictators* (London: Hayward Gallery, 1996), p198. 니크리틴의 그림은 스탈린과 히틀러와 무솔리니 치하의 예술을 비교한 이 중요한 저작의 230쪽에 실려 있다.

37 M Sholokhov, *One Man's Destiny* (London: Abacus, 1984), p270 참조.

38 M Foucault, *The History of Sexuality Volume 1: An Introduction* (London: Allen Lane, 1979)[국역: 《성의 역사 1》, 나남, 2010].

39 J Evens, 'The Communist Party of the Soviet Union and the Woman's Question: The Case of the 1936 Decree "In Defence of Mother and Child"', *Journal of Contemporary History*, vol 16, no 4 (1981), p766에서 인용.

40 R Schlesinger (ed), *The Family in the USSR* (London: Routledge, 1949), p393 에서 인용.

41 S Wolfson, R Schlesinger, 앞의 책, p310에서 인용.

42 V A Giliarovski, *Psikhiatriia* (Moscow, 1942). J Wortis, *Soviet Psychiatry* (Baltimore: Williams & Wilkins, 1950), pp61-62에서 인용.

43 A Sakharov, 앞의 책, p168. 베리야의 성적 비행에 관한 많은 전설이 생겨났다. A Knight, *Beria: Stalin's First Lieutenant* (Princeton: Princeton University Press, 1994)는 그런 전설을 대부분 무시해야 한다고 주장한다.

44 L Coser, 'Some Aspects of Soviet Family Policy', *American Journal of Sociology*, vol 56 (1950-1951), p426.

45 L Trotsky, *The Revolution Betrayed* (New York: Pathfinder, 1972), p238[국역: 《배반당한 혁명》, 갈무리, 2018]; A V Ledevena, 앞의 책.

46 L Trotsky, p225.

47 B Kerblay, 앞의 책, p199.

48 E Crankshaw, *Putting Up with the Russians 1947-1984* (Basingstoke: Macmillan, 1984), pp83-86.

49 R Stites, *Revolutionary Dreams: Utopian Vision and Experimental Life in the Russian Revolution* (Oxford: Oxford University Press, 1989), p133 참조.

50 W Campbell, *Villi the Clown* (London: Faber & Faber, 1981), p216. 캠벨은 결국 그 조각상을 팔아서 자동차를 살 수 있었는데, 이것은 당시 그의 지위가 높았음을 보여 준다.

51 A V Ledevena, 앞의 책, p93에서 인용.

52 A Antonov-Ovseyenko, *The Time of Stalin: Portrait of Tyranny* (New York: Harper & Row, 1981), p185에서 인용.

53 M Markuzi, 'Soviet Perfumery and Cosmetics', *Economic Survey of the USSR Chamber of Commerce*, vol 3, no 10 (October 1936), pp25-27.

54 L Trotsky, 앞의 책, p120.

55 V Dunham, *In Stalin's Time: Middle Class Values in Soviet Fiction* (Cambridge: CUP, 1976), pp108-109.

56 L Labedz (ed), *Solzhenitsyn: A Documentary Record* (Harmondsworth: Penguin, 1972), p142.

57 B Kerblay, *Contemporary Soviet Society*, pp284-285에서 인용.

58 'The Soviet Joneses are Not Keeping Up', *Economist*, 5 January 1980, p34.

59 M Seton Watson, *Scenes from Soviet Life: Soviet Life Through Official Literature* (London: Ariel Books, 1986), 특히 pp32-35; 109-123.

60 S Davies, *Popular Opinion in Stalin's Russia: Terror, Propaganda, and Dissent, 1934-1941* (Cambridge: Cambridge University Press, 1997) 참조.

61 스탈린의 발언에 관한 논의는 R W Davies, *Soviet History in the Gorbachev Revolution* (Basingstoke: Macmillan, 1989), pp80-81 참조.

62 B Yeltsin, 앞의 책, p67.

63 B Kerblay, 앞의 책, p199.

64 R Razaulkas, 'The Kind of Director I Want', *Literaturnaia gazeta*, 25 August 1976. 이 글은 J Adams et al, *The USSR Today: Current Readings from the Soviet Press 1975-1977*, 4th ed (Columbus: American Association for Advancement of Slavic Studies, 1977), pp53-54에 번역돼 있다.

65 프랑스어를 비롯한 다른 많은 언어와 마찬가지로 러시아어에도 2인칭 대명사는 두 가지다. '티'는 친한 사람들끼리 사용하지만 '윗사람'이 '아랫사람'한테 거들먹거릴 때도 사용한다.

66 T Zaslavskaia, 'The Novosibirsk Report', *Survey*, vol 28, no 1 (1984), p106.

7장 노동계급

1   E Mandel, *Beyond Perestroika: The Future of Gorbachev's USSR* (London: Verso, 1991), p63[국역: 《페레스트로이카를 넘어》, 태백, 1990]에서 인용.

2   J V Stalin, *Problems of Leninism* (Moscow: Foreign Languages Publishing House, 1947), p544.

3   S Cohn, *Economic Development in the Soviet Union* (Lexington: Heath Lexington Books, 1970), p63.

4   M A Vyltsan, 'Chislennost' i sostav sel'skogo naselenniia SSSR za 50 let', *Voprosy istorii*, no 6 (1967), pp44-51.

5   A I Vdovin and V Z Drobizhev, *Rost rabochego klassa SSSR 1917-1940* (Moscow: Mysl, 1976); V S Khorev, *Problemy gorodov* (Moscow: Mysl, 1971), pp215-216; R S Mathieson, *The Soviet Union: An Economic Geography* (London: Heineman, 1975), p50에 나오는 자료를 편집한 것이다.

6   V A Ezhov, *Rabochii klass-vedushchaia sila vosstanovleniia Leningrada 1943-1995 gg* (Leningrad: Leningrad University, 1982), pp7, 33-34.

7   S Brucan, *Pluralism and Social Conflict: A Social Analysis of the Communist World* (New York: Praeger, 1990), p64.

8   *Narodnoe khoziaistvo SSSR v 1988* (Moscow: Finansy i statistika, 1988), p39.

9   J Scott, *Beyond the Urals* (London: Secker & Warburg, 1942), pp223, 80-81.

10   V I Gurev and G P Gorbei, *Nash obraz zhizni* (Moscow: Finansy i statistika, 1990), p12.

11   N Mandelstam, *Hope Against Hope: A Memoir* (London: Collins & Harvill, 1971), p301.

12   L A Gordon and E V Klopov, *Chto eto bylo? Razmyshleniia o predposylkakh i itogakh togo chto sluchilos s nami v 30-40e gody* (Moscow: Polizdat, 1989), p108, 101.

13   A Ledeneva, *Russia's Economy of Favours* (Cambridge: Cambridge University Press, 1998), p136에서 인용.

14   S Cohn, 앞의 책, p42에서 인용.

15   M Seton Watson, *Scenes from Soviet Life: Soviet Life Through Official Literature* (London: Ariel Books, 1986), p81에서 인용.

16   L Kopolev, 'A Lie is Conquered by Truth', in R Medvedev (ed), *Samizdat Register 1: Views of the Socialist Opposition in the Soviet Union* (London: Merlin, 1977), p226.

17 D Lane, *Soviet Society Under Perestroika* (London: Unwin, 1990), p131.

18 V I Gurev and G F Gorbei, 앞의 책, pp42-44.

19 V I Gurev and G F Gorbei, 앞의 책, pp36-38.

20 M A Vyltsan, 앞의 책, p60에서 인용.

21 *Narodnoe khoziaistvo* (various years).

22 A Bergson, 'Income Inequality Under Soviet Socialism', *Journal of Economic Literature*, vol 13 (September 1984), p1080. 억압적인 노동법 아래서도 어느 정도 이동은 있었다(특히 경영자들이 묵인한다면).

23 *Narodnoe khoziaistvo* (various years).

24 자료의 출처는 P Chattopadhyay, *The Marxian Concept of Capital and the Soviet Experience* (Westport: Praeger, 1994), p76.

25 이렇게 많은 공장과 심지어 도시 전체가 기업 도시의 성격을 띠고 있었다는 점 때문에 1989년 이후에 더 느슨하게 통합된 형태로의 전환 양상이 복잡해지게 된다.

26 노동이 임금노동으로서 기능했는가 하는 문제를 두고 많은 논쟁이 벌어졌다. 그 논쟁은 임금노동이 무엇을 의미하는지에 관한 이론적 문제뿐 아니라, 협소한 국내시장과 중앙의 지령 사이의 균형에 관한 실증적 문제도 제기했다. 나는 곧 나올 *Historical Materialism*에 실릴 글 'Marxism and the Russian Question in the Wake of the Soviet Collapse'에서 이 문제의 일부를 간략히 다뤘다.

27 A Bergson, *The Economics of Soviet Planning* (New Haven: Yale University Press, 1964), p112의 표 6.5에 나오는 자료다.

28 A Bergson, 앞의 책, p1082.

29 같은 책, p1085.

30 노동조합의 임무는 B Kerblay, *Contemporary Soviet Society* (London: Methuen, 1983), p185에 인용된 '공장 노동조합 위원회 규약'에 나오는 내용이다. 노동자들의 물질적·문화적 수준을 높이는 임무가 맨 끝이라는 사실을 주목하라. 클레바노프의 사례는 V Haynes and O Semyonova, *Workers Against the Gulag: The New Opposition in the Soviet Union* (London: Pluto Press, 1979) 참조.

31 B Yeltsin, *Against the Grain* (London: Cape, 1990), p102.

32 B Kerblay, 앞의 책, p185. 반체제 노조(원)의 항의는 V Haynes and O Semyonovka, 앞의 책, p33에서 인용.

33 M T Ivochuk and L N Kogan (eds), *The Cultural life of the Soviet Worker: A Sociological Study* (Moscow: Progress, 1975), pp83, 86.

34 A Bergson, 앞의 책, p1001.

35 V I Gurev and G F Gorbei, 앞의 책, p36.

36 G Arievich, 'Strike', *New Times*, no 31 (1989), p8; *Izvestia* (27 July 1989). *Current Digest of The Soviet Press*, vol 41, no 30 (23 August 1989), p4에 번역돼 실렸다.

37 V Kostikov, 'Ne plakatnyi geroi', *Ogonyok*, no 17 (1989).

38 자료의 출처는 G Andrusz, *Housing and Urban Development in the USSR* (Basingstoke: Macmillan, 1984), pp22-23; *Narodnoe khoziaistvo v 1989 g* (Moscow: Finansy i statistika, 1989), p165. 안드루시는 주거 공간을 측정하는 데서 제기된 몇 가지 문제를 살펴본다.

39 B Yeltsin, 앞의 책, p67.

40 이 문구는 블라디미르 막시모프의 소설 *Seven Days of Creation* (London: Weidenfield & Nicolson, 1975)[국역: 《창조의 7일》, 분도출판사, 1980]에 나오는 것이다.

41 A Roxbugh, *The Second Russian Revolution: The Struggle for Power in the Kremlin* (London: BBC Books, 1991), p114에서 인용.

42 E Crankshaw, *Putting Up With the Russians 1947-1984* (Basingstoke: Macmillan, 1984), p8.

43 B Yeltsin, 앞의 책, p94.

44 H Desfosses, 'Demography, Ideology and Politics in the USSR', *Soviet Studies*, vol 28, no 2 (April 1976), p252; Seton Watson, 앞의 책, p13에서 인용.

45 E A Osokina, *Ierarkhiia potrebleniia o zhizni ludei v usloviiakh Staliniskogo snabzheniia, 1928-1935 gg* (Moscow: MGOY, 1993).

46 V Serge, *Russia Twenty Years After* (New Jersey: Humanities Press, 1996), p184.

47 *Narodnoe khoziaistvo* (various years).

48 B Kerblay, 앞의 책.

49 아보스카라는 단어 자체가 대중에게 공급이 불안정하다는 것을 말해 준다. 그것은 러시아어로 '어쩌면'을 의미하는 '아보스'와 '혹시나 하고'를 의미하는 '나 아보스'에서 유래한 말이다.

50 이것은 1990년에 옐친이 1980년대 중반의 상황을 설명하면서 제시한 수치다. B Yeltsin, 앞의 책, p97.

51 A Bergson, 앞의 책, p1058에서 인용.

52 *Izvestia*, 30 January 1988. 역시 이런 평균 수치는 심각한 지역적 편차를 가린다는 사실을 기억해야 한다.

53 *The Hand of Stalin: Kolyma* (October Films/PTV, 1990)에 나오는 옛 콜리마 재소자 인터뷰.

54 S Fitzpatrick, *Everyday Stalinism: Ordinary Life in Extraordinary Times —Soviet Russia in the 1930s* (Oxford: Oxford University Press, 1999), pp169-170. S Davies, *Popular Opinion in Stalin's Russia: Terror, Propaganda and Dissent, 1934-1941* (Cambridge: Cambridge University Press, 1997)도 참조.

55 R W Davies, *Soviet History in the Yeltsin Era* (Basingstoke: Macmillan, 1997), pp191-192에서 인용.

56 W Teckenberg, 'Labour Turnover and Job Satisfaction: Indicators of Industrial Conflict in the USSR?', *Soviet Studies*, vol 30, no 2 (April 1978), pp193-211; S Malle, 'Planned and Unplanned Mobility in the Soviet Union Under the Threat of Labour Shortage', *Soviet Studies*, vol 39, no 5 (July 1987), pp357-387.

57 S H Baron, *Bloody Saturday in the Soviet Union: Novocherkassk, 1962* (Stanford: Stanford University Press, 2000), pp67-69.

58 V Haynes and O Semyonova, 앞의 책, p99에서 인용.

59 이 주제를 연구한 선구적이고 여전히 유용한 영어 문헌은 M Holubenko, 'The Soviet Working Class: Discontent and Opposition', *Critique*, no 4 (Spring 1975), pp5-25 참조. 1991년 이후 처음으로 이 주제를 연구한 러시아어 문헌은 Y F Lukin, *Iz istorii soprotivleniia totalitarizmu v SSSR* (Moscow: Moscow University, 1992) 참조. V A Kozlov, *Massoye besporiadki v SSSR pri Khrushcheve i Brezhneve (1953 – nachalo 1980-kh godov)* (Novosibirsk: Sibirskii Khronograf, 1999)에는 많은 자료가 있다.

60 T Friedgut and L Siegelbaum, 'Perestroika From Below: The Soviet Miners' Strike and the Aftermath', *New Left Review*, no 181 (May-June 1990), pp5-32.

8장 전환

1 서로 다른 여러 계산은 R C Stuart and P A Gregory, *The Russian Economy: Past, Present and Future* (New York: Harper Collins, 1995), p39 참조. 이런 성장률은 총생산량을 나타낸다. 인구 성장을 감안하면 그림이 더 나빠진다. 공식 성장률과 실제 성장률의 격차 증대는 당시 러시아 내에서도 알고 있었지만, 그것이 공개된 것은 1985년 이후였다. 예컨대, A Aganbegyan, *The Challenge of Perestroika* (London: Hutchinson, 1988), pp1-3, 9-12[국역: 《페레스트로이카의 경제적 도전》, 우아당, 1989].

2   이런 관점에서 전후의 경제 호황을 살펴본 것은 M Haynes, 'The Long Boom and the Advanced World 1945-1973', in D Renton and K Flett (eds), *The Twentieth Century Barbarism and Progress* (London: Rivers Oram, 2000), pp183-203 참조.

3   A Aganbegyan, 앞의 책, p142.

4   V Kriuchkov, 'An Objective View of the World', *Mezhdunarodnaia zhizn* (October 1988). C Andrew and O Gordievsky, *Instructions From the Centre: Top Secret Files on KGB Foreign Operations 1975-1985* (London: Hodder & Stoughton, 1991), p298-299에 번역돼 실렸다.

5   A Brown, 'Gorbachev: New Man in the Kremlin', *Problems of Communism*, vol 34, no 3 (May-June 1985), p9에서 인용.

6   A Aganbegyan, 앞의 책, p128.

7   Alec Nove, 'Agriculture' in M McCauley (ed), *The Soviet Union After Brezhnev* (London: Heinemann, 1983), p97에서 인용.

8   로널드 레이건의 말은 Aganbegyan, 앞의 책, p204에서 인용.

9   C Andrew and O Gordievsky, 앞의 책, p296에서 인용.

10   당시 주류 단속 때문에 과거에 유행하던 노래가 다시 발굴됐다. "독한 밀주, 독한 밀주, 빨리 만들어 주오."

11   A Aganbegyan, 앞의 책, pp5, 40.

12   D Volkogonov, *The Rise and Fall of the Soviet Empire* (London: Harper Collins, 1998), pp511-512.

13   *Pravda*, 26 February 1987.

14   G Pavlovsky and M Meyer, 'Public Movements in the USSR', *Moscow News*, no 7 (1990), pp8-9.

15   이것은 많은 좌파뿐 아니라 R W 데이비스같은 학자가 *Soviet History in the Gorbachev Revolution* (Basingstoke: Macmillan, 1989)에서 내린 결론이었다. T Ali, *Revolution from Above: Where is the Soviet Union Going?* (London: Hutchinson, 1988)도 참조.

16   N Shmelev, 'Avansy i dolgi', *Novy mir*, no 6 (June 1987). 이 글은 *Current Digest of the Soviet Press*, vol 39, no 38 (October 21 1987)에 번역돼 실렸다.

17   R Bova, 'Worker Activism: the Role of the State', in J Sedatis and J Butterfield (eds), *Perestroika from Below: Social Movements in the Soviet Union* (Boulder: Westview, 1991), pp31-32에서 인용.

18   B Eklof, *Soviet Briefing: Gorbachev and the Reform Period* (Boulder: Westview Press, 1989), p124.

19 1989년 12월 보르쿠타에서 P 구티온토프가 중앙 광산의 기계 부문 엔지니어이자 보르쿠타 파업 위원회 공동 의장인 발렌틴 코파소프와 한 '샤흐타'[탄광] 인터뷰, *Ogonyok*, no 3 (January 1990).

20 R Bova, 앞의 책, p39. 1981년에 미국 대통령 레이건은 파업 중이던 항공 관제사 1만 2000명을 해고하고 그중 일부를 구속했다.

21 A Roxbugh, *The Second Russian Revolution: The Struggle for Power in the Kremlin* (London: BBC Books, 1991), p154에서 인용.

22 A Gresh, 'Les sentiers escarpés du passage à la démocratie', *Le Monde Diplomatique*, February 1990, p14.

23 *Ogonyok*, no 3 (January 1990).

24 *Financial Times*, 20 November 1989에서 인용.

25 B Yeltsin, *The View from the Kremlin* (London: Harper Collins, 1994), p105.

26 같은 책, pp114-115. 더 개인적인 수준에서 그 협정은 이제 붕괴해 버린 소련의 정치 구조에서 고르바초프의 명목상 기반을 파괴함으로써 그가 모종의 구실이라도 할 수 있는 여지를 완전히 없애 버렸다.

27 B Yeltsin, 'Speech to Congress of People's Deputies', *Izvestia*, 28 October 1991. *Current Digest of the Soviet Press*, vol 43, no 43 (27 November 1991), pp1-6에 번역돼 실렸다.

28 B Yeltsin, *The View from the Kremlin*, 앞의 책.

29 S Cohen, *Failed Crusade: America and the Tragedy of Post-Communist Russia* (New York: Norton, 2000), p130.

30 L Polezhaev, *Vpered, na medlennykh tormozakh* … (Moscow: Novosti, 1994), pp61-62.

31 United Nations Development Programme, *Transition 1999: Regional Human Development Report far Central and Eastern Europe and the CIS* (Geneva: United Nations, 1999).

32 S White, 'From Communism to Democracy', S White et al (eds), *Developments in Russian Politics 4* (Basingstoke: Macmillan, 1997), p31.

33 E Mawsdley and S White, *The Soviet Elite: From Lenin to Gorbachev — The Central Committee and its Members, 1917-1991* (Oxford: Oxford University Press, 2000), pp301-302에서 인용.

34 R Layard and J Parker, *The Coming Russian Boom: A Guide to New Markets and Politics* (New York: Free Press, 1996); *Observer*, 31 May 1998.

35 *Financial Times*, 15 April 1998.

36 R Sharlet, 'The Progress of Human Rights', in S White et al (eds), 앞의 책,

p141.

37 R Ferguson, 'Chechnya: The Empire Strikes Back', *International Socialism* 86 (Spring 2000), pp51-70.

38 B Yeltsin, *The View from the Kremlin*, 앞의 책, p100.

39 *Financial Times*, 1 November 1996.

40 B Yeltsin, *The View from the Kremlin*, 앞의 책, p168.

41 J Millar, 'The De-Development of Russia', *Current History*, vol 98, no 630 (October 1999), p322.

42 UN Development Report, 앞의 책.

43 I Popovic, 'Russian Students Head Abroad for Education', *The Russian Journal*, no 29 (September 1999).

44 B Yeltsin, *The View from the Kremlin*, 앞의 책, p179.

45 A Gentleman, 'The Hard Men Behind Putin', *Observer*, 26 March 2000.

46 B Yeltsin, *The View from the Kremlin*, 앞의 책, p42.

47 이 수치는 국제노동기구(ILO) 자료에 바탕을 둔 것이다.

48 UN Development Report, 앞의 책.

49 N Holdsworth, *Moscow The Beautiful and the Damned: Life in Russia in Transition* (London: Andre Deutsch, 2000), p75.

50 S Cohen, 앞의 책, p207.

51 R Ferguson, 'Will Democracy Strike Back? Workers and Politics in the Kuzbass', *European-Asia Studies*, vol 50, no 3 (1998), pp445-468.

52 L Alekseeva, 'Unfree Trade Unions', *Moscow News*, January 15-22, 1995.

53 *Russian Economic Trends* (various) 자료를 편집.

54 '철도 전쟁'에 관해서는 RFE/RL Newsline; The 〈Moskow〉 eXile, 4-18 June 1998 참조. 인터넷을 이용할 수 있는 독자들은 국제화학·에너지·광산·일반노조 연맹이 운영하는 '우리에게 임금을 지급하라'(Pay us our wages) 웹사이트를 확인해 보면, 더 대규모 산업 투쟁 목록뿐 아니라 다른 유용한 정보도 많이 찾을 수 있을 것이다.

55 R Ferguson, 'Will Democracy Strike Back? Workers and Politics in the Kuzbass', 앞의 책.

56 B Yeltsin, *Midnight Diaries* (London: Phoenix, 2000), pp169-170, 326-328, 333.

9장 결론

1 A Callinicos, *The Revenge of History: Marxism and the East European Revolutions* (Oxford: Polity, 1991)[국역: 《역사의 복수》, 백의, 1993].

2 C Sparks and A Redding, *Communism, Capitalism and the Mass Media* (London: Sage, 1998).

3 'Discussions with Trotsky', in C L R James, *At the Rendezvous of Victory* (London: Allison & Busby, 1984), pp53-55.

2021년 한국어판에 부쳐: 푸틴 치하의 러시아

1 K Murphy, *Revolution and Counterrevolution: Class Struggle in a Moscow Metal Factory* (New York: Berghahn Books, 2005); Gareth Dale, *Between State Capitalism and Globalisation: the Collapse of the East German Economy* (London: Peter Lang, 2004); V Unkovski-Korica, *The Economic Struggle for Power in Tito's Yugoslavia: From World War II to Non-Alignment* (London: I B Tauris, 2016); J Hardy, *Poland's New Capitalism* (London: Pluto Press, 2000); Adam Fabry, *The Political Economy of Hungary: From State Capitalism to Authoritarian Neoliberalism* (London: Palgrave Macmillan, 2019). V K Pollard ed, *State Capitalism, Contentious Politics and Large-Scale Social Change* (Leiden: Brill, 2011)도 참조.

2 K O'Rourke, *A Short History of Brexit: From Brentry to Backstop* (London: Pelican, 2018), p11에서 인용.

3 V Putin, *Annual Address to the Federal Assembly of the Russian Federation*, April 25, 2005.

4 Thomas Graham, 'Let Russia be Russia', *Foreign Affairs*, vol 98, no 6, November-December 2019, p140.

5 Thomas Graham, 'Let Russia be Russia', *Foreign Affairs*, vol 98, no 6, November-December 2019, p140에서 인용.

6 Thomas Graham, 'Let Russia be Russia', *Foreign Affairs*, vol 98, no 6, November-December 2019, p135.

7 J Cooper, 'The Russian economy twenty years after the end of the socialist economic system', *Journal of Eurasian Studies*, 4, 2013, pp55-64.

8 M Haynes, *Nikolai Bukharin and the Transition from Capitalism to Social-*

ism (London: Routledge, 2019) (reprint) 참조.

9   M Haynes, 'Labor, exploitation and capitalism in Russia before and after 1991' in V K Pollard ed, *State Capitalism, Contentious Politics and Large-Scale Social Change* (Leiden: Brill, 2011), pp39-64를 참조.

10 F Novokmet, T Picketty and G Zucman, 'From Soviets to oligarchs: inequality and property in Russia, 1905-2016', *Vox*, 9 November 2017.

11 *Moscow Times,* 23 October 2014.

12 Thomas Graham, 'Let Russia be Russia', *Foreign Affairs*, vol 98, no 6, November-December 2019, p137에서 인용.

13 A Aslund, *Russia's Crony Capitalism: The Path from Market Economy to Kleptocracy* (Yale University Press, 2019). S Djankov, *Russia's Economy under Putin: From Crony Capitalism to State Capitalism*, Peterson Institute Policy Brief, pp15-18, November 2015도 참조.

14 독일사회민주당(SPD) 당대회에서 논쟁할 때 리프크네히트가 주장한 내용은 영국에서 크게 보도됐다. 'The Social Democratic Congress' *Times*, Nov 19, 1892.

15 M Haynes, *Nikolai Bukharin and the Transition from Capitalism to Socialism* (London: Routledge, 2019) (reprint) 참조.

16 V Tanzi, *Governments versus Markets: The Changing Economic Role of the State* (Cambridge: Cambridge University Press, 2011), pp9-10.

17 Alan Milward. O'Rourke, 앞의 책, p13에서 인용.

18 이 표는 경제협력개발기구(OECD)의 자료를 편집한 것이다.

19 I Bremmer, 'State capitalism comes of age', *Foreign Affairs*, vol 88, May-June 2009, p41. 브레머의 설명은 다가올 일들의 징후였다. 오슬룬드와 마찬가지로 브레머도 자유 시장을 강력하게 지지하는 관점에서 글을 쓴다. 훨씬 더 흥미로운 책으로는 Joshua Kurlantzick, *State Capitalism: How the Return of Statism is Transforming the World* (Oxford: OUP, 2016)와 Aldo Musacchio and Sérgio G Lazzarini, *Reinventing State Capitalism: Leviathan in Business, Brazil and Beyond* (Cambridge Mass: Harvard University Press, 2014) 등이 있다.

20 Bremmer, 앞의 글, p50.

21 Bremmer, 같은 글, p42.

22 Bremmer, 같은 글, Kurlantzick, 앞의 책, Musacchio and Lazzarini, 앞의 책 참조.

23 M Mazzucato, *The Entrepreneurial State: Debunking Public vs. Private Sector Myths* (London: Anthem Press, 2013)[국역: 《기업가형 국가》, 매일경제신문사, 2015].

24 19세기 영국의 해외 군사기지를 다룬 중요한 책 David Edgerton, *The Rise and Fall of the British Nation: A Twentieth-Century History* (London, Penguin, 2018)에서 이 점을 분명히 밝힌다. 물론 미국 군대는 오늘날 세계 대다수 국가에 주둔하고 있다.

25 H Kissinger, *World Order: Reflections on the Character of Nations and the Course of History* (London: Penguin, 2014)[국역: 《헨리 키신저의 세계 질서》, 민음사, 2016].

현실 돋보기

i   A G Rashin, *Formirovanie rabochego klassa Rossii* (Moscow: Sotseklit, 1958), pp117, 141, 152, 172.

ii   자료의 출처는 N N Smirnov, *Tretii Vserossiiskii sezd sovetov* (Leningrad: Nauka, 1988).

iii *Liberator*, 1918, reprinted in J Newsinger (ed), *Shaking the World: John Reed's Revolutionary Journalism* (London: Bookmarks, 1998).

iv   V J Lenin, *Collected Works*, vol 26 (Moscow: Progress, 1965), p435.

v   Y Zamyatin, *The Dragon and Other Stories* (Harmondsworth: Penguin, 1974), p140.

vi   I Ehrenburg, *First Years of Revolution, 1918-1921* (London: Macgibbon & Kee, 1962), pp139-141, 145-147, 152-154.

vii F King and G Matthews (eds), *About Turn: The British Communist Party and the Second World War. The Verbatim Record of the Central Committee Meetings of 25 September and 2-3 October 1939* (London: Lawrence & Wishart, 1990), pp130-131.

viii A Nove, 'Victims of Stalinism', in J Arch Getty and R T Manning (eds), *Stalinist Terror: New Perspectives* (Cambridge: Cambridge University Press, 1993), p270.

ix   M Reiman, *The Birth of Stalinism: The USSR on the Eve of the 'Second Revolution'* (London: IB Tauris, 1987), p22에서 인용.

x   T Cliff, *Trotsky 1927-40: The Darker the Night the Brighter the Star* (London: Bookmarks, 1993), p98[국역: 《트로츠키 1927~1940》, 책갈피, 2018]에서 인용.

xi A Nove, 'Victims of Stalinism', in J Arch Getty and R T Manning (eds), 앞의 책, p269.

xii M Ilic, 'Soviet Women Workers and Menstruation: A Research Note on Labour Protection in the 1920s and 1930s', *Europe-Asia Studies*, vol 46, no 8 (1994), pp1409-1413 참조.

xiii D Volkogonov, *Lenin: Life and Legacy* (London: Harper Collins, 1994), p4.

xiv R Service, *A History of Twentieth Century Russia* (London: Allen Lane, 1997), p419.

xv *Iskusstvo*, no 1 (1950). M Chegodayeva, 'A Double Life? A Double Art', *Moscow News*, no 9 (1989), p16에서 인용. 피카소의 말은 G T Utley, *Picasso: The Communist Years* (New Haven: Yale University Press, 2000)에서 인용.

xvi F J Eroll, 'Industrial Life in Russia Today', *Geographical Magazine*, vol xxvii, no II (March 1955), p585.

xvii M Haynes. 'Aeroflot: Soviet Airlines', in *International Directory of Business Histories* (New York and London: Gale Research Press International, 1993), pp57-59 참조.

xviii J Riordan, 'The USSR', in J Riordan (ed), *Sport Under Communism*, 2nd edition (London: C Hurst & Co, 1981), p30에서 인용.

xix B Yeltsin, *Against the Grain: An Autobiography* (London: Pan, 1991)에 나오는 자료를 편집한 것이다.

xx N Bukharin, *Imperialism and World Economy* (London: Merlin Press, 1972).

xxi J Cooper, *The Soviet Defence Industry: Conversion and Reform* (London: RIIA Pinter, 1991).

xxii D Hoffman, *The Oligarchs: Wealth and Power in the New Russia* (Oxford: Public Affair Ltd, 2002), p101에서 인용.

xxiii S L Solnick, *Stealing the State: Control and Collapse in Soviet Institutions* (Cambridge, Mass: Harvard University Press, 1998), pp7, 60-124, 223.

찾아보기